GUSTAVE GEFFROY

L'ENFERMÉ

AVEC LE MASQUE DE BLANQUI

EAU-FORTE GRAVÉE DE F. BRACQUEMOND

L'ENFERMÉ

*Il a été tiré de cet ouvrage
quinze exemplaires numérotés sur papier de Hollande.*

DU MÊME AUTEUR

DANS LA BIBLIOTHÈQUE-CHARPENTIER

à 3 fr. 50 le volume.

Notes d'un journaliste (Vie. Littérature. Théâtre) . 1 vol.
Le Cœur et l'Esprit (Nouvelles) . . . . 1 vol.

La Vie Artistique, quatre séries, avec une préface d'EDMOND
DE GONCOURT, et des pointes sèches d'Eugène Carrière,
Auguste Rodin, Auguste Renoir, J.-F. Raffaëlli . . 4 vol.
Yvette Guilbert, étude sociale du Café-Concert. Lithogra-
phies de H. de Toulouse-Lautrec (*épuisé*). . . . . 1 vol.

Prochainement :

PAYS D'OUEST
L'APPRENTIE
LA BRETAGNE

Paris. — L. MARETHEUX, imprimeur, 1, rue Cassette.

L.A. BLANQUI.

1805 — 1881.

GUSTAVE GEFFROY

L'ENFERMÉ

AVEC LE MASQUE D'AUGUSTE BLANQUI

eau-forte inédite de F. BRACQUEMOND

PARIS

BIBLIOTHÈQUE CHARPENTIER

EUGÈNE FASQUELLE, ÉDITEUR

11, RUE DE GRENELLE, 11

1897

Tous droits réservés

A ALPHONSE DAUDET

Hommage à l'écrivain et à l'ami.

L'ENFERMÉ

I

Le jour de l'année 1832 où meurt à Paris, rue du Harlay, Jean-Dominique Blanqui, l'ancien conventionnel devenu sous-préfet de l'Empire, tombé à la retraite obscure et à la médiocrité de fortune, à défaut d'un dénombrement de biens meubles et immeubles, il pourrait être procédé à un inventaire moral des opinions du défunt et des actes significatifs qui ont marqué sa carrière publique. Peut-être, si l'on y songeait, discernerait-on, à travers les notes biographiques et les papiers jaunis, la double et mystérieuse influence héréditaire qui doit affecter la descendance du vieillard tout à l'heure cloué au cercueil. Deux des fils du mort ont déjà, en cette année-là, atteint l'âge d'homme et manifesté leur activité. Un visionnaire qui regarderait au delà des jours présents constaterait, avec le frémissement de la certitude, les corrélations existant entre les deux jeunes gens à leurs débuts et l'existence de leur père. S'il y a un partage d'âme et un partage de destinée, les voici, tous les deux, Adolphe et Auguste, qui mettent instinctivement la main sur ce qui constitue leur avoir dans le testament énigmatique. A l'aîné échoient les dissertations pondérées et studieuses,

rapports sur les monnaies et les poids et mesures, travaux de commissions, études économiques, qu'il va
reprendre, développer, recommencer sans cesse. Au
plus jeune, l'histoire de la détention subie en 1793,
écrite et publiée avec ce titre : *L'agonie de dix mois*,
dix mois de la vie du père qui vont avoir un prolon-
gement de quarante années dans la vie du fils. La
double indication est écrite avec une inflexible netteté.
La route bifurque. D'un côté, s'en va le régulier, de
l'autre, le révolté.

II

À remonter les soixante-treize ans de la vie de Blanqui le père, qui reflète la fin d'un temps et le commencement d'une ère nouvelle, la filiation s'établit
et les influences se définissent. La naissance italienne,
d'abord, à Drap, près Nice, le 24 avril 1757, à la veille
de la guerre de succession d'Autriche, de l'entrée en
France de l'invasion piémontaise. En même temps que
les armes se choquent, les idées vont se mêler. Mais
le sol, la lumière, le caractère de la race gardent leur
persistance. Il y a, au cœur d'un pays, au profond des
êtres, dans la matière et dans le mystère, une force
qui réapparaît après le va-et-vient de soldats et de
chevaux, les départs et les retours de fortune, les bom-
bardements et les prises de villes, les signatures des
conventions finales.

Dominique Blanqui, fils d'un tanneur, a été instruit
au collège de Nice, il est lettré, et il se trouve appelé,
en 1792, à jouer un rôle. Depuis trois ans, les nobles de
Provence émigrent sur cette terre de Nice, semblable à
la terre de leur Midi, chauffée par le même soleil. Mais
ils sont peu occupés à y boire l'air, à y respirer les

fleurs. Ils s'agitent, s'apprêtent, veulent regagner leur
cause perdue. Le peuple, lui, croit voir la Révolution
s'avancer comme une guerrière juste, armée du glaive
et portant la balance. L'Italien se sent le cœur envahi
par l'idéal latin de nouveau visible, il palpe avec des
doigts qui se souviennent le faisceau de piques, le profil
sévère, la couronne civique, qui se gravent sur ces
pièces de monnaies pareilles à celles qu'il trouve parfois dans son champ, sous le soc luisant de sa charrue.

C'était un temps de fièvre où l'on passait vite du
désir à l'action, où la pensée avait à peine conçu que
la main avait déjà exécuté. Les aspirations éclatent en
révolte, les troupes de Savoie se retirent, et bientôt
entrent à Nice les soldats à guêtres blanches et à chapeaux de voltigeurs. Le général qui est en tête a nom
Anselme, ce chef de bataillon s'appelle Masséna, et ce
capitaine d'artillerie, Bonaparte.

Pendant plus d'un an, ce sont des batailles, des
coups de main, des fusillades résonnant aux défilés
des montagnes, aux creux des rochers de la côte.
Enfin, l'armée passe par-dessus les derniers escarpements, comme la vague par-dessus l'obstacle, et se
répand en Italie comme une eau qui s'étale. Des noms
de victoires et des noms de traités surgissent. Le comté
de Nice devient le département des Alpes-Maritimes.
Jean-Dominique Blanqui est alors professeur de philosophie et d'astronomie au collège de sa ville.

III.

Le Niçois gagné à la république nouvelle par la philosophie de la veille, impatient de voir son coin de
terre échapper à la tutelle des paresses aristocratiques
et des activités cléricales, fut délégué à la Convention,

avec Veillon, le 12 janvier 1793, pour demander la transformation des Italiens en Français. L'annexion votée, la région divisée administrativement, il est nommé député et envoyé à Paris. Massa et Dabray composent avec lui la députation des Alpes-Maritimes.

En arrivant à Paris, logé rue Honoré, 75, il se lie avec un député du Doubs, Laurençot, logé rue Saint-Thom s-du-Louvre, chez la femme d'un ci-devant gentilhomme picard, Mme Brière de Brionville, laquelle habite avec une fillette de douze ans, sa nièce, qu'elle à recueillie. Mme Brière de Brionville avait fait partie de la maison de la reine Marie-Antoinette, et aujourd'hui, elle vit de son hôtel garni et d'une table d'hôte, où viennent s'asseoir quelques députés à la Convention. Avec son ami Laurençot, Dominique Blanqui fut du nombre. Présenté et bien accueilli par l'excellente hôtesse, il revint. Voilà pour sa vie privée. Sa vie politique fut plus mouvementée.

Il s'assied, le 24 mai 1793, sur les bancs de la Gironde. Dans la France d'alors, en révolution compliquée d'imitation, où il y avait des districts d'intelligences correspondant à des organisations idéales de cités antiques, le Niçois ne veut aller ni à Rome, ni à Sparte : il va, où il croit aller, à Athènes. Pas plus que les autres, il ne voit d'un regard clair autour de lui, il n'a l'idée de rester à Paris.

Son incorporation dans le parti des bien disants et des apitoyés fut le résultat de son éducation de lettré et de ses goûts d'homme tranquille. Sur le tard de sa vie, le conventionnel regardant en arrière avouera que, s'il est resté l'homme de la Plaine, il eut souvent envie de se lever et d'enjamber les gradins de la Montagne, que les convictions de là-haut étaient les siennes, mais qu'il fut toujours invinciblement éloigné de ceux qui les professaient, jacobins et cordeliers, par

la violence de leur langage et la rudesse de leur gesti-
culation. Le visage enflammé, la voix grondante et les
gros poings de Danton ne l'attiraient pas davantage que
la tenue cynique, le masque de méfiance morbide de
Marat, la déclamation mystique, passionnée et cruelle
de Saint-Just, le poète de la mort, le profil mince et
aigu, les yeux pâles, la phrase coupante du pur Robespierre. Se décidant pour les idées à travers les individus, il fut acquis à la Gironde par la cadence des
discours de Vergniaud, la finesse de Buzot, l'attitude
réfléchie de Valazé, la bonhomie narquoise de Pétion, la
flamme intelligente et la politesse d'ancienne cour de
Gensonné, de Guadet, de Lanjuinais, de Brissot, la mise
en ménage paisible d'un bourgeois et d'une muse
qu'était le couple Roland.

IV

La préférence est admissible. On peut reconnaître, à
distance, combien les Girondins, à travers leurs erreurs,
furent fidèles au credo philosophique et républicain
qu'ils avaient proclamé. Ils méconnaissent les faits, les
terribles nécessités de la Révolution. Dans la mêlée des
haines et des envies, au milieu des discussions où les
bas moyens de gouvernement sont réclamés sans cesse,
ils apportent naturellement et obstinément la préoccupation des théories. Les calomnies dissipées, que reste-
t-il des vouloirs politiques exprimés par eux? L'horreur
raisonnée de l'homme de pouvoir, de l'individu dispo-
sant de la force, le refus au despotisme administratif de
Paris, la fédération opposée à la centralisation. Rien
d'incompatible avec l'unité véritable. Ils sont des
hommes de parole et d'écriture. Libres d'esprit, nés de
la pensée et de l'action des philosophes et des légistes,

ils ne pouvaient travailler à la même œuvre, ni surtout de la même façon, que le religiosâtre jacobin
qui met en lois et en décrets les idées de Rousseau.
Un seul homme pourrait leur expliquer les cruels mystères auxquels ils assistent, et leur montrer un but au
delà des étapes boueuses et sanglantes. Mais celui-là
est insouciant, et eux restent immobiles le seul jour
où il fait le vague mouvement d'aller les rejoindre.
La combinaison décisive qui eût réuni Danton et les
Girondins échoua, et ceux qui auraient pu aider à con-
sommer la Révolution restèrent désorientés et indécis,
à mi-côte entre le sommet de la Montagne et le marais
de la Plaine.

V

On ne s'enquiert pas, en des jours semblables, des
illogismes de caractère, des inclinations de convenance,
de l'état d'esprit de l'homme scrupuleux qui hésite à
prendre un parti. Aux heures décisives des luttes civiles,
celui qui a accepté de jouer un rôle est tenu d'agir après
avoir parlé. Ou bien son inaction est considérée comme
prudence, son manque d'opinion comme calcul. Le
représentant de Nice le comprit, le 31 mai, huit jours
après la prise de possession de son siège, quand, l'insurrection décrétée par la Commune, les insurgés
assurés de quarante sous par jour, la Convention fut
cernée par les sectionnaires.

La pétition apportée à la barre demandait le pain à
trois sous, l'organisation d'une milice révolutionnaire,
la suppression du comité des Douze chargé d'examiner
les actes de la Commune, l'arrestation des ministres et
des députés girondins. Pétition forcée, dont l'assemblée
allait délibérer sous la gueule chargée des canons

d'Henriot. Canonniers, à vos pièces ! Députés, à vos
urnes ! Le général des émeutiers est à la porte et Marat
est à la tribune. La menace du soldat de la rue se
croise avec l'injonction du terroriste de la salle. La
majorité de la Convention livre les deux ministres et
les vingt-deux députés. Jean-Dominique Blanqui vote
contre l'arrestation, signe une protestation contre
l'attentat, refuse de prendre dorénavant part aux travaux législatifs. Dès lors, il est suspect, et il le sait,
comme on en a la preuve par ce tragique billet conservé aux Archives, où il n'a écrit que cette ligne
datée du 15 juin : « Adieu, citoyen, peut-être pour toujours. » Quelques jours après, le 29, une lettre adressée au citoyen Olivier, homme de loy, à Nice, se termine par ces mots : « Soyez sûr que la République
une et indivisible triomphera et que les coquins de tout
genre périront sous le glaive des lois. Adieu. » En
octobre, il est arrêté avec soixante-douze autres représentants, sur la proposition de Robespierre, en même
temps que les vingt-deux de la Gironde sont envoyés au
tribunal et à l'échafaud.

VI

L'agonie de dix mois ! c'est le titre du récit d'indignation et de sentiment où Jean-Dominique Blanqui énumère les transferts des députés prisonniers et les trai-
tements qu'on leur inflige, depuis le moment où ils
quittent la barre de la Convention jusqu'à la délivrance
après Thermidor. Ils sont les locataires inquiets et
effarés de ces prisons peu sûres exposées aux envahis-
sements des clubistes : la Force, les Magdelonnettes,
les Bénédictins anglais, les Fermes générales, la Caserne
des Carmes. Ils subissent, debout, ou couchés sur des
bancs, les attentes dans les couloirs et dans les esca-

liers, ils respirent l'air des latrines, des baquets communs, des loges à cochons, ils couchent dans des
caisses qui ressemblent à des bières, sur des paillasses
vermineuses qui bruissent, qui grésillent dans l'obscurité. Ils cohabitent avec des voleurs, des assassins, des
faussaires, mangent avec eux, à la même table et à la
même gamelle, la morue et le hareng pourris, la viande
où se tortillent les vers, les légumes qui semblent venir
du tas d'ordures. Dans les étroites salles voûtées comme
des caves, où les pierres de taille suent l'eau glaciale,
où trente lits se touchent et se confondent, ils connaissent, la nuit, les réveils en sursaut, le fracas des verrous tirés par de rudes mains, les apparitions, dans le
cadre de la porte, des ombres de guichetiers ponctuées
par la tache d'or triste d'une lanterne, ils sont brutalisés
par les perquisitions, mis en émoi par les appels.

Ils n'échappent à la pouillerie et à la gale de la promiscuité, aux fièvres putrides de l'infirmerie, qu'aux
jours où ils changent de logis. Ils retrouvent un instant
la rue et l'air libre. Mais une rue forcenée, remuante de
groupes qui les invectivent, de femmes qui leur montrent le poing et leur crient l'outrage, de colporteurs de
journaux qui les dénoncent à plein gosier populaire,
une rue où des gens du peuple, craintifs et silencieux,
rasent les murs, essaient de passer loin des mégères
escorteuses de charrettes. Dominique Blanqui est fort
compromis. On perquisitionne chez lui, le 29 prairial
an II. Ses lettres, écrites l'année précédente, après
l'arrestation des Girondins, ont été trouvées à Nice et
sont transmises avec des annotations inquiétantes :
« Style tout à fait contraire à la vérité... Contraire aux
bons principes. » Il est certain qu'il est très exposé.

Il y a des accalmies, pourtant, à l'intérieur de ces
prisons que les détenus considèrent comme les antichambres successives de la Mort. Ils conversent, réus-

sissent à s'égayer, plaisantent sur les vingt-deux livres
de location exigées d'eux tous les mois. Ils peuvent
croire, par moments, qu'on les oublie, malgré les violents placards que seuls on leur donne à lire et qui
réclament leur tête avec la monotonie d'un aboi. Des
travaux matériels et des installations symboliques les
distraient, ils déblaient l'allée de leur promenade, con-
struisent, avec les briques et les décombres, des sièges
à dossiers, des terrasses, des autels patriotiques,
plantent des arbustes, des fleurs, des herbes odorifé-
rantes, disposent des gazons, érigent des bustes, dessinent des jardins que les étrangers viennent visiter.
Les après-midi sont occupés par des jeux de ballons,
de trictrac, de dames, d'échecs.

L'homme s'habitue même à la monotonie du danger.
Qu'une situation douloureuse et effroyable se prolonge,
l'instinct de vivre est si fort, que les vaincus, les abandonnés, se font une nouvelle existence, se donnent un
programme de travaux qu'ils accomplissent mécani-
quement au milieu des agents provocateurs et des
gardiens. Ils se familiarisent avec les visages de leurs
geôliers, sont sensibles à la politesse d'un concierge
qui leur fait tenir un verre de vin. Un musicien qui a
promis une ariette à un ami la compose, la copie,
l'essaie sur sa flûte, s'excuse de ne pas en fournir
davantage parce qu'il doit être guillotiné le lendemain.

L'hôtesse de Dominique Blanqui et de quelques autres
députés arrêtés n'abandonne pas ses clients, vient les
voir dans leur prison, accompagnée de sa nièce Sophie,
ou bien elle envoie celle-ci, avec la bonne ou toute seule,
se fiant à elle pour attendrir les geôliers. C'est ainsi qu'à
la caserne des Carmes, tous, guichetiers et prisonniers,
sont réjouis par la visite quotidienne de la citoyenne
de douze ans, gentille personne, musicienne, causeuse,
qui attend, pour voir les détenus, pendant des journées

entières. Mais le plus souvent, sa grâce, sa beauté ont raison des plus farouches. Elle a encore pour moyen de séduction les airs patriotiques chantés à ravir, les fleurs qu'elle jette aux processions révolutionnaires. Elle vient, vêtue en garçon, d'une mince carmagnole, pieds nus dans la neige, ses sabots à la main pour courir plus vite. Elle apporte des provisions, trouve moyen de transmettre des journaux et des lettres. Elle a tout écouté, elle sait tout, elle raconte tout, et son apparition éclaire la sombre bâtisse, dessine une sveltesse gracieuse dans cette atmosphère de mort où tous sont obsédés par la vision de la gueule ouverte, de la mâchoire de fer toujours levée de la permanente guillotine.

VII

La conclusion, c'est un sentiment passionné qui naît et se développe chez Dominique Blanqui. A peine la mort évitée, la prison ouverte, au lendemain de la chute de Robespierre, le conventionnel demande la main de Sophie Brionville à sa tante et mère adoptive. Il est agréé. Il attend l'heure légale, et enfin, le 17 vendémiaire an V, ses trente-huit ans épousent les seize ans de la jeune fille.

C'est ici que doit prendre place l'opinion exprimée par Adolphe Blanqui, premier né du mariage. Je la transcris de ses Mémoires, inachevés et inédits, commencés en 1833, interrompus par la mort. Il s'excuse de connaître et de révéler le caractère de sa mère, mais quelque amertume qu'il y trouve, il veut tout dire, être sincère « jusqu'à la cruauté » pour lui et pour les siens. Après avoir noté que si Sophie Brionville savait danser et chanter, elle ne savait ni la couture, ni l'orthographe, il donne ce portrait :

« L'enfant charmant devint une femme rayonnante
de beauté. Ses yeux, d'un bleu clair et limpide, étaient
frangés de longs cils; sa bouche, resplendissante de
fraîcheur, était ornée des plus belles dents du monde,
et sa chevelure d'un blond soyeux roulait jusqu'à ses
pieds en flots opulents, que l'âge a blanchis sans les
éclaircir. Cette beauté fatale, qui fut pourtant honorée
jusqu'au bout par une vertu à toute épreuve, a été la
principale cause de tous nos malheurs. La distance
d'âge rendit mon père jaloux, et ma mère eut le tort de
croire qu'une femme pouvait tout se permettre en
ménage, pourvu qu'elle fût honnête et vertueuse, et
qu'elle jouît d'une réputation sans tache. Sa vertu nous
a coûté plus cher que n'auraient pu faire des vices, et
mon père a payé du repos de toute sa vie l'entraînement
de la reconnaissance et l'erreur d'une disproportion
d'âge dans le choix de sa femme. »

Adolphe note surtout chez sa mère les caractères de
la domination et de la ténacité. Ses caprices se multiplient pour n'avoir jamais rencontré la moindre résistance. Elle commence en enfant gâté, finit en épouse
exigeante, altière, intraitable, en mère qui abuse de
son autorité.

Le jugement sévère du fils s'explique par la vive
affection qu'il porte à son père. Il le voit souffrir,
épuiser sa fermeté d'âme contre des piqûres d'épingles,
s'efforçant de cacher aux yeux les scènes qu'il subit, le
spectacle de la discorde conjugale.

VIII

Après le tocsin de Thermidor, les représailles politiques se compliquent de l'assouvissement des haines
personnelles. La réaction des modérés emplit les pri-

sons et ensanglante les places comme la révolution des
violents. On continue à charrier par la ville les gagnants
à la loterie de la Veuve. L'œil pour œil et dent pour
dent qui régit souverainement les rapports des hommes
entre eux apparaît plus visiblement que jamais comme
la loi sociale et la loi individuelle. Ceux qui ont tué
sont tués à leur tour. Samson travaille jusqu'au jour où
plus une tête ne dépasse la foule, où il ne reste plus
dans les rues apaisées et les maisons rouvertes que les
habiles qui ont vécu, les prudents qui attendent, les
indifférents qui cherchent le plaisir.

Dominique Blanqui ne prend pas de part à la réaction, n'intervient que pour se faire rembourser les sept
mille sept cent quatre-vingt-quatre livres douze sols,
pour les avances et déboursés par lui faits pendant les
douze mois et vingt jours qu'a duré sa détention, loyer
de la rue Honoré, loyer de la prison, garde des scellés,
et enfin, assignats et bijoux saisis lors de la perquisi-
tion.

Le jour où sont remises les bois de justice, les
femmes en robes romaines et en tuniques grecques,
nues sous le linon clair et la gaze transparente, les
hommes en habits carrés, bleus, jaunes, verts, engoncés
dans les grands collets, dans les hautes cravates, s'en
viennent danser sur le pavé où le sang bruni est devenu
comme la rouille de la pierre. Puis, brusquement, on
n'entend plus les violons. Paris est rempli des sons
de cuivre des clairons, du tapage sonore des tambours,
de tout le bruit de caissons roulants et de pas cadencés
qui précède en avant-garde le maigre général enflé
tout à l'heure en César. Le temps est venu des soldats
d'aventure, des errants de champs de bataille, marchant
lourdement parmi les citadins timides au retour des
campagnes meurtrières, exhibant leurs blessures et leurs
panaches, leurs cicatrices et leurs décorations, faisant

sonner les trottoirs sous les bottes qui appuient et les
sabres qui traînent. La chair à mitraillé est cataloguée,
immatriculée, enrégimentée, expédiée aux frontières.
Les Français laissés chez eux avec les femmes et les
enfants n'ont plus qu'à faire la haie sur le passage des
troupes victorieuses. L'acclamation, où le silence. Il y
a, là-bas au bivouac, où ici aux Tuileries, un maître qui
n'aime pas plus les discuteurs que les idéologues.

  Ce maître, le girondin sorti de prison consentit à le
servir. Assis de nouveau, en l'an IV, sur son banc de
député, siégeant jusqu'à floréal an V au Conseil des
Cinq-Cents où il prend, comme à la Convention, une part
active aux travaux scientifiques, il est prêt en Brumaire
à remplacer son mandat électif par une fonction
publique. Il ne fut pas le seul à désirer et à accepter
un tel changement de sort. La séduction autoritaire de
Bonaparte s'exerça à la fois sur les émigrés revenus et
sur les républicains survivants. L'Ancien régime et la
Révolution, gagnés par les titres rendus et les titres
créés, par les habits à galons, les croix enrubannées,
les épées inoffensives, se réunirent dans le même bran-
card et s'attelèrent au même char. C'est par suite d'une
de ces déformations particulières à l'Histoire que le
nom de conventionnel est devenu synonyme de bou-
derie héroïque, d'inflexibilité farouche. Si Merlin de
Thionville vendit sa propriété de Bougival pour ne plus
apercevoir les toits de la Malmaison, si Cambon retourna
en exil volontaire après avoir vu les illuminations d'un
Quinze Août, le grand nombre se rua à la curée napo-
léonienne et brigua l'habit de sénateur ou la clef dans
le dos du chambellan.

  Le méridional qui avait voulu autrefois l'annexion de
sa province italienne à la République française devait
être superstitieusement frappé de cette mainmise sur
le pouvoir par un Corse, par un homme de chez lui.

2

Existait-il donc un mystérieux échange de forces entre les deux pays, une solidarité d'infortune et de triomphe établie par la logique de l'Histoire ? Il n'y avait, alors, qu'à accepter les faits, qu'à proclamer la journée du 18 Brumaire « mille fois heureuse », comme le fit l'ancien représentant protestataire de juin 1793, et qu'à s'en retourner à l'endroit d'où l'on était parti.

Le Niçois est d'abord nommé, en germinal an VIII, juge au tribunal correctionnel des Alpes-Maritimes, à Nice, où est né son premier fils, Adolphe, le 21 novembre 1798. Puis, en floréal de la même année, il s'en va comme sous-préfet à Puget-Théniers, dans le même département, à quinze lieues de Nice, au bord de la rivière du Var.

IX

C'est là, après la naissance d'une fille, que naît Louis-Auguste Blanqui, le 12 pluviôse an XIII, 1er février 1805, à une heure du matin. La naissance du fils issu de Dominique Blanqui et d'Augustine-Sophie Brionville est déclarée devant le maire Cayla, en présence des témoins Guibert, secrétaire, et Papon, employé de la sous-préfecture.

Puget-Théniers, au bord de l'eau, au creux d'un massif montagneux, aligné ses maisons en un étroit espace. Les façades, les toits, le clocher carré, dessinent une humble géométrie sur les hautes pentes qui les surplombent, les écrasent. La petite ville semble en prison au-devant de ces grandes murailles obliques. Les enfants, ils sont nombreux, ils seront huit ici, peuvent se croire incarcérés par cette épaisse et dure nature mamelonnée en dômes et effilée en pointes. Le massif du Gourdan s'appesantit sur l'horizon de la

petite ville. Il n'y a pas de communications régulières.
L'hiver, c'est la claustration absolue. Quelques rues à
traverser, à la main du père et de la mère en promenade, ou de la bonne en commissions, les jours animés
de marchés, et on a bien vite la fin du sol à reconnaître
et de l'air à respirer. Les yeux neufs se sont faits peu à
peu familiers au commerce et aux occupations des
quelques centaines d'habitants, ils ont enfantinement
mesuré la tour de la vieille église, les ruines de la forteresse, ils se sont récréés à la culture du mûrier
et à la vie travailleuse des vers à soie. Les oreilles
sont bourdonnantes, dans ce fond de pays résonnant
d'échos, bruits monotones des quelques manufactures,
des tanneries, coups de battoirs tapés au bord de la
rivière.

A mesure que les années passent, que la taille s'accroît, la pensée agrandit cet espace, et les pas plus hardis
le parcourent. Sûrement, il y a quelque chose derrière
ces robustes contreforts alpins, il y a une autre nature,
d'autres villes, d'autres hommes. Le désir d'aller toujours plus haut, toujours plus loin, une inquiétude à
voir l'horizon barré, à regarder surgir les nuages et
les astres en de subites ascensions, ce sont les sentiments qui oppressent la poitrine et qui font virer les
yeux dans ces abîmes aux parois si hautes. Mais les
évasions voulues deviennent possibles, les jarrets des
jeunes marcheurs sont plus résistants, les montées
sont plus sûres. Ils se résolvent à passer ce pont, ils
sont déjà instruits de lecture et ils savent que cette eau
courante, presque tarie en été, mais grosse et char-
rieuse en hiver, les porterait à une Méditerranée immense et toute bleue, où des voiles blanches rasent la
vague, décrivent des courses vers l'orient. Ils décou-
vrent des issues, ils osent quitter le pavé et s'engager
dans les sentes, ils gravissent les degrés des rocs, et

soudain tout le contournement intime de la montagne
les ravit, les panoramas des flancs verts, des sommets
de neige transparente, des lointains bleus et roses,
leur apparaissent.

Les premières végétations de vignes et de figuiers
leur sont déjà familières. L'entrée dans la lumière verte
et sur le sol violacé des forêts de sapins donne des
éblouissements, puis un apaisement à se croire aux
profondeurs sous-marines, dans l'eau glauque et transparente. Mais il n'y a pas le poids et la densité de l'eau,
l'air est léger, subtil, parfumé d'âcre et mielleuse
résine. Les châtaigniers aux troncs robustes, aux fortes
branches coudées, gesticulent auprès des calmes coni-
fères aux rameaux paisibles, droits étendus, et les
fruits en boules vertes hérissées tombent auprès des
strobiles à écailles. Les ébéniers aux fleurs jaunes
s'entrelacent autour des arbres verts. Le pollen se
meut en nuages autour des branches à aiguilles et
descend lentement sur la terre en une épaisse pluie
couleur de soufre. A courir les pentes et à monter les
rampes, d'autres essences se dressent et odorent, l'if
triangulaire aux fruits rouges, les cyprès noirs qui
s'espacent comme des suivantes d'enterrement en
mantes de deuil, les genévriers aux graines enflam-
mées, les sombres mélèzes. Plus haut, ce sont les arbres
aux poumons solides, ceux qui sont les plus durs de
troncs et les plus résistants. Les cèdres se projettent
en forts branchages horizontaux, les épicéas grandis
étalent dès le sol leurs rameaux en pyramides, les
éphèdres mûrissent leurs faux raisins, les sapinières
se serrent et s'élancent aux penchants abrupts, de
toutes parts coulent la poix noire et la térébenthine.
Plus haut encore, après les pâturages, la terre disparaît presque, le roc affleure, les interstices sont percés
de pâles fleurettes suffoquées par l'air vif. Et si les

gravisseurs osaient monter jusqu'à ces sommets dé-
nudés, ils y trouveraient de place en place les lichens
humbles et les mousses malades de l'extrême septen-
trion, les tristes parasites qui palpitent si faiblement,
proche le pôle, quand le pâle soleil a fondu la neige.

Où ils sont arrivés déjà, la course des nuages les
effleure, le bleu de l'éther meurtri à tout instant par de
brefs orages les baigne comme s'ils entraient en un
océan de lumière. Les hauts pics surgissent avec une
violence tranquille au-dessus des chevauchements
escarpés. Au loin, des taches plus élevées encore, indistinctes, des pics, des nuées, que sait-on? brillent en
or ou se rosent au couchant. Les petits regardent,
boivent des yeux, se hâtent à nommer les sommets
d'après la géographie apprise la veille, à deviner un
passage d'après l'échancrure d'un col, la sinuosité d'une
route qui doit serpenter, surplomber, et se précipiter
en cascade pierreuse dans la vallée d'Italie.

Ils redescendent à travers les coupées ferrugineuses,
s'appuient de la main aux roches primitives, piétinent
les calcaires, se retrouvent bientôt dans la senteur fine
des citronniers, dans la verdure d'argent des oliviers.
Auguste adore ces courses, il est petit, nerveux et
infatigable, il s'en va souvent seul, il passe des
journées à respirer les plantes fortes, les fouillis
d'herbes, les émanations des simples, toute la puissante
herboristerie de la montagne. Aussi despotique que
l'odeur, le bruit des eaux emplit le silence, les sources
s'égouttent des trous feuillus, la pluie en marche
tombe en doux égrènements ou en violentes ondées.
Partout, dans toutes les rigoles, à tous les escaliers de
gneiss, de schistes et de granits, la claire eau diamantée
tombe en nappes, se brise en facettes, coule, murmure,
parle, chante.

L'enfant, dans ce gazouillis de nature, connaît la

2.

joie de respirer libre, se délecte à cette ivresse du parfum des feuilles, boit au creux de sa main l'eau emperlée.

X

La famille habite l'hôtel de la sous-préfecture, en face de l'église paroissiale. Il y a un collège où les garçons reçoivent la première instruction : l'aîné seul sera ici en âge d'être envoyé au lycée de Nice. Pour le reste, les Mémoires d'Adolphe constatent que Puget-Théniers, isolé, offre pourtant une parfaite image de tous les pays civilisés : « Il y avait des gens comme il faut et des gens de rien, des administrateurs, des juges, des financiers, des intrigues d'affaire et d'amour, des querelles théologiques, des philosophes, des dévots... tous les éléments de formation intellectuelle et morale dans une petite ville de deux mille habitants. » La vie matérielle était alimentée abondamment et sainement, par le poisson du Var, le gibier, les volailles, les fruits, un pain délicieux. Le décor de la vallée était de cyprès, de figuiers, d'amandiers, d'oliviers, de grenadiers, de festons de vigne. Ce tableau achevé, Adolphe dit avoir reçu l'empreinte méridionale indélébile. Son séjour au lycée de Nice ne change pas sa nature vive et sentimentale, qui revient par saccades à travers son caractère modifié et ses idées en formation. Il prend le respect de l'éducation impériale au son des tambours, avec des doutes qui le traversent parfois. Il reçoit et garde les enseignements d'intégrité et d'honneur de son père. Aux vacances passées à Puget-Théniers, il console l'excellent homme, un peu déprimé par la personnalité et l'humeur difficile de sa femme. Celle-ci, fréquemment enceinte, nourrice de ses enfants, entourée de soins et d'hommages, ne peut se résoudre

à la médiocrité de son sort, et la vie n'est pas facile pour
Dominique Blanqui, mari d'une femme sans prévoyance
et sans résignation, père d'une famille accrue sans cesse.
Toujours il cherche quelque moyen de créer la fortune,
s'obstine à vouloir endiguer le torrent du Var, fait venir
des plants, s'endette, pour assister, deux fois de suite,
au désastre de l'inondation et de la destruction. A la
fin de 1813, il a sept enfants, quatre fils et trois filles.
Il ne peut subvenir à l'éducation complète de tout ce
petit monde, et le jour ne peut être prévu où Auguste
sortira du collège de Puget-Théniers, qui lui donne
seulement l'instruction élémentaire.

Au moins, le sous-préfet avait pris l'habitude et le
goût de l'administration, et un rapport de son supérieur, le préfet de Nice, M. du Bouchage, affirmait, en
1812, sa considération, ses talents, son caractère ferme,
« même un peu sec », son activité, sa bonne manière
de gérer, faisant beaucoup par lui-même, son économie,
son absence de passions dispendieuses. Mais le même
rapport dit aussi le chiffre médiocre de la fortune de
la famille : quinze cents francs de revenus. C'était peu
pour élever tant d'enfants, et c'est la raison d'une idée
qui hante le père et la mère, anxieux de l'avenir.

Ils voudraient se rapprocher d'une tante de Mme Blanqui, tante octogénaire, veuve depuis quinze ans, fixée
dans le département d'Eure-et-Loir, à Aunay-sous-
Auneau, et qui pourrait bien laisser sa fortune à la
nombreuse et intéressante famille. Jean-Dominique a
tout essayé, mis, dès le Consulat, sous les yeux du ministre de l'intérieur, un mémoire exposant sa situation,
célébrant la journée mille fois heureuse du 18 brumaire,
promettant d'élever sa famille dans les sentiments de
reconnaissance et d'amour pour le gouvernement bienfaisant dont elle tiendra son bien-être, et concluant
à l'obtention d'une sous-préfecture d'Eure-et-Loir ou

d'un proche département. Sa femme Sophie a écrit à leur protecteur Fabre de l'Aude, président du Tribunat, et la tante de Sophie, Mme Brionville, a écrit aussi au Ministère de l'Intérieur. Mais aucune sous-préfecture n'est vacante, et voici la catastrophe définitive : Napoléon, vaincu par les alliés en 1814, abdique à Fontainebleau le 11 avril.

Au même moment où l'Empereur, devenu le roi dérisoire de l'île d'Elbe, doit, pour éviter les vociférations et les pierres des provençaux royalistes, faire le voyage d'Avignon à Fréjus, déguisé sous l'uniforme blanc et bleu d'officier autrichien, le sous-préfet de Puget-Théniers est contraint, lui aussi, de sortir de sa maison, de laisser là sa famille. Avec les alliés, rentraient les Piémontais chassés par l'annexion et qui se souvenaient de 1792. Les enfants vécurent leur vie innocente dans ce tumulte. Pour la première fois, de leurs yeux inconscients, ils virent les irruptions de la soldatesque, les allées et venues des dénonciateurs, les perquisitions brutales où les crosses des pistolets sondent les murs, les arrestations où l'arrêté est jeté dans la rue, poussé par des poings qui frappent, par des fusils qui meurtrissent, par des sabres qui piquent. Pendant qu'au lycée de Nice, Adolphe voit les professeurs arborer la cocarde blanche des Bourbons et la cocarde bleue de Sardaigne, et perd quelque peu de son respect pour l'autorité devant les palinodies de ses maîtres, Auguste, à Puget-Théniers, voit les mêmes spectacles, les couleurs de la réaction et de l'étranger mêlées, la cocarde tricolore foulée aux pieds.

Le désastre était grand pour la famille ; Dominique Blanqui forcé de quitter le territoire redevenu sarde, avec huit enfants, pour toutes ressources un arriéré de traitement et la vente du mobilier, permettant de réaliser en tout cinq mille francs. Le lycéen, parti dans

la débandade de Nice, trouva sa mère consternée et son
père très inquiet, dans l'agitation du départ forcé. Et
voilà que tout à coup, la veille de ce départ, le sort
change par un incident ainsi conté dans les Mémoires
d'Adolphe :

« Pendant que nous étions occupés à faire nos préparatifs de départ pour Paris, où mon père espérait, avec
l'aide de ses amis, reconquérir un modeste emploi qui
assurât du pain à ses enfants, il reçut par la poste,
frappée d'un timbre assez fort, une lettre avec sus-
cription d'une main inconnue, au travers de laquelle il
était facile de distinguer des caractères imprimés : il la
fit refuser, craignant qu'elle ne contînt pas autre chose
qu'un de ces milliers de prospectus dont les marchands
de Paris inondaient, sans affranchir, les fonctionnaires
publics. Ma mère, plus curieuse, paya le port de la lettre
et l'ouvrit. Cette lettre, datée d'un chef-lieu de canton
du département d'Eure-et-Loir, était écrite par le juge
de paix et nous annonçait la mort d'une tante de ma
mère, qui devenait une de ses héritières : mon père
était prié de venir recueillir sa part de succession... »
Quelques renseignements d'inventaire annonçaient un
mobilier considérable, argenterie, tabatières d'or, dentelles de prix, linge de corps et de table. La propriété
se composait d'une habitation de maître, dite château
de Grandmont, d'un parc clos de murs, et de terres
labourables.

Le père s'en alla seul pour se rendre un compte
exact de l'état des choses. Il partit, se fixa à Chartres,
dans un grenier, soutint un procès contre l'un des
cohéritiers, gagna la totalité de l'héritage, les autres
cohéritiers s'étant désistés à l'annonce du procès. Cela
prit quelques mois, et ce fut seulement à l'issue de
l'affaire que Mme Blanqui se mit en route avec son fils
Adolphe et l'une de ses filles. Le reste de la famille

suivait sous la conduite de la tante Brionville, qui était
venue habiter Puget-Théniers après la mort de son
mari. Voyage de treize jours, en diligence, fatigant et
triste lorsque furent atteintes les régions bouleversées
par la guerre, villages incendiés, champs de batailles
bossués de morts. De Paris, Adolphe, le premier, s'en
va à Aunay-sous-Auneau :

« Il était, dit-il, neuf heures du soir quand je rejoi-
gnis mon excellent père dans ce manoir qu'il venait de
conquérir et où il m'attendait avec un souper frugal et
une satisfaction ineffable. Au lieu d'occuper les grands
appartements de la maison qui n'étaient pas sans
élégance, il était assis au foyer d'une cuisine immense
où pétillait un feu de bourrées bien entretenu, et je ne
saurais dire à quel point mon cœur fut attendri de voir
cet excellent homme, plus fier du succès de son procès
et de la conquête de notre asile que s'il avait gagné cent
batailles... Le lendemain, au lever du soleil, mon père
vint me trouver au lit et me proposa de faire, en manière de reconnaissance générale, le tour de notre
parc. C'était une enceinte de quinze à seize arpens,
dont la moitié était dessinée à l'italienne, avec de grands
escaliers en ligne droite et en terrasses superposées les
unes aux autres ; de longues allées de tilleuls, coupées
à angles droits sur le vert foncé des prairies, lui donnaient un caractère de fraîcheur remarquable, et le
fond qui s'élevait en amphithéâtre était parsemé de
vieux chênes séculaires... »

Le tout, assez délabré. L'intérieur aussi, avec des
restes de grand air, des lits à baldaquins, en damas de
soie, des fauteuils Louis XV, des commodes en bois de
rose, des pendules charmantes, des tables de toilette
garnies de mousseline. Le malheur, c'est que Mme Blanqui, à peine arrivée, « fut frappée d'une espèce de vertige » devant l'argenterie, les tabatières d'or, les mon-

tres, les dentelles. Elle en jouit d'abord enfantinement, se couvrant de valenciennes et de points d'Alençon pour se rendre à l'église du village, puis elle vendit une à une les tabatières, collection qui représentait une valeur de 7 à 8,000 francs, puis les pièces d'argenterie, les dentelles, les damas de soie, les porcelaines de Sèvres, les pendules, les baignoires, et jusqu'à la batterie de cuisine. « Tout coulait, dit Adolphe, tout fondait en silence sous une main persévérante et invisible.... Je n'ai jamais vu un tel acharnement à vider une maison. » A quoi servait le produit de ces ventes ? A rien. Ni à réparer le logis, ni à éduquer les enfants. Mme Blanqui apparaît surtout légère et fantaisiste. Elle fait de fréquents voyages à Paris, rapporte de la marée, du gibier, des confitures, du café, du chocolat, du thé, des pains de sucre, des robes à la mode, des petits bonnets. Que son mari ou son fils aîné essayent d'arrêter son gaspillage étourdi par un commencement de timides remontrances, elle les arrête net, les supprime par des réponses de ce genre : « Je n'ai de compte à rendre ici à aucune des personnes que je nourris, tous ceux qui ne sont pas contents sont libres de s'en aller. »

Le père Blanqui essaya de rétablir l'équilibre en ouvrant, avec Adolphe, dans la maison de Grandmont, une école primaire qui réussit tout d'abord, mais qui fut bientôt fermée par ordre officiel, ayant été ouverte sans autorisation, et l'instituteur du village ayant porté plainte au procureur du roi.

De même, le fonctionnaire déposé essaya de se faire admettre par le pouvoir nouveau. Les difficultés du présent, la crainte de l'avenir, les sept enfants à élever, — l'un des huit meurt en 1814 — c'est par là qu'il faut expliquer la démarche de l'ancien conventionnel auprès du roi rétabli. Avant de quitter Puget-Théniers, le 1er juin 1814, il s'adressait au nouveau mi-

nistre de l'Intérieur, rappelait sa détention ; « Que
je serais heureux si, après avoir servi ma patrie avec
zèle et fidélité dans des temps déplorables, je pouvais
encore consacrer mes jours au souvenir d'un nouvel
Henri IV sous un nouveau Sully. » Le 8 juillet, sa
supplique rappelle ses treize mois d'emprisonnement
pour « avoir professé des principes contraires au délire
du temps ». Il demande une place analogue à celle
qu'il a perdue : « Comment n'aurait-il pas cet espoir,
ayant le bonheur de vivre sous le plus paternel des
monarques ? »

La démarche est vaine, les Bourbons peu empressés,
malgré le dossier favorable, à user des services du
Girondin de 1793. Celui-ci obtint seulement ses lettres
de naturalisation, en date du 20 décembre 1814.

L'empereur revient, le fonctionnaire va retrouver sa
place. Napoléon débarque, son aigle vole de clocher
en clocher, et lui, met l'empreinte de ses bottes de con-
quérant sur le sol, marche d'un pas pesant et rapide de
ville en ville, à travers les campagnes, monte et descend
les contreforts des Alpes, parcourt la vallée du Rhône,
touche Paris. L'aigle est à Notre-Dame, Napoléon est
aux Tuileries. De nouveau, pendant Cent jours, il règne,
et le sous-préfet administre. Non plus à Puget-Théniers
redevenu italien, mais à Marmande, à deux journées de
Bordeaux, sur la Garonne,

Il n'a pas célé ses démarches auprès de Louis XVIII :
« J'ai cru pouvoir, dit-il, obtenir du gouvernement
éphémère des Bourbons un emploi quelconque qui me
fournît les moyens de faire subsister mes enfants. Vain
espoir ! Je n'étais point émigré et le nom seul de conventionnel faisait frissonner le ministre. J'ai dû me retirer
dans ma terre de Grandmont... » Et le 29 mars : « Par
un événement dont on n'avait pas même l'espoir de se
flatter, la Providence vient de replacer sur le trône un

héros dont les siècles admireront les vertus même dans
ses malheurs : l'Espérance renaît dans le cœur des
Français, elle renaît surtout dans celui du suppliant; le
retour de la famille impériale au trône qui lui appartient
par la volonté de toute la France va sécher des torrents
de larmes : il va sécher surtout celles dont la famille
du suppliant n'a cessé jusqu'à ce jour d'être abreuvée. »

En réponse, Carnot, ministre de l'Intérieur, l'a placé
à ce poste difficile de Marmande, région méridionale
où sévit l'esprit royaliste, où le sous-préfet, malgré son
caractère apaisant, a grand'peine à se maintenir, et
constate chaque matin la disparition du drapeau tricolore de sa porte.

XI

La partie décisive jouée et perdue à Waterloo, le
bateau anglais cinglant vers Saint-Hélène, Jean-Dominique Blanqui, parti seul à Marmande, revient à pied
de Marmande à Aunay, vendant sa montre en route,
apparaissant un matin, en voyageur poudreux, son
bâton à la main, accompagné d'un petit paysan qui
porte son sac.

Il fait de nouveaux efforts pour prendre faveur auprès
des Bourbons réinstallés. En 1818-1819, il revient à la
charge auprès du gouvernement de Louis XVIII, fait
valoir sa « modération à toute épreuve dans des circonstances difficiles » il est recommandé par Lanjuinais, Boissy d'Anglas, Hély d'Oissel, mais rien n'y fait,
c'est la fin de sa vie publique. Il lui faut se résigner à
cultiver son jardin, à soigner ses arbres. C'est maintenant le tour de ses fils d'entrer en scène. Adolphe était
déjà parti une première fois pour Paris avec trois ou
quatre chemises, quelques mouchoirs de poche, et la
pièce de quarante sous que sa mère lui mit dans la

3

main. Il ne trouva que la misère et la faim, paya son
hôtel du prix de quelques copies, dut revenir à Aunay,
où il fut mal reçu par sa mère. Il retourne à Paris
lorsque le retour de Napoléon est annoncé, assiste à
l'arrivée de l'Empereur dans la cour du Carrousel, mais
son voyage n'est pas pour lui plus fructueux que le
premier. Il revient encore à Aunay, où une nouvelle
cause de ruine s'ajoute bientôt aux autres. Les Blanqui
doivent loger, après la seconde entrée des alliés, l'état-
major d'un régiment de hussards prussiens, un colonel
et sept officiers, qui vivent à discrétion, reçoivent des
amis, mangent les volailles, boivent les vins, placent
des factionnaires devant les espaliers et les treilles. Il
faut faire des coupes de bois, abattre des arbres séculaires, jusqu'au jour où Adolphe, qui s'est lié avec un
jeune lieutenant de dix-sept ans, épris comme lui de
latin et de grec, parvient à faire savoir au colonel que
la maison a été choisie par la méchanceté du maire
royaliste et clérical d'Aunay, et qu'il y a là un abus de
pouvoir : dès lors tout change, et c'est le maire qui doit
fournir la subsistance aux officiers, auxquels Mme Blanqui, courageuse et nette de paroles, tenait tête de son
mieux, à la grande admiration de son fils Adolphe.

Celui-ci, enfin, après toutes ses épreuves, parvient à
exister à Paris. Il entre dans une institution de Bourg-
la-Reine, puis dans une autre du Marais, et enfin, rue
de la Chaussée-des-Minimes, dans la pension tenue par
un ancien émigré, Massin, qui le prend comme secrétaire et lui confie une double classe élémentaire, avec
des répétitions de troisième aux élèves qui suivent les
cours du lycée Charlemagne. Lorsqu'il arrive aux
appointements de 1,500 francs, avec le logement et la
nourriture, chez M. Massin, il réalise son rêve qui était
de faire venir à Paris son frère Louis-Auguste. Il
demanda pour lui à M. Massin l'admission à un prix de

faveur, et à sa mère, un trousseau, qui fut refusé. Il
dut attendre quelques mois pour acheter le strict
nécessaire, et enfin, Louis-Auguste lui arriva. Adolphe
le représente comme un enfant charmant, un joli petit
enfant blond, de la physionomie la plus heureuse et
d'une rare intelligence. Il est heureux de le voir « assis
au banc de sa classe, à la table de communion intellectuelle ». Il pare l'enfant de douze ans d'une petite
jaquette bleue à collet de velours. « J'attendais, dit-il,
le dimanche avec impatience, pour l'emmener en promenade avec moi, pour lui faire voir les monuments de
Paris, pour répondre aux questions que me faisait son
ardente curiosité. » Le soir de ces dimanches, ils dînent
ensemble et rentrent à l'institution Massin. L'aîné est
vraiment pour le plus jeune un bon père, et les sentiments qu'il manifeste apparaissent absolument sincères, à travers toutes les considérations qu'il mêle à son
récit, et qui ne peuvent être abordées ici sous peine
d'anticiper sur les événements. Il suffit, pour l'instant,
du compte rendu de la vie scolaire d'Auguste Blanqui :

« Il devint tout à coup l'un des meilleurs élèves de la
maison Massin, et ses succès au lycée Charlemagne
firent bientôt pâlir tous ceux que j'avais remportés au
lycée de Nice. Au concours général des lycées de Paris,
son nom était prononcé avec enthousiasme, et il figurait
l'un des premiers sur toutes les listes d'honneur. Grec,
latin, histoire, géographie, tout était pour lui occasion de
triomphe et de prix... M. Massin, qui connaissait l'intelligence de mon frère, appréciait à sa juste valeur l'éclat
qui en rejaillissait sur son institution, et il avait généreusement diminué pour lui le prix de la pension... »

Adolphe revint avec deux jours de retard d'un voyage
en Angleterre, trouva M. Massin très mécontent, et sur
un mince incident, un retard de deux minutes à une

répétition, ce fut la fâcherie et la séparation : « Monsieur Blanqui, dit le chef d'institution, une leçon d'une
heure dure soixante minutes, comme un congé d'un
mois dure trente-un jours ». Le jeune professeur n'accepta pas l'observation faite violemment devant les
élèves, et prit son congé. L'autre ajouta : « Que fai-
sons-nous, Monsieur, de Monsieur votre frère ? » — « Mon
frère, Monsieur, viendra manger du pain bis avec moi,
je vous présente mes respects. » Et Adolphe Blanqui
disparut, refusa, malgré l'offre, de reprendre ses fonc-
tions de secrétaire ; mais la brouille ne fut pas complète,
il revint comme répétiteur externe, et prit un logement en ville pour lui, son frère, la vieille tante Brionville, qui vint d'Aunay tenir le ménage, et sa sœur
Uranie, qu'il avait fait venir aussi en pension à Paris,
et qui était des leurs le dimanche.

Auguste continua donc, chez Massin, ses études « qui
brillèrent du plus vif éclat, surtout vers la fin, et qui en
firent un des plus fameux lauréats de l'Université ».
Adolphe raconte à ce sujet la distribution des prix de
l'année de seconde, où son frère, dit-il, « obtint une telle
masse de récompenses, qu'il fut matériellement impossible, en revenant de la Sorbonne, de transporter les
lourds et magnifiques volumes, même en nous parta-
geant le fardeau, ma mère, l'enfant et moi ». Il se souvient d'un superbe exemplaire de Rollin, in-4°, relié en
veau fauve et doré sur tranche. Le transport de ces
livres fut l'occasion d'une nouvelle scène maternelle.
Sur la proposition de prendre une voiture de place pour
s'y entasser avec la bibliothèque, Mme Blanqui accabla
Adolphe de reproches, lui demandant s'il était donc
jaloux et envieux des succès de son frère, qu'il voulait
les cacher au fond d'un fiacre.

XII

Pendant six années, de 1818 à 1824, Auguste Blanqui est donc à son rang dans les longues files d'écoliers aux doigts tachés d'encre qui sortent de la maison rébarbative, piétinent dans la rue de la Chaussée-des-Minimes, traversent la place Royale, jettent des regards d'envie aux mioches qui jouent dans la poussière, sous les marronniers, débouchent dans la rue Saint-Antoine par la rue Royale, vont s'asseoir sur les bancs luisants de Charlemagne.

Sur la fin de ses classes, l'enfant devenu jeune homme à la tournure et les allures des enfiévrés de travail, le visage pâle et la barbe naissante des vieux collégiens préparés aux concours qui se battent volontiers avec leurs maîtres d'études. Sa nature amoureuse des règles et des proportions classiques a fait de lui un grécisant et un latiniste, son cerveau à la fois exact et imaginatif s'est approprié les formules des mathématiques et la poésie des nombres, sa curiosité a absorbé la géographie et l'histoire, son opiniâtreté triomphe des difficultés des compositions. Et Adolphe, devenu l'élève de Jean-Baptiste Say, l'économiste Adolphe, qui déjà prépare le cours qu'il professera à l'Athénée, bien loin de jalouser son frère, est pris d'enthousiasme devant ce prodige d'application et de mémoire, et écrit au père Blanqui, retourné là-bas, dans le verger d'Aunay-sous-Auneau : « Cet enfant étonnera le monde. »

XIII

Ce qui se passait entre 1818 et 1824, pendant ces six années de collège, était fait pour passionner jusqu'à

la violence et pour rendre sérieuses jusqu'à la mélancolie ces âmes écolières réduites au silence pendant les
heures des classes et qui voletaient comme des oiseaux
rebelles dans les préaux et les cours des récréations.
La rumeur de la rue entrait par les fenêtres grillagées,
et les gamins en vacances trouvaient chez eux le mécontentement de leurs familles bourgeoises.

Sur un fond de rêve et d'apothéose, les années qui
viennent d'être vécues revivent. Des lueurs éclairent
des dates, dans des nuages de gloires transparaissent
les symboles, le rouge bonnet phrygien, le triangle
égalitaire, l'aigle éployée, le laurier, la courte épée. La
même clarté fait reluire l'acier du couperet et les baïonnettes des régiments en marche. Une tribune se dresse
au-dessus d'un grouillement de foule comme un rocher
dans une mer en tempête. Des mains d'acclamation se
lèvent vers des drapeaux qui se penchent. Des charrettes remplies d'orateurs cahotent au long d'un faubourg. Des champs de batailles traversés de vols
d'oiseaux semblent des cimetières qui auraient vomi
leurs morts. Des figures mystérieuses d'Idées en costumes de déesses apparaissent et disparaissent, gran-
dissent et planent dans les clartés et dans les cris. Un
cheval blanc qui porte un empereur passe dans le frais
matin d'un jour de victoire. Tout se mêle dans cette
vision d'hier qui semble si lointaine. Ceux qui ont
survécu hésitent devant leur souvenir, s'éprennent du
disparate idéal à double profil de République et de
César.

C'est en avant de ce décor fumeux et de cette mêlée
tragique que surgissent, à ras de terre, les personnages, et que s'accomplissent les événements de la seconde Restauration. L'origine du pouvoir protégé par
les armées étrangères n'a pas été oubliée, les yeux des
patriotes voient encore le tsar russe et le roi prussien

défiler sur es boulevards aux acclamations des royalistes, les cosaques d'Alexandre briser, pour se bai-
gner, les glaces de la Seine, devant les anciens soldats
de Napoléon en faction aux Tuileries. Les citadelles
ont été occupées, les arsenaux vidés, les canons
emmenés comme des bêtes captives traînées en laisse.
Blücher a fait miner le pont d'Iéna, les Parisiens ont
dû fournir du tabac et de l'eau-de-vie aux Prussiens,
la maraude a été poussée jusqu'en Bretagne. Il a fallu
payer sept cent millions pour indemnité de guerre. Le
duc d'Anhalt-Bernbourg a réclamé la solde de quatre
mille reîtres mis autrefois par sa famille au service de
Henri IV. Brune a été assassiné à Avignon, et Ramel à
Toulouse. Dans la plaine de Grenelle, on a fusillé La-
bédoyère ; avenue de l'Observatoire, Ney ; à Bordeaux,
César et Constantin Faucher ; à Lille, Chartran ; et encore, à Paris, Mietton et Mouton-Duvernet. Bonnaire est
mort en prison, Debelle et Travot ont été condamnés à
vingt ans de détention. Drouet d'Erlon, les frères Lal-
lemand, Clauzel, Brayer, Ameilh sont proscrits. L'avocat
Didier et ses compagnons d'insurrection sont guillotinés
à Grenoble. Plaignier, Carbonneau et Tolleron, organisateurs du complot des Patriotes, condamnés comme
parricides, ont le poing coupé avant d'avoir la tête
tranchée. Louis XVIII, podagre, les cheveux poudrés,
des épaulettes tressées sur son habit bleu, règne en
France comme à Mitau, par permission de l'Europe.
Marmont, duc de Raguse, caracole aux revues ou
attend son tour de courtisan dans les antichambres.
Fouché fait horreur et Talleyrand inquiète.

Tout cela accompli, les voyez-vous, les élèves de
chez Massin, de tous les âges et de toutes les opinions,
se communiquant ce qu'ils ont appris chez eux, ce
qu'ils ont lu dans le bulletin d'une gazette, les voyez-
vous, s'enthousiasmant dans un élan semblable, ou

s'encolérant dans une dispute, se montrant du regard,
dans la traversée de la place Royale aux briques roses,
le fin, souple et autoritaire jésuite à rabat noir qui
passe, le rouge garde-royal qui se dandine à la place
où se dressait le Louis XIII de bronze ? Les grands qui
s'isolent et mutuellement s'échauffent, se racontent, en
ces années-là, des nouvelles terribles qui les font pâlir,
des nouvelles heureuses qui leur font monter aux yeux
la flamme de l'espoir : — Des exécutions ont été ordon-
nées à Lyon par le général Cannel. — M. Laffitte vient
d'être envoyé à la Chambre, et aussi La Fayette, Manuel,
le général Grenier. Les députés indépendants sont
maintenant quarante-cinq. — Kotzebue a été tué par
l'étudiant Sand. — L'étudiant Lœnig, qui a voulu assas-
siner le régent de Nassau, s'est suicidé dans sa prison
en avalant des morceaux de verre. — Arndt est en prison. — Gœrres s'est réfugié en France. — Au quartier
latin, les étudiants en droit ont protesté contre la destitution de leur professeur M. Bavoux. — L'abbé Grégoire
est nommé député à Grenoble. Les libéraux sont maintenant quatre-vingt-dix. — Révolutions à Madrid, à
Lisbonne, à Naples, à Turin. — Ferdinand d'Espagne
est chassé, Ferdinand de Naples abdique. — Ferdinand
de Naples est revenu. — Maroncelli et Silvio Pellico
sont emprisonnés au Spielberg. — Hier soir, le duc de
Berry a été tué d'un coup de couteau, à la sortie de
l'Opéra. — Louvel a été exécuté ce matin. — La sus-
pension de la liberté individuelle est votée, et une loi
contre la presse, et la censure, et une loi électorale res-
trictive qui envoie une majorité d'ultras à la Chambre.
— Il est né un duc de Bordeaux. Des chansons outra-
geantes sont chantées dans les études et dans les dor-
toirs. — La veuve de Brune, qui a conservé le corps de
son mari chez elle, depuis six ans, obtient un jugement
contre l'assassin contumax. — Napoléon est mort à

Sainte-Hélène! Si l'on respire plus librement aux Tuileries, Paris tombe en stupeur. Hé quoi! ne devait-il pas revenir comme il était revenu de l'île d'Elbe? Les uns ne croient pas à cette disparition. D'autres songent au vague Napoléon II qui vit en Autriche. Mais pour un grand nombre, l'empereur tombé, la République reparaît. — M. de Villèle est ministre. — La Grèce brûle; dans la Méditerranée, autour de Scio, le rouge du sang se mêle au bleu de la mer. — Conspirations militaires. Le colonel Caron est fusillé à Strasbourg. Le capitaine Vallé est fusillé à Toulon. Le docteur Caffé, le général Berton, et quatre autres, sont fusillés à Saumur. La guillotine a été ajustée en place de Grève pour Bories, Goubin, Pommier, Raoulx, les quatre sergents ramenés de la Rochelle. Ils sont quelques-uns qui ont vu de loin la quadruple exécution en un jour de leurs vacances de septembre. Auguste Blanqui est de ceux-là. A dix-sept ans, il assiste au sanglant sacrifice, il voit périr les jeunes hommes, il frémit d'angoisse et de fureur, il garde le souvenir et fait le serment. Forcément, la politique lui apparaît, en de tels jours, comme une bataille farouche et sans merci où l'on joue sa liberté et sa vie. Avec quelle force, au lendemain du drame, les impressions s'échangent dans les groupes d'élèves de Massin. Le cri de Vive la Liberté! a traversé la place. C'est Bories qui a crié. Oui. Non, c'est Raoulx. Tous les quatre ont crié, celui-ci en est sûr. — On va faire la guerre à l'Espagne. Manuel, qui a protesté, a été expulsé de son siège de député. C'est M. de Foucault qui lui a mis la main au collet. — Ferdinand d'Espagne est rétabli. Riego a été pendu à Madrid. — Élections nouvelles. Il n'y a plus que dix-neuf libéraux élus. La Chambre est la Chambre Retrouvée...

Ainsi vont s'exaltant les imaginations neuves. Avant les prochaines aventures de la rue, le branle-bas de

combat s'organise et résonne dans les consciences tres-
saillantes, dans les profondeurs des jeunes esprits.

XIV

Dix-neuf ans! c'est l'âge des grandes lectures, des
lectures sans fin, où les yeux absorbent tout l'imprimé
qui est à leur portée, où la cervelle aux cases impatientes boit les récits, les systèmes, les histoires, les
philosophies, s'emplit de phrases, en reste gonflée
comme une éponge, fatiguée et délicieusement lourde.
Tout cela se répartira de soi-même, sans hâte, en élément intellectuel sûr désormais d'une solide habitation. Les livres fermés, les notes prises, le jeune homme
peut se livrer à l'action, songer à autre chose. La filtra-
tion s'accomplira à son insu, l'excédent viendra en
écume et sera rejeté. Aux heures de sommeil surtout,
dans la petite mort de tout le corps, au plus profond
de la nuit et de la perte de personnalité, quand la face
est blanche, les lèvres gonflées, la respiration profonde,
régulière et douce, poussée en soupirs prolongés, c'est
alors que l'intime travail d'assimilation s'accomplit.
Dans l'agglomération de cellules, si fragile, si petit, et
qui peut contenir tant d'infini, le savoir acquis pendant
le jour et entré comme un flux bouillonnant, s'apaise,
se concentre en des résidus, élimine l'inutile ou le
moins utile, se subdivise par les menus couloirs, s'en
va séjourner aux intimes réservoirs de la connaissance,
marque des étiages.

Le collégien libéré connut cette boulimie de l'adolescence intelligente et cette progressive assimilation.
Désormais, son esprit gardera le concept facile, la pro-
duction incessante, comme les matrices de certains
animaux, fécondées pour toute une existence. Naturel-

lement aussi, en même temps que le désir général
de connaître, des goûts particuliers s'affirmeront en
lui, sa mentalité recevra une marque qui subsistera.
Le temps et les expériences personnelles amenderont
et augmenteront ce premier fonds, mais il restera une
préférence *a priori* de jugement, un siège fait de philosophie, de morale et de tactique politique, L'initiation,
ici, est venue des souvenirs du père, de la facilité du
lycéen, du sang italien. Blanqui jeune va aux auteurs
latins, aux beaux acteurs glabres de la République
romaine, et à la tragédie cornélienne, racinienne, et
même voltairienne, considérée, malgré tant d'autres
éléments compliqués, comme la transposition française
de l'antiquité classique. Les serments des conjurés, les
poignards agités aux mains des Brutus, l'émurent.
L'individu lui parut peu auprès de l'entité, il prit
foi aux syllabes émouvantes de Patrie et de République.

La forme d'opposition violente et secrète forcément
employée sous Louis XVIII et sous Charles X, le car-
bonarisme, surexcite et accapare le jeune homme
sous l'influence du Livre. A peine sorti du collège,
il est affilié à un groupe. L'importation italienne réussit en France, de même que le méridional s'est accli-
maté à Paris. La charbonnerie française est fondée
par Bazard, Flotard et Buchez, le 1er mai 1821, dans
une maison de la rue Copeau. Au-dessous de la Haute-
Vente s'étagent les Ventes Centrales et les Ventes Particulières. Dans l'armée, il y a les Légions, les Cohortes,
les Centuries, les Manipules, c'est le triomphe du voca-
bulaire romain. Mais en haut seulement, quelques-uns
possèdent le secret absolu de l'organisation générale.
Les Ventes de canton enverront un député aux Ventes
d'arrondissement, ces Ventes d'arrondissement corres-
pondront, par l'un des leurs, avec la Vente suprême.

Le carbonaro est seulement tenu de posséder un fusil et cinquante cartouches. On pense pour lui, on le préviendra à temps, il n'a qu'à attendre les ordres des chefs inconnus.

Blanqui, né à la politique sous la Restauration, prend les mœurs d'un conspirateur du temps de la Restauration, et la Vente charbonnière devient pour lui le type idéal de la société secrète, de l'opposition possible.

XV

Il travaille alors de concert avec son frère aîné, il essaie de trouver une situation et de venir en aide aux siens. Tous deux collaborent au *Courrier français* de Valentin de la Pelouse et au *Journal du Commerce*, tous deux trouvent à s'employer à l'École du Commerce, tous deux, allégrement, s'en vont à pied, le samedi soir, passer leur dimanche à Aunay-sous-Auneau. Ils passent pour avoir des opinions dangereuses. Adolphe est très surveillé par la police, et Auguste est déjà signalé. Un rapport de ce temps-là, consacré à Adolphe, mentionne son frère « employé comme lui à l'École du Commerce, et dont les opinions sont également mauvaises ». Aucun fait, pourtant, ne peut être allégué à l'appui de la suspicion. Leur père a même obtenu d'eux qu'ils fassent une démarche auprès du baron Louis, ministre des finances de Napoléon et de Louis XVIII, et auquel le conventionnel a rendu autrefois quelque service. Mais les deux jeunes gens sont reçus avec tant de morgue et de dureté qu'ils s'en sont allés ulcérés, furieux, et que le plus jeune a jeté la porte derrière lui avec violence. Il leur faudra, décidément, ne compter que sur eux-mêmes. Adolphe s'engage de plus en

plus dans l'étude de l'économie politique. Auguste
cherche et trouve une place de précepteur.

C'est au château de Blagnac, bâti dans les rocs qui
surplombent la Garonne, qu'il a son premier contact
avec la vie. Il est le précepteur du fils du général
Compans, qui a eu les mêmes phases d'existence que
Dominique Blanqui, qui est parti volontaire sous la
République et qui est revenu dignitaire de l'Empire. Le
jeune précepteur instruit son élève, parcourt le pays,
continue ses lectures. Il partage sa vie en sociabilité et
en solitude, causeur et gai avec le général, sérieux
et réfléchissant dans la chambre où il loge. Des habitudes d'enfance se prolongent et s'incrustent en lui,
il n'a pas souci du froid, couché en hiver sa fenêtre
ouverte, la neige voletant jusqu'à son lit. Le goût d'une
alimentation particulière s'affirme. Le vin, le café, les
liqueurs, les épices, la viande, lui causent des répul-
sions, font se contracter son estomac. Sa nervosité
n'admet guère que les légumes, les salades sans huile
ni vinaigre, ni sel ni poivre, les fruits, le lait, l'eau
surtout, bue à longs traits. Il n'a pas souci des cuisines
où les volailles tournent devant les troncs d'arbres em-
brasés, des celliers où se rangent les fioles blanches et
rouges. Il mange vite, se promène sur la terrasse haute
de trente mètres au-dessus du fleuve, court l'habitation
xvii° siècle qui a appartenu à des enrichis, à des magistrats, et dont les pelouses et les charmilles dessinées
par Le Nôtre ont été changées en parc anglais. Il écoute
disserter longuement le vieux soldat qui se repose là
des batailles et des siéges, qui achève de cicatriser ses
blessures, qui songe à Ney dont il a voté la mort, qui
finit sa vie en simplicité et en bienveillance, ouvrant sa
maison à tous, aux buveurs et aux amoureuses qui font
de son parc anglais un endroit de déjeuners, de danses
et de baisers, un Tivoli et un jardin d'amour.

4

Le petit précepteur de vingt ans, pâle et silencieux,
passe au milieu de tout cela, les yeux déjà ouverts en
dedans sur le commencement du songe intérieur. Son
caractère s'indique et se façonne à l'égal de son maigre
corps, sa dure sobriété s'augmente jour par jour de
douceur voulue, de moquerie errante au sourire, d'ironie
cachée derrière le masque maigre, couvrant de calme
la vivacité inquiète d'un méridional taciturne.

XVI

Après les deux ans passés à Blagnac, au retour à
Paris, fin de 1826, pour être répétiteur chez Massin et
préparer son droit et sa médecine, Blanqui retrouva la
ville fort excitée. Charles X a aggravé Louis XVIII. Le
milliard a été distribué aux émigrés, la loi du sacrilège
a été votée, la loi d'amour va l'être. Les étudiants
sortent des écoles, se rassemblent devant les cafés,
tiennent la chaussée devant les sommations et les
charges. Le répétiteur de chez Massin est parmi eux,
est blessé trois fois en 1827, en avril d'un coup de sabre
rue Saint-Honoré, à l'occasion de la loi d'amour de
M. de Peyronnet, en mai, d'un autre coup de sabre sur
le pont Saint-Michel au cours d'une manifestation contre
le jésuite Récamier. Mais c'est le 19 novembre 1827,
lendemain d'élections libérales, qu'il a la nette perception de la guerre des rues, à l'angle de la rue aux Ours
et de la rue Saint-Denis. C'est le soir, au carrefour sou-
dainement élargi, entre les hautes maisons fermées en
hâte, muettes et tragiques, qu'il entend distinctement
le pas de discipline des soldats, qu'il les voit tous
habillés semblablement, faisant les mêmes gestes, le
bruit du chien qu'on arme, la rangée des fusils abaissés,
une fusillade qui part en éventail avec du crépitement

et des sifflements, et le maigre jeune homme vêtu de noir tombe, une balle au cou, se relève, est emporté, caché, ramené chez lui. La mère, est la patiente garde-malade, peut prévoir déjà le destin de ce fils blessé qui attend la guérison pour recommencer ses équipées.

Il vit de son métier de professeur, trouve des leçons particulières chez Mⁱˡᵉ de Montgolfier, est agréé dans une pension de jeunes filles, où il a pour élève Amélie-Suzanne Serre. La mère de celle-ci le distingue, il y a communauté d'opinions, et le jeune homme, bientôt, est admis au foyer de famille.

XVII

Amélie-Suzanne Serre écoute la leçon dans une pièce de l'appartement ouvert à grandes fenêtres sur la place Royale. La jolie fillette bien coiffée, le buste haut monté, en robe longue, déjà presque une femme, brune de cheveux et rose de visage, est tout heureuse et attentive auprès de ce jeune maître d'apparence sévère, qui se fait si bienveillant pour elle. A coup sûr, de l'homme de vingt-deux ans et de la jeune fille de treize ans, c'est celle-ci qui éprouve la première sympathie mystérieuse. La vive et émotionnante passion de l'adolescence fait battre son jeune cœur sous le corsage canezou et la couleur zinzoline. Amour d'aurore, premier balbutiement de la passion que l'homme ne sait pas toujours entendre et comprendre. Entendra-t-il, ce préoccupé Blanqui, sorti pour retourner à la politique, et que des yeux brillants suivent du balcon, se retournera-t-il pour voir les gentilles mains impatientes et la gracieuse silhouette penchée?

Il entendit et il comprit. Mᵐᵉ Serre était favorable au jeune homme, et l'architecte Serre ne dit pas non le jour où il devina l'entente. Il n'y avait qu'à laisser vieillir un peu le jeune homme, qu'à laisser grandir la jeune fille.

XVIII

Blanqui voyage en 1828 et en 1829. Instinctivement, il est retourné à son lieu d'origine, vers le pays de soleil aux tièdes hivers. Il veut parcourir à pied, sac au dos, le midi de la France, gravir les Alpes, entrer en Italie, retrouver la fraîcheur de l'eau, l'odeur des feuilles, marcher sur les routes, entrer dans les villages pierreux, dévorés par le feu du ciel, sans une tache de verdure, leurs maisons poussiéreuses indistinctes des talus arides, sous le règne de la lumière.

C'est au cours de ce voyage que Blanqui entre pour la première fois dans l'ombre d'un cachot. Son nom, inscrit et prononcé à Nice, éveille le souvenir de son père dans la mémoire des fonctionnaires italiens. Il est inquiété, interrogé, incarcéré. Subitement, il se trouve seul, dans un jour mesuré, écoutant des pas de guichetiers dans les couloirs.

Mais il était difficile, quelque idée qu'on en eût, de garder longtemps ce jeune homme coureur de routes. La porte s'ouvrit sur la clarté, le prisonnier recommença de circuler. Il brusqua son voyage en Italie, visita Bordeaux, partit pour l'Espagne, subit la cuisson du soleil sur les chemins brûlés et dans les défilés de roches. Il rentrait à Paris le 9 août 1829.

XIX

La littérature de cette année-là était passionnée et batailleuse comme la politique. Pendant trente ans de

révolution et de guerre, l'homme tout à l'action n'avait
pas connu l'enfièvrement intellectuel. Les passions
spéciales que font naître les éclosions d'idées et les
formes de phrases ne furent éprouvées de nouveau
qu'au moment de l'accalmie sociale, de la lassitude
de mouvement. On s'avisa alors de la grandeur de Cha-
teaubriand. Lamartine et Vigny résonnèrent comme
des harpes dans le silence d'un soir. Avec Hugo, les
cervelles s'échauffèrent. Les jeunes hommes qui
n'avaient pu jouer de rôle sur les places publiques,
dans les assemblées et sur les champs de batailles, se
créèrent des clubs dans les cafés littéraires, s'enrôlèrent
pour des Jemappes et des Austerlitz de théâtres, se
fusillèrent de réparties et d'articles devant des tableaux
du Salon.

On observe des marches contraires si l'on met en
comparaison l'évolution littéraire et l'évolution politique du temps de la Restauration. L'opposition libérale et l'opposition révolutionnaire, nées du xviiie siècle,
furent classiques, gardiennes des traditions de l'ancienne France, les révoltés du langage et de la mise en
scène furent des néo-catholiques et des légitimistes.
La génération républicaine et bonapartiste avait été
habituée à l'imitation latine des orateurs et des pamphlétaires de la Révolution, avait été asservie par le
professorat de David érigeant en lois esthétiques l'en-
têtement des copies et la banalité des réminiscences.
La tragédie, l'ode, la satire, la fable, les coupes admises,
les règles du goût, telles étaient les revendications
inscrites, par tactique, au programme d'art des nova-
teurs de la politique. Mais ce n'était pas seulement
dans leur camp que s'affirmait le singulier malentendu.
Ceux qui arrivaient avec la volonté de bouleverser les
formes anciennes et de mettre la langue en liberté se
réclamaient de pensées rétrogrades et aboutissaient à

des formules d'agaçante et despotique rhétorique. Leur
vision et leur amour de la nature, c'était là le nouveau,
apporté au siècle dernier par Rousseau, qu'ils repre-
naient en ce siècle. Par contre, leur connaissance de
l'humanité n'allait pas de pair avec leur compréhension
des choses. Leur enthousiasme était pour le christianisme et pour le moyen âge, ils officiaient dans la
cathédrale et s'attendrissaient sur le château en ruines.
Leur aversion pour la tourmente sociale qu'ils ne
jugeaient pas d'ensemble, leur fatigue de la vie, les
enflammaient de l'amour pour ce qui n'existe plus, les
conduisaient aux solitudes où subsistent des décors
d'autrefois, les incitaient aux apologies de la tiare et de
l'épée. Ce qui différencie les romantiques des vrais
classiques, c'est le goût du factice et l'absence de conviction. Il faudra encore du temps pour que la tradition
soit reprise et continuée, pour que l'équilibre réappa-
raisse. L'œuvre d'Hugo, toutefois, contient déjà un
germe de renouveau politique et social, et le romantisme annonce son évolution. La grande histoire de ce
temps de recherches et d'inquiétude sera écrite par
Balzac, venu du passé et découvrant l'avenir.

Vers 1830, nul doute n'existe sur les préférences des
agissants. Les romantiques sont épris de costumes, de
silhouettes de vieilles villes, d'amours fatales, d'hé-
roïnes livides, de fioles de poison, de trônes, d'autels,
de manoirs et de cloîtres. Les républicains applaudissent
Casimir Delavigne, se délectent de Courier, chantent
les chansons de Béranger.

XX

Blanqui, en ces années de politique et de littérature,
fit honneur à son éducation et à son parti. Il eut en

dédain les ennuyés excentriques vêtus de pourpoints,
il sourit en sectaire politique des émeutes de théâtres,
il eût signé les réquisitoires d'Armand Carrel contre
Hugo. D'ailleurs, il s'intéressait davantage aux bulle-
tins des journaux, aux dissertations des premiers-Paris,
aux débats doctrinaires des Chambres. Le jour où Polignac devenait ministre, le jeune homme entrait au
Globe comme sténographe. Il ne fournit d'autre apport
au journal d'opposition que le compte rendu des
Chambres, ne recherchant pas les parlotes de rédaction, parlant peu, écoutant beaucoup, observant à
la façon des fermés et des méditatifs. Il y avait là,
comme dirigeants de littérature, de philosophie et de
politique, Guizot, Cousin, Villemain, Barante, Broglie,
et le nouveau venu put entrevoir des silhouettes im-
portantes et entendre des paroles mesurées. Il apercevait plus souvent ceux qui étaient les actifs confection-
neurs du recueil doctrinaire, Rémusat et Jouffroy, Dami-
ron et Vitet, Duchâtel et Duvergier de Hauranne, Mignet
et Ampère, Dubois et Barthélemy-Saint-Hilaire, Sainte-
Beuve et Thiers. Mais les rapports étaient surtout habituels avec Pierre Leroux, administrateur et secrétaire
de rédaction, et Dubois, directeur. Ambitieux de belles
destinées pour ce *Globe* auquel il donnait sa vie, Dubois
l'avait fondé d'abord recueil de critique philosophique
et d'indépendance littéraire, en 1824, examinant librement les opinions, prenant parti contre la littérature
endormie et poncive de l'Empire, et il l'avait établi
immédiatement journal politique, en 1828, après la
chute du ministère Villèle et l'abolition de la censure.
Journal politique détesté du pouvoir, surveillé, condamné, et qui s'annonçait déjà comme la serre-chaude
du juste milieu, la tiède atmosphère où devaient croître
les hommes d'État de l'orléanisme.

XXI

Le militant de la politique ne fut pas seulement occupé alors par ces physionomies à grands cols et à cravates solennelles. Les débats législatifs autour du ministère Polignac ne lui prirent pas son temps au point qu'il ne lui restât quelques heures pour ses fréquentations d'intellectualité et de sentiment. Sa physionomie s'éclaire et il raisonne sur la vie du cœur, il écoute et il cause, dans le salon de Mlle de Montgolfier, où le jeune précepteur rencontre des femmes préoccupées d'esprit, des jeunes gens en travail de pensée. Et surtout, il retourne chez son élève, Amélie-Suzanne Serre : elle a seize ans, lui, vingt-cinq, l'union de leurs deux vies apparaît possible, il lit dans son cœur à lui, et dans son cœur à elle, ils s'expliquent, et ils se fiancent. L'aube d'une existence d'affection profonde se lève sur la vieille maison et sur le jardin tranquille de la place Royale. Mais toutes les paroles de ces dialogues de douceur se sont évaporées dans l'air, leur signification n'est restée qu'au cœur des morts en confidences définitivement scellées. C'est à peine si l'on peut évoquer, dans l'embrasure de la fenêtre où d'autres sont passés depuis, le jeune homme et la jeune fille de 1830, qui causent avec les gestes vagues de figures très anciennes. L'amour lointain, qui fut si ardent et si profond, n'est plus, dans la reculée du temps, qu'un souvenir fixé par les attitudes et par les vêtements, le puéril et le vieillot d'une gravure de modes.

XXII

Au matin de Juillet où les ordonnances paraissent au *Moniteur*, Blanqui entre au *Globe*, trouve les rédacteurs

réunis, toute la maison inquiète et bouleversée. Il
lit, devine la conclusion des événements, affirme :
« Avant la fin de la semaine tout sera terminé à
coups de fusil. » Jouffroy veut prophétiser l'ordre en
face du révolutionnaire : « Il n'y aura pas de coups
de fusil. » Le lendemain, nouvelle réunion, à laquelle
assiste Dubois, échappé de la maison de santé où il
était alors retenu prisonnier. Il y a là Cousin, Pierre
Leroux, Béranger. Blanqui invite ses collaborateurs
à former un comité insurrectionnel. Ceux-ci préfèrent
attendre, laissent partir leur dangereux auxiliaire :
« Les armes décideront, dit-il en sortant, quant à
moi, je vais prendre un fusil et une cocarde tricolore. » — « Monsieur, dit Cousin, le drapeau blanc est
le drapeau de la France ! » Mais l'autre est déjà loin, il
court à la Grève, voit le drapeau tricolore sur Notre-
Dame, il se perd dans le brouillard de fumée et dans
le tumulte des trois journées qui s'appelleront les Trois
Glorieuses.

XXIII

C'est une rumeur énorme, éclatant en catastrophe, un
assaut de vent et un déchaînement d'orage. La foule
irrégulière se forme ici, se disperse là pour se reformer
ailleurs, en inondation capricieuse et volontaire qui
chercherait le point faible à envahir. Il y a, autour de
certains îlots, le Palais-Royal, les Tuileries, l'Hôtel de
Ville, de grandes arrivées d'hommes, en vagues d'abord
silencieuses et irrésistibles, puis précipitées et
bruyantes, une marée qui envahit et qui tout à coup
recule, comme une tempête de mer qui avorte. Le flot
compact se retire, se disperse en ruisseaux par
d'étroites rues. Quelqu'un qui aurait regardé Paris à
vol d'oiseau, — et n'est-ce pas le cas lorsque l'on

observe avec la reculée du temps, équivalente à la
reculée de l'espace? — celui-là aurait vu ces noires
arrivées et ces rétrogradations subites comme de tor-
rentielles coulées d'eau, de désordonnés bouillonnements, des remous furieux, des vides subitement pro-
duits, de mornes accalmies, et des retours plus vifs et
plus furieux que les premiers assauts.

Le flux révolutionnaire bat à pleine eau et avec toute
sa force les vieux contreforts des forteresses monarchiques. Les pierres grises, les hautes murailles des
églises et des palais, sont tristes aux soirs, après la
chaleur et la lumière du jour, se dressent inutilement
comme des falaises friables et des rochers rongés, au-
dessus de cet élément nouveau qui les assaille sans
cesse, qui mine leurs assises et fait trembler leurs
faîtes. La violence s'ordonne, se canalise et se renforce.
Les fleuves de foules, hurlants de voix et phosphores-
cents de coups de feu, trouvent leur cours, se préci-
pitent dans toute la largeur de chaussée des boulevards,
de la rue Saint-Antoine, des quais, se cherchent, se
rejoignent, enserrent et baignent Notre-Dame et le
Louvre, règnent en une amplitude et une enflure de
haute mer victorieuse.

XXIV

Pour le détail des événements de ces journées et de
ces nuits, si l'on consulte les témoignages, journaux,
mémoires, relations écrites par des acteurs et des spectateurs de ce bref drame politique en trois parties,
c'est la classique agitation commençant en émeute et
finissant en révolution. Le 27, on lit les journaux dans
le jardin du Palais-Royal, des jeunes gens montent sur
des chaises avec la juvénile certitude de recommencer

Camille Desmoulins, la force armée chasse les discuteurs. Il y a une fusillade imprudente rue Saint-Honoré, vers la rue du Coq, des cadavres sont portés à la Charité, et le mécontentement frondeur devient immédiatement, au spectacle de ces morts, la fureur en action, le désir de vengeance, l'enthousiasme du sacrifice. Le soir, les régiments de la garde sont venus de Courbevoie, Rueil, Versailles, il y a de l'artillerie sur la place du Carrousel. Les passants très excités attaquent les patrouilles, enlèvent les armes et la poudre des armuriers, barrent les rues de poutres et de cordes pour empêcher les charges de cavalerie. Trois mille réverbères ont été brisés. Paris néanmoins se couche et dort.

Mais le 28, il se lève de bonne heure. Les yeux à peine ouverts, il crie : Vive la Charte! A bas les Ordonnances! Il ne sait pas exactement ce que produira la Révolution, mais il va d'abord la faire. Charles X parti, on avisera. Tous les gens qui apparaissent à pointe d'aube, sur le seuil de leurs portes, ont un insigne guerrier sur le corps, un baudrier, une giberne, un képi, et à la main une arme, sabre, bâton, fusil, outil. Les Écoles de Droit et de Médecine s'organisent. Polytechnique se montre. Les escouades s'en vont, en blouses, en paletots, en manches de chemise, livrer une bataille sans ordre aux dix-sept mille deux cents hommes de troupes royales et aux douze pièces d'artillerie massées sur la place de la Concorde. Les groupes vont et viennent, battus ici, recommençant là, prenant l'Hôtel de Ville, le quittant, le reprenant, piquant un drapeau tricolore aux tours de Notre-Dame, sonnant le tocsin, montant des pavés sur la porte Saint-Martin. Puis, une correction d'attaque se dessine, les futurs ingénieurs de Polytechnique dressent des plans de terrain, dirigent les marches. La tentative de Marmont

pour cerner les insurgés par les boulevards et les
quais, cette tentative n'aboutit pas, la jonction de ses
troupes échoue rue Saint-Antoine, sous la tombée de
pavés et de meubles lancés des fenêtres. Malgré la distribution aux troupes d'un mois et demi de solde, et
l'installation de baquets de vin dans les campements
et dans les casernes, les soldats commencent à se las-
ser de cette harcelante guerre des rues, murmurent,
manœuvrent et tirent au hasard, lèvent la crosse en
l'air. Ce soir-là Paris ne se couche pas. Pendant que
l'armée est inactive, il dépave toutes ses rues, barricade toute la ville. De cinquante pas en cinquante pas,
les voies sont obstruées par les charrettes, fiacres,
omnibus, diligences, tonneaux remplis de terre et de
pierres, arbres des boulevards. Il y a des pavés plein
les maisons, les femmes et les enfants les lanceront sur
les soldats de Raguse.

Le 29, la royauté ne garde plus à Paris que les apparences en décors de son autorité séculaire, les soldats
de Charles X tiennent seulement les Tuileries, le
Louvre, le Palais-Royal. Le chef proclame une suspen-
sion d'hostilités, mais c'est une proclamation sans solennité, presque à huis clos. Il en est réduit à faire distribuer des affiches manuscrites, par ses officiers, aux
premiers rangs des insurgés qui cernent les régiments
fatigués. D'ailleurs, il n'est plus temps. Les Tuileries,
le Palais-Royal sont pris, le drapeau tricolore, sur le
Louvre, ondoie dans la lumière.

XXV

Il est bien difficile, dans une telle mêlée confuse,
d'apercevoir des attitudes particulières, dans une telle
énormité de bruit, d'entendre une phrase nette. Le

mouvement et la clameur emportent les détails. C'est
seulement aux premiers plans, hors de la brume de la
bataille, que les journalistes et les caricaturistes, qui ont
été, ces jours-là, les petits observateurs de la rue, ont
pu trouver à fixer quelques traits de la physionomie de
Paris combattant. Ce qu'ils nous en ont transmis suffit
pourtant à nous renseigner sur l'en-avant populaire,
sur l'atmosphère d'enthousiasme respirée par les rues,
sur l'héroïsme de grand drame et sur le comique
puéril.

Cette situation exceptionnelle de dépaveur de rues,
de gardien de barricades, de tireur de coups de fusil
sur des uniformes, devient immédiatement légendaire,
et l'ouvrier de Paris en révolution reste dans le livre et
dans l'image comme un grognard de la guerre des rues,
un révolutionnaire expérimenté, circulant à moitié nu,
une giberne et un sabre attachés en sautoir sur sa chemise, coiffé en roi d'Afrique, d'un képi galonné ou d'un
chapeau à plumes, sans argent, éreinté, magnanime,
noirci de poudre et suant sous le soleil, réclamant avec
ostentation de l'eau quand on lui offre un verre de vin,
s'installant sur le fauteuil du trône à la façon des sans-
culottes de 93, fouillant ses compagnons à la sortie des
appartements royaux, fusillant les voleurs. Regardez
les dessins de Charlet et de Raffet, lisez les relations
en forme d'apothéose vendues, quelques jours après la
bataille, au profit des veuves, des orphelins et des
blessés, et le combattant faubourien vous apparaîtra.
Ces violents coloriages et ces naïfs récits, qui consti-
tuent une sorte d'imagerie d'Épinal des révolutions,
nous conservent les mémoires bavards de la rue, la
croyance spontanée à toutes les vertus populaires, l'a-
pothéose de toutes les silhouettes qui ont surgi à travers Paris dépavé. Dans ces relations hyperboliques, il
y a des extases devant un médecin qui a tiré cinq car-

touches sur les lanciers, et qui se livre ensuite avec
zèle au pansement des blessés qu'il a faits, il y a des
étonnements extraordinaires devant la mort de cet
Anglais frappé d'une balle à la tête, au moment où il
s'avançait à la fenêtre de l'hôtel qu'il habitait, rue
Saint-Honoré, pour jeter des pavés sur les troupes
royales. Un homme du peuple trouve l'épée de Charlemagne. Des troupes défilent portant des pains et des
poulets embrochés aux baïonnettes. De nombreux héros subissent les embrassements de La Fayette. Des
femmes habillées en hommes vont au combat comme
des amazones de faubourgs. Des loustics d'ateliers
font des mots sur leur fusil. L'israélite joue un rôle, et
l'on voit se manifester le Polonais. On voit surgir aussi
Gavroche en avance. C'est lui, l'adolescent, qui s'empare d'un homme à cheval armé d'un fusil et porteur de
dépêches de la Cour. C'est lui, le jeune citoyen qui va
prendre un officier supérieur à la tête de son régiment
et qui l'amène désarmé et dévêtu. C'est lui, le jeune
écolier qui dirige cent cinquante hommes environ, et
qui monte la garde pendant deux jours et deux nuits.
C'est lui, l'enfant de quinze ans qui ordonne à un officier
de cavalerie de crier : « *Vive la Charte!* » qui lui casse
la tête d'un coup de pistolet, qui se jette à plat ventre
pour éviter une décharge, qui se sauve et revient chercher sa casquette tombée sur la place.

La conclusion, c'est l'emprisonnement des ministres
à Vincennes, l'intrigue orléaniste solidement nouée, les
combattants entraînés à Rambouillet, à la chasse du
roi de la veille, pendant que l'on fabrique le roi du lendemain, Louis-Philippe, le roi-citoyen, sur le trône à la
place de Charles X, et finalement, la lente descente sur
la Seine, de la Morgue au Champ de Mars, d'un bateau
chargé de cadavres, les uns dans des bières, les autres,
nus, enfouis dans un lit de paille et de chaux vive. Le

drapeau noir flotte à grands plis sur le ponton funèbre.
Une odeur de chair en putréfaction traîne sur l'eau de
la rivière, toute bleue, dorée et miroitante sous la lumière torride du ciel d'août. Le peuple s'accoude aux
parapets des quais, grouille sur les berges, acclame le
charnier humain qui s'en va à la dérive.

XXVI

Le dernier soir, le 29, alors que la fumée cuivrée
des coups de feu se mêlait encore aux vapeurs roses
du couchant, il y avait, dans le salon de Mlle de Montgolfier, quelques personnes rassemblées, causant, tombant en de longs silences, allant aux fenêtres, écoutant
les bruits de la rue. Après qu'un pas a monté l'escalier
et que la porte s'est ouverte, c'est Blanqui l'insurgé qui
apparaît avec la décision du triomphe, la bouche et les
mains noires des cartouches déchirées et des balles
parties, odorant de poudre et aspirant l'âcre parfum de
la bataille gagnée, aussi doux qu'un bouquet de printemps et qu'une chevelure de femme. Il s'arrête sur le
seuil et laisse tomber son fusil dont la crosse heurte
lourdement le parquet, dont le canon et la baguette
sonnent avec un bruit de cristal et de chanson. Et le
bruit, et la pesée, et le geste sont en rapport avec les
paroles brutales et ironiques qui sont prononcées les
premières. « *Enfoncés, les Romantiques !* » s'écrie l'étudiant qui rassemble en un cri ses haines politiques et
ses colères littéraires, son goût de la mesure et des règles, son aversion du lyrisme, de la phrase et de la
cathédrale. Parole profonde et significative, nette et
brève comme un éclair qui illumine subitement les cerveaux de 1830, épris de traditions opposées, acquis à
la tragédie ou au drame, influencés par l'École, par le

Musée, par la Bibliothèque, par toutes les formes d'art, par tout l'imprimé, par toute la vie morte, songeant au forum ou au cloître, éblouis par le tribun et par le consul, ou par le pape et par l'empereur.

L'annonce que la révolution du jour équivalait à la défaite de la littérature nouvelle fut au moins entendue, sinon admise, par l'un de ceux qui se trouvaient là. Ce jeune homme au fin et long visage, émacié et pâle, qui a déjà publié un précis d'histoire moderne et une étude sur Vico, c'est Michelet, Michelet dont l'esprit erre alors à travers les cryptes romanes et les nefs gothiques, et qui s'efforce à réveiller les morts de l'Histoire.

XXVII

Lendemains de révolutions! Réveils surpris de ceux qui se sont endormis dans la fièvre de l'action, les rêves agités des héroïques turbulences, et qui se retrouvent au matin, engourdis dans la stupeur des rapides événements accomplis, rappelant leur mémoire, s'efforçant de formuler en notions exactes les péripéties troublées de la veille. Les enthousiastes qui couraient par les rues, bondissaient aux péristyles des palais, jetaient vers le ciel de grands cris d'espoir et de triomphe, sont étourdis de la victoire et lassés du mouvement. Leur corps est abattu par la fatigue, leur esprit immobilisé par la courbature morale. Ils s'interrogent, surpris, les bras cassés comme au second jour des ivresses et des coups de passion, se demandant quel vin d'illusion ils ont bu, quelle ardeur de jeunesse et d'amour est montée à leur cerveau. L'énergie s'en va donc en contemplations, le vouloir n'a pas de suites, les acteurs redeviennent spectateurs. C'est qu'ils ont cru jouer une pièce entière alors qu'ils n'ont figuré que

dans un prologue. Une autre troupe va venir qui s'est
tenue à l'écart pendant le tumulte, et que le manque
de ténacité des bruyants encourage. Ces nouveaux
venus vont ordonner le désordre, remettre presque
tout en place, changeant seulement quelques étiquettes.
Ce sont les fins, les méticuleux, les avisés, les huissiers,
les notaires, les avocats, les hommes d'affaires qui
liquident les révolutions. Ils ont apporté en naissant le
sens gouvernemental, ils connaissent les rouages précis
et les ressorts agissants, ils savent les marches pru-
dentes et les concessions utiles, et qu'il faut bien se
garder de rien changer au train des choses et au sort
des hommes. Ils sont graves, s'expriment avec solennité, et on les croit volontiers sur parole quand ils
affirment leur prédestination et leur compétence. Après
les coups de feu et les renversements de trônes, ce
sont eux qui rassurent la société par des affiches et des
décrets que lisent bénévolement les combattants de la
veille redevenus les bons flâneurs de la rue.

XXVIII

C'est cette sensation de force épuisée, de désillusion
soudaine, qui retentit aux vers de la *Curée* de Barbier,
quand, les barricades encore dressées, la royauté orléaniste s'annonça comme le résultat de la bataille des
trois jours. L'effet fut prodigieux, à la vue de cette
Muse brutale sautant d'un tel élan sur la place publique
encore sonore des coups de fusils, encore obscurcie
de la vapeur de la bataille. Tout se tut pour écouter
cette voix haletante qui racontait les héroïsmes de la
lutte et les compromis du lendemain de la victoire.
L'accent était rauque, le mot cru, la langue fruste. Les
vers de longueur inégale, les terribles iambes boiteux

5.

et furieux semblaient bondir par-dessus les pavés bou-
leversés.

Tous ceux que l'avènement de la « meilleure des
Républiques » avait déçus, tous ces démocrates qui
avaient pris le fer au poing et armé leur fusil pour jeter
la monarchie à bas, et qui voyaient une nouvelle monarchie profiter du sang versé, tous ceux-là applaudi-
rent aux dénonciations et aux anathèmes du poète. Ils
crurent sans doute que tout n'était pas perdu puisque
les jeunes gens retrouvaient de tels accents. Cette
poésie révolutionnaire, cette verve faubourienne, cette
formidable satire étaient des armes avec lesquelles on
pouvait recommencer le combat. Ils ne savaient pas
que la littérature a ses lendemains de sommeil, de
mollesse et de scepticisme comme la politique, et que
le poète qui avait jeté ce cri était déjà retombé au
silence.

XXIX

Auguste Blanqui fut de ceux qui ne désarmèrent pas.
Un mélange se fit à cette époque dans son caractère, un
courant de négation, ou plutôt de méfiance, s'établit
dans son esprit parallèlement au courant de croyance. Il
continua de penser violemment qu'un groupe d'hommes
déterminés pouvait commander une situation et changer l'état d'une société, et en même temps, il affirmait
avec colère et pessimisme qu'aujourd'hui était forcément semblable à hier, et que demain serait semblable
à aujourd'hui. Sa critique de l'au jour le jour des événements, du mauvais vouloir universel, de l'inutilité
des lentes évolutions, semblait devoir le conduire à des
conclusions tout autres que ses conclusions d'homme
d'action insurgé contre le milieu dans lequel il vivait. Le
perpétuel « à quoi bon ? » des rêveurs inactifs aurait pu

être l'impasse où seraient allées aboutir ses observations de clairvoyant et ses dissertations de mécontent.
Mais non. Le cruel souligneur des niaiseries, des enté-
tements, des hostiles refus de l'humanité, gardait l'espoir quand même. Par une simple opération mentale,
il substituait la minorité en marche à la majorité satis-
faite, il restait apôtre en se faisant négateur, il jouait,
malgré lui, un rôle dans l'œuvre éternelle de l'évolution,
faite de progrès et de reculs, rythme du perpétuel
renouveau des espoirs de l'espèce.

XXX

Les journées révolutionnaires passées, après qu'on
l'a décoré de la croix de Juillet, l'hésitation du jeune
homme n'est pas longue. Il va immédiatement au club,
au journal, et à la société secrète.

Les Ventes de charbonnerie de la Restauration
s'étaient continuées, transformées en sociétés populaires et en clubs pendant la période de laisser-faire
qui suivit Juillet, et elles étaient revenues presque à
leur ancienne organisation secrète sous la menace des
lois restrictives. Avec les rubriques d'*Ordre Progrès*,
d'*Union des condamnés politiques*, de *Réclamants de
Juillet*, de *Francs régénérés*, des groupes se forment où
chaque individu s'engage à la solidarité et à la propagande, se munit d'un fusil et de cartouches. La *Société
des Amis du peuple* centralise bientôt les forces éparses,
avec Godefroy Cavaignac comme dirigeant, et un à peu
près de permanence du club au manège Peltier de la
rue Montmartre, où le public admis dans le pourtour
regardait et écoutait les adhérents massés sur la piste.
Mais en septembre 1830, la Société devient secrète, les
mêmes armes d'association et de mystère qui ont servi

contre la Restauration vont servir contre Louis-Philippe.

Dès le mois de janvier 1831, la déclaration que rédige
Blanqui au nom du Comité des Écoles constate que
l'édifice que l'on a cru renversé est toujours debout, et
définit le but poursuivi par les signataires : faire que
la révolution de Juillet ne soit pas un mensonge. Pour
cette déclaration de la *Tribune*, pour des manifestations
collectives dans la cour de la Sorbonne, pour des placards et des réunions tumultueuses, des œufs lancés à
un ministre, la glace de sa voiture brisée, l'étudiant en
droit comparaît devant le Conseil académique, le
22 janvier, est privé de trois inscriptions. Il y a des
protestations, les Écoles s'ameutent, et plusieurs étudiants sont arrêtés. Blanqui est compris dans les arrestations malgré la note publiée par les rédacteurs parlementaires de divers journaux, qui affirment l'avoir
vu à la Chambre, de deux heures à quatre heures,
pendant les désordres de la Sorbonne. Au mépris de
l'alibi, l'arrestation est maintenue. Le 30, Blanqui est
transféré du Dépôt à la Force. Il y a une polémique
dans les journaux, un blâme du *National* qui dénonce
le traitement infligé. Le préfet de police se défend,
Blanqui répond par une lettre violente, datée de la
Force, où il dit la promiscuité avec les voleurs et les
assassins imposée à ses amis et à lui, les promenades
dans le panier à salade, la boue donnée comme boisson, l'humidité des murailles et des draps, l'atmosphère
infecte, tout cela pour récompenser les patriotes du
sang versé en juillet pour la liberté. Il ne se plaint pas
d'ailleurs, et il finit par une citation latine et un vers
de Béranger. Le soir même de la publication de la lettre,
ses amis et lui sont remis en liberté, et le *National*
demande pourquoi les trois semaines de détention,
après l'alibi prouvé.

Le lendemain, 14 février, c'est l'affaire de Saint-Germain-l'Auxerrois et le sac de l'Archevêché.

En juillet, à la veille de la plantation d'arbres de la Liberté, des visites domiciliaires sont faites chez les rédacteurs du journal de la *Société des Amis du peuple*, Raspail et Blanqui sont arrêtés sous la prévention de complot contre la sûreté de l'État. Auguste Blanqui dégage la responsabilité de son frère Adolphe, et celui-ci, à son tour, le 19 septembre, proteste contre le procédé de M. Barthe, garde des sceaux, qui n'a pas hésité à lire à la tribune une lettre saisie, écrite par Auguste Blanqui à Anthony Thouret et à Raspail. La lettre est explicite, conseille d'ajourner l'exposé des doctrines pour se jeter dans l'action. Visons à l'insurrection, dit Blanqui, un peu de passion, et les doctrines plus tard. La Chambre du Conseil ne retint pas l'accusation de complot, mais le simple délit de presse. L'affaire est surtout intéressante pour mettre en lumière l'ardeur, la virulence du jeune homme de vingt-six ans, au lendemain de 1830.

C'est le Blanqui de ce moment que décrit Henri Heine dans l'une de ses lettres à la *Gazette universelle d'Augsbourg* : « Je me trouvais, par hasard, à l'assemblée des *Amis du peuple*... Il s'y trouvait plus de quinze cents hommes serrés dans une salle étroite, qui avait l'air d'un théâtre. Le citoyen Blanqui, fils d'un conventionnel, fit un long discours plein de moquerie contre la bourgeoisie, ces boutiquiers qui avaient été choisis pour roi Louis-Philippe, la *boutique incarnée*, qu'ils choisirent dans leur propre intérêt, non dans celui du peuple, *qui n'était pas complice d'une si indigne usurpation*. Ce fut un discours plein de sève, de droiture et de colère... La réunion avait l'odeur d'un vieil exemplaire, relu, gras et usé, du *Moniteur* de 1793. Elle ne se composait guère que de très jeunes hommes et de très âgés... Au reste, jeunes et vieux, dans la salle des *Amis du peuple*, conservaient un digne sérieux, comme on le trouve toujours chez des hommes qui se sentent forts. Seulement, leurs yeux étincelaient, et souvent ils criaient : C'est vrai ! c'est vrai ! quand l'orateur articulait un fait... »

Pendant cette période, l'autorité que combat Blanqui semble l'observer, le cataloguer, établir son dossier avant de sévir. Les adversaires essaient leurs forces. Le pouvoir nouveau cherche à distinguer, dans l'agitation qui commence, les ennemis dangereux, les instigateurs de mouvements et les têtes de colonnes. Les prisons attendent, avant de s'ouvrir, pour être bien sûres de happer ceux dont la circulation va devenir dangereuse. Si âpres et si menaçantes que soient les paroles prononcées par Blanqui, en janvier 1832, devant la cour d'assises, pendant le procès des Quinze, où il est impliqué pour le délit de presse relevé à sa charge, si nouveau et si grave que soit le réquisitoire social prononcé par ce jeune homme qui pose, dès ses premières paroles, la question du prolétariat, le jury l'acquitte, sur le délit de presse et sur les accusations de complot et d'attentat, retenues par la chambre des mises en accusation. Mais les magistrats ont vu le geste sec et entendu la voix prometteuse de coups de fusil, ils ont été frappés du bon sens coupant, du ton de défi, du tableau de la France exhibant le pauvre occupé à payer des millions d'impôt, le riche prélevant sa dîme sur le passant comme un féodal, et ils ont condamné l'acquitté de tout à l'heure à un an de prison et à une amende pour ce plaidoyer outrageant.

XXXI

L'histoire de cette époque relate des condamnations, des bagarres entre socialistes et boutiquiers, qui amè-

nent la dissolution des clubs et leur complète transformation en secrets conciliabules, les descentes dans la
rue lors des incidents qui surexcitent la curiosité et la
passion de la foule, le procès des ministres, la marche
sur Vincennes, les complots essayés dans la garde
nationale, la question sociale posée à Lyon par le terrible soulèvement des canuts en novembre 1831, les
manifestations pour la Pologne, le passage du choléra
qui emporte Dominique Blanqui, l'enterrement du
général Lamarque, qui met un instant Paris au pouvoir
d'une insurrection rapide, les 5 et 6 juin 1832.

Le canon dut battre le cloître Saint-Merri où les hommes commandés par Jeanne restèrent pendant deux
jours derrière les tas de pavés, fondant des balles et
fabriquant des cartouches. C'est la bataille où le pouvoir courut le plus grand risque. C'est aussi, par la décisive influence des gros bataillons et la subite volte-face
de la fortune, la défaite où les républicains purent
trouver le plus décourageant enseignement.

Blanqui, alors en prison pour le délit d'audience
commis six mois auparavant, conserva encore, après
cette sanglante collision de juin, sa croyance dans les
brusques coups de main et dans la réussite chanceuse
de la force. Mais il avait vingt-sept ans, il n'avait pas
subi les répétés démentis de l'expérience, il ne pouvait
pas, certes, au début de sa vie intransigeante, convenir
que l'émeute était d'avance condamnée à la défaite et
que l'unanime soulèvement d'une révolution était
nécessaire à la victoire. Sa violence se compliqua de
prudence, mais elle resta la violence.

XXXII

Sorti de prison, il retourne à son travail d'énergique
opposition. Son père est mort. Il vit à l'opposé de son
frère Adolphe, alors directeur de l'École du commerce,
rallié au régime de Louis-Philippe, désapprouvant les
aventures où s'engage son cadet. Sa sœur aînée, Sophie, s'est mariée à Aunay-sous-Auneau, avec Barrel-
lier, fermier en Beauce. Sa jeune sœur Zoé est auprès
de leur mère. Tout le temps possible, il le passe auprès
de sa fiancée, qui a accepté sa vie de volonté et de hasard.

La nuit, après les réunions, il séjourne dans sa
chambre d'étudiant, encombrée de livres et de paperasses, il y prolonge ses veillées de lectures, il annote,
il réfléchit, il reçoit des visites mystérieuses. Il est un
reclus, perdu avec ses grands projets dans la rumeur de
mer de Paris. S'il avait la sensation vraie des choses,
qu'il ne peut pas encore avoir, puisqu'il n'a pas assez
vécu, il ne croirait pas que cette cellule, où il allume
sa lampe tous les soirs, puisse devenir si vite une
chambre de phare vers laquelle vont pouvoir se diriger
les regards et converger les activités. C'est une pauvre
lumière de bateau qui apparaît et disparaît, qui sautille
en suivant les mouvements de lames et les courants de
vents. Ce veilleur de nuit n'a pu devenir, du jour au
lendemain, le pilote qui rassemble une flotte, qui la
mène au port, ou la disperse dans un désastre.

Pendant ces premières années, d'ailleurs, il joue un
rôle non encore défini. Il continue son éducation auprès
de ses aînés : Michel Buonarrotti, ami de Babeuf, condamné de la conspiration des Égaux, représentant de
l'inquiétude sociale de la Révolution, — le savant Raspail, imbu de la tradition et de la doctrine républi-

caines. Plus tard, il recevra la parole de Lamennais, brisé par la papauté, retrempé dans la solitude
farouche de la Chênaie, et qui revient vers la foule avec
les *Paroles d'un croyant*, les allures révoltées et l'éloquence amère d'un Dante ecclésiastique et socialiste.
Mais à ce moment de 1832, c'est Cavaignac qui mène
l'assaut contre le ministère autoritaire de Casimir Pé-
rier. Ce n'est que plus tard, dans la *Société des
Familles* et dans la *Société des Saisons*, que Blanqui,
puis Barbès, sont définitivement acceptés comme ré-
gents révolutionnaires.

XXXIII

Blanqui eut toutefois quelque crédit dès son apparition dans les rédactions de journaux et dans les clubs
où l'opposition libérale et parlementaire des chefs du
parti n'était pas considérée comme suffisante.

La part prise aux batailles des rues, ses blessures de
1827, la décoration de Juillet qui lui fut décernée après
les trois journées, le désignaient aux guerroyants démocrates comme un chef irrécusable. Sa maigre personne surgissant silencieusement dans un groupe
éveillait immédiatement l'idée d'un projet caché, d'un
plan médité, d'une conspiration permanente. L'inquiétude de l'inconnu se mêlait de croyance légendaire et
de vague respect. Ce jeune homme aux cheveux drus, à
la courte barbe rousse, les yeux clairs, la bouche
serrée, né d'hier aux bagarres sociales, était déjà
visiblement marqué comme un ancien de la politique.

A cette époque-là, pendant les premières années du
règne de Louis-Philippe, si l'on observe ses gestes et
ses démarches, si l'on enregistre ses résolutions, on se

persuade qu'il eut foi dans les lentes préparations et dans les actions brusques. Il eut vraiment la pensée de faire servir les mouvements des masses humaines au changement social désiré et voulu par l'ardeur de son esprit. Et c'est ici qu'il fit preuve d'une prudence d'expérimentateur et d'un sens pratique cherchant à gouverner le hasard. Ce changement social, il se garda bien, dans ses articles véhéments, dans ses rigides discours, de le définir autrement que par des généralités. Tandis que les autres chefs de groupes s'empressaient de proclamer leur utopie, de codifier leur idéal, d'enfermer leurs adeptes dans un inflexible cercle de logique, lui, Blanqui, installait à un carrefour de Révolution le visible et attirant drapeau de son incertitude. Son silence appelait à lui tout le monde, tous ceux qu'un mécontentement et une espérance jetaient à la révolte. Il autorisait par son impartialité de terroriste tous les désirs et toutes les illusions, il enrôlait dans la sombre armée ceux qui se présentaient pour marcher et combattre, sans leur demander un mot de passe particulier et une profession de foi identique. Il laissait donc les idéalistes de son parti s'acharner à bâtir des cités de bonheur où les vertueux de demain connaîtraient la dureté de la règle et le charme de la monotonie. Il se bornait à enseigner qu'il y avait des Tuileries, des Ministères et une Préfecture à prendre, et qu'il fallait détruire ce qui existait avant de se promener dans le paradis terrestre conçu par les imaginations. Son bon sens réaliste ne prévoyait la marche en avant que par courtes étapes. A chaque jour suffit sa peine. Il faut d'abord s'affilier, se compter, soulever des pavés et tirer des coups de fusil. Ensuite on verra. L'organisation viendra après la victoire.

Ses paroles et ses actes n'en expliquaient pas davantage. Toutefois, sa pensée travaille; c'est par la ré-

flexion de ces années qu'il devine la transformation
possible de la propriété, et qu'il aboutit à écrire, pour
le *Libérateur*, l'étude sur l'association où Benoît Malon
verra qu'il a donné le premier, en Europe, une formule
rudimentaire du collectivisme. Mais Blanqui ajournait
de parti pris les spéculations et les rêveries de son esprit, il ne définissait pas le but indéfinissable, le mirage sans cesse reculé, reflété on ne sait où, sur la terre
aride ou dans les nuages transparents. Après? Qui peut
prévoir après? L'instinct de justice et le besoin de
vivre suffiront. Les idées, sans cesse, sont traversées,
aidées, enrayées par les faits. Qu'on marche pour
marcher, qu'on agisse pour agir, infailliblement des
résultats viendront par surcroît, puisqu'il en vient toujours, de quelconques.

Cela n'était pas dit, et pour cause. Un tel refus de
prédire l'avenir aurait été considéré comme une preuve
de scepticisme ironique, et Blanqui était aussi loin de
l'ironie que les masses qu'il voulait entraîner. Il croyait
à l'effort immédiat, et cette seule croyance énergiquement affirmée et prouvée devait lui suffire pour passer
au grade de général d'émeute investi du droit d'imposer
un plan et de donner le signal d'une bataille.

XXXIV

Un autre général fut Barbès, Armand Barbès, né à la
Guadeloupe, revenu au pays de sa famille, arrivé de la
région toulousaine à Paris, méridional comme Blanqui,
mais du Midi languedocien et non provençal, gascon et
non italien, méridional en dehors pendant que l'autre
était méridional en dedans. Il vécut d'abord de la vie
insouciante et facile de l'homme riche, du propriétaire
campagnard, avec des distractions possibles de voyages,

de séjour à Paris, puis peu à peu, par l'entraînement
des faits, la contagion des rencontres, il se révéla en lui
un fanatique de croisade, un capitaine coureur de
routes. Il aima les aventures, et l'aventure républicaine
lui parut la plus noble, la plus belle et la plus juste de
toutes. Au seizième siècle, où maint personnage a ses
attitudes et ses allures, il eût été un des combattants
des guerres de religion, il se fût cuirassé de vertu et
casqué d'orgueil. Aujourd'hui, sans l'éclat du métal et
sans le symbole du panache, quittant sa richesse et
refusant le loisir, il eut l'émotion des départs hasar-
deux, par les rues de faubourgs, avec des compagnons
en blouses et en redingotes, les marches sur les pavés
de ville, la lourde ivresse de poudre et de brume, l'assaut des magasins d'armes et des postes de police, le
défi aux régiments débouchant des avenues. Les tristesses et les médiocrités de ces mises en scènes aux
décors de maisons bourgeoises et de boutiques suffirent
au goût d'héroïsme et de péril de son imagination trans-
formatrice.

Un tel homme, plus agissant que réfléchi, fécond en
déclarations de guerre et en sonores paroles, croyant de
la République et du Christianisme, suiveur de Jésus et
des conventionnels de Quatre-vingt-treize, devait res-
sentir quelque surprise, éprouver quelque mécompte à
se trouver en contact de collaboration révolutionnaire
avec Blanqui.

Il fut le soldat inquiet devant le diplomate, l'officier
de fortune en contact avec le politique et le chef. Cette
intelligence nette et critique, cette persistance obstinée,
cette tactique de silence, cette politique de catacombes,
devaient parfois le faire hésiter comme devant les
parties d'ombres, les chambres noires, les escaliers
soudain béants et plongeant aux caves, d'une maison
mal connue où doit tâtonner un bruyant, encore ébloui

de la lumière du dehors, à qui on a recommandé le
silence et la précaution.

XXXV

Coups de feu tirés sur le roi, explosions de machines
infernales sous les voitures de gala, crépitements des
fusillades militaires, dressage des bois de justice, ce
sont les féroces épisodes qui alternent avec les écrase-
ments de combattants révolutionnaires. Mieux vaut
encore la colère des émeutes, la mort courant les rues,
les écroulements de pavés, les sillons de lumière qui
partent des fusils, lueurs d'éclairs, bruits de foudre,
ciels noircis de fumée, tout l'appareil d'air lourd et de
grondant orage qui fait ressembler une insurrection à
un bouleversement naturel.

XXXVI

Le mariage n'enlève pas Blanqui à cette atmosphère
de politique qu'il trouvait seule respirable. Ce bonheur
d'existence, qu'il rêvait depuis les premières années de
sa jeunesse, il l'installe dans l'agitation de la rue et le
péril de tous les jours. Certes, il est plus inaccessible et
plus indevinable que jamais. Celui qui cache ses allées
et venues, ses projets, ses décisions, qui s'est fait une
loi inviolable du mystère dans la vie publique, ne va
pas afficher son intimité et déclamer son affection. Le
sentiment s'enfouit au profond, se retire dans la solitude du cœur, chez l'ardent concentré dont l'imagination
brûle derrière un visage de glace.

Mais l'homme vit double, suffit à deux fièvres. Aux
heures qu'il passe près de sa jeune femme, et bientôt

6.

près des enfants qui lui sont nés, il a les regards que nul
étranger ne voit, les mots que nul écouteur indifférent
ou curieux n'entend, mais il est harcelé par les aiguillons des paroles données, des rendez-vous pris, il croit
qu'il lui vient de la foule lointaine un grondement de
menace, ou pis encore, la plainte d'une déception. Il
s'arrache et s'en va au club, au journal, au secret conciliabule. Il écrit des articles où la haine refoule la tendresse, il demande de la violence aux simples, il décide
des rencontres. Et de même qu'aux heures d'amour il
a tressailli aux appels du dehors, de même, pendant
les préparations d'échauffourées et les minutes incertaines des collisions, il pense à la tiédeur du logis
quitté, à la veillée d'inquiétude de celle qui l'attend,
au bonheur qui se montre et se cache, feu de phare
qu'effacent et laissent voir tour à tour à l'homme en
mer les grosses vagues qui assaillent une rade.

XXXVII

Mil huit cent trente-quatre, c'est l'année de bonheur
de son mariage, auprès de sa femme de dix-neuf ans,
et c'est de cette année que son activité de révolte va se
multiplier davantage, comme s'il voulait prouver aux
autres et à lui-même qu'il n'a déserté aucun poste et
que l'homme est en harmonie avec le citoyen. Mais
c'est l'année aussi où s'enregistre une grave défaite du
parti républicain. Les lois répressives de la liberté de
la presse, de la liberté d'association, présentées, appli-
quées par d'anciens libéraux adversaires des procédés
de gouvernement de la Restauration, achèvent de renseigner sur la duperie et la faillite de Juillet. Toute une
opposition organisée, prête pour le gouvernement du
lendemain, frémit aux provocations, va répondre par

l'acceptation de la bataille. Le pouvoir de Louis-Philippe est sur le point de sombrer à ce moment précis, sans les ministres d'alors, Soult, Thiers, Barthe, Guizot, qui savent prendre les devants, agir, désorganiser l'action des adversaires.

L'insurrection de Lyon vaincue, l'insurrection de Paris est disloquée pour ainsi dire avant d'avoir pris corps, la *Tribune* supprimée, les membres du Comité de la *Société des Droits de l'Homme* arrêtés. Il y eut des hésitations chez ceux qui restaient en liberté, des avis contradictoires, des ordres confus. La provocation joue son rôle, le point de ralliement n'est pas visible. Carrel, mal inspiré, se refuse à prêter le *National* à la proclamation de la lutte, et cette lutte, mal engagée le 13 avril, se termine, le 14, par la défaite de quelques hommes qui avaient élevé au hasard les barricades du quartier du Temple, dans le dédale des rues Beaubourg, Transnonain, Aubry-le-Boucher, Geoffroy-Langevin, aux Ours, Maubuée, Grenier-Saint-Lazare. L'épilogue fut le massacre au numéro 12 de la rue Transnonain, boucherie après la bataille, où les hommes, les femmes, les enfants, les vieillards, les malades furent massacrés par les soldats victorieux.

Une ordonnance de non-lieu fut rendue pour Barbès, après emprisonnement. Blanqui ne fut pas impliqué dans les poursuites. Au procès d'avril 1835, où tout ce qui peut être saisi du parti républicain agissant est traduit devant la Cour des Pairs siégeant au Luxembourg, tous deux sont mis au nombre de ceux qui doivent porter la parole au nom des accusés, exposer les doctrines politiques et sociales, raconter Transnonain, que Daumier a raconté déjà.

Les accusés de Paris et de Lyon s'étaient concertés pour cette action commune, non de défense, mais de revendication, avaient conçu cette forte idée de faire

passer les paroles nécessaires par-dessus leurs juges,
jusqu'au pays. Ces accusés étaient au nombre de cent
vingt et un, il y avait parmi eux Godefroy Cavaignac,
Baune, Armand Marrast, Guinard, de Ludre, Caussidière.
Lagrange, de Kersausie, Vignerte, Recurt, Clément Tho-
mas, Albert... Et toute la partie libre des hommes de
pensée et d'action du parti républicain se joignait à
eux, représentée par les défenseurs choisis : Lamennais,
Armand Carrel, Trélat, Raspail, Carnot, Pierre Leroux,
Jean Reynaud, de Cormenin, Étienne Arago, Auguste
Comte, Marc Dufraisse, Dupont, Flocon, Michel (de
Bourges), Degeorge, Jules Favre, Marie, Ledru-Rollin,
Fulgence Girard, Garnier-Pagès, Buonarotti, Martin
Bernard, Barbès, Blanqui... Là encore, il ne put y avoir
unité d'action. Accusés lyonnais et parisiens différèrent
d'avis sur la tactique, un conflit eut lieu entre les défenseurs, particulièrement entre Michel (de Bourges) et
Jules Favre, au cours de la réunion préparatoire qui
eut lieu chez Blanqui. D'ailleurs, les défenseurs re-
poussés par la Cour des Pairs comme dépourvus des
qualités d'avocats et d'avoués, sont poursuivis à leur
tour pour la publication de leur lettre de protestation
qui concluait violemment : « L'infamie du juge fait la
gloire de l'accusé. » Quelques-uns seulement se char-
gèrent de la responsabilité, furent condamnés. La défense fut désorganisée, les accusés refusèrent toute
discussion, se laissèrent adjuger en silence la trans-
portation et la détention. Ceux qui étaient détenus à
Sainte-Pélagie, Godefroy Cavaignac, Marrast, Guinard,
et d'autres, s'évadèrent.

Cette partie de violence fut donc jouée et gagnée par
le pouvoir. Le groupe dirigeant républicain fut décimé,
son organisation dérangée. Mais les forces laissées en
liberté s'engagèrent plus à fond dans l'action violente,
et les revendications sociales se firent jour en même

temps que les revendications politiques. Le jugement
contre les accusés d'avril est à peine prononcé que la
Société des Familles fonctionne à la place de la *Société
des Droits de l'Homme*. Barbès et Blanqui ont pris la
place des condamnés et des évadés. Des insinuations
sont essayées contre eux lorsque Fieschi, Morey et
Pépin ont braqué leur rangée de fusils sur Louis-Philippe, boulevard du Temple, à la revue de juillet 1835 :
mais ils sont étrangers aux projets et aux crimes des
régicides, ils ne croient pas à l'efficacité de ces efforts
maladifs dirigés contre un homme, de ces balles qui
se trompent toujours d'adresse.

Ils sont, au contraire, justement mêlés, l'année suivante, à l'affaire des Poudres de la rue de Lourcine.
L'émeute se prépare, les forces révolutionnaires veulent
leur emploi, l'inaction énerve les ardents, des armes et
des munitions sont nécessaires. Des armes, on en a, et
on en trouvera d'autres chez les armuriers, au jour
décisif. Mais il faut fabriquer de la poudre et des balles
et les cacher en de sûrs magasins. La fabrication de
poudre est au 113 de la rue de Lourcine, maison perdue
dans le quartier désert de Port-Royal, tout en murs
d'hôpitaux et de couvents. Le logis est installé en
séchoir, trois ou quatre hommes y travaillent. Blanqui
vient chaque jour au laboratoire, et Martin Bernard y
vient chaque nuit, annonce son arrivée en jetant du
sable aux carreaux, disparaît dans le couloir à la porte
ouverte sans bruit, reparaît porteur d'un ballot, rentre
dans la nuit d'où il était sorti. Il s'en va rue Dauphine,
dans la maison portant le double numéro 22-24, où l'on
fabrique les balles et les cartouches. Ces déplacements
sont remarqués, la police trouve à leur travail clan-
destin les étudiants et les ouvriers affiliés aux Familles,
arrête Blanqui chez Barbès, le 6 mars 1836. Le commissaire s'empare du portefeuille du conspirateur.

Celui-ci sort brusquement de son calme, ressaisit le portefeuille, l'ouvre, mâche et avale des papiers qu'il agrippe. Une liste lui est arrachée toutefois pendant la lutte silencieuse, une autre liste est trouvée dans les papiers de Barbès, et il s'ensuit au mois d'août une distribution de condamnations où Blanqui est compris pour deux ans de prison. Il est conduit dans la maison centrale de Fontevrault, en Maine-et-Loire. Sa femme se fixe auprès de lui, avec le fils qui leur reste : des deux enfants qu'ils ont eu, l'un est mort à un an. Blanqui reste huit mois sous les verrous. L'amnistie de 1837 change sa peine en internement avec surveillance à Pontoise.

XXXVIII

Il habite Jancy, au bord de l'Oise, il n'a pas le droit de rentrer à Paris, et cette mise en pénitence politique devient la période de lune de miel du jeune ménage. La maison de campagne entourée d'un jardin qui descend en pente douce vers la rivière, la maison à perron et à volets verts des villégiatures parisiennes, la pelouse et l'arbrisseau, les plantes grimpantes et les fleurs de parterre, c'est le bourgeois et humble aspect du refuge où se cachent ces existences avides d'aujourd'hui et anxieuses de demain. Leur joie se blottit dans cette douce prison en plein air, dans les verdures nouvelles, sous le ciel couleur de soleil. L'homme qui était la veille un agité de la politique connaît les soirs calmes qui tombent sur la poussière des routes de province. Les lisières des bois qui l'entourent lui donnent l'illusion des commencements de forêts profondes, sa songerie s'accoude au rebord de sa fenêtre, au-dessus de la rivière, ses regards voient miroiter l'Oise, ses réflexions

s'en vont au fil de l'eau, et il peut croire avoir trouvé le
décor du bonheur possible.

Blanqui l'avait trouvé, mais il lui en superposa un
autre, celui qu'il venait de quitter, et qui était le décor
tour à tour obscur et éclatant, mystérieux et agité, des
conspirations et des insurrections. Au tard de sa vie, il
devra songer à cette halte unique permise par le sort,
à cet amour installé dans la verdure sous l'injonction
de la Loi, il reverra la robe claire tournant une allée,
et réentendra les premiers cris d'enfant dans le silence
de la campagne.

C'est un grand moment tragique pour le chef de
parti, un tournant de vie pour l'homme. Il n'hésite
pas : la Politique est sa perpétuelle hôtesse, et il mène
de front la préparation du coup de main et sa vie de
cœur et de solitude. Les promenades aux environs, au
long de l'eau jusqu'au confluent de la Seine et jusqu'à
la forêt de l'Isle-Adam, par les champs jusqu'aux bois
de Beauchamp et leurs désertes clairières de pierres
plates et de bruyères roses, jusqu'au profond de la
forêt de Montmorency, ces promenades se compliquent
de préoccupations de stratégie à travers les rues de
Paris. Les changements nuancés, apportés aux choses
par la succession du printemps à l'hiver, de l'automne
à l'été, ces changements coïncident avec les lents travaux où se complait Blanqui, organisant la Société des
Saisons, qui doit succéder à la Société des Familles.
Les phases notées au calendrier et les aspects de la
nature apparaissent dans les cadres et les désignations
du nouveau classement révolutionnaire. Les groupes se
subdivisent en Semaines et en Mois. Les trois Mois qui
forment une Saison reçoivent le mot d'ordre d'un chef
qui se nomme Printemps. Le Mois comprend quatre
Semaines dirigées par un Juillet. Les Semaines sont
formées de six membres sous la conduite d'un Di-

manche. On ne voit pas les chefs, Blanqui n'assiste pas
aux réunions générales. La direction suprême reste
mystérieuse comme dans la Charbonnerie, et les pré-
sentations et les admissions d'affiliés ont la solennité
des réceptions maçonniques. C'est la conscription occulte et le recrutement secret de l'armée de l'émeute.
L'homme qui va journellement à ses occupations, le
passant du dimanche qui musarde le long des rues,
sont les soldats armés d'une bataille toujours proche.

Le signal attendu sera donné par ce Blanqui mis
hors Paris, qui vit là, à Jancy, entre sa femme et son
fils. Il est alors, tel que l'a peint Mme Blanqui en un
sobre et lucide portrait, maigre et décidé, les yeux
transparents, la bouche fine et fermée, le profil coupant et rigoureux. Elle s'est peinte aussi, rose et brune,
les cheveux tombant en boucles symétriques ombrant
de nuit l'ovale du jeune et pensif visage. Il n'y a aucune
joie de nature autour de ces portraits, nul voisinage de
verdures et de fleurs, aucune indication d'un ciel d'été.
Une clarté d'espoir caresse les joues encore enfantines
de la jeune femme, se mêle au timide et profond regard,
mais n'est-elle pas démentie par le souci indiqué au
front intelligent? Elle affirme, en tous cas, par le portrait qu'elle a peint de son mari, avoir vu exactement
son cher compagnon d'existence, en un clair pressentiment où il y a de l'admiration, de la tendresse et de
la mélancolie. Blanqui, sur cette toile sombre, est enclos
dans l'idée fixe, il a les yeux des veilles de résolutions,
la lumière parcimonieuse qui l'éclaire descend sur lui
en froide coulée, comme d'une lucarne de prison, d'un
soupirail de cave. Combien, plus tard, l'année aux
heures lentes leur apparaîtra fugitive, alors qu'ils son-
geront à leurs dernières promenades, elle, grande et
flexible, lui, petit, mince et dominateur, couple incertain de l'avenir, errant au bord de l'eau capricieuse

XXXIX

Au retour de Jancy, au commencement de l'année 1839, les cadres de l'armée de l'émeute sont prêts, chacun a son poste de combat. La poudre est achetée par petites quantités, patiemment, sans donner l'éveil, les cartouches sont confectionnées. Les armes qui manquent, on les prendra, au jour de l'affaire, chez les armuriers. La date fut fixée au 5 mai, puis au 12 mai; après objections de Barbès : rappelé au mois de mars de l'Aude, celui-ci ne répondit pas d'abord à la convocation, il fallut lui rappeler sa promesse de revenir à Paris au premier signal, et il dut, finalement, accepter les engagements pris par Blanqui et par Martin Bernard.

C'est l'année où Lamartine dit : La France s'ennuie ! Ce fut dans un Paris excité seulement par les jeux de la politique parlementaire, mais indifférent et incompréhensif devant l'émeute, au milieu de lecteurs de journaux occupés par la crise ministérielle prolongée, discutant la direction possible : Thiers, Molé, Guizot, — que le hardi coup de main se produisit et avorta.

Ce 12 mai était un dimanche. Blanqui croyait la tentative plus facile ce jour-là sur la Préfecture dégarnie. Il avait attendu une semaine pour profiter de l'installation de nouvelles troupes connaissant mal les détours des rues de Paris. Le millier d'hommes sur lequel il comptait pour engager l'affaire devait se masser entre la rue Saint-Denis et la rue Saint-Martin, dans des arrière-salles de marchands de vin, dans des logis d'ouvriers, proche le magasin de l'armurier Lepage, rue Bourg-l'Abbé.

C'est au café du coin de la rue Mandar et de la rue Montorgueil que Blanqui surgit, vers midi, et annonce

en paroles brèves le but de la convocation. Il divise
cette première troupe, fixe un autre rendez-vous au
café de la rue Bourg-l'Abbé, s'en va visiter les abords
de la Préfecture, revient, attache un guidon rouge au
canon d'un pistolet. Tous sortent, les affiliés débouchent
par les rues avoisinantes, on entend retentir le cri :
Aux armes ! Le magasin de Lepage est envahi, les portes
enfoncées, Barbès et Blanqui distribuent les fusils par
les fenêtres du rez-de-chaussée, les malles pleines de
cartouches sont ouvertes. Barbès court rue Quincam-
poix où il a un autre dépôt de cartouches. Il revient rue
Bourg-l'Abbé où Blanqui est entouré de mécontents qui
parlent déjà de trahison, qui réclament un comité et
un plan, de la régularité dans le désordre.

Trois petites troupes, pourtant, conduites par Blanqui,
par Martin Bernard, par Barbès, finissent par s'en aller,
chantant des chants républicains. C'est sous un magnifique soleil en accord avec la saison, vers trois heures
de l'après-midi, à travers la foule épanouie du dimanche, que la bande révolutionnaire, tout à coup, se rassemble et apparaît. Immédiatement, le vide, le silence
se font autour d'elle. La colonne de Barbès s'arrête
devant le poste du Palais de Justice. Le premier coup
de feu est tiré là, ce coup de feu qui part toujours sans
que l'on sache comment, une détonation générale retentit alors que le chef des insurgés et le lieutenant
commandant le poste s'abordent. Le lieutenant Drouineau, l'épée à la main en avant de ses hommes,
tombe mort avant que l'on ait su de quoi il s'agissait, sans qu'il y ait eu essais de pourparlers, ordinaires sommations. Et puis, une décharge générale,
la confusion des mouvements et des cris. D'autres
soldats tombent, des insurgés aussi. Le poste est pris,
la bande continue sa route, des coups de feu sont tirés
rue de Jérusalem, mais il est impossible de prendre

la Préfecture, barricadée et défendue. Les insurgés
rétrogradent, reviennent au rendez-vous de la place
du Châtelet, où ils rejoignent Martin Bernard et Blanqui. Les trois tronçons reforment une colonne, prennent l'Hôtel de Ville, mal gardé. Ils le prennent, ou
croient le prendre, vainqueurs, vaincus, occupant,
abandonnant, affirmatifs, incertains, entourés de bruits
de tambours, débordés par les troupes sans cesse ac-
crues.

Que faire dans un Hôtel de Ville, après avoir rédigé
des décrets, signé des appels, lancé une proclamation
que nul ne lira? Blanqui est nommé commandant en
chef, Barbès, Martin-Bernard, Quignot, Meillard, Nettré,
commandants des divisions de l'armée républicaine.
Mais le désœuvrement va venir bientôt à ces insurgés
si exaltés tout à l'heure et qui s'aperçoivent maintenant qu'ils ne sont pas suivis par la population, qu'ils
s'agitent dans un milieu d'hostilité ou d'indifférence.
Les émeutes en avance, si héroïques soient-elles,
meurent sur place, brisées par la discipline des troupes,
regardées par les curieux. A peine en possession de
cette fausse victoire et de cette apparence de pouvoir,
les chefs doivent songer à occuper leurs soldats étonnés
de l'insolite tranquillité. On part pour prendre les
mairies et désarmer les postes. On se fusille et on se
tue place du Marché-Saint-Jean, on s'empare de la
mairie du VII°. Tous reviennent au quartier Saint-
Martin, Blanqui et Barbès se retrouvent avec quelques-uns pour défendre contre la garde municipale la
barricade de la rue Greneta. Les deux troupes se
battent à quarante pas de distance, les municipaux
embusqués dans la rue Saint-Martin et dans le Conservatoire. A un moment où Blanqui s'approche de Barbès
pour lui dire de changer de place, Barbès tombe, blessé
à la tête, on le croit mort. Les quelques hommes sont

impuissants à tenir, doivent reculer avec Blanqui sous
une grêle de balles jusqu'à la rue Bourg-l'Abbé. Barbès
est fait prisonnier à sa sortie d'une boutique de marchand de vin où il avait lavé et pansé sa blessure. La
dernière barricade, quartier Saint-Merry, est prise. On
ne sait pas comment tout se termine, comment les
coups de feu deviennent plus rares, comment les émeutiers qui grouillaient là tout à l'heure se dispersent, et
quelle exacte échauffourée s'est produite dans une odeur
de poudre et une couleur de fumée. C'est fini. L'émeute
est vaincue.

XL

C'est la dernière bataille, c'est la dispersion des combattants, c'est la condamnation des chefs. Quelques
semaines après, le 27 juin, un premier défilé, de dix-
neuf insurgés, a lieu devant la Chambre des Pairs
siégeant au Luxembourg. L'insurrection est rattachée
politiquement au mouvement de 1834, et, socialement,
à la tentative de Babeuf, en l'an V. L'affaire des poudres de la rue de Lourcine est rappelée, et l'attentat de
Pépin, et le fonctionnement des sociétés secrètes. On lit
le formulaire des réceptions, écrit de la main de Barbès,
et saisi à Carcassonne, on fait défiler les témoins contradictoires. La quatorzième et dernière audience a lieu
le 12 juillet. Les défenseurs sont MM. Dupont, Arago,
Caillet, Blanc, Jules Favre, Liguiers, Bertin, Lequerre,
Genteur, Nogent-Saint-Laurent, Hemerdinger, Grévy,
Barre, Benoît, F. Barrot, Barbin, Puybonnieux, Madier-
Montjau, Lafargue. Barbès est condamné à mort, sous
l'accusation, violemment repoussée par lui, d'avoir tué
de sa main le lieutenant Drouineau. Martin Bernard,
pour lequel on a plaidé vainement la non présence,
est condamné à la déportation; Mialon, aux travaux

forcés à perpétuité, Delsade, Austen, Nouguès, Philippet, Roudil, Guilbert, Lemière, Martin, Longuet, Marescal, Walsh, Piervé, à des peines qui descendent de quinze années de détention à trois années de prison. Quatre accusés sont acquittés.

Il y eut des manifestations en faveur de Barbès. Le 13 juillet, une pétition fut rédigée et portée à la Chambre, mais les pétitionnaires dispersés place de la Concorde. Des élèves des Écoles de droit et de médecine se rendirent, au nombre de 2,500, à la Chancellerie, pour demander l'abolition de la peine de mort en matière politique et la commutation de la peine prononcée contre Barbès. Victor Hugo et Lamartine intervinrent directement auprès du roi. Celui-ci, le 14 juillet, commua la peine, malgré les avis du conseil des ministres, et Barbès fut condamné aux travaux forcés à perpétuité.

Blanqui est insaisissable jusqu'au 14 octobre. Pendant cinq mois, il dépiste la police. C'est au moment où il monte sur l'impériale d'une diligence en partance pour la Suisse que les agents apparaissent et l'arrêtent. La deuxième comparution, de trente accusés, est du 14 janvier 1840. Blanqui se refuse à l'interrogatoire, est condamné à mort.

La guillotine, finalement, ne fut dressée pour personne. La peine capitale fut commuée pour Blanqui comme elle l'avait été pour Barbès. La peine définitive est la détention perpétuelle pour eux, et pour Martin Bernard. Le lieu de détention, pour tous, est le Mont-Saint-Michel. La veille du départ, Blanqui et sa femme ont les plus touchants adieux. Le prisonnier voit avec inquiétude le visage changé, l'attitude brisée de celle qu'il est forcé de quitter. Elle, fixe une fois encore en son esprit le visage ardent et triste de celui qui va disparaître dans l'ombre inconnue. Il est convenu qu'elle s'en ira près de lui, comme à Fontevrault, aussitôt que

7.

ses forcés le lui permettront. Ils se quittent, la vie se
brise.

XLI

Le 6 février 1840, le char à bancs escorté de gendarmerie part de la prison d'Avranches, emporte vers
le Mont-Saint-Michel la troupe dernière des insurgés
de Mai : Auguste Blanqui, Charles Herbulet, Godard,
Quignot, Hendrick, Dubourdieu. Le cortège parcourt,
au bruit des roues, des fers des chevaux, des sabres
heurtant les étriers, les pentes des routes qui suivent la
Sée, descendent vers le Gué de l'Epine. Près Courtils, à
la pointe de Rochtorin pointant droit sur le Mont qui
grandit, se vaporise, se dissout dans la brume d'hiver,
la voiture entre dans la tangue. Tout est blanc, mou,
ouaté, silencieux. On n'entend plus le bruit des roues
qui tournent dans le sol friable, le bruit du pas des
chevaux qui enfoncent leurs sabots dans la poussière
humide et glaiseuse. Seul le cliquetis clair des sabres
tinte dans l'air avec un son de frêle clochette.
La brume est moins épaisse, les voiles se décroisent
lentement, le haut monument, les longs promontoires
des côtes se précisent, vaguement bleutés et dorés, l'horizon est plus profond, le paysage s'agrandit, mais reste
mystérieux et inquiétant. Qu'est-ce donc que cette grève
tremblante, cette grève mouillée, sans fin, cette grève
qui semble un piège, le trompe-l'œil d'un sous-sol de
boue sans cesse ébranlé et détrempé par la mer?
Qu'est-ce que cette prison isolée, perdue entre cette
tangue blanche et ce ciel blanc, dans cette atmosphère
de rêve polaire? On la voit mieux, maintenant, elle
s'avance, elle vient au devant des prisonniers, elle leur
montre un dur visage de pierre, couleur de fer et
de rouille, un visage ridé, cicatrisé, aveugle, amer,

qui ne sourit plus, qui ne pleure plus, un visage de
vieillesse insensible.

XLII

Une ceinture de remparts fortement bouclée retient
les maisons d'une rue, des jardinets étagés, tout le
minuscule village sur plan incliné, prêt à tomber, tout
pauvre, tout humble, cramponné au roc rébarbatif,
écrasé sous l'ombre froide de l'abbaye. C'est l'église et
la forteresse, le château et le monastère, tout le féodal
et le religieux anciens jaillissant du roc en fortes assises,
en épaisses murailles, en sveltes et mystiques fleurissements. A mesure que l'on approche, peut-être la hautaine figure de pierre va-t-elle manifester aux yeux qui
savent voir une douleur contenue, un effort d'élancement
et de prière. L'idéale maçonnerie voudrait fuser,
s'envoler toujours plus haut, quitter la grève boueuse,
le roc aride, se perdre dans l'incertain des nuées. Mais
Blanqui ne peut admettre du monument que son premier aspect, sa façade de cachot, sa construction
redoutable. Sorti de voiture, emmené par l'escalier de
l'unique rue montante, tout petit, tout grêle, au long
des massifs remparts, c'est à peine s'il a pu voir, en se
haussant, la grève monotone, coupée par un filet d'eau
qui serpente et qui est bientôt bu par la tangue,
la grève crevée en deux endroits par ces deux rocs
farouches, abrupts, ici le Mont-Saint-Michel, et là-bas,
au nord, Tombelaine, Tombelaine inhabité, une ruine
cachant à peine un fragment du roc envahi par la
mousse et la criste marine. Tout cela, rapide, apparu
comme une vision dans une lueur d'éclair, le prisonnier
vite arrivé à la tour Claudine, à la porte du Châtelet,
ouverte comme une mâchoire, à forte denture de herse.

Il n'a pu que mesurer la hauteur de l'abbaye en raccourci, que sonder la force des murs, et son individu
marchant vers la prison, peu soucieux d'architecture, n'a
retrouvé dans le rapide coup d'œil de colère froide et de
ferme dédain dont il a enveloppé cette bastille, que son
ancienne haine, perspicace et prévoyante, du gothique
et du romantisme.

XLIII

Il est seul, maintenant, dans l'étroite chambre des
bâtiments du Grand-Exil, après les cérémonies administratives de l'écrou et de la guicheterie. Il a gravi des
escaliers, larges, froids, a passé sous des voûtes, s'est
retrouvé au plein air, sur des plates-formes où gri-
macent des gargouilles. Le directeur l'a reçu, lui a
montré un visage poli, des yeux doucereux, un ventre
satisfait, lui a fait entendre une voix amène. On a grif-
fonné des lignes dans les casiers d'un registre, on a
tournoyé dans un escalier, ouvert une porte. C'est là,
dans cette pièce irrégulière de dix mètres carrés, entre
cette cheminée condamnée et cette étroite fenêtre
grillagée qui prend un aspect de meurtrière par l'épaisseur du mur, c'est là qu'il faut s'asseoir pour la détention perpétuelle. Le verrou glisse dans l'anneau, fait
entendre son bruit définitif.

XLIV

Un jour, un autre jour, tous les jours, une semaine,
des semaines, — des années! L'existence qui s'écoule,
l'activité de l'homme immobilisée, fixée en une minute
qui est toujours la même, qui ignore la distraction, le
changement, la perplexité de l'avenir, le frisson de

l'inattendu. La destinée de l'isolé a été réglée d'avance
par les magistrats en robes rouges, fourrés d'hermine ;
ils ont décidé quel espace il occuperait, à quelles heures
diurnes il prendrait ses repas, à quelles heures noc-
turnes les rondes des guichetiers couperaient son sommeil, quelle profondeur de l'horizon pourrait fouiller
son regard. Un calendrier invisible et inflexible a réglé
pour lui le cours du temps, l'inoccupation des heures,
l'ennui des jours. Le pendule muet, que le prisonnier
est seul à entendre, bat pour lui inexorablement le
Toujours et le Jamais d'une éternité monotone.

XLV

L'homme se sent bien enfermé dans le colossal et dur
monument qu'il a entrevu à l'arrivée, au-dessus de la
rue tortueuse et des remparts en zigzag. Au milieu de
ces terrains dangereux, de cette baie boueuse, tremblante, presque inaccessible, dont le sol est tout prêt à
se fendre, à s'effondrer sous les pas, la prison elle-même
est en prison, la forteresse est sous la garde de la dure
geôlière qu'est ici la nature.

Gravissant les escaliers, traversant les vestibules et
les cours, longeant les galeries extérieures, Blanqui,
de son regard épieur, a vite compris le mystère de la
construction, l'effort de l'homme pour utiliser la matière,
et la forme de la pyramide rocheuse. Depuis la base
jusqu'au sommet, c'est le roc. La pierre taillée a été
partout ajoutée à la pierre brute. Dans chaque creux,
sur chaque saillie, on a scellé un moellon, élevé une
muraille. On a étayé le granit par des contreforts robustes, on l'a ajouré en dentelle, on l'a fleuri de sculp-
tures, on l'a aiguisé en flèche. C'est sur le rocher que
reposent les piliers romans, les colonnes gothiques.

Parfois, à cent mètres au-dessus de la mer, au milieu
d'une salle, le rocher pointe entre deux dalles, comme
si son arête tranchante avait crevé le granit sous lequel
on voulait le murer. Il y a une bataille entre la dure
montagne et les pierres que l'on a dressées sur elle.
En montant, en descendant les escaliers rongés, en par-
courant les salles sonores, les cryptes obscures, les
couloirs au fond desquels s'ouvrent des trous pleins
d'ombre qui sont des cachots, les promenoirs aux
larges dalles, en passant sous les voûtes romanes, sous
les arcs ogivaux, sous les fines arcades brisées du
cloître, le prisonnier, l'esprit troublé par les élance-
ments et les fuites vertigineuses des lignes, a des sensations hallucinantes de vertige, d'inclinaison, de mouvement.

C'est que le temps a ridé et crevassé les pierres, que
le vent de la mer a été l'auxiliaire du roc contre la construction humaine, et s'est acharné sur le monument,
jetant à bas un pan de mur, démantelant une tour, cas-
sant une flèche, brisant un vitrail. Et sont venus ensuite
les hommes, des bénédictins qui ont fait pis que détruire, qui ont réparé, qui ont ajouté, qui ont donné
des béquilles à ce corps splendide, qui l'ont creusé de
plaies, l'ont bossué de verrues, ont bâti la façade de
l'église en style jésuite. Aujourd'hui, c'est l'administration de la prison, pour loger les condamnés, qui fait
couper en deux les immenses galeries, briser les nervures pour établir des plafonds, élargir les étroites fenêtres pour donner aux prisonniers un air encore insuffisant et un filet de lumière toujours ironique.

XLVI

La cellule de Blanqui est au sud-sud-est. A sa droite,
la rivière du Couesnon qui est la ligne de partage de

la Normandie et de la Bretagne. Il a devant lui les collines d'Ardevon et de Huines, il peut apercevoir la
pointe de Rochtorin, le commencement du pays d'A-
vranches. Mais toute cette terre est bien vague et bien
lointaine, dans l'humidité, dans la brume presque con-
tinuelle de l'air. Il est en face des grèves silencieuses,
de l'étendue triste. L'agitation de l'existence ne lui apparaît plus que comme le grouillement confus d'un
rêve.

C'est ici le triomphe de la mélancolie des paysages.
Toutes les lignes sont simples et semblent indéfinies,
tous les horizons fuient et s'effacent. Partout le gris.
L'immense plaine de tangue en rassemble toutes les
nuances. C'est jaunâtre, crémeux, cendré. Les rivières
qui sont bues par la baie, le Couesnon, la Sélune, la
Sée, la Guintre, courent en minces lacets argentés. A
peine un bateau, une rangée de balises, la silhouette
d'un coquetier, une carriole dont le cheval bourre péni-
blement la tangue, servent-ils de points de repère
pour mesurer l'espace.

XLVII

La vie est concentrée derrière les remparts du Mont,
dans l'unique rue, la Grand'rue, large comme un couloir, que les maisons semblent gravir, se hissant, se
soutenant, se cognant, dressant leurs toits pointus,
coiffés de travers. Les cent habitants descendent et
montent cette échelle de pavés, tout entiers à la pêche,
à la petite culture de leurs jardinets accrochés au rocher, au transport des denrées, de l'eau qu'il faut parfois aller chercher à six kilomètres.

Le prisonnier n'a sous les yeux que le spectacle de
cette existence toujours semblable. Auprès de la con-

templation si longuement fixée à la lucarne, les mains
empoignant à plein les barreaux, auprès des marches
de fauve toujours recommencées do long en large par
la cellule, dans les coins, vers les murs, vers la porte,
les pieds heurtant cette porte, les mains tâtant ces
murs, le regard levé, s'inquiétant des hauteurs, auprès
de ce perpétuel piétinement de solitude, la vue de ce
dehors si muet et si peu remuant apparaît pourtant
comme l'humanité en mouvement et en liberté. Comme
il est actif, ce vieux qui bêche et qui pioche dans la
terre et dans la pierre, qui pique des salades et qui em-
pote des fleurs! Comme il est libre, ce pêcheur qui s'en
va, nu-jambes, vers Genêts, suivant la ligne de la marée
descendante!

XLVIII

Et même ce guichetier, qui sort, par moments, ses
heures de service finies, qui descend si vite l'escalier
des remparts, qui s'arrête à l'auberge, et qui boit sur le
seuil en jetant encore un regard de surveillance sur la
prison dont il est le chien de garde, ce guichetier, tout
enfermé qu'il est, de jour et de nuit, avec ceux qu'il
verrouille dans leurs cellules et qu'il surveille par les
grillages des judas, il est libre aussi. Il peut sortir,
marcher sur la terre, entrer nu-pieds dans l'eau, respirer l'air du dehors qui a un goût si différent de l'air
filtré aux barreaux de fer. Plus que tout autre, en
y réfléchissant, il représente la liberté perdue. Ce qui
ouvre les portes et ce qui donne l'espace, la clef
bruyante qui parle dans les serrures un langage si bref
et si impérieux, cette clef, il l'a dans sa poche, et quand
il sort, et que des yeux de reclus suivent son pas rude
et insouciant, c'est l'image de leur servitude que les

prisonniers voient apparaître au dehors, allègre et dés-
œuvrée, musardant aux ruelles et bayant à l'air.

XLIX.

Que cette muraille est dure! Que cette matière de
granit est pesante! Deux pauvres poings de chair, malgré toute la force nerveuse qui les anime, tout le fluide
de volonté qui passe en eux, ne peuvent rien contre ce
gros grain serré de la pierre, contre cette épaisseur de
roc humide transformée en cloison. Des journées passées à contempler cette paroi contre laquelle il faut
vivre, s'appuyant le front, s'usant les ongles, ces journées finissent en rêverie sur l'inconnaissable mystère
des choses. Le mur est façonné en infinies parcelles, en
aspérités irrégulières, en cristaux durs ayant chacun sa
forme, sa couleur, sa durée, sa vie. Il en est de pointus, de sphériques, d'elliptiques, il en est en cubes, en
pyramides, en cônes, en dodécaèdres. Certains sont
gris de fer, gris d'argent, teintés de vieil or, parcourus
de vives veinules presque imperceptibles et qui sont
des sillons cuivrés ou de plomb en fusion. Mais le plus
grand nombre est bleu et rose, du bleu fin et transpa-
rent du ciel et de l'eau, du rose doux et mourant des
tièdes crépuscules. Il y a des yeux aussi, qui ont dans
leurs prunelles des gouttes de ce bleu de saphir apaisé,
et il y a des lèvres où se fane ce rose. A regarder longtemps cette muraille, jusqu'à perdre la notion de l'en-
tour, à ne fixer qu'une étroite surface dont les nuances
bientôt se brouillent, toute cette couleur de ciel et
d'eau, de soleil disparu, de regard lointain et de bouche
pâle, toute cette couleur devient éparse, et mêle ses
nuances comme en un champ de fleurs. Sur un fond
qui est un fond de terre grisé et dorée, s'avivent lége-

8

rement des roses alanguies, des roses où se dissout une
parcelle de soufre, de chair, de sang, des bluets vus
comme à travers un voile de pluie, et des étendues, des
étendues de bruyères lilas et violettes, humbles et
tristes, qui s'égrènent et se fanent dans la lenteur du
soir qui tombe.

L

Toutes ces douceurs, toutes ces finesses, toutes ces
minuscules cellules séparées, forment ce solide agrégat,
cet obstacle qui ne pourrait céder qu'à la violence d'un
effort, qu'à l'acharnée morsure d'un outil. L'attraction
a réuni ces fragments et les tient formidablement
soudés, cette poussière séculaire a été un rocher résis-
tant à la mer, et dans ce rocher on a taillé les pierres
rectangulaires et massives d'une prison. Puis l'ironie
s'est ajoutée à l'inexorable. La cage granitique est
ornée de main d'artiste. Les lignes sont combinées pour
donner un aspect de grâce élancée à la densité de ce
bloc, des détails ont été cherchés au bout d'un ciseau
de statuaire pour affiner cette brutalité. C'est un jaillis-
sement de fleur, un ajouré de dentelle. Le prisonnier
gît dans le treillis délicieux de cette architecture,
comme un squelette jauni de martyr dans la frêle et
jolie ciselure d'un reliquaire.

LI

Si les murs rébarbatifs s'épanouissent en floraisons
ironiques, les visages des hommes recèlent sous l'hypocrisie de leur politesse administrative de froides âmes
peu pitoyables. Le directeur Theurrier, de la grosse
bourgeoisie orléaniste, allié des Montalivet, gras, dis-

cret, mielleux, s'exprimant avec modération, prenant
un air d'intérêt aux réclamations de son troupeau de
captifs, est en réalité un pasteur méfiant, taquin, exi-
geant, récréant le séjour ennuyeux qu'il a accepté par
des sournoiseries d'homme correct en quête de distractions, par de subites cruautés de tortionnaire. L'aumônier Lecourt le seconde, un prêtre sans préoccupations
d'esprit, forcé, pour passer les heures, de recourir à
des travaux journaliers de maçonnerie, de serrurerie.
L'inspecteur Gaujoux traduit en violences les susurre-
ments du directeur. Le médecin rédige ses ordonnances
par ordre. Les deux gardiens-chefs grognent, injurient,
bousculent, frappent. Tous ces porteurs de clefs, ces
ouvreurs de portes, ces apporteurs de mangeailles, circulent, inspectent, rudoient, comme s'ils étaient les
gardiens d'une ménagerie politique, d'un muséum révolutionnaire, chargés de la surveillance et de la subsistance de bêtes dangereuses, solidement encagées, et
que l'on fait changer de place à coups de fourches.

LII

Le 17 juillet 1839, environ sept mois avant Blanqui,
Armand Barbès, Martin Bernard, Delsade, Austen,
avaient été amenés au Mont et enfermés dans les
cachots à doubles grilles de la tour Perrine. A la fin de
cette même année 1839, autre convoi de prisonniers,
Martin Noël, Roudil, Guilmain, Bézenac.
Les premiers temps furent calmes, un silence de
monastère plana sur ces passions mises sous scellés.
Puis, peu à peu, un tressaillement, une rumeur, le
désir irraisonné de persécutions des gardiens désœu-
vrés, excités par leur autorité, la révolte instinctive de
l'homme isolé, sans occupation de la pensée, sans occu-

pation du corps. Les premiers jours, cet homme s'étonne
d'être ainsi enfermé. Il est frappé par la nouveauté de
cette situation. La porte qui le sépare du monde des
vivants l'intéresse. L'idée de claustration travaille en
son cerveau stupéfié. S'il a le sens exact des choses,
s'il sait qu'il est inutile de vouloir lorsque le ressort de
la volonté a été arrêté comme par un doigt invisible, il
supportera sa captivité et se satisfera des choses
immédiates. Ces impassibles sont rares. Presque immédiatement, l'ordinaire prisonnier qui a perdu ses habitudes de libre respiration et de libre marche s'irrite
contre l'étroite pièce sans air, contre les murs qui
l'empêchent de passer. Il s'ennuie et il est impuissant
contre son ennui. Il tombe en une atonie qui confine à
la colère. Il reste une journée sans rien dire, et tout à
coup un son de voix, un bruit, une pensée subite,
éveillent en lui la fureur. Le labeur manuel ne suffit
pas toujours à occuper ces somnolences, à endormir ces
violences.

Du jour où la découverte a été faite qu'il était impossible de respirer et de bouger davantage, la nostalgie
de l'atmosphère et de l'espace est entrée en cette âme
mise en cellule. La fièvre rougit et brûle les pommettes,
un perpétuel étouffement contracte la gorge, réveille en
sursaut le dormeur, dans des cris et des suffocations,
des chaleurs alourdissent ses pieds et ses mains, des
aiguillons les traversent en tous sens. Il fait effort pour
ne pas subir ce fourmillement despotique. Il marche
d'un mur à l'autre, bouscule la table et la chaise, se
frictionne, se jette aux barreaux. Quand il s'arrête, la
sensation s'est aggravée, un poids de chaînes et de boulets semble fixé à ses poignets et à ses chevilles.

LIII

La révolte, la maladie, la folie, sont les poteaux d'arrivée auxquels l'homme se trouve conduit par ces misérables chemins. Il y eut, au seuil des cachots, des insurrections de prisonniers contre leurs guichetiers, des clameurs roulèrent en échos dans les couloirs, la prison se prolongea en infirmerie, des cerveaux sombrèrent dans le délire.

Martin Noël, qui a voulu emprunter vingt francs à Barbès, et qui ne veut pas accepter le directeur comme prêteur, est réveillé, toute une nuit, de demi-heure en demi-heure, par une ronde de guichetiers, par le coup de lumière de la lanterne approchée de son visage. Il s'irrite, il est pris aux cheveux, traîné, frappé, cette nuit-là; et au matin la même scène recommence. Mais ce n'est plus par les cheveux qu'on le traîne, c'est par les pieds. Sa tête sonne sur les marches, à la descente des galeries de Montgomery, à travers la crypte, par l'escalier qui mène aux oubliettes.

Le crâne fracassé, les reins saignants d'un coup de sabre, meurtri de coups de souliers, il est jeté dans le noir et la glace de ces réduits. L'eau froide tombe des murs en ruisselets. Il faut rester couché, assis, accroupi : la voûte est à un mètre et demi du sol granitique. Il n'y a de prise d'air et de lumière que sur le couloir, et c'est ainsi, tout au long, une série de tombes ouvertes dans une tranchée de cimetière obscur.

Les rats ne sont plus les maîtres, ils ont été chassés par les poux. C'est à cette vermine acharnée, à cette pullulation silencieuse et dévorante que le prisonnier est livré sans défense. Le cachot ne suffit pas. Les pieds de Martin Noël ont été enchaînés à l'anneau de fer

8.

scellé dans le mur. Les chaînons et les boulons qui les maintiennent broient ses chairs, entrent en elles, mettent à nu les muscles, les nerfs, les os. Il faut rester couché sur le ventre, il faut manger le pain noir et boire l'eau croupie que le geôlier dépose devant la face inerte, à portée des lèvres gémissantes. Il ne sut jamais, ce triste enchaîné, combien de jours il fut laissé là. Il fallut une heure pour le déferrer, pour retrouver et retirer de ses pieds les anneaux cachés dans l'enflure et la pourriture.

Le monument de grâce fière, de hautaine élégance, prend une autre allure, garde une autre signification, quand on est ainsi descendu dans ses entrailles. Il devient double et effrayant, les salles sont belles comme des hymnes, les dessous tortueux et de méchanceté hypocrite, enfouie aux ténèbres. Le Mont est simple et compliqué comme l'homme, plein d'élan et le fond cruel.

LIV

Cette affreuse aventure de Martin Noël se passait avant l'arrivée de Blanqui. Mais elle ne resta pas à l'état d'exception. Après la fournée d'insurgés versés au Mont en 1840, les règlements se firent plus sévères encore. Défense de parler par les fenêtres, défense de parler aux geôliers, défense de chanter, la mise aux fers annoncée comme remède aux mauvaises humeurs, comme calmant des colères. La résignation ordonnée, le silence imposé. Les maladies de nerfs, d'estomac, de cerveau, ravagent ces ennuyés dont on verrouille les lèvres. Staube se coupe la gorge d'un coup de rasoir. Austen devient fou.

LV

Blanqui est maître de lui. Il écoute, il observe. Assis, appuyé d'un coude à sa table, ou debout près de la porte, il entend les bruits de voix, les menaces qui résonnent aux murs des couloirs, les plaintes qui montent du fond du monument, qui sont filtrées par les pierres en lointains soupirs.

Pendant six mois, la folie d'Austen est déclarée simulée, et le fou est enfermé au cachot. Il appelle son père, son frère. « Oh! les misérables, crie-t-il. Ils les tiennent là emprisonnés au-dessous de moi! Mon pauvre père ; je l'entends! je l'entends! » Sa voix étonne ceux qui l'écoutent venir des profondeurs, elle monte et se perd après avoir erré par les corridors, s'être brisée aux voûtes, dispersée en clameurs, en soupirs. La nuit, dans les accalmies de silence où s'interrompent les bruits du vent et de la mer, cette voix de fou, colère et sanglotante, va trouver les prisonniers dans leur cellule, sur leur couchette, et ils pourraient croire à une irruption soudaine des fureurs et des gémissements enfouis au dur monument depuis des siècles.

Ceux qui résistent à la folie s'ingénient à la trouvaille de distractions possibles. L'un a songé à dresser un écureuil qui sortirait et reviendrait, portant des lettres. Ceux-ci élèvent, nourrissent, apprivoisent des moineaux ; ceux-là des pigeons et des poules. Ils se récréent à voir sautiller les moineaux, se rengorger les pigeons, à écouter le perpétuel caquetage des poules. Ces pattes qui grattent, ces becs qui fouillent, ces plumes qui s'ébouriffent, ces petits yeux ronds toujours virant, ces courts essais de vols qui battent l'air de la cellule, toute cette animalité de l'oiseau fait passer au-

tour du prisonnier un rapide frisson de vie, le frôle
d'une tiédeur de chair délicate, l'interpelle de petits
cris vifs et de roucoulements de langueur. Mais l'oiseau
passe à travers les barreaux, s'en va sur le rebord de
pierre murmurer un gazouillis de caresse au soleil, s'envole
au-dessus de la verdure qui le tente, et c'est
l'homme qui reste en cage.

LVI

Une cage d'heure en heure plus fermée et plus
asphyxiante. Quand les détenus essaient de sortir de
l'inertie dans laquelle ils s'enlisent chaque jour davantage,
comme dans cette tangue grise qui les environne,
quand ils se refusent à se laisser ensevelir dans
l'ennui qui les conquiert peu à peu de son mol et irrésistible
envahissement, ils s'agitent comme au réveil
d'une longue nuit, ils se forcent à reprendre goût à la
vie, ils réclament des améliorations, ils pétitionnent,
protestent contre le régime cellulaire. La réponse administrative
ne se fait pas attendre. Elle vient de Paris,
passe par la sous-préfecture d'Avranches, ordonne la
séquestration absolue, une demi-heure de sortie à l'air
libre tous les deux jours, et se termine par l'injonction :
« A la moindre résistance, sabrez ! »

Un avocat d'Avranches, défenseur des prévenus
d'avril 1834, ami de quelques condamnés, Fulgence Girard,
s'arrête sous les lucarnes, scrute leur ombre de
sa lorgnette. Aucune parole n'est échangée. C'est à
peine si les regards croient se rencontrer.

La femme d'un détenu, Mme Guilmain, est venue
s'établir au Mont, a loué une chambre en face des Deux
Exils, elle entrevoit, au delà du grillage, au delà de
l'épaisseur du mur, la silhouette de son mari. Elle n'a

pas réfléchi que toute la population est à la merci du
directeur, que la perte de quelque humble travail, la
ruine de quelque restreint négoce peuvent être le prix
d'une complaisance, d'un apitoiement. Le tremblant
propriétaire donne congé à sa locataire, et nul autre ne
paraît vouloir louer à celle-ci une chambre semblable,
avec vue sur la prison. On ne lui offre à contempler
que le panorama des grèves. Un seul vieux pêcheur se
trouve pour enfreindre la consigne tacite.

Mais l'ingénieux directeur, le subtil geôlier, aura le
dernier mot. Il empêchera les conversations, les descentes et les montées de lettres, il supprimera le
paysage, il rendra impossibles les croisements de regards confidentiels.

Il invente d'ajouter un grillage intérieur au grillage
qui existe à l'ouverture extérieure des fenêtres, percées
en meurtrières dans la muraille épaisse de deux mètres.
Ce nouveau grillage, depuis le sol jusqu'au plafond,
empêchera le prisonnier de s'insérer dans l'embrasure
où il passait des journées en contemplation attentive.
Ni ses regards, ni sa voix, n'iront plus au dehors. Un
treillis de fils de fer sur le grillage extérieur empêchera
le passage des lettres et des journaux montés par des
ficelles, aux heures indécises.

LVII

L'inspecteur général des prisons auquel ces mesures
avaient été soumises les avait nettement condamnées
comme inutiles. Il fallut trouver un prétexte pour les
légitimer. Ce prétexte prit naissance dans une provocation. Défense aux condamnés de s'approcher des barreaux. S'ils ne se retirent pas, après injonctions, ordre
aux sentinelles de faire feu. Mais cette défense, elle ne

vient pas par voie administrative, on la fait passer dans
les habitudes de la prison. Ce sont les factionnaires qui
sont chargés de la notifier aux prisonniers.

Blanqui est le premier averti. Immobile, songeant
sous sa placidité au fracas d'émeute d'hier, à l'évasion
et aux revanches possibles, à la femme qui l'attend,
ses yeux clairs vaguant au delà de l'eau et des grèves,
à la recherche des rues connues, des silhouettes amies,
il est brusquement assailli dans son immobilité, dans
sa torpeur réfléchissante. Il s'entend appeler, il se voit
mis en joue. Il obéit; se retire, fait demander une explication au directeur, Malentendu, méprise, répond celui-
ci. Ne pas s'inquiéter, cela n'arrivera plus. Le surlendemain, même coup de voix, identique pantomime du
factionnaire. Pareille demande d'explications et pareille réponse. Le lendemain, au soir, triple et semblable aventure de Martin Bernard, Quignot et Delsade.
Delsade, violent, prend sa chandelle, la pose d'un poing
énergique sur le rebord de la fenêtre, colle son visage
aux barreaux, crie au soldat : « Tire donc, jean-foutre,
tire donc, tu verras clair pour viser. »

On avait ainsi obtenu le délit d'insultes aux soldats.
On y ajouta le perpétuel lancé de pierres et d'os aux
sentinelles du chemin de ronde. Or, on apportait aux
détenus leur viande désossée, et, pour se procurer des
pierres, il leur aurait fallu desceller et fragmenter les
quartiers de granit de leur cellule. On est autorisé à conclure que ces utiles cailloux tombaient des fenêtres de
l'appartement du directeur, situé au-dessus des cellules.
Des factionnaires et des détenus en eurent la preuve,
une domestique aperçut un geste du fils de M. Theurrier. Trop tard, les rapports étaient partis pour le ministère, et le placement des grilles supplémentaires allait
être autorisé.

LVIII

Mais, à ce moment, qu'importe à Blanqui. Il ne voit ni n'entend. Il n'entend qu'une voix de jour en jour plus éloignée, un souffle, un dernier soupir; il ne voit venir que la catastrophe. Elle s'approche, la voici.

C'est un an, jour pour jour, après les adieux, le 31 janvier 1841, que meurt, à vingt-six ans, Amélie-Suzanne, la femme du prisonnier achevée par la prison de son mari, la svelte et brune créature dont le vol d'hirondelle n'a pu venir jusqu'aux barreaux de la cellule. Elle a agonisé pendant un an. Pendant un an, Blanqui a attendu la guérison et la réalisation de la promesse. Il a cru à un déchirement de la brume qui l'entoure et à la subite apparition de celle qui devait venir. Cette attente vaine, ces alternatives de croyance et de désespoir, c'est le drame intérieur qui s'est joué en lui. Ce drame est fini, un autre commence. La femme vient, enfin. Mais elle vient morte.

L'homme sait la nouvelle funèbre, il est resté rigide devant le fonctionnaire qui l'a apportée, et le voici, seul, le dos tourné à la porte, le front penché vers la fenêtre, la tête dans l'ombre de son bras, regardant fixement la mer sans la voir. Il reste là, inattentif au reflux et au flux, jusqu'aux heures et aux ombres du soir, lorsqu'il ne reste plus qu'une lueur sur l'eau, que son regard se trouble, que son cerveau s'isole du monde extérieur. Ce qui l'entoure n'est plus que le décor de sa rêverie. Sa pensée vogue sur une mer de fièvre, dans les espaces de l'hallucination. Un cercueil passe sur le morne étalement des vagues lentes.

Le cercueil blêmit, change de forme, devient une figure rigide, puis une figure souple, momie qui se

dévêt de ses bandelettes, et qui se dresse, oscille, erre
sur les flots. C'est elle, les yeux qui l'ont connue la
reconnaissent. Combien elle est changée, pourtant, et
comme elle est pâle. Ses pieds sont joints, tels qu'on les
a rassemblés sur le dernier lit. Ses bras allongés, ses
mains effilées collées au corps, elle est droite et longue,
elle approche, elle semble par moments s'évanouir pour
revenir plus près. Elle monte avec la mer enflée jusqu'au
grillage, elle cherche l'issue, elle va et vient, et son
visage de reproche et d'amour fini apparaît, disparaît,
et reparaît plus visible. Les boucles de ses cheveux
sont éparses, pendent en chevelure de noyée, ses yeux
noirs sont vitreux, ont la transparence morte des
fenêtres aux lumières éteintes. Plus rien maintenant ne
l'empêchera de passer, ni les geôliers, ni les verroux,
ni les barreaux. Elle est fluide, elle entre, elle flotte
comme une fumée, se disperse et se recompose comme
un nuage. Elle est de nouveau la compagne, à jamais
la fidèle et l'insaisissable.

LIX

Sans cesse, le prisonnier du Mont fut hanté par l'apparition familière, se complut dans les visites du doux
spectre ponctuel. Désormais, il cohabite avec la mort.
Tous les soirs, quand les premières noirceurs de la
nuit absorbent les dernières clartés dans leurs voiles
de deuil, quand les fantasmagories se lèvent dans l'atmosphère et que les formes confuses se meuvent,
Blanqui l'aurait évoquée, si elle n'était pas venue d'elle-
même habiter sa cellule et converser avec sa pensée,
celle qu'il avait quittée pour la prison et qui le quittait
à son tour pour la tombe. Pendant ces mois et ces
années, elle fut le but de sa songerie, l'hôtesse de son

veuvage. Il laissa plus tard échapper le cri de révélation de sa douleur et des entretiens qui furent le charme et le désespoir de ses insomnies. Mais ces entretiens furent secrets, et cette douleur resta mystérieuse. Personne ne soupçonna, à l'attitude du vaincu deux fois vaincu, quels chuchotements lui parlaient entre les murs de pierre de son logis, dans quelles spirales du souvenir il descendait. On ne vit pas s'il y eut des larmes à la page du livre ouvert sur la table. Il pleura tous ses pleurs dans la solitude.

LX

Le prisonnier eut de plus fréquentes périodes de silence et d'atonie. Il vécut des journées sans dates au fond de l'ombre couleur de deuil. Il s'immobilisa dans l'encoignure en rigide statue de douleur, ne sortant de ses visions invisibles qu'au bruit des pas, des clefs et des voix. C'est pendant cet état de maladie, de songerie, d'indifférence à l'existence, que le régime de la prison vint à son état aigu de persécution. En avril 1841, la décision de grillager hermétiquement les lucarnes a son commencement d'exécution. L'aumônier Lecourt accompagne l'architecte et son commis, il serre les mains des détenus, s'inquiète de leur santé, se répand en effusions et en salutations. Pendant ce temps, on prend les mesures. On a ainsi évité toute discussion, toute collision. Blanqui lui-même, tout de sang-froid et d'observation qu'il est habituellement, ne s'aperçoit du stratagème qu'au moment de la sortie du doucereux visiteur. « Certes, c'est un étrange personnage, dit-il dans une lettre à Fulgence Girard, que cet aumônier charpentier qui a un grand fils commis aux écritures, qui ôte sa chasuble après la messe pour grimper sur

les charpentes, qui pose et scelle les verroux et les barreaux, construit les portes des cachots, qui confesse et claquemure ses ouailles. »

LXI

Le 18 avril fut un jour d'inspection du sous-préfet d'Avranches. Le fonctionnaire présent, neuf détenus sont conduits au greffe : Barbès, Delsalde, Dubourdieu, Martin-Bernard, Quignot, Godard, Guilmain, Vilcoq, Blanqui. On allègue des réparations, on va les loger hors de leurs cellules pendant deux ou trois jours. Delsade réclame indiscrètement une explication. Il est saisi, traîné par les couloirs, piqué de l'épée du gardien-chef, jeté aux loges de correction. Les autres, d'ailleurs, y sont conduits comme lui. Pendant trois, quatre mois, toute la durée des travaux, ils vont rester là, dans les affreux logis affectés d'habitude aux voleurs indisciplinés.

Les loges de correction, ce sont les greniers du Mont-Saint-Michel. Au nord, à cent mètres au-dessus de la grève, elles dominent le cloître, elles reçoivent les perpétuels assauts du vent, comme les phares bâtis en pleine mer. Deux mètres trente de long sur un mètre soixante de large, la muraille percée d'une lucarne, c'en est assez pour emmagasiner la poussée saccadée de l'ouragan et sa voix de fureur qui respire et qui expire, qui reprend haleine pour souffler plus fort. Par le froid dont il entoure le réduit, par la clameur dont il emplit l'étroit espace, il semble inclus dans la chambre et prisonnier comme le prisonnier, ce vent du nord-ouest, ce noroit qui vient de Groënland, qui a passé en gigantesque frisson sur l'Angleterre, qui s'engouffre ici, dans ce fond de baie, où il paraît s'enliser

dans la tangue. Oui, il est là, il est dehors, il semble
dedans, il est partout. Mais ce vent mouillé de la vapeur de la mer n'assainit pas, ne dessèche pas ces
murailles pleurantes. L'atmosphère du taudis reste
épaisse, lourde, humide de la sueur des pierres, puante
de l'odeur du baquet qui séjourne dans ce coin jour et
nuit. Pas de calorifère, pas de cheminée, jamais de feu.
Jusqu'au mois de mai, les détenus restent couchés, grelottant sous le drap froid, asphyxiés dans le goût et
l'odeur d'ordure de ces ironiques logis en plein air.

LXII

Ces cages hissées à quatre-vingt mètres au-dessus de
la grève, ces greniers où le détenu ne peut se mouvoir
que sur une surface de quatre mètres carrés, ces pièces
étroites meublées d'une paillasse dans une caisse, d'une
chaise et d'un seau, n'ont de prise d'air et de lumière
que par une lucarne treillissée de fer. Il fallait braver
la poussée brutale du vent, la pluie cinglée au visage,
coller son front aux barreaux, pour apercevoir le haut
rocher, le profil des constructions de la Merveille, l'arrivée de l'eau, les voiles lointaines, l'ouverture de la
baie sur la haute mer vers Cancale.

LXIII

Dans cet espace étroit des loges, la discipline s'est
faite plus dure, la persécution s'est aggravée. Ceux qui
ont demandé des explications sur leur déplacement
sont conduits au cachots, mis aux fers. Ceux qui font
des objections au goût de la nourriture et de la boisson,
conduits au cachot et mis aux fers, eux aussi. Généra-

lement, on les traîné par les pieds jusqu'à ces cachots,
noirs, visqueux, grouillants de rats, pullulants de vermine, cachés dans les profondeurs du roc. Barbès connaît cette aventure pour avoir refusé de rentrer dans
son cabanon où le soupirail avait été bouché pendant
l'heure de la promenade. Il est terrassé, traîné, quinze
gardiens acharnés sur lui, la barbe, les cheveux arra-
chés, la poitrine meurtrie d'un coup de pied. On l'enferme dans l'in-pace. Delsade et Martin Bernard, qui
ont voulu intervenir, le rejoignent.

Puis d'autres qui se sont agités, qui ont crié, sont
saisis à leur tour par les geôliers, sabre au poing, ils
sont ferrés, boulonnés, vissés, le sang jailli parfois,
précipités au plus profond des souterrains, ou enchaînés dans leur cellule. Toute la nuit, le cri et le gémis-
sement sortent de la pierre, avec le cliquetis de la fer-
raille. La responsabilité n'existe plus, l'autorité de
quelques maniaques s'exalte jusqu'à la bestialité, se
complique de grossière ironie. Les oiseaux, les poules,
les pigeons des prisonniers, sont tués. Des rires
bruyants éclatent tout près des visages pâles, aux
dents serrées. Ce fut le temps le plus atroce de la détention. La maladie sévit, la folie se montre et se propage.

LXIV

Juin, juillet, août se passent encore dans les loges.
Blanqui sera parmi les derniers qui seront reconduits
en cellule, le 23 août, après cent vingt-sept jours. Pendant les mois d'été, le supplice a changé. Ce n'est plus
le vent, c'est le soleil qui est le bourreau. Les rayons
implacables font flamber les cahutes si haut juchées
vers le ciel. Les regards ne peuvent errer par les grèves,
resplendissantes et hostiles. Il faut fuir, aveuglé, loin

de la lucarne, chercher anxieusement, dans les angles
de la chambre minuscule, une illusion de fraîcheur et
d'ombre. Le prisonnier cuit et rissole dans la puanteur
de ces fours suspendus. Il n'a de répit et de repos que
pendant la sortie d'une heure qui lui est concédée.
Avide de se mouvoir, il va, à son tour, sous la conduite
d'un gardien, marcher par les escaliers, par les plates-
formes, devant le porche de l'église, sous les arcades
du cloître. Il s'arrête au parapet du saut Gauthier, où
se précipita autrefois un détenu affolé de réclusion,
cherchant et trouvant la liberté dans cet abîme de
mort, sur ce roc où se brisa son corps. Toutefois, la
pente est praticable. Les mains accrochées à une corde,
en s'aidant des pieds contre la muraille, une évasion,
par ce saut Gauthier, aurait des chances !... Et partout,
tout autour de l'église, tout autour du cloître, c'est l'espace, c'est la promesse, la ligne des côtes, les avancées
de promontoires d'où peuvent partir des barques, la
pleine mer sous le plein ciel.

LXV

C'est surtout pendant ces journalières promenades
d'une heure que la mer fut visible pour les prisonniers.
Mais ailleurs, dans les cellules du Petit-Exil, dans les
loges de correction, elle exerça son attraction sur tous,
plus que la hautaine architecture de l'abbaye, plus que
la flore délicate du cloître, la guipure de végétaux enfermée aux rosaces, épanouie aux chapiteaux, feuilles
enroulées, corolles ouvertes, qui transforment l'étroite
cour en un mystique jardin de pierre. C'est la vue de
la mer qui put faire passer les heures, toutes les heures,
celles de toutes les saisons. La mer couleur de pluie, la
mer embrasée, la mer mélancolique et dorée, l'étendue
mystérieuse, changeante et attirante, ce fut le grand

refuge des énergies inemployées, l'activité de ces inactifs, l'image grandiose de leurs illusions. La mer, vo-
leuse d'énergies, tueuse du temps, apaise les colères,
endort les révoltes, par la voix perpétuelle et fatale de
ses vagues.

LXVI

Blanqui est envahi, comme les autres, aux moments
de fatigue et de dégoût, par le sentiment de l'inutilité.
Son esprit volontaire et méthodique, qui connaît des
flux de rébellion, des arrivées de courage le soulevant
au-dessus de la minute présente, connaît aussi des
reflux d'inactivité, des retraits de force qui le laissent
échoué sans désir. Il subit ce que Balzac a, si magnifi-
quement, défini : « Ces avortements inconnus où le frai
du génie encombre une grève aride. » Il quitte son rêve
alors, il quitte la besogne distrayante, l'éternel apprentissage scientifique et sociologique où il cherche ses
moyens et ses armes. Il reste veule et insensible, et
comme les autres, il contemple la mer, absorbeuse des
regards et des idées, productrice de songeries.

Les premiers temps, il avait eu une surprise et un
intérêt à la voir. Il ne retrouvait pas la mer de son
enfance et des voyages de sa jeunesse, la mer bleue sous
le ciel bleu, la mer latine, égale et limpide comme un
lac, sans venues et sans départs. Non, il ne connaît pas
ces sables sans fin, cette langue grise, cette eau glauque toujours fâchée, ce vent froid, ces oiseaux sauvages qui tournoient avec des cris dans les tempêtes,
cette voix rauque de la vague montant à l'assaut du
rocher et retombant en poussant une clameur rageuse.

Sous son étroite fenêtre, et du haut des plates-
formes, aux heures des marches parcimonieusement
mesurées, le spectacle auquel il assiste lui donne la

sensation mêlée de la mer et de la terre, de deux formes
de la matière toujours aux prises. La vague se retire
au loin. La mer n'est plus qu'une ligne blanche sur
l'horizon. Soudain, elle revient, vite, par grandes lignes
concentriques, elle s'étale, elle entoure, elle envahit la
grève, les falaises basses, roussâtres d'herbe pelée et
du triste ensanglantement de la criste-marine.

Le ciel est semblable à la mer. Les étalements d'éther
y sont troublés par les déferlis de nuées. Il y a des effi-
lochages de brumes tels que des affaissements de
vagues, des dispersions de lumière bues par les lointains de l'atmosphère, des calmes plats, des mouvements rythmiques, des violences rapides. C'est sur ces
deux aspects reflétés de l'air et de l'eau que les yeux
actifs de l'homme immobile aperçoivent tout ce qui
passe, tout ce qui est en liberté, la fuite des nuages, le
vol des oiseaux, le glissement des barques. Tout cela
est vu à travers les barreaux, rayé par le grillage. Le
paysage est en prison autant que le prisonnier. L'eau
et les nuages n'apparaissent qu'en taches bougeantes à
travers le dur réseau. L'univers se présente en quelques lueurs éparses fragmentées par le quadrillage. Le
prisonnier en cage peut perdre la notion des choses,
et croire que c'est lui qui regarde une cage où fonctionne le mécanisme de l'attraction universelle. Les
observations immédiates vont s'effaçant, la cellule n'est
plus qu'un point quelconque dans l'espace, — la fenêtre
un cadre de hasard, — la nature, le décor fugitif du
drame où il n'y a pour personnages que des pensées.

LXVII

Ces pensées, ce sont tout de même, définitivement,
les refuges de Blanqui, plus que ses contemplations. Il

se lasse des aubes, des midis, des crépuscules, des
nuits, des hivers, des printemps, des étés, des au-
tomnes. La mer monotone augmente son ennui, la mer
colère lui communique son humeur rageuse. Les coins
d'architecture qu'il peut apercevoir, les avancées de
pierres dentelées, les lignes des contreforts, tout le
fleurissement d'art superbe qu'il peut traverser en
changeant de cachot, la dure dentelle des galeries, le
jardin sculpté du cloître, les roses de granit, les par-
terres des vitraux, tout cela achève de l'exaspérer. Le
prisonnier se révolte contre l'art, le classique se répand
en imprécations et en ironies contre le moyen-âge et le
romantisme. Il se souciait peu d'archéologie, et d'ailleurs, enfermé dans cette architecture, il manquait
vraiment par trop de recul pour la juger et l'admirer.
Que lui importait que la prison où il était verrouillé à
triples serrures fût sculptée? Il ne tarit pas en railleries
dans les lettres qu'il peut faire parvenir à son ami l'avocat
d'Avranches, Fulgence Girard, sur le double sentiment
de celui-ci, qui s'indigne contre les cellules et les in-
pace et adore les clochetons et les rosaces. Rien, d'ailleurs, ne trouvait grâce aux yeux de Blanqui, pas même
les humbles figues vertes qu'on lui vanté comme à peu
près mûries sur ce haut espalier. Le Méridional ne croit
pas à la vertu de ce pâle soleil trempé d'eau : « Au
Mont-Saint-Michel, dit-il, rien n'est bon. »
    Il tourne le dos aux choses, il ferme sa compréhen-
sion à ce qui l'entoure. Il garde le perpétuel souvenir
de sa femme et la perpétuelle préoccupation de son fils,
mais il fuit l'inaction, il veut se garder des maladies
cérébrales, de l'atonie à la folie, qui sévissent en prison, il pense à une délivrance possible, — il remonte
l'Histoire, — il retourne à la Politique.

LXVIII

Il s'acharne à envoyer son esprit au dehors, au loin, vers les mêlées d'hommes. Il déserte sa solitude, la vie de tracas tâtillons et d'usure lente qui lui est faite. Il ne veut pas voir les doubles grilles scellées, devant la fenêtre, au mur de la cellule qu'il a réintégrée. Il bataille avec toutes ses ressources contre les souffrances physiques qui commencent le siège de sa frêle personne, des douleurs vertébrales, une tumeur derrière l'oreille, des attaques de fièvre intermittente. Il a de tristes nuits, un bref sommeil entrecoupé de cauchemars. Il geint en rêve, mais il s'efforce de rester immobile et insensible au réveil, lorsque les guichetiers entrent. Il écoute sans broncher l'étonnante consultation du médecin et du directeur, qui lui refusent l'infirmerie accordée aux voleurs et veulent lui persuader qu'il s'acclimatera. Il renonce, devant l'ironie administrative et l'indifférence médicale, à une discussion inutile, il se tait quand le docteur déclare qu'il est dans l'ordre des choses qu'il meure de temps à autre un détenu, il se tait quand le directeur présente la captivité comme une bonne aubaine pour les gens sans moyens d'existence, et proclame que la trop bonne nourriture indigne les visiteurs stupéfaits de savoir des politiques si bien traités, le politique étant parfois plus exécré que le voleur. La nourriture, Blanqui en parle avec des mots de répugnance et des phrases de haut-le-cœur, dans une lettre qu'il écrit alors. C'est, dit-il, de la vache gâtée nageant dans de l'eau de vaisselle, dans de la rinçure. Souvent, des asticots sont découverts dans ce plat journalier, que les prisonniers nomment le vomitif. La purée de pois est faite de débris de larves, c'est la purée aux vers.

LXIX

Blanqui s'essaye à mépriser et à vaincre tout cela. Il va vers le passé, il cherche à voir le présent, il scrute l'avenir.

L'Histoire environnante devait le tenter tout d'abord. Un esprit curieux comme le sien n'habite pas impunément un tel décor de pierre sans se préoccuper de ce qui s'est passé là et aux entours, de ce qui a effleuré l'alvéole où le prisonnier est blotti, scellé comme la bestiole qui meurt, se dessèche, ne laisse que son empreinte au creux d'un bloc. Par quelque bouquin obtenu en vertu de la règle administrative ou par la complaisance d'un geôlier, Blanqui apprit la formation du rocher, la succession des événements qui avaient gravi ses pentes ou s'étaient traînés sur sa grève.

Il vit distinctement la révolution géologique, l'éruption de granit hors de la couche de schiste, le surgissement du cône solide. Il évoqua le paysage d'autrefois, la poussée de verdure dans le marécage, la forêt à six mille mètres de la mer, la falaise lointaine alors, barrant la baie actuelle, depuis le Grouin de Cancale jusqu'à l'archipel de Chausey. Ce fut l'époque des hautes futaies, des clairières humides, de l'ombre verte des bois. Les druides circulèrent par les sentes, puis les moines. A la longue, l'aspect de la nature changea. Au VIIe siècle, la forêt s'effondre définitivement dans le sous-sol, les chênes et les hêtres meurent sous le sable, les marées déplacent perpétuellement la grève mouvante, le cône de granit émerge seul. Ce désordre de nature a été accompagné de sévices des hommes, de passage de pillards, d'arrivées de Normands. Il faut

que les irrégularités s'installent, que les habitudes se
refassent, pour que l'évêque d'Avranches, Aubert,
prenne possession du mont, y bâtisse, en 709, un oratoire, y installe douze chanoines. Plus tard, c'est un
monastère de bénédictins, construction nouvelle close
d'une solide muraille. Le monastère se façonne en forteresse, une existence luxueuse et copieuse prend ses
aises, est menée librement par les moines, les hommes
d'armes et les scribes.

Ce n'est qu'au xiie siècle que les pierres commencent
de fleurir au labyrinthe de ce jardin de granit. Sous les
seigneurs abbés Roger II et Robert de Thorigny, les
voûtes légères s'élèvent au-dessus des écuries, des
caves, de la salle des Gardes, de toute la force assise
aux piliers massifs. La vie d'apparat et la vie sensuelle
se logent à la salle des Chevaliers, au réfectoire, se
déploient sous les voûtes aux fines nervures, aux chapiteaux feuillus. A la fin du xive siècle, le sud-est du monastère est bâti par Pierre Leroy, la tour Périne a été
construite, et le Petit-Exil, la porte militaire entre les
deux tourelles, l'escalier tournant. Louis XI vient et
revient, en 1462, en 1469, en 1472, renard royal, fourré
et flaireur, actif à inspecter et à sonder les bâtiments
féodaux. Il fait une première visite désintéressée, il
ouvre et préside le premier chapitre de l'ordre de
Saint-Michel. Il accomplit un vœu et ne néglige pas de
faire construire une cage en bois sur le modèle conçu
par La Balue.

LXX

C'est la signification de prison du Mont-Saint-Michel
qui devait le plus frapper Blanqui pendant ces années
de réclusion. C'est le rôle de geôle joué par le monument avec une assiduité implacable qui vient au pre-

mier plan des récits, en avant de tout le passé, en conformité avec le présent.

La liste commence aux premiers âges de la bâtisse, à l'époque des lourdes murailles rudimentaires, elle se continue, anonyme et certaine, sous les abbés grands seigneurs, dresseurs de beaux décors, épris d'existence ordonnée et élégante. Au-dessous des salles aux colonnes fleuries, de l'église vibrante de l'harmonie des orgues, de la bibliothèque où palpite mystérieusement l'esprit sous l'érudition, par des escaliers creusés dans le roc, les prisonniers sont descendus aux cachots significativement nommés oubliettes. Fonds de puits remplis de l'eau des infiltrations, recevant l'air par de longs conduits, la voûte d'un mètre et demi de rayon forçant le prisonnier à rester couché ou accroupi. On le tirait de là une fois par semaine, il venait sur la plate-forme, conduit par un moine, respirer l'air du dehors. Un religieux vécut cette vie pendant vingt et un ans. Puis, sur la liste sont inscrits des prisonniers anglais, Noel Beda, d'Avranches, syndic de la Faculté théologique de Paris, principal du collège de Montaigu, des chefs huguenots, le journaliste hollandais Dubourg, enlevé en Hollande, expirant au Mont, après une atroce agonie, des pamphlétaires, des financiers, des suspects. La Révolution, qui abat la Bastille, garde le Mont-Saint-Michel. Elle l'appelle le Mont-Libre. Elle nomme une tour : tour de la Liberté, et en 1793-94, elle enferme trois cents prêtres des diocèses d'Avranches, Coutances et Rennes, pour refus de serment civique. Sous l'Empire, les locataires sont les officiers supérieurs restés républicains, trois généraux russes prisonniers de guerre. Sous la Restauration, le fils de Babeuf, des publicistes coupables de délits de presse, Mathurin Bruno, sabotier, qui se dit roi de France et que le roi de France verrouille pour jusqu'à sa mort, Lecar-

pentier, ex-conventionnel, qui meurt là, au bout de
neuf années, et dont on conserve la tête dans la phar-
macie.

Après 1830, les légitimistes qui se compromettent
dans les chouanneries sont soumis à leur tour à l'incar-
cération. Mais les républicains surtout abondent. Louis-
Philippe se souvient peut-être du jour de son adolescence où le duc de Chartres qu'il était alors, accompagné
de sa gouvernante, Mme de Genlis, fut pris d'un accès
de juvénile indignation au cours d'une visite à l'abbaye
et asséna un coup de hache sur la cage instituée par
Louis XI. Mais s'il se souvient du Mont-Saint-Michel, ce
n'est pas pour en démolir les cabanons et en adoucir le
régime, c'est pour y loger ses adversaires avec une
rigueur non pareille. Après l'affaire du Cloître-Saint-
Merry, le Mont devient une colonie pénitentiaire où les
soldats sont internés avec les chefs : Jeanne, Blondeau,
Lepage, Colombat. Ils sont encore là, moins Colombat
évadé audacieusement, lorsqu'arrive la fournée de ceux
de 1839, les insurgés de Mai, Martin Bernard, Barbès,
Blanqui, auxquels vient aboutir cette chronique du sort
des vaincus.

LXXI

Cherchant à se remettre en contact avec la politique,
Blanqui, par les lettres qu'il peut faire tenir à Fulgence
Girard, son ami d'Avranches, et par celui-ci à sa mère,
à ses sœurs, par les lettres qu'il reçoit en retour, se
rattache à l'existence libre. Il demande et obtient des
renseignements, des journaux, des fragments de journaux, il suit, avec de brusques intervalles, d'irritantes
solutions de continuité, les menées des hommes, la
succession des événements. Par sa lucarne, il regarde
agir, autour des tapis verts des ministères, dans les

travées de la Chambre, Guizot, Thiers, Soult, Molé,
d'autres, des grands premiers rôles, des comparses,
tour à tour opposants et ministres. Il aperçoit plus loin,
par toute l'Europe, des allées et venues de diplomates,
des mouvements de peuples, des défilés d'armées, qui
sont, à distance, des agitations et des traînées noires de
fourmilières. Depuis qu'il est enfermé au Mont, une
reine d'Espagne a abdiqué, les Anglais et les Russes
ont manœuvré en Asie, les fossés des fortifications de
Paris ont été creusés, on s'est battu en Algérie, il a entendu le canon de Beyrouth, il a suivi le sillage du corps
de Napoléon rentrant en France. Le parti révolutionnaire vaincu, décimé, a dû renoncer à l'agitation de la
rue. Les théories socialistes s'élaborent. Louis Blanc
veut l'intervention de l'État, et Proudhon, l'anarchie.
Les fouriéristes et les saints-simoniens poursuivent
leur rêve d'amour. Cabet découvre l'Icarie. Daumier
dessine. La voix harmonieuse de Lamartine s'élève.

LXXII

La littérature était abordée comme l'histoire et la
politique. Malgré le nombre restreint des volumes de la
bibliothèque de la prison, la lecture rendit encore
quelques journées et quelques soirées possibles aux
reclus. Martin Bernard a raconté quels auxiliaires
d'existence pouvaient devenir les *Mémoires du cardinal
de Retz*, et aussi le *Cours de littérature*, de la Harpe,
l'*Histoire de Paris*, de Dulaure. On a trouvé une note de
Barbès recommandant de prendre, chez Mᵐᵉ Fénard,
libraire, des romans de Luchet, H. de Latouche,
Alphonse Karr, Sainte-Beuve, Jules Janin : *Un Nom de
famille, Aymar, Sous les tilleuls, Volupté, Le Chemin de
traverse*, et les *Mémoires du baron de Trenck*, le séquestré

de Magdebourg, amant de la princesse Amélie, prisonnier de Frédéric II, élu par la sœur, enfermé par le
frère. Mais plus que le sort de l'officier prussien, le sort
de Silvio Pellico, plus près d'eux, paraît avoir passionné
les détenus du Mont-Saint-Michel. La prison de l'abbaye
est sans cesse désignée dans les lettres de Blanqui
comme le Spielberg français, les cachots bâtis sur le
cloître sont perpétuellement proclamés équivalents aux
plombs de Venise. La littérature spéciale de la prison
reprend possession des esprits des détenus avec ce
livre qui eut un tel retentissement, et fatalement, les
analogies s'établissent.

Il y a de profonds antagonismes d'esprit entre Pellico
et Blanqui. Aucun voisinage d'idées n'est possible entre
ce chrétien et ce révolutionnaire. Même lorsqu'il avoue
des doutes et qu'il raconte des colères, l'Italien confesse sa foi retrempée dans le blasphème passager et
dans le long remords. La non-croyance du Français est
aussi nette. Mais la vie est plus forte que les divergences de natures, que les pensées ennemies. Elle rapproche les contraires, elle révèle, avec l'identité des
sorts, les fraternités lointaines. Ce livre, *Mes Prisons*,
ne semblait-il pas raconter déjà tant d'aspects et tant
d'incidents de la captivité maintenant subie ? Là-bas
aussi, des cellules de monastère, à Milan, devinrent des
cachots, et les Plombs, à Venise, les chambres étroites,
en haut du palais des Doges, aux toits couverts de
plomb, apparaissent exactement semblables aux loges
du cloître du Mont-Saint-Michel, de glace en hiver, de
flamme en été. Le nom de la prison même est un jour
semblable pour tous, quand Silvio est conduit dans
l'île Saint-Michel de Murano, avant le Spielberg.
Là, c'est la prison dure, *carcere duro*, et la prison
très dure, *carcere durissimo*. Dans l'une, les fers aux
pieds, le sommeil sur les planches nues, la grossière

nourriture et le travail. Dans l'autre, l'enchaînement
complet, le cercle de fer pour ceinture, la chaîne scellée
dans le mur, ne permettant que quelques pas, et pour
nourriture le pain et l'eau. Ces aggravations de peines
sont réglementées dans l'abbaye normande comme dans
le château fort autrichien. Ici et là-bas, les cachots sont
creusés dans les souterrains. Ici et là-bas, le pain, la
viande, sont affreux, provoquent les nausées, les prisonniers sont malades de dégoût et de faim. Ici et là-
bas, les promenades d'une heure avec les gardes, fusils
chargés. Ici et là-bas, de subits resserrements de discipline, ici les grilles aux fenêtres, là-bas des palissades
autour de la galerie de promenade, partout la vue de
l'espace supprimée. C'est à croire qu'il n'y a qu'un seul
règlement pour toutes les prisons de l'Europe civilisée.

Les incidents de la vie intime des prisonniers ont
aussi des ressemblances dans les deux régions. Silvio,
pendant un changement de cellule, reconnaît Melchicre
Gioja, et tous deux agitent leurs mouchoirs. Il demande,
chaque fois que l'occasion s'offre, des nouvelles de
Maroncelli, de Rossi. Il est attentif au paysage de cou-
poles et de clochers. Il écoute les voix qui montent vers
sa lucarne quand les gens viennent sur la place tirer de
l'eau du puits. Il s'intéresse aux pigeons qui volent et
roucoulent sur Saint-Marc. La solitude lui donne des
hallucinations, il croit à la présence de quelqu'un dans
sa chambre, quelqu'un qui veut l'étrangler, il entend
des rires et des gémissements, il a des évanouissements
et des délires. Il est enchaîné pendant les voyages des
changements de résidences. Au Spielberg, il grimpe
aux barreaux pour voir la vallée, la ville de Brünn, un
faubourg coupé de jardins, le cimetière, le petit lac de
la Certosa et les collines couvertes de la verdure noire
des forêts. Il s'essaye à faire entrer dans sa cellule les
spectacles du dehors, la campagne, le mouvement des

êtres libres, les chants des paysannes, les nuages
errants. Le désir de voir et d'entendre des hommes
l'envahit sans cesse, il imagine des combinaisons par
les fenêtres et à travers les murailles, il se réjouit de
conversations avec des voleurs. Il lit, il médite, il écrit.
Il écrit, sur le bois de sa table, sur de rares feuilles de
papier qu'il doit à la complaisance de son geôlier, des
fragments de drames, de poèmes. Quand il est réuni à
Maroncelli, il produit une tragédie entière, qu'il ne
peut écrire faute de plume et de papier, mais qu'il
apprend, qu'il retient, qu'il améliore sans cesse, dont il
récite des vers pendant des heures et des heures.

Blanqui put lire ainsi le compte rendu, en avance
de quelques années, des journées de captivité qu'il
subissait avec ses compagnons. Eux aussi, au Mont-
Saint-Michel, ils s'informent les uns des autres, agitent
des mouchoirs, scrutent les murailles, se trans-
mettent des billets. Eux aussi regardent se mouvoir
les gens, voler les oiseaux, fleurir le cimetière. Eux
aussi sont malades, fiévreux, exténués. Eux aussi
cherchent un repos dans la lecture et dans l'étude.
Sous toutes les latitudes, les hommes se ressemblent,
subissent la sensation de la même manière, et les liens
s'établissent entre ces cerveaux aux pensées contraires
et ces cœurs qui ne battent pas pour les mêmes causes.
Le pauvre Silvio, quand il est mis en liberté après ses
atroces dix années de prison, ne marque-t-il pas le
moment où lui parvient la nouvelle de ces « Trois journées de Paris » pendant lesquelles Blanqui fit le coup
de feu? Et combien d'autres communications s'établirent entre eux par les mots sensibles aux appels subtils,
par l'imprimé fluidique si prompt à toucher et à ranimer
les points douloureux, par ces confidences de livres qui
offrent de tels refuges secrets à la vie tressaillante !
Était-ce pour lui seulement qu'il avait écrit, le prison-

nier d'Italie, quand il traçait ces lignes : « Et cependant,
même dans les misères d'une prison, quand on pense
que les vrais biens sont dans la conscience et non dans
les objets extérieurs, on peut avec plaisir sentir la vie. »
Et encore : « Je sentais que l'humeur peut se rendre
indépendante du lieu : soyons maîtres de notre imagination, et nous nous trouverons bien presque partout. »
Le philosophe, comme le chrétien, pouvait concevoir
cette apologie de la vie intérieure. Et l'homme devait
être atteint au plus vif par le cri de plainte qui tout à
coup se fait jour : « Mon pauvre cœur ! tu aimes bien
facilement et avec tant de chaleur ! à combien de séparations, hélas ! tu as été déjà condamné ! » Il connaît des
séparations, lui aussi, Blanqui, il en connaît une surtout, et que celle-là est profonde, irrémédiable ! Comme
elle a passé vite, la femme qui a passé dans sa vie !
A peine était-il exclu du monde, verrouillé au cachot,
qu'elle s'en allait, elle, plus loin encore, qu'elle descendait dans ce cachot plus noir et plus définitif qui est la
tombe.

LXXIII

Il fallait faire trêve à ces pensées, tout ajourner,
sortir de là. L'histoire de la captivité au Mont comporte
toute une série de tentatives d'évasion. Mais voici,
toutefois, auparavant, une brève vision de Blanqui et
de sa situation parmi ses codétenus.

Fomberteaux, qui fut pendant trois ans au Mont-Saint-
Michel, a dit ceci à l'auteur de ce livre, reçu par lui
dans le logement qu'il habitait en 1888, à Montrouge :

« J'étais, avec Vuillecoq et Joigneaux, parmi les con-
damnés du *Moniteur républicain* et de l'*Homme libre*.
Après mai, arrivèrent Barbès, Delsade, un Polonais,
Blanqui, Hubert... Au petit Exil où je me trouvais,

furent enfermés Barbès, Martin Bernard, Blanqui. L'inimitié entre Barbès et Blanqui existait déjà. Le premier accusait le second de lâcheté. Blanqui, disait-il, s'était laissé prendre des listes très étendues. Barbès aussi, pourtant. Pas assez prudents, les conspirateurs à la mode de Mazzini et de Blanqui. Trop de confiance en eux-mêmes. Sur les trois ans que j'ai passés au Mont-Saint-Michel, j'ai eu deux ans et demi de système cellulaire pendant lesquels je n'ai jamais vu Blanqui. Je ne pouvais avoir de conversation qu'avec Barbès et Martin Bernard, par des trous dans le plafond et les cloisons. Puis, il y eut des permissions de correspondre, des promenades d'une heure pendant lesquelles on pouvait se voir, échanger quelques mots. Blanqui très crâne, très calme. Il lisait et pensait. N'a jamais beaucoup écrit. (Ici, Fomberteaux se trompe, mais Blanqui savait cacher ses écritures.) Ne se manifestait pas, excepté en face des juges. »

Cette froideur entre Blanqui et Barbès, qui existe au Mont-Saint-Michel, qui existait avant l'internement au Mont-Saint-Michel, n'empêche pas une réunion de ces énergies isolées, de ces souffrances semblables. Si dure qu'ait été la prison, malgré l'oppression, la stupeur, la terreur partout présente, l'ingéniosité, la volonté des prisonniers furent les plus fortes. Les obstacles s'aggravent, les mesures violentes se succèdent. Rien n'y fait. Ces hommes en cellules, que l'on croit si bien séparés les uns des autres, parviennent, non seulement à communiquer par des billets, par des ficelles qui vont d'un soupirail à un autre, par des mots tracés sur le fond des gamelles, non seulement à se parler par les conduits des cheminées, mais ils parviennent aussi à se voir, à se réunir.

Le règlement du système cellulaire défend de parler même aux geôliers, interdit tout rapport avec l'exté-

rieur, ordonne que toutes les lettres seront examinées
par le directeur, empêché de révéler, dans les lettres,
les mesures administratives. Plus encore : il est défendu
aux détenus de chanter, ils ne peuvent détendre leurs
nerfs, dissoudre leur ennui ou leur colère par la
cadence de quelque musique restée dans leur souvenir.
Aucun livre, sans autorisation, pour changer le cours
des idées, rattacher l'exclus au monde de l'esprit.
Aucun vin, aucune liqueur, pour ranimer le sang,
faire revenir l'afflux des forces dispersées. Les punitions
sanctionnent chacun de ces articles : cachots, loges de
correction, mise aux fers. Et sans cesse l'arbitraire
ajouté à ce texte, le directeur maître sur le Mont, au
milieu des flots, comme un capitaine sur son navire.

C'était vouloir la maladie, le désespoir, l'atonie, la
folie. Forcément, un atroce état pathologique se créait
chez ces hommes dans la vigueur de l'âge, soumis à de
telles conditions, privés du mouvement, de la parole, de
l'amour. Chez les uns, la fièvre, chez les autres, l'exaltation, la dissolution. J'ai dit le suicide de Staube, la
folie d'Austen. D'autres moururent à l'hospice de Pon-
torson, d'autres encore devinrent fous : Bordon, Charles.

Mais l'ardeur de la résistance se maintint longtemps
chez certains. Dès le début, les intelligences s'employèrent aux mille travaux d'adresse pour dépister la
surveillance. Il y eut des réussites inespérées : on se
parlait! on s'écrivait! on lisait des journaux! on avait
des intelligences au dehors : Fulgence Girard, l'avocat
d'Avranches, et d'autres, des amis de Blanqui, de Barbès,
qui vinrent rôder, qui réussirent à faire savoir leur
présence, certains qui entrèrent avec des autorisations
de visites.

En septembre 1840, grâce à une visite de sa mère,
Blanqui peut faire parvenir à Fulgence Girard une lettre
où il lui promet de correspondre avec lui par l'entremise

de son codétenu Guilmain, dont la chambre est voisine
de la sienne. Il lui réclame des journaux, demande
quelle physionomie a la politique, s'inquiète de la paix,
de la guerre, du prince Louis.

Tout naturellement, grâce à ces communications,
l'idée classique de l'évasion se présenta, en 1840 même,
la première année. Doux, un ami de Barbès, entra en
pourparler avec des soldats, des Parisiens républicains.
Il y eut commencement d'exécution, puis Barbès refusa
de partir seul, les militaires s'oublièrent un soir à
chanter la *Marseillaise*, furent envoyés en Afrique.

En octobre 1840, une lettre de Blanqui à Fulgence
Girard est remplie par l'examen des projets d'évasions
possibles, par un exposé des routes qui peuvent mener
à Granville où l'on s'embarquera pour Jersey, tout un
plan où tressaille la fuite mystérieuse, la liberté dans la
nuit, à travers les grèves, les campagnes, sur l'eau
salubre, dans l'ivresse de l'espace.

Blanqui fait bien remarquer à son ami que des évadés
auraient à peine deux heures d'avance, qu'il y a sept
lieues du Mont-Saint-Michel à Granville, qu'il faudrait
être sûr du point d'embarquement, à Granville ou à la
pointe des collines (Carolles), qu'il voit, de sa fenêtre,
s'enfoncer dans la mer, ou entre Granville et la Sienne,
rivière de Coutances, ou à Saint-Malo, plus improbable.
Mais par quel chemin gagner Granville ? par Genest, par
Sartilly, ou par un détour dans les terres ? Il a toute la
carte du pays dans la tête. Il songe au temps favorable,
opte pour la saison où l'on va entrer, de nuits longues
et orageuses. Et, tous ces points d'interrogation posés,
l'humour qui ne le quitta jamais reparaît, il reproche
à son correspondant d'avoir vanté les figues du Mont-
Saint-Michel, lui déclare qu'il ne donnerait pas deux
liards de tout ce Mont-Saint-Michel, et que s'il dépendait
de lui, il lui bourrerait le ventre de six mille kilo-

grammes de poudre, pour faire sauter la calotte de cet
infernal gâteau de Savoie. Il continue en parlant de
la lune et des balancements de la mer, soupire son
désir, après tant de marées et de vents, de respirer un
peu de l'air de pré ou de bois : « Nous avons, dit-il,
assez reniflé celui de la grève qui est pointu comme les
odes en losange de Victor Hugo. » C'est là qu'il fait
allusion au bombardement de Beyrouth, en attendant,
dit-il, le bombardement de Paris, puis il conclut que les
coupables sont les journaux, « de grands gueulards qui
ne valent pas un sou et ont toujours tout perdu ».

Il y eut réponse sur la question d'évasion : l'indication de Granville comme lieu d'embarquement, sous
prétexte d'une partie de pêche ou d'une excursion géologique aux îles Chausey, la route conseillée par Genest
et Sartilly, l'embarquement tout de suite, si le jour peut
être fixé. Sinon, une attente de quelques jours dans une
ferme de Fulgence Girard. Ce dernier mode ne plaît
guère à Blanqui, objectant avec raison qu'un tel lieu
d'asile serait suspecté. Pour lui, il faut fixer le jour et
capter un factionnaire. Il y eut quelques préparatifs,
mais circonspection et arrêt.

Puis le travail de grignotement recommence.

C'est Delsade qui parvient, par des trous, par des
crochetages subtils, à ouvrir sa porte doublée de zinc,
fermée de serrures et de verrous, et les portes de Barbès, de Martin Bernard, de Guignault, certaines de ces
portes fermées plus fortement encore par des barres
de fer fixées au mur d'en face. Désormais il y a réunion
chaque soir après la ronde, jusqu'au jour de la trahison
d'un codétenu : Hendrick.

C'est Blanqui se hissant dans sa cheminée jusqu'au
conduit de la cheminée de Martin Bernard.

Et ainsi, sans cesse, des efforts, des défaites, l'autorité plus inexorable, la vexation plus active, leurs quel-

ques meubles enlevés aux détenus, les grilles, les révoltes, la rage des prisonniers impossible à contenir,
obtenant enfin gain de cause. Mme Blanqui mère a
toutes les peines pour voir ou plutôt entrevoir son fils,
malgré l'autorisation ministérielle dont elle est munie.
Blanqui refuse même de se soumettre aux conditions
injurieuses qui sont imposées, sa mère fouillée par un
geôlier, l'entrevue ayant lieu à travers deux grilles. Il
fallut l'arrivée du beau-frère et de la sœur de Barbès,
M. et Mme Carle, pour qu'un adoucissement fût apporté
et que les entrevues pussent avoir lieu. M. et Mme Carle,
apprenant les scènes sanglantes, les odieux sévices,
déposent une plainte. Fulgence Girard rédige un mémoire au nom des familles des condamnés. Ces condamnés, du fond de leurs cachots, lancent une demande
de poursuites contre le directeur de la prison. Il y a
appel au public, consultation du barreau, pétition à la
Chambre, discussion dans la presse.

L'ignominie, pendant ces débats, s'accentue. Quatre
détenus, qui ont arraché leurs barreaux, sont jetés
aux cachots : l'un d'eux, Petermann, en est retiré, sous
la menace de mort par le froid, et dévoré par les
poux.

C'est l'époque où Blanqui écrit : « Une catastrophe
est inévitable ici. Ces scélérats la provoquent, et nous
ne demandons qu'à nous y précipiter. Je ne crois pourtant pas que nous agissions en insensés ; pour ma part,
je n'ai plus grand'chose à ménager, ni grand'chose à
craindre ; je ne tiens plus à la vie, elle m'est à charge,
ce qui m'en reste ne durera pas longtemps, et je voudrais seulement l'échanger contre quelque chose... »

LXXIV

La catastrophe est prévenue par la destitution de Theurrier, le 13 décembre 1841. Le système ne change pas, mais il y a une accalmie, et immédiatement l'idée d'évasion est reprise. Barbès avait remarqué un défaut de la fortification, au saut Gauthier, lors de ses promenades journalières. Il fait part de son observation à Alexandre Thomas, en décembre; à Martin et à Blanqui en janvier. Il fallait d'abord se réunir. Mme Blanqui fournit les moyens de réunion. Son activité fut admirable. Jamais ses soixante ans ne se lassèrent. Tous les jours, deux fois par jour lorsque cela fut nécessaire, elle vint à pied, d'Avranches au Mont-Saint-Michel, énergique à demander les entrevues, patiente à les attendre. Elle apporta, par fragments, les morceaux de fer, les limes, les forets, les ficelles pour fabriquer des cordes. Une plaque de fer, qui servait à Blanqui à cuire des pommes, fut façonnée en clefs. Par les cheminées, les communications furent établies, des galeries furent creusées. Les quatre hommes, un soir, se trouvèrent réunis dans la même cellule, et les mains, enfin, purent se serrer dans l'ombre, il put y avoir les embrassades silencieuses, et les mots chuchotés la bouche près de l'oreille. Malgré l'inimitié entre Barbès et Blanqui, ce fut la sourde allégresse, la trépidation intérieure des prisonniers qui croient le jour venu.

Il restait à sortir de la cellule. On y parvint en trouant la porte, la tôle, en crochetant les verrous. Les clefs fabriquées ouvrirent la porte du couloir et la porte de la cellule de Dubourdieu qui avait sa fenêtre sur le saut Gauthier. Les barreaux de cette fenêtre furent sciés. Tout était prêt.

Un des moyens proposés avait été un déguisement général : Blanqui, petit et fluet, en femme, un autre, en domestique, des passeports donnés par le maire de Vitré, les évadés simulant une famille en voyage, en chaise de poste jusqu'à la frontière suisse. C'était loin. On s'arrêta à l'idée d'une séparation immédiate, chacun risquant le sort.

Ce fut le 10 janvier 1842, au soir, que la décision fut accomplie. La première ronde de nuit passée, les prisonniers se réunissent, ouvrent les portes, enlèvent les barreaux de la fenêtre de Dubourdieu. Ils sont sept qui descendent, cramponnés à une corde, dans le grand escalier, qui montent silencieusement les marches, dans la nuit, la pluie, le vent, jusqu'à la plate-forme du saut Gauthier. Mais quatre seulement doivent partir : Barbès, Blanqui, Martin Bernard, Huber, qui sont condamnés à des peines perpétuelles. Les trois autres : Thomas, Béraud, Dubourdieu restent, car leur temps va finir.

Une corde est fixée, tenue par Béraud et Thomas : Barbès, le premier, embrasse ses amis, disparaît.

Il se trouve dans le vide, tournoyant dans un sens, puis dans un autre, ne parvenant pas à prendre, de ses pieds, un point d'appui au mur. Il n'avait pas songé aux machicoulis, à la saillie du parapet. L'étourdissement le gagne, ses mains, vite écorchées, ont peine à tenir la corde. Les autres, là-haut, attendent, anxieux, essayent de voir dans la nuit, d'entendre dans le vent. Ils ressentent une secousse, la corde redevient légère à leurs mains.

Barbès tombe plus qu'il ne descend, ne trouve pas son équilibre en posant le pied sur le rocher, roule au long de la pente abrupte, d'une dizaine de mètres, et va s'aplatir dans le chemin de ronde. Bruit de chute, cris qui vive ! arrivée de soldats, de gardiens. Barbès, dans l'état où il est, n'a pu se cacher bien loin. Il est pris, et

deux soldats qui le soutiennent le conduisent chez le
directeur. Blanqui, Huber, Béraud, Martin Bernard,
sont pris aussi sur la plate-forme. Les deux autres,
Thomas et Dubourdieu, sont rentrés chez eux. Barbès
est moulu, envahi de fièvre, contusionné, mais sans
fractures.

Les précautions redoublent. Les grillages sont maintenus, le changement de direction n'est en rien per-
ceptible.

LXXV

La dernière phase de la captivité au Mont-Saint-Michel
est dominée par la maladie. C'en est fait. Les plus
forts vont succomber. Le dernier sursaut des protestations et des révoltes est puni avec la rigueur habi-
tuelle. Le 20 avril, Blanqui est enfermé aux Loges,
mortelles en été comme en hiver. Le 23, c'est Quignot.
Le 24, Roudil, Martin Noël, Godard, Hubert-Louis, Élié,
Herbulet. Le 26, Barbès, Martin Bernard. Ils en sor-
tirent trois mois après seulement, et quelques-uns,
Blanqui, Godard, Hubert-Louis, Barbès, semblaient plus
près de la mort que de la vie. Barbès, atteint de phtisie
laryngée, crachant le sang, était terrassé par la fièvre
le 19 juillet. Pendant quatre mois, néanmoins, il lutta
pour refuser toute intervention bienveillante, pour
empêcher sa sœur de venir, pour éviter toute mesure
de transfert. Le 2 novembre, une lettre de Blanqui à
Fulgence Girard disait nettement la nécessité d'intervenir, et c'est à la fin de ce mois-là que Barbès malade
s'en allait en chaise de poste vers la prison de Nîmes,
triste, comme ceux qui restaient, de cette fin d'exil,
de cette rupture dans le malheur, de cet évanouissement du sort commun.

LXXVI

Blanqui est là encore, pour longtemps, pour plus
d'une longue année, passant par les alternatives de
volonté et de fatalisme, grisé de lecture et de pensée,
usant sa force, en somme, vieillissant sur place comme
le moine qui ne quittera sa cellule que pour la fosse
creusée de ses mains, qu'il voit chaque jour. Blanqui
voyait aussi sa fosse, là, sous ses fenêtres, dans ce
cimetière de village juché au-dessus des grèves, endormi
dans l'ombre des murailles. Il savait ainsi, à chaque
heure du jour, mieux qu'on ne peut jamais le savoir,
que toute l'action humaine finit là, qu'un peu plus tôt,
un peu plus tard, il faut y venir. Plus qu'aucun autre, il
fut hanté par ce noir où avait disparu sa femme. Puis,
l'isolé se reprenait à l'espoir, songeait à son fils, à
tous les siens, aux compagnons de bataille qu'il pourrait retrouver. Le vaincu sentait le poids de sa défaite,
cherchait les raisons de revivre. La croyance qu'il
s'était donnée, à un avenir de justice, d'harmonie
humaine, fallait-il maintenant la laisser s'en aller à
la dérive, et l'individu si affirmatif d'action n'allait-il
plus être que la victime inerte des événements? Il
se ressaisissait en ces combats intimes, se raidissait
contre l'hostilité qui l'entourait, contre le silence,
contre le découragement, contre la nature indiffé-
rente qui soufflait à son grillage le grand souffle de
l'inconscient.

Alors, il voulait le pouvoir d'attendre, il essayait de
durer, et ce furent ses journées, ses soirées acharnées
de travail, l'enquête qu'il pouvait faire, dans ce réduit,
sur l'histoire, sur la politique, la tête penchée sur un
livre, la main crispée sur la plume, l'esprit parti en

voyage à travers le temps et l'espace, hors de son corps captif.

Ce fut la longue épreuve où se soumit son esprit, où son caractère se modifia sous la dure loi de la nécessité. Son instinct d'activité vit chaque jour se réduire la région où il pouvait évoluer, se replia à mesure sur lui-même. Il l'exerça autant qu'il put par sa résistance aux exactions, par les projets de fuite, les préparatifs, les tentatives d'évasion. Mais il comprit bien vite, mieux qu'aucun autre, et sans pour cela tomber à l'atonie, l'inutilité de la protestation dans le vide et de l'enragement progressif dans la cage de fauve où il était enfermé. Au bout de tels efforts, c'était la folie ou la torpeur. Il préféra garder en lui sa force plutôt que de l'user en vaines démonstrations, et d'ailleurs, ce ne fut pas sans doute en vertu d'un calcul, mais par emploi d'une faculté naturelle, qu'il se cadenassa ainsi en lui-même, qu'il enfouit sa violence au profond de son être. Désormais, et de plus en plus, il eut cette attitude singulière que l'on remarqua davantage en lui à mesure que les années passèrent : il ne dit jamais rien, resta muet sous les coups du destin, laissant supposer le jugement caché et le mépris intact, mais ne les arborant pas, les gardant jalousement sous le calme de l'attitude, la tranquillité des rares paroles obligées, l'indifférence, le silence. Séparé du monde, il s'en sépara encore davantage. Enfermé en cellule, il s'enferma en lui-même, et, mystérieusement, donna à ses pensées le vol inaperçu, inentendu, — la liberté à son esprit.

LXXVII

Il n'avait que trop de raisons de se libérer de la vie immédiate. Accepter son sort particulier n'était rien.

Il lui fallut aussi assister, impuissant, inconnu, à la
déroute de ses espérances intimes. Sa femme morte,
son fils lui échappait. Il le devinait de loin, il le savait.
Il apercevait l'enfant détourné de lui, élevé selon la
famille maternelle, déçue dans son espoir par l'existence du révolté, par la disparition d'Amélie-Suzanne.
Ce jeune fils, isolé, soumis à l'éducation bourgeoise et
religieuse, et qui sera mis en possession, à sa majorité,
de la petite fortune de sa mère, qui sait si Blanqui le
reverra jamais, et comment il le reverra, à ce point
changé qu'il ne reconnaîtra rien de lui, ni de celle qui
est partie? Il peut interroger, à leurs voyages, sa mère,
sa sœur aînée, Mme Barellier : elles sont impuissantes
à le rassurer, à lui promettre d'agir.

Nul recours non plus auprès de son frère, qui lui a
gardé son affection d'aîné, son souvenir des années de
jeunesse, mais qui est si loin de lui, maintenant, à son
opposé social. Il n'a vraiment que ces visites, de la
mère, de la sœur. Celle-ci vient chaque fois que le
voyage lui est possible, elle quitte la Beauce, son Aunay-
sous-Auneau, où elle est fermière, elle vient voir son
frère, et son admiration grandit à chaque visite. Elle
rapporte chez elle une foi sans cesse accrue au destin
de son cadet, elle transmet sa parole à la maisonnée,
aux tablées du déjeuner et du dîner qu'elle préside,
servant tout le monde, allant, venant, et parlant en
Romaine stoïque, en Française de la Révolution, d'une
si admirable façon qu'elle émerveille et exalte tous
ceux qui l'entendent, parents, amis, voisins, qui ont
accepté sa franche hospitalité, son frugal et cordial
repas, et reçoivent en surplus sa virile et émouvante
parole.

LXXVIII

Enfin, Blanqui doit renoncer à la résistance opiniâtre
contre la maladie. Chez lui aussi, la laryngite s'est
montrée, s'aggrave. Le médecin en chef de l'hôpital
civil et militaire d'Avranches, le docteur Émile Voisin,
est mandé, conclut à l'urgence d'un changement
de climat. On souscrit à ces conclusions, et même
on se décide à disperser les condamnés. En cette
année 1844, un ordre de transfert envoie Blanqui et
Huber à la prison de Tours, Dubourdieu à Bordeaux,
Petermann, Vilcoq et Fomberteaux à Doullens, et c'est
à Doullens encore que Martin Bernard et ses compagnons, restés les derniers, sont envoyés.

C'est au mois de février, par un froid très vif, qu'arriva
au pied du Mont la charrette pour emporter Blanqui.
Placé sur un fauteuil de paillé, porté par des gardiens
qui se relayaient, assailli par les rafales, le prisonnier,
épuisé, grelottant, méconnaissable, fut descendu sur la
grève. Pendant le trajet, les habitants du village,
accourus au passage du cortège, ne pouvaient retenir
leurs exclamations de compassion et d'horreur. Au
bout de quatre années, le Mont, qui avait reçu l'homme
de vitalité et d'énergie, rendait une apparence de
cadavre. « Je me rappelle, — dit un témoin, garçon
boulanger que Blanqui appelait le « blond foncé » pour la
couleur de feu de ses cheveux, — lorsque M. Blanqui
partit du Mont-Saint-Michel, il était bien malade. On
l'avait installé dans une charrette à deux roues, sans
ressorts. Il était couché, enveloppé dans des couvertures, et escorté par deux gendarmes. Ces derniers,
avec le conducteur de la voiture, se sont arrêtés en face
de l'auberge de la Pomme d'Or. Ils y entrèrent, et ils y

sont restés longtemps. M. Blanqui me vit, m'appela, me
priant de bien vouloir dire à ses gardiens de se presser
un peu, qu'il était souffrant, et qu'il fallait hâter le
transfèrement. Les gendarmes et le conducteur vidèrent
leurs verres, la voiture partit, et M. Blanqui me
remercia, me donna une poignée de main, en me
disant : « Au revoir, mon ami ». Je lui souhaitai meilleure santé. »

La voiture disparut dans l'immensité des grèves,
laissant dans la brume la terrible bâtisse, les cachots,
les loges de correction, tout ce décor sinistre, où,
malgré tout, s'est élaborée la cause de l'humanité, où
un droit nouveau a germé dans la pierre, a pu croître.
On le sait, on le comprend, et j'ai bien aimé, un jour, la
réponse faite par un vieux soldat, gardien du Mont-Saint-
Michel, à un conseiller municipal paysan qui raillait,
injuriait, devant les cachots de Barbès, de Blanqui, répétant, disait-il, les propos du curé de chez lui.

— « Eh bien ! dit le gardien, plus renseigné que le
curé, c'est parce que Barbès et Blanqui ont été mis dans
ces cachots que vous êtes conseiller municipal. »

LXXIX

A Tours, le climat est plus égal, la campagne traversée par la courbe molle de la Loire donne la sensation d'un grand jardin, d'un parc tranquille. C'est un
repos après le fracas de la mer, les sautes des bour-
rasques. Blanqui, toutefois, a été profondément atteint,
et ce n'est pas la prison qui peut guérir de la prison. A
mesure que le temps passe, que l'hostilité s'émousse, le
sens de l'humanité revient peu à peu chez ceux qui sont
les maîtres, une mansuétude s'établit, pour Blanqui
comme pour les autres. Ce n'est plus le conspirateur

farouche qu'il faut réduire, c'est un malade condamné autrefois au nom de la politique et qui apparaît de moins en moins dangereux et coupable. On ne voit aucune raison de lui refuser un lit à l'hospice, une allée restreinte pour se promener, un banc pour se reposer, la jouissance d'un peu de lumière et d'un peu d'air. Il est donc extrait du pénitencier, et le prisonnier de la prison devient un prisonnier de l'hospice.

C'est là, au fort de sa maladie, le 6 décembre 1844, que lui arrive une grâce, que l'on croyait expédier à un mourant, et qui est refusée par une lettre énergiquement motivée, adressée le 26 décembre au maire de Tours, pour être transmise au préfet. Mais, gracié ou non, il fallait bien garder Blanqui à l'hôpital. C'est seulement après vingt mois de lit, en octobre 1845, qu'il peut se lever pour la première fois. Il passe le printemps de 1846 dans les jardins de l'hospice. Il retrouve son ironie pour noter des observations de ce genre : « Les jours de communion, les sœurs de l'hospice de Tours sont inabordables, féroces. Elles ont mangé Dieu. L'orgueil de cette digestion divine les convulsionne. Ces vases de sainteté deviennent des fioles de vitriol. »

Le malade s'assied au soleil contre un mur blanc où s'accroche et grimpe quelque verdure. Il est à côté d'autres, des malades comme lui, des convalescents, des vieux en robes grises et brunes. C'est une petite Provence d'aspect monacal, un coin tiède de lézarderie silencieuse. Lui est indiscernable entre tous, coiffé du bonnet, enfoui dans la houppelande, la tête baissée, les mains sur sa canne. Il ne se révélerait que par la levée furtive de ses yeux transparents. Le Niçois boit du soleil. Fruit méridional trop tôt cueilli, qui n'est pas resté à s'épanouir dans la lumière, pauvre fruit de liqueur concentrée, figue ratatinée, blanchâtre, le sucre mêlé de poussière, qui a dû sécher et mûrir sur la paille.

Jamais le désir de revivre n'est plus fort que pendant ces inactivités de convalescent. Les odeurs de sirops et d'onguents, les fadeurs des compresses s'évaporent, vaincues par le parfum des roses. Les bruits, les mouvements, les forces du dehors entrent par effluves dans les jardins d'hôpitaux. Les jambes, les bras sont impuissants, les corps anémiés se meuvent comme ceux des enfants, mais la pensée s'envole avec un vertige d'oiseau ébloui. Il semble au malade qu'il va enjamber le monde.

Blanqui, là, se préoccupe encore de son fils qui lui est amené une fois, en 1844, qui va sans cesse lui échappant. Il sait que la déception l'attend, que ce fils apprendra de ceux qui l'ont recueilli l'hostilité contre son père. Il veut le revoir, il écrit au tuteur une lettre ferme et colère qu'il termine en rappelant les mots qui lui furent criés par sa femme mourante : « Ils l'élèveront contre toi ! »

En somme, il est maintenant revenu à la vie, dans la situation d'un gracié malgré lui, et le gouvernement est embarrassé du don qu'il a fait, du refus qu'il a subi. On laisse sa convalescence se prolonger à l'hospice, dans une demi-liberté, les visiteurs commençant à affluer, à entourer son lit et le lit d'Huber. Il retrouve ainsi Béasse, un des condamnés de Mai, Béraud, détenu avec lui au Mont-Saint-Michel. La politique et les projets reparaissent, et le pouvoir est tout prêt à prendre un prétexte de poursuite et de condamnation. Ce prétexte, on croit l'avoir trouvé avec l'émeute des grains qui trouble Blois, où Béasse, Béraud, et d'autres, parmi lesquels Blanqui, sont impliqués. Il y a eu près de ce dernier un agent provocateur, le maçon Houdin. L'émeute est du 21, Blanqui est dénoncé le 23, jeté, le 27, dans les cellules du pénitencier. L'affaire se dénoue, le 26 avril 1847, par un acquittement devant la police correctionnelle de Blois.

Il a hâte de retourner vers Paris, il écoute en très-

saillant, à Blois où il est interné, le bruit lointain des
événements, de la révolution prochaine. C'est l'automne
de 1847. Il attend la montée de sève du printemps.

LXXX

La rentrée dans l'existence, dans l'agitation des
villes, après la prison, après l'hospice, c'est la sensation
étrange et dangereuse de la vie du prisonnier. Son
impression est neuve et poignante, son individu devient
chancelant au bruit des rues, au contact des hommes.
Il marche avec une surprise fiévreuse sur les pavés et
sur les routes, dans l'air libre, dans les espaces sans
verrous. C'est un trouble état physique et intellectuel
que celui de l'homme enfermé, que l'on pousse dehors
dans le vent trop vif, dans la lumière trop crue. On lui
a parcimonieusement alloué des fractions de jour, des
rations d'atmosphère, et brusquement on l'enivre, on
lui verse une ivresse de liberté. Il hésite, marche avec
une obliquité de vertige, il peut s'évanouir. Barbès,
libéré, à Nîmes, forcé d'attendre pendant vingt-quatre
heures la diligence, demande à rentrer, à passer ce
dernier jour, cette dernière nuit en prison.

Blanqui connaît la même sensation le même jour, le
24 février 1848. Le régime de Louis-Philippe usé, assailli, est écroulé, la révolution est faite : le prisonnier
est hésitant; dans les rues de Blois, puis, décisif, s'en
va vers Paris.

LXXXI

Il revient, il rentre dans la ville quittée en 1839. Il
trouve le Paris des révolutions triomphantes, la rue

aux drapeaux claquants et aux torches mouvantes, qui
retentit des cris des journaux, des roulements de tambours, des chants de la *Marseillaise*, du pas scandé de la
garde nationale et de la garde mobile, des arrivées des
foules, étudiants, ouvriers, prêtres portant le crucifix
auprès du drapeau rouge, s'en allant bénir l'arbre de
la liberté planté aux carrefours.

Le 23, Blanqui erre, incertain, dans ce décor de bataille et de fête. Il a été vite joint par ses compagnons
d'autrefois, ceux des sociétés secrètes et des barricades. Il écoute leurs récriminations, leurs menaces,
les démonstrations par lesquelles ils s'efforcent de
prouver la Révolution avortée, falsifiée par les hommes
du *National*, si l'on n'intervient pas immédiatement.
Le groupe disserte sur la place du Palais-Royal. Quelqu'un survient, raconte l'incident du drapeau rouge à
l'Hôtel de Ville, l'intervention de Lamartine, comment
la foule a subi l'enchantement de la parole. Il faut avi-
ser, entrer en ligne. Rendez-vous est pris pour le soir,
en armes, au Prado, sur la rive gauche. On se sépare.
Blanqui reste avec deux fidèles, dont l'un sera prochainement exécuté comme mouchard. Il est hésitant, ne
paraît pas du tout convaincu qu'il y ait intérêt à recommencer l'affaire, et possibilité de reprendre l'Hôtel de
Ville à ceux qui l'ont pris la veille. Il voudrait se renseigner, voir Caussidière, Raspail. Il va rue de Jérusalem,
il va à la Préfecture de Police, il va à l'Hôtel de Ville.
Ses compagnons restent dehors, l'attendent à la Grève.

Il revient, méditatif, parle de la difficulté de la situation, de l'œuvre énorme à accomplir — surhumaine,
dit-il. Celui dont on attend le signal de guerre est plein
des objections de la prudence et du sang-froid. Il est
sept heures. Encore un arrêt chez Caussidière. Puis, au
Prado.

La séance est déjà chaude. Les crosses des fusils

sonnent sur le parquet de la salle de danse. L'assistance est composée de jeunes et de vieux, les étudiants du quartier, les anciens des sociétés secrètes. Les visages flamboient sous les bonnets rouges tout neufs. Ceux qui ont parlé ont prêché l'action, la marche sur l'Hôtel de Ville, fusil chargé. Mais Blanqui est annoncé, attendu. On veut la voix qui sort du Mont-Saint-Michel, du profond des caveaux. Il y eut une ondulation, un frisson de la foule, lorsque la minime personne apparut, lorsque la tête grise de l'homme jeune passa à travers les rangs. Il y eut la clameur, lorsqu'il fut debout à la tribune, chétif, mal vêtu, ganté de noir, lorsque l'on vit surgir son pâle visage aux yeux ardents, et se lever sa main funèbre. Il y eut la clameur, puis le silence. On écoutait.

Ce que l'on entendit, ce fut le contraire de ce que l'on croyait entendre. L'eau froide sur la lave. Brusquement, de sa parole nette, Blanqui dit sa résolution. Il adjure ses compagnons de ne pas mettre la République en danger. Il assure que l'heure serait mal choisie, que l'on peut prévoir un mauvais lendemain à un coup de force; qu'il faut ajourner la marche sur l'Hôtel de Ville.

Il est effrayé et incrédule comme Proudhon. Il ose dire à un millier d'hommes réunis sur un point de Paris, qu'ils méconnaissent les ensembles. Il leur apprend que la France n'est pas républicaine, que la révolution accomplie la veille est une surprise heureuse, rien de plus, que si les condamnés politiques de Louis-Philippe étaient portés au pouvoir par une nouvelle surprise, la province croirait revenus les jours de la Terreur et de la Convention, prendrait peur, que la garde nationale elle-même n'a été que la complice involontaire du peuple, et que les boutiquiers de Paris pourraient bien, comme les gens de province,

refaire ce qui a été défait. Il va jusqu'à montrer, derrière les révolutionnaires qui l'écoutent, et derrière le
coup de main qu'ils voudraient tenter le soir même,
d'autres hommes énergiques également prêts au coup
de main, et qui s'aviseront, eux aussi, de prendre le
pouvoir de la même manière. Il fait apparaître une République ainsi disputée comme un champ de bataille où
se battent les factions. Ce qu'il demande à ceux qu'il
veut convaincre, c'est de prendre patience, d'organiser
révolutionnairement le peuple dans les clubs, de préparer le jour de la Force.

Il conquit ces hommes par la stupéfaction, il sut
apaiser leur violence encore grondante. Jusqu'à dix
heures du soir, il parla, il opposa la discussion, la dé-
négation, aux propos échauffés, il dépensa son énergie
à empêcher l'action, à obtenir crédit pour le pouvoir
improvisé la veille. A dix heures, il sortit, toujours
suivi de ses deux compagnons. Ils marchèrent d'un
pas errant pendant une heure, descendirent aux
Thermes par la rue de la Harpe.

— Avez-vous dîné? dit Blanqui.
— Non.

Lui non plus. L'un possédait soixante-dix centimes.
L'autre un franc.

Blanqui regarda dans une bourse tricotée :

— J'ai à peu près trente sous, dit-il, c'est assez pour
demain.

Il avisa une boulangerie encore ouverte, acheta un
pain de deux sous. Ils repartirent, se séparèrent boulevard Poissonnière.

Blanqui n'aimait pas que l'on sût ses domiciles. Il
disparut dans le noir.

LXXXII

C'est de cette séance de la salle de bal du Prado que
date la formation de la Société républicaine centrale,
plus communément désignée sous le nom de club
Blanqui, malgré les protestations de Blanqui, lequel
déclare sans cesse qu'un club n'appartient pas à un
homme, comme un régiment de l'ancien régime.

Le président fut Blanqui, les vice-présidents :
Thoré et Durrieu. Le lieu de réunion choisi fut la salle
du Conservatoire. Dès le premier jour, il y eut affluence.
On entrait par une porte rue Bergère, en faisant queue
comme au théâtre, entre la muraille et une balustrade
de bois. Tous les soirs, à sept heures et demie, des montagnards armés, cravatés de rouge, surveillaient l'entrée. Les membres du club prenaient place à l'orchestre
et au parterre. Eux seuls avaient le droit de parole et
de vote. Le public payant assistait aux débats, un public d'amis, d'adversaires et de curieux, de ceux qui
suivent toutes les représentations où un dompteur peut
être mangé. Il y eut là, parmi les spectateurs, Henri
Rochefort, collégien, âgé de quinze ans. Sur la scène, à
gauche, les membres du bureau, accoudés sur un tapis
vert. A droite, l'orateur. Les discoureurs ordinaires
furent Hippolyte Bonnellier, Arnoult Frémy, Alphonse
Esquiros, homme de lettres, Routier de Bullemont,
comptable à la préfecture de police, Malapert, avocat,
Savary, cordonnier — et Blanqui.

Blanqui était l'acteur en vedette, attendu. Le silence
était complet pour entendre sa voix fine, sa parole correcte, sa discussion serrée appuyée des gestes brefs de
ses mains toujours gantées de noir. Les ennemis et les
satiriques affirmaient qu'il avait la gale ou la lèpre. Il
portait le deuil de sa femme et cachait jalousement

l'anneau de mariage, le signe de la foi jurée, de la
fidélité promise. ~

Il eut une influence immédiate. « Sa puissance comme
orateur était immense, dit Alfred Delvau, sa voix stri-
dente, aiguë, sifflante, métallique et voilée cependant,
comme le bruit d'un tam-tam, communiquait la fièvre
à ceux qui l'écoutaient... Son esprit était une mathématique ; il n'opérait que sur des nombres concrets, comme
l'histoire, comme l'humanité du reste... L'éloquence et
le caractère de Blanqui, ce n'était pas du feu sous la
cendre, c'était au contraire de la glace sous le feu. »

Il y avait déception lorsqu'il se taisait, qu'il écoutait,
méditatif, à peine aperçu, les motions, les bavardages,
par lesquels s'en va l'énergie, se satisfait l'âpreté. Au
moment où l'orateur de réunion publique lance ses
phrases, détermine le fracas des applaudissements, affirme la nécessité et la facilité de changer à vue la face
du monde, il est bien près de croire, s'il ne le croit,
qu'il a lui-même opéré ce changement par un coup de
magie. Il se rasseoit, épanoui et calmé, confit en une
béatitude de croyant. Celui-là est le parleur sincère.
Heureux s'il n'est pas vite contaminé par la manière
d'être cabotine de tels qui opèrent auprès de lui. C'est
un aboutissement fatal, et il est impossible d'empêcher l'homme d'être l'homme. La réunion publique a
ses coulisses, ses pratiques théâtrales, ses premiers
rôles de mélodrame, ses pères nobles, ses comiques.
Qui ne les a entendus, à leur entrée en scène ou à leur
sortie, s'exprimer en grimes inconscients, désireux de
suffrages, cherchant l'effet, appliqués à aller jusqu'au
bout de la représentation, voulant en accaparer la
gloire ? L'homme politique forcé de trouver une matière
d'action dans la réunion de ces éléments obligés à fort
à faire, et Blanqui, assez vite, peut-être dès le premier
jour, vit comme il était difficile de composer et de diri-

ger une troupe, comme il était absurde de vouloir lui
faire jouer une pièce écrite d'avance, et qu'il était plus
aisé de songer le drame humain au fond d'une cellule
que de le construire contre les événements de hasard.
Tout fuit, tout échappe. Une dynamique obscure ai-
guille les masses. Il faut se borner à vouloir sauver ce
que l'on peut de ses desseins, à tenter de combiner les
idées avec le cours inempêchable des choses.

Blanqui s'essaya à la tâche de dégager une unité de
cette anarchie. Il dut mettre toutes ses ressources en
œuvre, tantôt pour arrêter les élans maladroits, lorsqu'il voyait l'évidente inutilité de l'effort, tantôt pour
réunir les forces éparses et les lancer sur l'obstacle,
lorsqu'il crut voir s'entr'ouvrir la porte de l'occasion. Ce
fut le tiraillement perpétuel entre sa froide volonté et
les caprices de la foule. Il ne lui aurait pas été permis,
aux prises avec cette masse ondoyante, de renouveler
l'organisation échelonnée et mystérieuse des sociétés
secrètes, le mot d'ordre donné à quelques-uns, obéi de
tous, la décision suprême gardée jusqu'à la minute d'a-
gir. Ces façons de Vieux de la Montagne disparaissent
d'elles-mêmes dans la liberté et la clarté de la rue.
Quelques fidèles accepteraient. La masse, tout naturellement, n'est pas en communication fluidique. D'ailleurs, Blanqui, sous la République, voulut une action
au grand jour.

L'emploi des facultés de cet homme était bien plutôt
indiqué pour l'exercice du pouvoir que pour la révolte
de l'opposition. Il avait le regard clair, il aurait pu,
rapidement, du sommet, apercevoir les directions et
prendre une moyenne. Quoique cela puisse surprendre,
si l'on y regarde bien, si l'on se rend compte de sa nature critique, on verra qu'il pouvait être l'homme qui
voit ces directions et dégage cette moyenne. Son intervention au Prado, et toute sa politique de 1848, le

prouvent. Il avait le sens de l'opportunité, le goût
de la stratégie, le désir invincible, instinctif, presque
involontaire, de l'action. De plus, et ce fut la grande
raison de son influence, sitôt née, sitôt accrue, en 1848,
une divination extraordinaire des événements, un sens
de la logique des faits qui le trompa rarement. Ce sont
des aptitudes et des manières d'être qui ne peuvent
s'affirmer, croître, s'ordonner, qu'au pouvoir. Blanqui,
au Conservatoire, n'était qu'un homme d'État manqué,
mis dans l'impossibilité de faire une politique ayant une
suite, prenant un ministère pour rire à sept heures
du soir et le quittant à onze heures, usant son énergie
à combattre des propositions telles que celle de ce
citoyen Thouars qui proposa de siéger en blouses, et
qui vint, en effet, le lendemain, vêtu d'une blouse
bleue, qu'il laissait, en s'en allant, au vestiaire.

LXXXIII

On se trompait sur ces fantaisies, et les étrangers
qui venaient retenir des places au club du Conservatoire, avec l'espoir de spectacles étranges, s'en retour-
naient déçus. Les journaux de la réaction affirmaient
que le temps se passait là à désigner, à compter les
têtes ennemies, et le spectateur assistait à des séances
où l'on discutait le rétablissement du timbre, le maintien de l'ancienne magistrature, le choix des commissaires de la République, l'aliénation des domaines de
l'État, la création de la garde mobile, etc. Blanqui parlait, et c'était pour prévoir les événements, demander
des actes, démontrer la nécessité de l'ajournement des
élections. En somme, il développait les idées procla-
mées au lendemain de 1830, l'émancipation du travail,
l'avènement d'un ordre social nouveau.

12.

Mais peu importait. Les adversaires continuaient à
affirmer que le temps se passait, au club, à réclamer
des têtes, et la légende se faisait, jour par jour. Blanqui
devenait l'épouvantail, et c'est de là, surtout, que date
l'opinion de la bourgeoisie de Paris et de la province
sur sa personne et son rôle.

Les bouillonnements d'idées, les excentricités de
langage, ne venaient d'ailleurs pas crever, et écumer
seulement dans cette salle du Conservatoire. Il faut,
pour avoir la compréhension de l'état d'esprit qui se
manifestait sur un point, voir et comprendre l'ensemble
du Paris d'alors. Il faut songer que pendant le premier
mois du nouvel état de choses, il y eut ouverture de
deux cent cinquante clubs, et que ce chiffre alla rapidement ensuite jusqu'à près de cinq cents. Le jeu des
assemblées, la religion du parlementarisme, c'était ce
qui s'installait dans le peuple, ravi de vaquer aux pratiques de ce culte où revivaient pour lui les souvenirs
de la révélation révolutionnaire. Il y eut une allégresse
à former des bureaux, à installer des présidents, des
questeurs, des huissiers, des commissions permanentes,
des comités exécutifs, à élaborer des règlements, à
voter des ordres du jour. La même ivresse à légiférer
s'empara des clubs de femmes, de maîtres d'écoles, de
domestiques, de réfugiés politiques, d'artistes et
d'hommes de lettres. Dans chaque quartier, partout où
l'on pouvait disposer des bancs pour un auditoire, une
tribune pour les harangues, le club s'organisait, l'assemblée populaire tenait ses assises, les manifestations
prenaient leur essor.

Le club de l'Abbaye, rue du Dragon, fait parvenir au
gouvernement provisoire, un franc vingt-cinq centimes,
afin de subvenir pour sa part aux besoins de la République. Au club de l'Émeute révolutionnaire, 69, rue
Mouffetard, présidé par Palanchon, compromis avec

Blanqui dans l'affaire des Poudres en 1836, les clubistes sont coiffés de bonnets rouges, et les séances
sont clôturées par le refrain :

> Chapeau bas devant la casquette,
> A genoux devant l'ouvrier !

Au club Franklin, rue des Tournelles, les coiffures,
les cravates, les écharpes sont également rouges, la
salle est ornée de piques surmontées de bonnets phrygiens. Au club-batterie des Hommes sans peur, les
mystiques dominent.

La Société des Droits de l'homme et du citoyen, Palais-
National et rue Saint-Martin, est dirigée par un comité
central : Barbès, Huber, Napoléon Lebon, Villain, etc.,
régie dans ses annexes par des commissaires d'arrondissement et des chefs de sections. Là, dans cette Société
des Droits de l'homme, c'est une sorte de résurrection
en public de l'ancienne société secrète, la remise en honneur du règlement qui imposait à chaque enrôlé la possession d'un fusil, de cartouches, d'une médaille de ralliement. Des motions extraordinaires trouvèrent, là aussi,
une publicité. Il y fut demandé, par le citoyen Garat,
l'établissement d'un cordon sanitaire autour des de-
meures des riches, destinés à mourir de faim. Le citoyen
Hubert, cordonnier, rue Saint-Louis-au-Marais, y fit entendre ses plaintes contre l'ex-préfet de police, Gabriel
Delessert, lequel ne cessait de le faire tourmenter, la
nuit, par des lutins et des farfadets. Le citoyen Duvivier,
un jour, y résolut radicalement toutes les questions en
demandant la suppression des hommes de trente ans et
au-dessus, corrompus par les anciennes mœurs, incapables de fonder un ordre nouveau, et il les sommait de
disparaître d'eux-mêmes, de s'immoler en philosophes...
Mais le sérieux objet de la Société fut bien vite de combattre l'influence de Blanqui, de s'opposer à son action.

Enfin, parmi les assemblées de femmes, le club-légion
des Vésuviennes, rue Sainte-Apolline, où les conditions
d'admission exigeaient la jeunesse, de quinze à trente
ans au plus, et le célibat, le régisseur de la troupe
est le citoyen Borme fils, auteur de plusieurs machines
de guerre lançant trois cents boulets ou paquets de
mitraille à la minute, auteur d'un feu grégeois avec
lequel on peut incendier et couler bas les flottes ennemies, auteur d'un moyen avec lequel deux mille
citoyennes peuvent lutter contre cinquante mille
hommes ennemis !

LXXXIV

Entendez à travers tout cela la rumeur énorme faite
de voix confuses, les plaintes internationales, les accents de toutes les races, les bruits de tous les corps de
métiers, les chevrotements des vieux, la basse-taille des
ouvriers à barbes, les soprani des femmes. Tâchez de
comprendre le sens des réclamations journalières, les
formules des philosophes humanitaires, les boniments
des inventeurs de systèmes. C'est une sorte de fête fo-
raine des idées, assourdissante, cacophonique, envahie
de populaire. Pierre Leroux explique le Circulus. Con-
sidérant conseille le Phalanstère. Cabet promet le paradis de l'Icarie. Louis Blanc préside l'avortement de
l'organisation du travail. Proudhon, critique de la Révolution, navré de l'avènement trop rapide de la République sociale, terrible, clairvoyant et désespéré, parcourt et saccage les champs de l'utopie. Blanqui prévoit
la nécessité et le danger de l'action.

Mais de toutes les paroles véhémentes des chefs, de
tous les bégaiements et les cris de la foule, l'unité se
dégage à distance, maintenant que le temps a passé,

que beaucoup de ces vivants sont devenus des morts. Ce
que marque 1848, c'est l'entrée définitive du peuple sur
la scène du monde. Le chœur anonyme, pour la première fois, se fait nettement entendre. La foule sort de
la nuit de l'Histoire, annonce qu'elle a conscience de
sa misère, dit son rêve d'un monde meilleur.

LXXXV

Voulez-vous le voir, ce 1848, mieux que dans l'amas
des documents et les dissertations des historiens ?
Regardez-le donc dans tel homme de ce temps-là que
vous avez pu rencontrer par la vie. Évoquez le visage
fatigué par le travail de tous les jours, par le souci de
l'humble gain nécessaire, fané par l'âge. Scrutez cette
face d'ouvrier qui n'aura connu que le travail depuis sa
jeunesse jusqu'à sa vieillesse, écoutez la voix, devinez
le sens des paroles. Dans le visage usé, les yeux sont
restés des yeux d'enfant naïf. C'est de la lumière,
de la transparence candide sous la paupière ridée. La
voix est toujours une voix confiante. Que la date de
1848, que le mot fatidique : Quarante-huit ! soit prononcé : malgré les années écoulées, les déceptions accu-
mulées, ces yeux s'éclaireront davantage comme s'ils
reflétaient une aurore, la parole du vieil homme redeviendra alerte et joyeuse comme si elle annonçait une
délivrance. Il sait que ce fut l'année de son espoir, le
moment où il crut que son sort et celui des siens allaient
changer, et il est resté reconnaissant au destin de cette
vague promesse qui a traversé sa vie. Que l'on dise
devant lui les noms de ce temps-là, il les dit à son
tour et les juge sans renseignements et sans critique,
il les confond tous dans la même bienveillance, il
parle des personnages comme d'une miraculeuse pha-

lange vouée à une œuvre commune, Tous, il les réunit,
même les plus opposés, même ceux qui ont commandé
le feu contre lui. Ah! Lamartine, le poète!... Et Victor
Hugo!... Ah! Ledru-Rollin, le tribun!... Et Proudhon!
Et Barbès! Et Blanqui! Et Louis Blanc, le petit Louis
Blanc!... Il les aime tous, il est l'apôtre de leurs
verbes contradictoires, il refait angéliquement l'accord
entre les hommes et entre les idées, il formule pour
son compte une ingénue philosophie de l'histoire, qui
est peut-être la bonne, où tous les efforts sont confondus pour le même but.

LXXXVI

, Dans l'au-jour-le-jour de la politique, il n'en fut pas
précisément ainsi. Il n'y eut pas entente d'esprits,
sacrifices de personnalités, et le terrible mot du bonhomme Béranger rencontrant Marrast reste étiqueté
aux gouvernants d'alors : « Eh bien! cela ne va guère?
dit le chansonnier. — Que voulez-vous? la différence de
nos opinions... — Dites plutôt la ressemblance de vos
ambitions. »
    Les intentions ne furent sans doute pas mauvaises,
mais les hommes que le hasard avait projetés au
pouvoir étaient dans l'impossibilité de résoudre le problème social brusquement posé. Tous furent insuffi-
sants. D'abord, ils n'étaient pas préparés à une telle
entreprise. Ensuite, ils tentaient de concilier ce qui
était inconciliable. Le peuple ne voulait pas, ne pouvait pas attendre. Les possédants n'étaient même pas
traversés par l'idée de céder quoi que ce soit de leurs
privilèges, de leur situation, de leur fortune. La question, en somme, se résolvait en ceci : que les uns
n'avaient pas assez, ou n'avaient rien, et que les autres

avaient trop, et qu'il fallait trouver un moyen de répar-
tition, un nouvel équilibre social, un principe de vie.
On ne le trouva pas, et ce fut la faillite de 1848.

LXXXVII

Dès le début, tout le monde fut pris dans le tourbillon. Les gouvernants nouveaux essayaient de se
servir de tout ce qu'ils trouvaient installé ; armée,
clergé, magistrature, police, etc. Issus d'une tourmente
parisienne, ils se trouvaient, les barricades défaites,
dans la nécessité de s'entendre avec la France tout
entière. Pendant qu'ils hésitaient, qu'ils cherchaient la
formule, ceux qui les avaient hissés au pavois atten-
daient, appuyés sur leurs fusils. Lamartine, les premiers
jours, calma les colères, engourdit les impatiences, par
ses accords de grande harpe, sonores, harmonieux,
apaisants, au milieu du tumulte. Mais on ne vit pas
seulement de musique. Le pain, qui a sa poésie aussi,
il le faut, ce pain, tous les jours. C'est l'utile et le luxe,
le bon gâteau venu de la terre, la réconfortante et douce
chose, joyeuse aux yeux, à l'odorat, au goût, par la
dorure de la croûte, le parfum de la miche, la fleur de
farine. Pour donner ce nécessaire et ces délices au
peuple, on annonça l'étude de l'organisation du travail,
on créa la commission du Luxembourg, on invita
Louis Blanc à présider l'expérience. Louis Blanc se
laissa conduire à l'effroyable tâche, la commission se
réunit, se trouva en face des Ateliers nationaux décrétés
par le gouvernement dès le 26 février. C'était l'expédient horrible, l'installation quelconque pour parer au
plus pressé, le simulacre du travail et du salaire, le
décor en attente de la guerre civile.

LXXXVIII

L'accalmie ne pouvait pas être longue. Pendant quelques jours, ceux qui personnifiaient les classes aux prises, les bourgeois au pouvoir et les harangueurs de clubs, se regardèrent. Même, il y eut des essais de conciliation. Barbès, de Flotte, Raspail, Cabet, Sobrier eurent des entretiens avec Lamartine. Blanqui, également, fut un jour l'interlocuteur du ministre des Affaires étrangères. Lamartine raconte ainsi l'entrevue :

« Blanqui lui-même vint se livrer un matin, avec abandon, à moi, à l'heure où l'on prétendait qu'il conspirait ma mort. J'en plaisantai avec lui. Je ne crois pas au poignard dans la main de ceux qui manient l'arme intellectuelle. Blanqui m'intéressa plus qu'il ne m'effraya. On voyait en lui une de ces natures trop chargées de l'électricité du temps, qui ont besoin que les commotions les soulagent sans cesse. Il avait la maladie des révolutions. Il en convenait lui-même. Les longues souffrances physiques et morales étaient empreintes sur sa physionomie, plus en amertumes qu'en colères. Il causait avec finesse. Son esprit avait de l'étendue. Il me parut un homme dépaysé dans le chaos, qui semblait chercher de la lumière, et une route à tâtons à travers le mouvement. Si je l'avais revu plus souvent, je n'aurais pas désespéré de lui pour les grandes utilités de la République. Je ne le vis qu'une fois. » Blanqui ne dit pas grand'chose sur cette entrevue, si ce n'est que Lamartine avait gardé presque toujours la parole, ce qui dispensa le visiteur de tout exposé. La combinaison rêvée par le ministre des Affaires étrangères n'apparaît pas si fantaisiste, elle prouve qu'il avait deviné une force en Blanqui. Mais il aurait fallu plus d'une entrevue pour se mettre d'accord, et Hippolyte Castille avait raison lorsqu'il affirmait que Blanqui, en pleine révolution, préférait certainement un grenier dans Paris à l'empire du Japon.

Rien de tout cela ne pouvait donc aboutir, pour des causes profondes, et non pour les causes apparentes. L'état des choses était tel, que tous les essais, les atermoiements des politiques, étaient d'avance non avenus. La foule voulait une réponse à la question de vie ou de mort. Ce fut l'instant fatal, effrayant pour tous ceux qui avaient la prescience de l'horrible bataille, Blanqui autant que Lamartine. Ce qui apparaît à chaque heure de ces quatre mois de révolution, c'est que les chefs du peuple, ceux que l'on appelle les meneurs et qui sont les suiveurs, ceux qui écrivent et parlent pour exprimer les obscurs, reculent sans cesse devant la décision à prendre, passent leur temps, usent leurs forces, à retenir cette foule, qui veut aller aux abîmes. Par quatre fois, de mois en mois, sous un prétexte quelconque les trois premières fois, et, en dépit des chefs, nettement, la dernière fois, la question est posée : le 17 Mars, — le 16 Avril, — le 15 Mai, — et en Juin. Cette bataille de Juin, vous en apercevrez et en entendrez tout à l'heure la lueur tonnante sur une page de ce livre : à ce moment-là vous ne verrez que la Foule, la masse anonyme, sans conducteur et sans plan, dirigée seulement par ce général farouche et aveugle qui est l'Instinct.

LXXXIX

Le 17 mars, Blanqui est l'esprit de la manifestation. Sa prévoyance veut l'ajournement des élections, le temps de faire l'éducation du suffrage universel. Il

n'est pas sans comprendre quelle situation crée l'anta-
gonisme social, ce que l'on désigne alors, pour aller
vite : bourgeoisie et peuple, — province et Paris. Il
sait le mouvement de retraite des capitaux, l'argent
caché, le travail impossible. Les mesures proposées ou
prises pour parer à la Dette et à l'arrêt de la circulation
du numéraire sont insuffisantes : cours forcé des billets
de Banque, vente des diamants de la Couronne, aliénation des forêts de l'ancienne liste civile, réalisation du
complément de l'emprunt voté sous la monarchie.
L'impôt des quarante-cinq centimes par franc ajoutés
au montant des quatre contributions directes, ameuta
tous les paysans possesseurs d'un lopin de terre. Les
élections, faites là-dessus, vont être l'écrasement de la
République, le changement social annulé dans l'œuf.
Donc, puisque l'on a commencé d'agir révolutionnairement, il faut rester dans la logique des faits, donner au
règne nouveau le temps de s'expliquer, de se prouver,
— ajourner les élections.

Par deux fois, Blanqui demande cet ajournement. La
manifestation décidée, deux cent mille hommes défilent
au long des quais, font onduler au vent les drapeaux des
corporations, des clubs, les drapeaux de la Pologne,
de l'Unité italienne, de l'Unité allemande, de l'Irlande.
La députation introduite à l'Hôtel de Ville demande
l'éloignement des troupes, la remise des élections.
Lamartine promet vaguement. Louis Blanc, incertain
entre le peuple et le gouvernement, n'ose se décider
pour le peuple, fait avorter le mouvement commencé
en prenant parti pour le pouvoir, et Proudhon remarque
qu'il emploie des termes équivalents à ceux de Guizot
pour désigner les manifestants. Il ajoute ses promesses
à celles de Lamartine, et Ledru-Rollin, Barbès, Cabet,
Sobrier, sont avec lui contre Blanqui. La députation se
retire. Les promesses, ensuite, ne sont tenues que

strictement, dans leur lettre et non dans leur esprit,
les élections retardées seulement d'un court délai. Ce
17 mars, c'est le dernier jour où l'acte fut possible à la
foule et non accompli par elle.

XC

Entre le 17 mars et le 16 avril, il y a un jour capital
de la vie de Blanqui, — le 31 mars.

Le 31 mars, l'influence de Blanqui, brusquement, se
lézarde, en grande partie s'écroule. C'est le jour où
la *Revue rétrospective*, du publiciste Taschereau, surgit à
point, imprime une pièce, soi-disant émanée de Blanqui,
et qui serait la preuve de sa trahison envers son parti.

Lorsque Blanqui eut la mince livraison, qu'il put
lire le titre : *Affaire du 12 mai 1839*, l'avertissement qui insinue, qui suggère le nom laissé en blanc,
et les pages qui suivent, il put deviner le sort qui allait
être le sien. Il se reprit vite, mais il y eut peut-être
en lui, derrière son visage impassible, dans son âme
fermée, un évanouissement d'énergie, toute l'existence à la dérive, les écluses d'amertume ouvertes
et ruisselantes. Les soirs de défaites aux barricades
lui apparurent joyeux dans le lointain, l'agonie du
Mont-Saint-Michel lui fut douce, veillée par le fantôme
de la disparue.

Il faut lire, pourtant, et savoir. Voici ce qu'il y avait
dans le document Taschereau.

L'avertissement de Taschereau, d'abord, indiquant
vaguement l'origine des pièces. C'est une liasse enlevée,
pendant le combat, du cabinet de M. Guizot, dit-il.
Quelques-uns des papiers sont tombés entre ses mains.
Comment? Il ne le dit pas. Tout sera déposé aux
Archives.

Immédiatement après, ce sont les *Déclarations faites par* *** *devant le ministre de l'Intérieur*. On est averti que le nom n'est pas en blanc sur l'original. Toutefois, aucune signature ne peut être fournie. Les *Déclarations* sont datées des 22, 23 et 24 octobre 1839. C'est en ce mois d'octobre 1839 que Blanqui fut arrêté.

Aux premières lignes, Blanqui est en scène. Il est dit, ce que tout le monde savait en 1839, que la Société des Familles remonte à juin 1835, qu'elle a pris naissance pendant le procès des accusés d'avril. « C'est moi qui en ai été le créateur », dit celui qui parle, dès la troisième ligne. Quel empressement à venir sur le devant de la scène, chez ce discret, chez ce mystérieux, quelle rupture d'habitudes! Cette affirmation, cette mise en vedette, tout de suite au début d'une confidence de ce genre, c'est la marque évidente d'une pièce de police. La suite est en rapport avec ces prémisses.

Il y a, à propos de Pépin et Fieschi, des détails précis de ce genre : « Après avoir quitté Pépin, j'allai chez Barbès, qui ne savait rien... Ce qui montre que j'ignorais l'attentat, c'est que j'envoyai ce jour-là sur le boulevard, pour voir la revue, mon enfant avec sa nourrice. » Pièce de police toujours, faite d'un assemblage de phrases vraies et de phrases inventées, fabrication où il entre des pièces d'instruction et des fragments de rapports d'agents. Blanqui, interrogé sur l'attentat Fieschi, a pu vraisemblablement répondre comme il vient d'être dit. De même, il a dû essayer de dérouter l'enquête à propos des listes saisies chez lui : « Il n'a jamais existé de listes de Sociétés. La justice s'est trompée lorsqu'elle a cru avoir saisi chez moi des listes de sociétaires : ce n'étaient que des listes de personnes présentées, et dont je m'occupais de régler l'admission. » L'indication des noms des chefs ne constitue pas une révélation : tout le monde savait le rôle de Raisant,

Lamieussens, Martin Bernard et Blanqui. La distinction
entre ceux-ci et les chefs subalternes est grossière. Le
récit de la trahison d'un nommé Teissier, employé à la
Préfecture de Police, ami de Lamieussens, lequel Teissier livre un secret de poudre et de cartouches, ce récit
prouve que le fait était connu d'autre part. Il est dit
ailleurs avec quelque raison, en parlant de tel complot :
« La police ne pouvait pas l'ignorer. » Puis, il y a cette
phrase : « Les essais de tir à la cible qui ont eu lieu chez
moi... » Et il est expliqué que ces essais n'avaient pas
pour but de mauvais desseins contre la personne du rc¹,
qu'il s'agissait de savoir la portée de fusils de chasse.

Ici continue de se révéler avec évidence le caractère
du document Taschereau. Chaque fois qu'il est question
directement de Blanqui, ce document mis en ordre,
rétabli pour produire un effet d'unité, prend l'allure
d'un interrogatoire rectifié. Blanqui est interrogé, il
répond, il réfute, il s'explique. Par exemple encore,
lorsqu'il dit : « La Société n'a été pour rien dans les
émeutes du commencement d'avril aux abords de la
Chambre des députés et à la rue Saint-Denis. » Avec
les bribes recueillies dans l'instruction de l'affaire du
12 mai, on est ainsi parvenu à donner l'aspect personnel.
Le document Taschereau est un résumé bureaucratique,
cela est clair comme la lumière du jour. Mais il est
nécessaire de l'exposer en son entier, en suivant l'ordre
des déclarations.

Des traits comme ceux-ci ne sont-ils pas calculés pour
créer des ennemis à Blanqui ?

Sur Raisant : « On le regardait comme le lieutenant
de Lamieussens, il en était ulcéré. »

Sur Lamieussens : « S'attachait à ceux qui avaient plus
de fortune que les autres, et une meilleure situation. »

Sur Barbès : « C'est un instrument énergique, ce n'est
pas un chef... Il a été en partie la cause de notre échec

du 12 mai. Il ne s'est pas battu comme un chef, mais comme un soldat. »

Sur le 12 mai, on recueille ces confidences : « Arriva le 12 mai. Voici les motifs qui nous engagèrent à agir. En premier lieu, la crise ministérielle... puis les souffrances du commerce... enfin, le désir de combat chez les impatients. » Quelles révélations !

Et il est ajouté, ce qui est le petit rien significatif, l'indice à peine visible et si grossier pourtant ! la marque de fabrication tardive ! il est ajouté : « Quant à nous, en mars 1839, nous comptions... » etc. » En mars 1839 ! est-il dit. Et Blanqui dirait cela, citerait le millésime dans le passé, quand ? La même année, quelques mois après, le 22 octobre 1839 ! Non, il aurait simplement dit : « En mars. » Trop de preuves, trop de précision.

Tout ce qui précède est de la première journée des déclarations. Le lendemain, 23 octobre, après des données fort générales sur la journée du 12 mai, facile à reconstituer, sur les catégories de ceux qui se battent et de ceux qui ne se battent pas, sur les étudiants, sur les ouvriers, sur l'inutilité ou le danger de recruter dans l'armée des affiliés aux sociétés secrètes, les confidences personnelles réapparaissent, et chaque fois réapparaît aussi le doute : « C'est à la fin de juillet que j'ai repris le commandement... » Or, Blanqui est arrêté en octobre, et c'est en octobre que le document Taschereau le fait parler entre son arrestation et sa condamnation. Donc il s'agit bien d'une pièce établie d'après l'instruction, et, en supposant tout ceci exact, Blanqui, avouant sa qualité de chef, n'aurait pas cherché en tous cas, comme on l'a dit, à sauver sa tête, laquelle n'était pas encore condamnée.

Ce qui suit pourrait être, sans examen, considéré comme grave, mais l'examen peut y trouver son compte. C'est l'indication que l'organisation de la Société a survécu au 12 mai, et c'est le détail des groupes, avec les

noms des chefs. Ainsi : « 1er groupe. Pour chef, Geoffroy,
cambreur. » Il est vrai qu'après cette dénonciation, il
est ajouté : « Geoffroy a été accusé de rapports avec la
police, menacé de jugement et abandonné. Son détachement a été détruit. » De même, le 2e, le 3e, le 5e,
le 6e, le 7e groupes sont représentés comme dissous.
D'existants, il y a : le 4e groupe, des tailleurs, soixante-
quinze à quatre-vingts hommes ayant pour chef Avon ;
— le 8e groupe, des cuisiniers, trente à trente-cinq
hommes, pour chef Gorat ; — le 9e groupe, des serru-
riers, pour chef Chéry ; — le 10e groupe, des chapeliers,
cent hommes, pour chef Deschamps. Puis l'indication,
semblable, d'autres groupes isolés, formés depuis, çà
et là. Avant de commenter cette partie de la déclaration,
qui a trait directement à la conclusion définitive, ter-
minons ce sommaire.

La déclaration de la troisième journée, 24 octobre,
est sur le même objet, sur le peu d'argent possédé par
les Saisons, sur le manque de munitions, sur les
rapports avec des régiments de ligne. Et puis, subitement, encore une anicroche. Blanqui ne parle plus à la
première personne, mais à la troisième, se désigne par
une initiale : « Voici quel était le projet de fuite de B... :
il avait accepté de réorganiser la Société, mais il voulait
s'en aller une fois l'organisation faite. Il se proposait
d'aller en Suisse dans le canton du Tessin ; après deux
ou trois mois passés en Suisse, il aurait perdu toute
direction, on ne se serait plus soumis à lui demander
le mot d'ordre. » Qu'est-ce ? Ce n'est plus Blanqui. Le
rédacteur consent à se manifester, fournit la preuve de
la fabrication. Et la pièce se termine par des considérations, non dénuées de sens, d'ailleurs, sur l'avenir du
parti bonapartiste.

En somme, tout cela est fort net comme affirmation,
mais comme émanation particulière de Blanqui, nulle-

ment. Et si l'affirmation est nette, elle est banale. Même
dans l'énumération des groupes de la Société, on ne
trouve pas de quoi justifier la solennelle déclaration de
Barbès, à savoir que les révélations du document Taschereau ne peuvent provenir que de deux hommes, les
seuls au courant des secrets intimes de la Société, à
savoir, lui, Barbès, et Blanqui. La déduction s'imposait : Barbès, incapable d'un tel crime. Restait l'autre.

Ce sont là de simples enfantillages. Comme si le jeu
gouvernemental classique d'alors ne consistait pas
précisément à se mettre en contact avec les conspirateurs, à placer des agents provocateurs et dénonciateurs dans chaque société, dans chaque groupement.
Et les Saisons auraient échappé à cette loi inévitable !

Il n'y avait de vraiment secret que les intentions, les
projets, les décisions, les craintes ou les espoirs que
Blanqui gardait pour lui, enfermés dans sa tête. Cela,
révélé, ne pouvait compromettre personne que lui.
Pour tout le reste, qui était organisation plus ou moins
ébauchée, plus ou moins parfaite, il y avait forcément
plusieurs participants au secret, qui n'en était dès lors
plus un. Et ici, il s'agit de nombres d'hommes, de pro-
fessions, de quartiers, de chefs de groupes ! Et à chaque
instant, dans l'histoire au jour le jour de ce temps,
apparaît un nom de sociétaire, d'affilié à un degré
quelconque, qui se trouve être à la fois de la conspiration et de la police ! C'est oublier trop facilement un
cas tel que celui de Lucien de la Hodde, intelligent et
adroit, conspirateur et mouchard, — et tant d'autres
cas ! On croit rêver, en voyant que pareille sottise a pu
être prise au sérieux, que l'accusation a pu peser sur la
vie de Blanqui, mettre en suspicion son autorité, son
caractère, ses années de prison. C'était une besogne
oiseuse qu'un examen ligne à ligne, de cette pièce com-
posite. Tout de même, il fallait bien qu'elle fût faite.

XCI

Maintenant, que la pièce Taschereau ait été élaborée
en 1839, comme en ont témoigné MM. Pasquier, de la
Chauvinière, Zangiacomi, Frank Carré, Passy et surtout
Dufaure, entendus comme témoins à charge au procès
fait par la *Revue rétrospective* à Blanqui, cela ne change
rien aux doutes qui naissent de l'examen du document,
et non de la date de son emploi. Les résultats de l'instruction de juillet 1848 établirent nettement, non seulement
que le document n'a été ni écrit ni signé de la main de
Blanqui, mais encore qu'il n'est qu'une copie, et qu'il a
été impossible à la justice de trouver la pièce originale.
Or, il est de toute évidence qu'il ne s'agit pas d'une
pièce dictée, mais écrite. L'original manque : concluez.
. On trouva le rédacteur de cette copie, Lalande, ancien secrétaire de la présidence de l'ex-chambre des
Pairs, mais ce fut tout. Lalande, interrogé, déclara qu'il
lui était impossible de se rappeler quels étaient les documents d'après lesquels il avait fait cette copie, « si
c'étaient des notes informes, et par qui elles auraient
été écrites, ou si, au contraire, c'était une pièce déjà
mise au net ». L'ex-chancelier Pasquier fut aussi peu
explicite : « Si M. Lalande, dit-il, a en effet copié ladite
pièce, il est vraisemblable qu'il a fait cette copie dans
son cabinet attenant au mien. Lui en aurais-je donné
l'ordre? Cela est possible aussi, mais je n'en ai aucun
souvenir... mais j'affirme positivement que je ne trouve
rien dans ma mémoire qui me présente la physionomie
de cette pièce, si elle était un original, ou n'était elle-
même qu'une copie. »
C'est avec tous ces « vraisemblable », ces « possible »,
tous ces troubles, ces réticences, ces manques de mé-

moire, que s'établit généralement la certitude historique.

XCII

Au temps de Blanqui, parmi les inflexibles et tradi-
tionnels révolutionnaires qui copiaient les attitudes de
marbre et de bronze de l'antiquité, la manière d'être
voulue ne permit pas l'élan humain, la solidarité en
face de l'adversaire qui venait dissoudre le faisceau des
forces. La jalousie, l'envie, la crédulité acceptèrent le
document Taschereau. Certains de ceux qui marchaient
avec Blanqui la veille, les amis de Barbès, de Martin
Bernard, se séparèrent de lui, les uns avec éclat, les
autres silencieusement. Il ne fit rien pour convaincre et
retenir. Il resta fermé et dédaigneux vis-à-vis de ceux de
son parti qui se refusaient à croire davantage en lui. Il
les laissa déclamer l'insulte, il les laissa s'éloigner sans
un tressaillement visible. Il ne fit face qu'au publicateur
de la pièce mystérieuse. Le jour de l'apparition, il écrivit deux lettres virulentes, à la *Gazette des Tribunaux*,
au *Journal des Débats*, les lettres pour lesquelles le
poursuivit Taschereau, et quelques jours après, le
14 avril, sous le titre : *Réponse du citoyen Auguste
Blanqui*, il fit paraître un placard qui est en effet une
réponse, serrée quant à l'examen, éloquente et brû-
lante quant à la forme. Le prétendu impassible est
ému et émouvant. Il reste hautain, mais il se manifeste
en pleine lumière, jette ses cris à la foule, montre sa
pensée enfiévrée, son cœur martyrisé. Qu'il jaillisse
ici quelques-unes de ces paroles, comme des jets de
flamme à travers la cendre amoncelée par le temps.

Après avoir discuté de façon péremptoire les dates
et la provenance indiquées par Taschereau, il dénonce,
de sa claire ironie, le grand secret, la grande preuve,

l'emploi de la première personne : « Comment résister
à l'influence magique de ces mots JE, MOI, qui reviennent incessamment dans le récit, comme la personnification du même homme? C'est lui, s'écrie-t-on; il
parle, il raconte, il est en scène! » Il remue les mon-
ceaux de mémoires historiques ainsi bâtis, il prouve
que le factum soi-disant dicté a été écrit, et qu'il n'est
pas de son style, et que le manuscrit, si essentiel à
conserver, n'est pas produit.

   « Pas de signature non plus! Est-ce croyable? Comment! voici un vieil ennemi des plus dangereux, rendu
à merci, prosterné aux pieds du vainqueur, livrant à
discrétion son passé, toute sa personne! et on ne prend
contre lui aucune garantie! on ne lui demande aucun
gage, pas même sa simple signature!

   « Et, dès le lendemain, ce lâche se redresse de toute
sa hauteur devant la Cour des pairs! Il brave ses juges
de sa parole! Il les brave de son silence! Il justifie en
plein prétoire l'insurrection! Il humilie publiquement
ceux dont la veille il embrassait, tremblant, les genoux! Comment accorder cet excès de lâcheté, le
22 octobre, loin du péril, avec cet excès d'audace, le
14 janvier, en présence même du péril!

   « La calomnie est toujours la bienvenue! La haine et
la crédulité la savourent avec délices. Elle n'a pas besoin de se mettre en frais : pourvu qu'elle tue, qu'importe la vraisemblance! L'absurdité même ne lui fait
point de tort. Elle a un secret avocat dans chaque cœur,
l'envie. Ce n'est jamais à elle, c'est à ses victimes
qu'on tient rigueur et qu'on demande des preuves.
Toute une vie de dévouement, d'austérité, de souffrances, s'abîme, en une seconde, sous un geste de sa
main.

   « Une trahison! Mais pourquoi? Pour sauver ma tête
qui n'était point menacée, chacun le sait bien? L'écha-

faud n'avait pu se dresser dans le paroxysme de la
vengeance; pouvait-il se redresser après huit mois d'a-
paisement et d'oubli? Il eût fallu du moins attendre sa
présence; et si l'excès de la terreur me précipitait avec
tant de hâte dans la délation, comment, je le demande,
n'a-t-on pas arraché une signature à cet anéantissement
moral?

« Ai-je, du moins, stipulé l'allègement de mes fers?
Le Mont-Saint-Michel, le pénitencier de Tours sont là
pour répondre. Parmi mes compagnons, qui a bu aussi
profondément que moi à la coupe d'angoisse? Pendant
un an, l'agonie d'une femme aimée s'éteignant loin de
moi dans le désespoir; et puis quatre années entières,
un tête-à-tête éternel, dans la solitude de la cellule,
avec le fantôme de celle qui n'était plus, tel a été mon
supplice, à moi seul, dans cet enfer du Dante. J'en
sors, les cheveux blanchis, le cœur et le corps brisés,
et voici retentir à mon oreille le cri : Mort au traître!
Crucifions-le !

« Tu as vendu tes frères à prix d'or, écrit la plume
prostituée des coureurs d'orgie. De l'or, pour aller
entre le pain noir et la cruche d'angoisse! Et qu'en
ai-je fait de cet or? Je vis dans un grenier avec 50 centimes par jour. J'ai pour fortune, à l'heure qu'il est,
60 francs. Et c'est moi, triste débris, qui traîne par les
rues un corps meurtri sous des habits râpés, c'est moi
qu'on foudroie du nom de vendu! tandis que les valets
de Louis-Philippe, métamorphosés en brillants papillons républicains, voltigent sur les tapis de l'Hôtel de
Ville, flétrissant du haut de leur vertu nourrie à quatre
services, le pauvre Job échappé des prisons de leur
maître!

« Ah! fils des hommes! qui avez toujours une pierre
en main pour lapider l'innocent, mépris sur vous! »

Blanqui poursuit, revient aux preuves, à ces faits ré-

vélés, qui étaient connus de quinze cents individus, à
cette énumération, le seul fait pouvant avoir une gravité, du personnel de la Société des Saisons réconstituée
après le 12 mai, mais dont le comité comptait un agent
de police et un futur procureur du roi. Il relève une
dizaine de grossières erreurs de faits et de dates,
montre l'introduction de la note de police au passage
où la troisième personne, pour parler de Blanqui, est
subitement employée au lieu de la première personne :
« Méprise étrange, providentielle, qui a cloué sur son
crime la main du faussaire pour notre enseignement à
tous ! »

Il ajoute : « J'ai fini avec la calomnie ; passons aux
calomniateurs. Il est temps de les asseoir sur la sellette.
Ce libelle, leur coup de maître, n'a pas été leur coup
d'essai ; car leur haine est vieille de quinze ans.

« L'heure est venue des explications publiques. Elle
a sonné avec le tocsin de février. Il faut enfin vider au
soleil ces querelles qui ont si longtemps bouillonné
dans l'ombre.

« Mon portrait n'a pas l'honneur de figurer dans la
galerie qu'une main charitable vient d'extraire des
musées de la police. Pour remplir cette lacune, je le
donne ici tel que je l'ai connu, tracé vingt fois par mes
ennemis avoués d'aujourd'hui, mes ennemis cachés
d'autrefois : « Esprit sombre, altier, farouche, atrabi-
laire, sarcastique, ambition immense, froide, inexorable, brisant les hommes sans pitié pour en paver sa
route. Cœur de marbre, tête de fer. »

« Le profil n'est pas gracieux. Mais n'y a-t-il point
d'ombre à ce tableau, et le cri de la haine est-il parole
d'Évangile ? J'en appelle à ceux qui ont connu mon
foyer domestique. Ils savent si toute mon existence
n'était pas concentrée dans une affection vive, profonde,
où mes forces se retrempaient sans cesse pour les

luttes politiques. La mort, en brisant cette affection, a
frappé le seul coup, je l'atteste, qui ait pu atteindre
mon âme. Tout le reste, y compris la calomnie, glisse
sur moi, comme un tourbillon de poussière. Je secoue
mon habit et je passe.

« Sycophantes, qui voudriez me poser en monstre
moral, ouvrez donc aussi, vous, la porte de votre foyer ;
mettez à nu la vie de votre cœur. Sous vos dehors hypo-
crites, que trouverait-on ? La brutalité des sens, la per-
versité de l'âme. Sépulcres blanchis, je lèverai la pierre
qui cache aux yeux votre pourriture.

« Ce que vous poursuivez en moi, c'est l'inflexibilité
révolutionnaire et le dévouement opiniâtre aux idées.
Vous voulez abattre le lutteur infatigable. Qu'avez-vous
fait depuis quatorze ans ? De la défection. J'étais sur la
brèche en 1831 avec vous ; j'y étais sans vous en 1839 ;
en 1848, m'y voilà contre vous. »

C'est ensuite le récit de toutes les péripéties de l'action depuis le 24 février, les reculs, les désirs d'entente
du gouvernement provisoire, l'entrevue proposée par
Lamartine, la journée du 17 mars, puis, le 22 mars, la
mise en circulation de la pièce, et sa publication le 31,
dans la revue de Taschereau, et tout le résumé de la fin,
aboutissant à l'invective célèbre : « Réacteurs, vous
êtes des lâches ! »

A la suite, une protestation et cinquante signatures
d'anciens membres des Sociétés des Familles et des
Saisons. Ces cinquante n'étaient pas seuls. Au Conservatoire, le 1er avril, l'indignation soulevait le club : sur
un signe de Blanqui, tous étaient prêts à sortir et à
marcher. Il ne fit pas ce signe.

Le parti blanquiste resta à peu près tel qu'il était constitué. Mais l'animosité des adversaires fut plus précise.
Barbès et ses amis acceptèrent hâtivement l'accusation
portée contre leur ancien chef et leur compagnon de ba-

tailles. J'ai connu exactement la raison ancienne de cette
haine par une lettre de Barbès à Louis Blanc, datée de la
prison de Nîmes, 6 juin 1844, et dont j'ai eu la copie entre
les mains, une longue lettre de quinze feuillets faite
pour renseigner l'historien de l'*Histoire de dix ans*, et
dont l'historien ne s'est pas servi. On comprend que
Louis Blanc se soit récusé. En dehors du récit des faits,
qui pouvait l'intéresser, c'est une diatribe oiseuse contre Blanqui, une insistance de maniaque jaloux à le
railler sur sa prétention à jouer au chef de guerre, au
général, au faiseur de plans, à vouloir mettre son nom
au bas d'une proclamation insurrectionnelle. Et toute
une série de grosses ironies sur l'attitude hésitante, le
visage blême, le désarroi de Blanqui au moment du
combat, de ce combat qu'il avait voulu, il ne faut pas
l'oublier, dont il avait donné le rendez-vous, auquel il
avait convié Barbès retiré à Carcassonne, ce combat qui
lui faisait quitter sa femme et son fils. Qu'il se soit
trouvé pâle et sans voix, à ce moment, auprès de Barbès
solide et verbeux, ce serait simplement une raison pour
admirer la volonté qui jetterait ainsi la guenille humaine aux aventures meurtrières. Bref, le document
Taschereau venait pour ranimer ces anciennes querelles,
satisfaire ces vieilles haines. Il fut le bienvenu. Toutefois, voici un curieux témoignage de Louis Combes :
« Barbès était-il d'abord bien convaincu, et ne le fut-il
pas plus probablement, et peu à peu, par les haines et
les suggestions de son entourage? Voici un fait. Seigneurgens, un vieux républicain des plus vieilles
sociétés secrètes, ami enthousiaste de Barbès (réservé
avec Blanqui, mais non son ennemi), m'a raconté à
Belle-Ile que, le jour même de la publication, ayant
rencontré Barbès, il l'interrogea sur le grand événement du jour, et que celui-ci lui répondit, avec sa
loyauté naturelle, qu'il ne croyait pas que la pièce fût

de son adversaire, et que rien n'était plus facile que de fabriquer un pareil fatras. Seigneurgens est mort depuis une douzaine d'années; mais j'atteste la réalité de son assertion, et sans aucun doute il l'a répétée à d'autres, qui pourraient en témoigner. »

Quoi qu'il en soit, ni Barbès, ni Martin Bernard, ni d'autres, jamais ne désarmèrent du vivant de Blanqui. L'enquête de la commission instituée par les clubs n'aboutit pas dans le tumulte des événements d'alors, Proudhon, rapporteur, conclut à la conciliation, et les opinions restèrent en présence. Il fallut, plus tard, Blanqui sorti de nouvelles prisons, l'arrivée d'une autre génération politique, pour effacer l'accusation, la rendre très lointaine. Toutefois, la vie de Blanqui a été influencée par ce drame de parti, dont on ne saura peut-être jamais l'exacte combinaison.

Mais les événements se pressent, nous entraînent. Après le 17 mars, — le 16 avril et le 15 mai.

XCIII

Le 14 avril, Blanqui a publié sa réponse à Taschereau. Le 16, il est au Champ de Mars, où la foule ouvrière débat l'élection des officiers d'état-major de la garde nationale. Il y a une autre réunion à l'Hippodrome. Ici et là, on agite la question des élections à l'Assemblée nationale. Va-t-on de nouveau aller à l'Hôtel de Ville, recommencer la démonstration du 17 mars? On ne sait, mais ceux de l'Hôtel de Ville peuvent le craindre, et, cette fois, il y a défensive et presque offensive. Barbès, à la tête de la 12ᵉ légion, est avec le gouvernement. Le rappel est battu par ordre de Ledru-Rollin, la garde nationale de Paris et de la banlieue, la garde mobile hérissent de baïonnettes les abords du palais gouvernemental. Lorsque la foule du Champ de Mars arrive, elle doit défiler en silence entre les haies armées, sous la menace des fusils et des canons. Le soir, les manifestations des défenseurs de l'ordre ont lieu, on célèbre la journée comme une victoire. Le lendemain, le rappel des troupes est réclamé. Le surlendemain, fête de la distribution des drapeaux, banquets, toasts. La bourgeoisie retrouve l'armée. Blanqui peut prévoir la défaite future, annonce l'écrasement prochain des ingénus prolétaires. De fait, les arrestations commencent. Et les élections ont lieu.

L'Assemblée nouvelle est réactionnaire, et le commencement de l'ère législative est marqué par les événements de Rouen, la première brutale manifestation de la garde nationale de province, une préface aux affaires de Juin, des fusillés au hasard, des femmes, des enfants, des blessés achevés, une poursuite dans la campagne, une sorte de battue à laquelle les bourgeois de Rouen prennent part avec leurs fusils de chasse.

Au milieu de ces tourbillons contraires, les idées deviennent ce qu'elles peuvent, et l'avenir s'offre en proie aux plus résolus.

XCIV

L'Assemblée Constituante nommée et réunie, la situation respective de Paris et de la France se précisa immédiatement, et c'est alors qu'apparut la vérité affirmée et déplorée par Proudhon : que la République sociale était en avance sur l'opinion. Le flux de Quarante-huit allait être suivi d'un reflux; mais ceux qui avaient fait la Révolution et ceux qui avaient cru pouvoir la continuer se fièrent au flot qui les avait portés et voulurent partir pour toujours plus loin. Ils étaient

entrés, en un jour d'exaltation, dans le domaine où
leurs idées, traitées d'utopies, semblaient vouloir se
transformer en réalités : ils ne voulaient plus en sortir.
Ils se refusèrent à admettre que tous leurs efforts seraient perdus, et que cette ville merveilleuse, qui avait
été le décor de leurs espoirs, le champ prodigieusement fertile où toute parole semée s'épanouissait en
végétation subite, pouvait être tenue pour non avenue,
réduite en servitude. Une irritation montait en eux à
pressentir ainsi la déception, et leur âme de 1848 fut
pareille à l'âme des républicains de 1830 qui se virent
avec stupéfaction frustrer du gain de leurs journées et
redevenir des vaincus après avoir été des triomphateurs.

Il est certain qu'un tel état d'esprit révèle une
méconnaissance des nécessités et des lenteurs de l'évolution, mais comment demander, aux masses impatientes, de voir immédiatement, sans effort, ce que les
historiens et les philosophes voient avec tant de peine,
à distance, plus tard ? L'impatience et la turbulence
sont aussi d'ailleurs des facteurs d'évolution. On ne
peut exiger de l'humanité une marche raisonnée, une
action méthodique où tout ce qui aurait été prévu s'ac-
complirait selon le programme. La vie ne comporte pas
ces étapes fixées et ces relais sûrs: elle est agitée et irrégulière, et son fatalisme est infiniment complexe. C'est
ainsi que les républicains et les socialistes de 1848, avec
le désir de garder leur conquête et de rester les maîtres
du pouvoir, précipitaient les péripéties, hâtaient la
solution, rendaient inévitable un changement de forme
par la fièvre qu'ils communiquaient au corps social, par
l'état d'esprit convulsif où ils se trouvaient, qui leur
faisait vouloir accomplir en un jour ce qui est peut-être
l'ouvrage d'un siècle. Seulement, ils se sacrifiaient,
se donnaient généreusement en victimes irréfléchies,
se couchaient au fossé et servaient de fascines pour

ceux qui passeraient plus tard, ils préparaient l'avenir. Leur rôle, retenu et défini par l'Histoire, consiste à avoir posé les redoutables et inéluctables problèmes du travail, de la misère, du paupérisme, de
telle façon qu'ils se sont trouvés posés pour toujours,
sans aucune possibilité d'être éludés. La question politique s'en alla à vau-l'eau, dans le gâchis d'une
débâcle. La question sociale se dressa entière. L'œuf
monstrueux d'où devait sortir une société nouvelle, et
que l'on put croire gâté et perdu par l'orage, donna
naissance à un sphinx qui a grandi d'une façon déme-
surée et qui est aujourd'hui allongé, la tête haute, à
l'horizon de l'univers.

XCV

Sans cela, une journée comme le Quinze-Mai appa-
raîtrait, de loin, une manifestation dans laquelle il y
avait un pompier et qui avait pour motif la Pologne.
Car ce fut là cause affirmée, criée, violemment appa-
rente, du déplacement de la foule. Cette armée sans
armes, en route à travers un Paris morne, en pleine
crise commerciale et industrielle, marchait sur l'Assemblée, qui avait interdit l'apport des pétitions à sa
barre, pour affirmer ce droit de pétition contesté, et en
faire usage au profit de la nation opprimée. Aux yeux
de l'homme de raison immédiate, il est sans doute un
peu effrayant de songer que ceux qui avaient tout à
résoudre chez eux se préoccupaient d'intervenir dans
la question de la Pologne et réclamaient une guerre
européenne. Et c'est de l'exemple d'une manifestation
de ce genre que sont nées les accusations de vague cos-
mopolitisme, d'inutile fraternité envers les peuples, de
départs irraisonnés pour l'aventure.

C'est encore ne pas reconnaître le véritable sens des
mots et des faits. Ces accès et ces élans étaient issus de
traditions et gros d'avenir. Le souvenir des guerres de
la Révolution et de l'Empire y persistait, l'idée d'inter-
nationalisme s'y annonçait par un juste instinct du rôle
de la France en Europe, de la nécessité d'agrandir le
terrain de la Révolution. La période sentimentale de
ce donquichottisme aura été une étape nécessaire vers
l'unité de l'Europe, et l'unité de la Terre.

XCVI

Suivez maintenant ce défilé qui commence à la Bastille, lieu de réunion, qui s'augmente en route, qui
garde son ordre et sa solennité, son déroulement de
fleuve, jusqu'à la Madeleine, qui déborde là, par l'adjonction d'un élément nouveau, des hommes venus en
escouades par milliers, et qui inquiètent Raspail.
L'avant-veille, au club, Blanqui avait déconseillé la
manifestation. La veille, devant la certitude du mouvement, on décida de se joindre aux pétitionnaires. Ce
fut ainsi, le club prit la tête, et Blanqui, solidaire, se
trouva le conducteur de la foule. Le fleuve arrive place
de la Concorde et autour du palais de l'Assemblée, en
onde qui s'extravase, qui se divise et se perd en lagunes.
C'est la rumeur de cet élément en désordre qui pénètre
dans la salle, interrompt l'orateur à la tribune, fait
s'émouvoir les représentants sur leurs bancs. Il est
trop tard. Aucune mesure prise, aucune mesure
à prendre. Le général Courtais, commandant en chef de
la garde nationale, chargé de la défense du Palais, a
voulu essayer de résoudre pacifiquement les difficultés,
a laissé pénétrer des délégués. La poussée de la foule a
suivi, a forcé les grilles, et avant même l'entrée des

délégués porteurs de la pétition, des individus
pénètrent dans les tribunes publiques, agitent des drapeaux, crient Vive la Pologne, se suspendent aux re-
bords des galeries et se laissent glisser dans la salle
des séances. Presque en même temps, une porte latérale s'ouvre, Sobrier, Raspail, Blanqui apparaissent,
suivis des clubistes. C'est l'instant d'effarement et de
trouble qui marque l'envahissement des assemblées, la
minute d'indécision où nul ne sait s'il va y avoir du
sang répandu, des corps jetés par les fenêtres, des têtes
élevées brusquement au-dessus de la houle, juchées au
bout d'une pique. Mais le Quinze-Mai ne fut pas une
journée sanglante. Toute l'énergie des pétitionnaires
envahisseurs s'évapora en paroles.

Sous la poussée et dans le tumulte, Raspail monte à
la tribune et lit la pétition; le président Buchez demi-
consentant, essayant de gagner du temps, d'attendre
l'arrivée de nouvelles légions de garde nationale. La
pétition lue par Raspail et rédigée par lui est singulière,
affirme que la jeune armée, honteuse de son inactivité,
est impatiente de nobles et saintes victoires, n'attend
qu'un signe de la patrie pour aller renouveler les prodiges de l'Empire au nom de la liberté de tous. Cette
phraséologie conclut à l'ultimatum, à la guerre et à la
victoire. « Et ce sera justice, est-il dit en terminant, et
Dieu bénira le succès de nos armes. »

Les voix de la foule réclament Blanqui. Barbès, à son
banc de représentant, donne les premiers signes d'impatience, demande au peuple de se retirer. Mais Blanqui,
pâle et résolu, soulevé par l'émotion des grands jours
et maître de lui, soucieux de ce qu'il va dire, est déjà
à la tribune. Il étend sa main gantée de noir vers ses
amis, vers ses adversaires, vers les représentants. Il se
fait un silence sous ce geste de spectre. Blanqui parle.

Il parle aussi de la Pologne, et chaque fois qu'il pro-

nonce le nom du peuple lointain, disloqué et dépecé,
sur lequel s'acharnent les aigles à deux têtes de la
Russie, de la Prusse et de l'Autriche, chaque fois le
fracas des applaudissements termine ses brèves tirades,
la réplique lui est donnée par la foule comme par un
chœur de théâtre. Puis, tout à coup, il fait faire un
mouvement tournant à son éloquence, il quitte la
Pologne pour parler des événements de Rouen, il
demande justice contre les auteurs des massacres,
amnistie pour les victimes. Et il quitte aussi Rouen, il
est à Paris; il pose la question de la misère et du travail, redit que le peuple a mis trois mois de souffrances au service de la République, annonce que
l'échéance du dernier jour va bientôt venir. Il sait qu'il
est à la plus haute tribune du pays, que ses paroles
vont dépasser l'auditoire d'un club, sont recueillies
par les sténographes, répercutées dans les villes, com-
munes, bourgs du territoire. Il s'efforce donc d'être
juste, de parler en tacticien prudent, en homme politique qui voit les ensembles, en même temps qu'en
violent protestataire. Il répond au reproche qui vise
les agitations de la place publique comme responsables
de la perturbation jetée dans le commerce et dans
l'industrie, il admet ce reproche, mais il veut faire
remonter les esprits aux causes premières, aux causes
sociales...

Ceux mêmes pour lesquels il plaide l'interrompent.
La Pologne! La Pologne! C'est de la Pologne qu'il
faut leur parler. Et Blanqui est obligé de dire que ce
n'est qu'incidemment que la question du travail et de
la misère a été soulevée, que le problème à résoudre,
c'est le problème de la Pologne, et il jette ses derniers
mots dans le bruit, il descend de la tribune, se replonge
dans le remous des vagues humaines. Le chef, encore
une fois, a été forcé d'écouter et de suivre ses soldats,

après avoir pu croire, pendant une fugitive minute, qu'il
allait parler au-dessus d'eux, leur indiquer un chemin,
dominer sa destinée et déterminer l'Histoire.

Après, il est comme les autres, il croit la manifestation finie, il exhorte au calme, les envahisseurs
paraissent disposés à se retirer, et même la Chambre
est évacuée aux trois quarts. C'est alors qu'un nouveau
flot entre, qu'Huber s'élance, remet tout en question en
demandant le défilé des trois cent mille hommes, deux
par deux, devant la tribune. La discussion est de nouveau ouverte. Barbès, sorti avec Louis Blanc pendant
le discours de Blanqui, rentre, prononce aussi son discours, surenchérit, demande le départ immédiat d'une
armée pour la Pologne, le vote d'un impôt d'un milliard
sur les riches, le retrait des troupes de Paris, et menace,
si cette dernière condition n'est pas admise, de faire
déclarer les représentants traîtres à la patrie.

Il est trois heures un quart, on entend battre le rappel. Le tumulte grandit, les interpellations se croisent,
le Pompier de Montargis gesticule à la tribune. Parle
donc vite, pompier! lui crie un homme du peuple,
Barbès reparaît, plus véhément, demande qui a donné
l'ordre de battre le rappel, veut que celui-là soit déclaré
traître à la patrie, mis hors la loi. Le bruit du tambour
se rapproche, puis s'éloigne. Le président est prévenu
que s'il peut tenir un quart d'heure dans cette effervescence, la garde nationale arrivera et terminera tout.
Le drapeau des Jacobins, cravaté d'un crêpe noir, apparaît au milieu de la tempête. Huber, au nom du peuple,
par deux fois, déclare l'Assemblée nationale dissoute.

C'est presque la fin. Des représentants sortent, des
manifestants aussi. Un mouvement se dessine vers
l'Hôtel de Ville où l'on croit qu'il n'y aura qu'à jeter des
papiers par les fenêtres pour créer un nouveau gouvernement provisoire. La sortie devient presque générale. A

quatre heures trois quarts, lorsque les gardes nationaux
du deuxième bataillon mobile font leur entrée, ils n'ont
aucun mal à pousser hors de la salle et des galeries les
manifestants attardés. L'Assemblée reprend ses travaux.
Lamartine monte à la tribune pour clore la journée, en
descend pour marcher sur l'Hôtel de Ville à la tête de
la garde nationale.

C'est là, à l'Hôtel de Ville, après quelques tentatives
de listes et de décrets, d'où Blanqui est exclu, que
Barbès, Albert, Borme et Thomas sont arrêtés le soir.
Sobrier est arrêté au café d'Orsay, Raspail est arrêté
chez l'un de ses fils. Courtais, commandant en chef de
la garde nationale de la Seine, est également inculpé et
arrêté. Huber, d'abord arrêté, fut relâché, et disparut.
Il y a, en tout, ce soir-là, quatre cents arrestations.
L'Assemblée autorise des poursuites contre les représentants Barbès et Albert, les rejette en ce qui concerne
Louis Blanc. Caussidière donne sa démission de préfet
de police et de représentant. Blanqui n'a pas paru à
l'Hôtel de Ville, est introuvable pendant onze jours. Le
mandat d'arrêt contre lui est signé le 22 avril par tous
les membres du gouvernement, sauf Albert et Louis
Blanc. Canler a raconté, dans ses Mémoires, comment il
fut impossible de se saisir de Blanqui, au domicile qu'il
avait chez Flotte, rue Boucher, sa personne gardée,
protégée par des montagnards qui faisaient, chaque
nuit, la veillée des armes. Il faut la trahison, un homme
acheté qui livre le secret de ses allées et venues. On le
prend le 26 mai, 14, rue Montholon, à table avec Flotte
et Lacambre. Il demande à finir le repas, serre la main
de ses amis, suit les agents.

On put croire désorganisé le personnel d'action révolutionnaire.

XCVII

Tous les inculpés sont enfermés à Vincennes. Mais, entre le jour de leur arrestation et le jour de leur jugement, il se passe des événements considérables.

Juin, d'abord, Juin, la faillite fatale d'une révolution venue trop tôt, la descente de cinquante mille prolétaires en armes dans la rue, la révolte de la faim, le problème du paupérisme résolu par la saignée. C'est là plus formidable des batailles de classes livrées jusqu'alors à Paris, la date qui partage le siècle et qui annonce une ère nouvelle. Désormais il y aura dans le peuple un parti que rien n'entamera, qui se souciera peu des mots, des formules, des devises inscrites sur les monuments, sur les papiers officiels, des changements de gouvernements. Au milieu de la nation idéaliste, éprise bénévolement de la chimère des proclamations de Républiques et des affirmations sans persistance de la fraternité humaine, le socialisme réaliste va s'affirmer, réclamer la part d'existence, le droit de jouir, la satisfaction que la nature doit à chaque individu. C'est du charnier de Juin qu'est sortie cette affirmation de l'instinct, cette volonté violente de justice réelle. La masse anonyme qui a lutté et succombé dans l'ombre est allée au combat sans chefs et sans programmes, et les meilleurs, parmi ceux qui la combattaient, les grands poètes, ceux-là mêmes qui auraient dû monter haut et devancer l'avenir, ne comprirent rien à cette arrivée de foule. Tout le monde crut à une révolte de plèbe obscure, à une ruée de fauves incompréhensifs, personne ne vit que les misérables voulaient sortir de la nuit, et qu'ils réclamaient avec des cris farouches, et des invocations à la mort, et des pleurs, leur désir de lumière et la possibilité du bonheur.

Il ne pouvait pas y avoir de dirigeants à une telle
insurrection. Nul n'a commandé cette force d'élément,
cette armée fataliste, qui avait fait le pacte avec la
mort. Aucun chef d'émeute, aucun comité de révolution. Chaque quartier avait, tout naturellement, fourni
son contingent. Les corps de métiers étaient devenus
des régiments, combattaient sur place, à la porte de
leurs chantiers et de leurs ateliers, à l'ombre de leurs
maisons. L'organisation s'était faite à la hâte. Le plus
résolu ou le plus affirmatif s'était trouvé, sans élection, sans promotion, le capitaine de ces soldats de la
misère. C'est à peine si en cherchant parmi ces écroulements, ces décombres de l'Histoire, on retrouve les
noms vagues, déjà usés, de eux qui rassemblèrent les
hommes, firent l'appel et donnèrent les ordres derrière
les barricades. Legenissel, orateur de clubs, apparaît
faubourg Poissonnière, et Benjamin Laroque, homme
de lettres, au clos Saint-Lazare. Le cordonnier Voisam-
bert commande rue Planche-Mibray, et Barthélemy,
mécanicien, rue Grange-aux-Belles. Au faubourg Saint-
Antoine, Pellieu, Marche, Delacollonge, — à la place
des Vosges, le mécanicien Racarri, — rue Thorigny, le
comte de Fouchecourt, ancien garde du corps, — rue
de Jouy, Touchard, ex-montagnard, — quartier Saint-
Paul, Hibruit, chapelier... Et encore, à la barrière
d'Italie, le logeur Lahr, ancien artilleur, Wapereau,
maquignon. Choppart dit le Chourineur, Daix, pension-
naire de Bicêtre : les tueurs de Bréa.

Le personnage principal du drame, c'est la masse sans
nom, à peu près aussi confuse et indistincte dans la
vie que dans le champ de la fosse commune, chœur
lamentable et héroïque qui va en troupeau par les
routes, sans but et sans espoir. C'est cela qui a surgi en
Juin dans la politique et qui ne disparaîtra plus de la
scène du monde.

XCVIII

Les chefs consacrés, ceux qui possédaient les formules de la révolution et les traditions de l'émeute, les
classiques du forum et de la rue, n'eurent donc aucune
part directe ou indirecte aux journées de Juin. Enfermés
à Vincennes, essayant d'user leur pensée et de hâter le
temps, renseignés comme on peut l'être en prison sur ce
qui se passe au dehors, prêtant l'oreille aux bruits qui
montaient de Paris et qui venaient rouler et se perdre
vers les plaines de la Brie, ils sentirent, comme jamais,
l'impuissance d'agir, eurent la sensation qu'une période
allait être close par ce massacre qui s'élaborait tout
proche d'eux, et par la condamnation qui allait les
rejeter encore une fois hors le monde social.

Leurs noms furent prononcés durant cette semaine
tragique. On attendait Barbès, dont l'évasion était
affirmée, et Blanqui fut amèrement désiré par ceux qui
avaient foi en son génie organisateur. Lui aussi eut à
regretter l'effroyable occasion qui s'offrait d'affirmer
son énergie et sa croyance aux circonstances. Encore
saignant du coup de Taschereau, comprenant que
Quarante-huit allait être définitivement vaincu par la
société régulière reconstituée, il eût été un sombre et
inexorable général de cette armée désolée et farouche.
Mais il était dit que cette ardeur, si vive et colère cette
année-là, se consumerait en vain. La cellule du château
de Vincennes n'eut que l'écho des canonnades, et le
tonnerre de la catastrophe finale, l'écrasement du
faubourg Saint-Antoine, s'en vint mourir aux feuilles
du bois, comme le bruit lointain, lentement propagé,
d'un orage d'été. Le prisonnier à l'âme bouleversée,
forcé à l'immobilité et au silence, ne devait sortir de là,

avec les autres, qu'en mars 1849, pour comparaître devant la Haute-Cour de Bourges.

XCIX

Cette Haute-Cour, devant laquelle furent traduits les accusés du Quinze-Mai, fut instituée en novembre, six mois après l'acte incriminé. C'était, de ce fait, une juridiction irrégulière, violant le principe de la non-rétroactivité. Les réclamations des accusés, les consultations de légistes n'y changèrent rien. Il s'était, d'ailleurs, passé des événements qui rendaient toute protestation vaine. Le peuple écrasé en Juin, le prince Louis-Napoléon investi du titre de président de la République, le pressentiment d'un pouvoir nouveau, tout cela était fait, non seulement pour amoindrir l'idée de justice dans la conscience des juges, mais pour leur rendre même le texte précis de la loi moins intelligible. Plus que jamais, les vaincus allaient être traités en vaincus.

Ce que furent les débats, il aurait été facile de le prévoir : une histoire du Quinze-Mai, de ses causes, de ses incidents, de ses conséquences, recommencée par chacun des vingt accusés, des témoins à charge et à décharge, des avocats, par le procureur, par le président, — une discussion politique entre les accusés et l'accusation, — une mêlée de mots où le tragique et le comique apparaissent simultanément.

Blanqui et Barbès sont amaigris, pâlis par neuf mois de captivité, mais leur énergie ressuscite au contact ennemi et leur fait tenir tête. Raspail, bon et avisé, fin politique, parlant avec mesure, préoccupé de conciliation, désireux, cela est visible, de servir au mieux ses co-accusés, est cérémonieusement vêtu d'un habit noir,

le chef couvert d'une calotte de velours bleu brodée
d'or, Il apparaît ainsi un peu comme un pharmacien
majestueux, savant et éloquent : « Nous autres philo-
logues, dit-il... » Et peu après : « Si vous trouvez que
j'ai manqué à la République, qu'on apporte l'autel de la
Patrie, et à cette flamme de vertu, je brûlerai cette
main dont les actes auraient démenti la pensée de toute
ma vie, et je vous bénirai encore en exécutant votre
arrêt. » Au cours de l'interrogatoire, il remet ainsi les
choses en place : « Quant à la question de la Pologne,
elle m'était en quelque sorte personnelle. » Mais où sa
verve de méridional de Vaucluse s'exerce surtout, c'est
lorsqu'il peut malicieusement mêler la médecine et les
médecins au débat. C'est une légion de médecins qui va
l'arrêter chez l'un de ses fils : « Nous vîmes arriver,
dit-il, la bonne garde nationale de la 10ᵉ légion, composée surtout de médecins. » Il dit encore : « Un homme
était monté sur le siège du cabriolet où je me trouvais.
C'était un médecin. » Un témoin dépose, qui est médecin : « Je remercie M. Leroy d'Étiolles d'avoir bien
voulu quitter sa clientèle pour venir déposer ici. »

Barbès est probe, indigné, courageux, dédaigneux de
l'accusation, il a toutes les vertus du démocrate, mais
il est fâcheusement redondant et phraseur. Il a annoncé
au début de l'audience qu'il refusait de répondre à
aucune question, de prendre aucune part à la discussion,
et il parle tout le temps, il intervient sans cesse par de
longs discours d'une rhétorique excessive. L'opinion
générale qui ressort des audiences, c'est qu'il est entré
dans la manifestation pour n'en pas laisser la direction
au seul Blanqui. La veille, le 14 mai, chez Louis Blanc,
il avait insisté sur l'utilité qu'il y aurait à empêcher
Blanqui de donner une portée trop grande à la démonstration du lendemain. Le 15, il sort ostensiblement de
la salle de l'assemblée pendant le discours de Blanqui,

15.

« Blanqui, lui, a accepté le débat, et c'est lui, à chaque
instant, qui se lève, et qui parle pour discuter, pour
créer la polémique des prévenus contre le procureur.

« Blanqui (Louis-Auguste), quarante-deux ans, homme
de lettres, né à Nice (Sardaigne), demeurant à Paris,
rue Boucher, 1, — ainsi est-il inscrit en tête des accusés
dans l'acte d'accusation. Il a l'apparence d'un vieillard,
il a la pâleur contractée aux cellules, les cheveux ras et
la barbe courte, d'un roux argenté. Mais il est attentif
et sagace, discuteur et précis. Il commence par se
plaindre de la non-communication des pièces, il parle
sur le déclinatoire. Harcelant les témoins, les enfer-
mant dans ses questions, les menant aux contradictions,
il fait passer de durs instants à Dagneaux, restaurateur,
à Carlier, préfet de police. Rétorquant le président, lui
renvoyant brusquement les réponses à ses insinuations,
il conduit sa violence par les chemins de l'ironie, lance
avec certitude sur ses adversaires ses phrases acérées,
dites d'une voix égale, pointées d'un geste sûr. Il prie
M. le président Bérenger, sur l'aveu nouveau d'un dépo-
sant, « de demander aux témoins de dire dès la première fois leur véritable vérité ». Il souligne la déposition du colonel de dragons Goyon ; « Ceci, dit-il, est la
théorie de l'assassinat des prisonniers. »

Une perspicacité nouvelle lui vient au cours des
débats, lorsqu'il est prouvé qu'Huber est un agent de
police et qu'il a joué son rôle de provocateur en dissolvant l'Assemblée, lorsque l'inquiétant Borme révèle,
sous ses allures de détraqué, un agent de Louis-Napoléon,
à la tête d'une légion soldée par le prétendant. Blanqui
met le doigt sur le point douloureux, il voit qui a
profité du Quinze-Mai, déconseillé par lui. Éloquem-
ment, il montre la « main cachée » qui est intervenue
dans les événements, il trace le cheminement du bona-
partisme. Mais c'est au Quinze-Mai qu'il aurait fallu

ne pas obéir aux suggestions et ne pas faire le jeu des
partenaires invisibles. Lamartine, tout poète qu'il était,
avait vu clair plus tôt, sa haine de Napoléon détermi-
nait ses pressentiments.

A la fin des débats, Blanqui présente lui-même sa
défense, il invoque le droit et la loi, accepte le débat
sur sa personne, sur l'homme présenté comme un
conspirateur monomane, sur les accusations portées
contre lui. Aprement, il prononce cette défense qui
ressemble à un réquisitoire de procureur révolutionnaire : « Debout sur la brèche pour défendre la cause
du peuple, les coups que j'ai reçus ne m'ont pas atteint
en face ; assailli sur les flancs, par derrière, moi je n'ai
fait tête que du côté de l'ennemi, sans me retourner
jamais contre des attaques aveugles, et le temps a trop
prouvé que les traits lancés contre moi, de n'importe
quelle main, sont tous allés au travers de mon corps
frapper la Révolution. C'est là ma justification et mon
honneur. C'est enfin cette conscience du devoir rempli
avec calme et ténacité qui m'a soutenu la tête haute à
travers les plus cruelles épreuves. Le jour des détrom-
pements et des réparations arrivera : que ce jour ne
doive briller que sur un cachot, peu m'importe, il me
trouvera dans mon domicile habituel, que j'ai peu
quitté depuis douze ans. La Révolution victorieuse m'en
avait arraché un moment ; la Révolution trahie et
vaincue m'y laisse retomber. »

C'est après cette constatation de sa défaite, cette
acceptation de son sort, qu'il jette l'anathème à la
société victorieuse, qu'il dénonce la corruption de tous
les régimes, qu'il affiche les hommes d'État comme une
tourbe cupide : « Tromperies, malversations, immora-
lités, partout et toujours, — déclame-t-il en son langage net. Aussi les crédulités et les patiences sont à
bout ; il ne reste plus que des appétits surexcités, des

misères dévorantes, des consciences mortes ! C'est une
dissolution générale; bientôt le chaos!... Sans une
réforme radicale la société va sombrer. On peut lui
crier comme Jonas : Encore quarante jours, et Ninive
sera détruite! Que Ninive fasse donc pénitence, c'est
la seule chance de salut. Si le pouvoir, par une brusque
conversion, balayait à coups de fouets les rapacités qui
encombrent toutes les hiérarchies, s'il faisait succéder
au cynisme de la cupidité l'ardeur du désintéressement;
si la corruption faisait place partout, chez les fonctionnaires, au dévouement et à la probité; si les emplois
publics, au lieu d'offrir le spectacle d'une curée dégoû-
tante, n'étaient plus qu'un devoir, un sacrifice, quelle soudaine et profonde révolution éclaterait dans les esprits !
L'exemple d'en haut est toujours irrésistible ; l'austérité
serait aussi contagieuse que la corruption ; elle s'impo-
serait à toutes les classes, par l'ascendant du pouvoir. »

Puis il discute, et son humour reparaît. Il jauge la
manifestation du Quinze-Mai, explique que la foule en
révolution n'est pas un régiment auquel on commande,
mais un élément auquel on obéit : « Pourtant, —
remarque-t-il, — je dois dire ceci : M. le procureur
général m'a représenté comme entrant malgré moi
dans la salle des Pas-Perdus, malgré moi dans la salle,
malgré moi à la tribune, et enfin prononçant malgré
moi un discours. C'est un peu bouffon, un peu grotesque, je le veux bien. Il est bien vrai que j'étais venu
malgré moi, en haussant les épaules, et que pourtant
j'ai prononcé un discours avec sang-froid. C'est qu'un
homme politique se retrouve toujours. Une fois sur mes
pieds dans la tribune, je me suis retrouvé, et je n'ai pas
pensé qu'il fallait dire des sottises parce que des sottises
étaient faites. »

Il accentue sa gouaillerie, affirme que s'il s'était agi
de renverser l'Assemblée, on s'y serait pris autrement,

que ses compagnons et lui avaient quelque habitude des
insurrections et des conspirations, et qu'on ne reste pas
trois heures à bavarder dans une Assemblée qu'on veut
renverser : « Voici, annonce-t-il, comme on s'y prend. »
Et il fait tout un cours sur la manière de passer les
grilles, d'entrer dans la salle, d'expulser les représentants, il se donne un plaisir de dilettantisme à expliquer rétrospectivement ce qui aurait pu se passer.

C

Le 2 avril, jour de la dernière audience, la scène
change, et la comédie nuancée de la veille quitte la
place, laisse entrer la tragédie, l'altercation haineuse,
les violentes paroles. Le président demande à Blanqui
s'il a quelque chose à ajouter pour sa défense après la
réplique de M. le procureur général Baroche qui a clos
la séance de la veille par l'examen de toute la carrière
politique de Blanqui.

Blanqui se lève : « S'il avait pu rester un doute sur
la haine inexorable qui s'attache à ma personne, je
n'aurais pas besoin d'aller en chercher la preuve hors
de cette enceinte. On a arboré contre moi le pavillon
noir. Guerre sans merci ! Guerre à mort ! »

Le président veut l'arrêter.

« Ne m'interrompez pas ! » crie Blanqui. Et il parle
à son tour du 12 mai 1839, fait une allusion à Barbès
qui tressaille et interrompt Blanqui : « Ne parlez pas de
moi. » Blanqui continue, s'encolère, dénonce le document Taschereau comme fabriqué en conseil du gouvernement provisoire. Il termine. Le président se hâte de
donner la parole à Barbès, et le co-accusé de Blanqui se
dresse en accusateur, affirme sa croyance à la culpabilité de Blanqui, qu'il affecte de ne pas nommer, de

désigner ainsi : « On a dit... on a fait... Un des accusés...
l'individu... » Flotte crie à Barbès qu'il se déshonore,
des phrases véhémentes sont échangées.

Barbès à Flotte : « Je te dirai, à toi, que tu n'es que
le séide d'un individu, et tu te crois républicain. »

Flotte à Barbès : « Je t'arrangerai, va, en voilà
assez. »

Blanqui intervient, discute avec le véhément Barbès.
Chez Blanqui, on sent, entre les mots, la respiration
mesurée, la force concentrée, tout l'organisme en suspens, l'homme qui veut être, et qui sera maître de lui.

Rien de plus émouvant que cette confrontation entre
ces deux hommes si différents, assis sur le même banc,
se tournant l'un vers l'autre, les haleines mêlées, et se
tuant des yeux. Ah ! certes, non, on ne songe pas à
disputer à Barbès son héroïque manière de combattant
et de martyr, son attitude de hauteur, la superbe de
son langage. Mais on lui voudrait moins de dogmatisme,
plus d'humanité, on voudrait que ce vaillant fût juste,
on a un retrait devant cette excommunication, ce rigo-
risme d'infaillible. Celui qui ne s'est pas inscrit dans
un parti et qui scrute ces cendres de l'Histoire, qui voit
comment ces hommes ont, tous, lutté, peiné, souffert,
pour satisfaire l'idéal qu'ils portaient en leur esprit,
celui-là ne peut pas approuver cette raideur d'attitude,
cette facilité à condamner sur la foi d'une obscure et
louche accusation.

Hé quoi : c'est le motif de l'ostracisme de celui-là qui
a déjà passé douze années en prison, et qui va y
retourner, pour combien d'années encore ! Horreur de
l'étroite politique ! Barbarie des plus purs entre les
sectaires ! Ineptie qui fait se dévorer, s'anéantir les
partis, abandonnant l'idée pour s'acharner à détruire
les pauvres hommes ! Soit, vous avez, Barbès, tout
sacrifié, vous avez, par avance, tout donné, situation

possible, fortune certaine, repos assuré, joies d'esprit,
joies de famille, action de l'âge fort, tranquillité, liberté,
santé, vie...

Blanqui aussi.

CI

Les voici, d'ailleurs, plus équitablement, tous réunis
dans le prononcé du même arrêt. Malgré la déposition
de Lamartine, impartial, politique, se refusant à voir
un complot dans l'affaire du Quinze-Mai, n'apercevant
dans un tel mouvement que la manifestation instinctive
des partis avancés aboutissant à un attentat d'occasion,
malgré la déposition de Ledru-Rollin formulée dans le
même sens, malgré le classement logique des faits, la
preuve, apportée par la succession des événements,
que c'est en entendant battre le rappel que les envahisseurs de l'Assemblée songèrent à une révolution
possible, à la constitution d'un nouveau gouvernement,
— la culpabilité est affirmée pour Barbès et Albert,
condamnés à la déportation, du fait de leur qualité de
représentants; pour Blanqui, dix ans de détention;
pour Sorbier, sept ans; pour Raspail, six ans; pour
Flotte et Quentin, cinq ans.

Les uns, et parmi eux Barbès, sont envoyés à Belle-
Ile-en-Mer. Les autres, et parmi eux Blanqui, sont
envoyés à Doullens.

CII

A Doullens, dans la Somme, la citadelle bâtie aux
XVIe et XVIIe siècles, changée en maison de correction,
est habitée par les condamnés du procès de Bourges.
C'est au bout de la grande rue, blanche et froide, d'aspect du Nord, continuée par un chemin montant entre

les haies d'aubépines. Les fortifications apparaissent,
puis les bâtiments, après un pont-levis franchi. La
brique domine, ajoute au paysage de peupliers et de
buttes gazonnées sa coloration rose fané et violacé
pâle.

Il y a des annexes au corps de logis principal, sei-
gneurial et militaire, on a aligné des rez-de-chaussée,
construit tout un hameau en ruelles, en impasses, où
les prisonniers travaillent, circulent. C'est à travers ces
cours, sur ces talus, au long de ces murailles, que
Blanqui passe dix-neuf mois. Le seul aperçu de la vie
du dehors qu'il puisse avoir, c'est du point le plus
élevé de la citadelle, sur le sommet où les sentinelles
passent et repassent auprès des embrasures. De là, on
voit se dessiner la route par laquelle on est venu, par
laquelle on s'en ira peut-être un jour, on aperçoit, dans
le fond, la ville, l'agglomération des toits de tuiles
bleuâtres, les maisons mêlées de verdures qui racontent
les saisons, un lacis de petits cours d'eau gelés en hiver,
des propriétés bourgeoises, des pelouses arrondies, des
corbeilles en fleur, des lignes de peupliers, des allées
de marronniers, et par-dessus les toits, deux clochers,
l'un en courte flèche, l'autre en forme de kiosque, un
fronton d'église en briques et un cadran. Le jour où
j'ai visité Doullens, j'ai eu fortement la sensation de
l'isolement de l'individu en face des fumées paisibles,
des fenêtres indifférentes, de la petite ville prudemment
observatrice d'un plan de vie régulier. Blanqui vit ces
vols noirs et blancs des pies au-dessus des prairies, il
écoute tomber dans le fossé, parmi les chardons, les
pierres qui se détachent de la muraille, il comprit la
signification de ce cadran d'horloge qui installe la
marche inexorable de l'heure au milieu de ce calme
paysage où la vie semble suspendue.

C'est là, pourtant, au milieu des discussions, des

hostilités portées jusqu'aux injures, jusqu'aux menaces, qu'il continue, dans ses petits cahiers de prison,
l'élaboration de sa pensée. De Doullens, sont datés des
souvenirs et des jugements sur Louis Blanc, Caussidière, Ledru-Rollin, une étude sur le Catholicisme et
le Protestantisme, enfin un véritable réquisitoire abondant, serré, contre Robespierre.

Sur le registre que j'ai vu au greffe, l'entrée de
Blanqui à Doullens est inscrite au 6 avril 1849, avec
l'énoncé de la peine et la cause : « Dix ans de réclusion,
arrêt de Bourges, attentat ayant pour but de détruire
ou changer le gouvernement. Libérable le 2 avril
1859. »

Le signalement de Blanqui, en cette année 1849, est
ainsi libellé : « Age, 43 ans; taille, 1m,43; cheveux
noirs gris; sourcils bruns; front découvert; yeux gris
proéminents; nez aquilin et rond; bouche petite; men-
ton pointu; visage ovale; teint blême. »

Enfin, la date du départ et le lieu de transfèrement :
« Remis au fondé de pouvoir de la voiture cellulaire
pour être transféré à Belle-Ile-en-Mer, en vertu d'une
décision ministérielle du 18 octobre, le 20 octobre 1850. »

CIII

Blanqui extrait de la citadelle de Doullens, le nouveau voyage cellulaire commence donc, du nord à
l'ouest, avec Belle-Ile-en-Mer comme destination. La
voiture s'arrête à Auray, après la Picardie, la Normandie, la Bretagne, les champs de bruyères, les bois
de chênes. La dernière station sur le continent a lieu
dans la vieille petite ville, toute cahoteuse et branlante
sur sa rivière, ses maisons de bois accotées les unes
contre les autres, descendant de guingois les pentes,

ses petites places à pignons pointus plantées en décors
de chouannerie. Mais la rivière est une belle coupure
d'eau claire et de ciel reflété, dans la ville vieillotte.
C'est de là, du petit port tranquille, devant quelques
curieux sur le quai et sur le pas des portes, que le prisonnier part pour sa prison nouvelle, sur un bateau à
voiles, sous la surveillance du lieutenant de gendarmerie mobile Lebrun.

Le chef socialiste et l'officier attentif et armé, tous
deux silencieux, descendent la rivière, traversent la
mer du Morbihan, surgissent dans l'Océan. La barque
n'entre pas dans la rade du Palais. Le regard d'inspection de Blanqui entrevoit à peine la silhouette de la
petite ville, l'aspect du port, des bassins, un fond de
branchages derrière les longs mâts. Le batelier a l'ordre
d'aborder à Port-Fouquet, au nord-ouest de l'île, de
l'autre côté du cap sur lequel est bâtie la citadelle. A
mesure que l'on approche, que l'on côtoie le rivage,
c'est à chaque instant la vision d'un fort, avec une
silhouette de factionnaire, d'une redoute envahie par le
gazon, d'un tas de boulets verdis de mousse, d'un
canon allongé dans l'herbe, tendant sa gueule fine
vers la mer, par un créneau du talus. Les architectes
militaires qui travaillent depuis deux siècles à transformer les savantes paperasses de Vauban en avancées
et en angles rentrants, en murailles et en casemates,
ont écrit ainsi, à travers les champs des falaises et les
flancs des rochers, toute l'histoire d'un passé fait de
batailles maritimes, de vaisseaux ennemis aperçus au
loin, de descentes réussies et manquées, de bruits d'ar-
tilleries sur l'eau.

CIV

Le débarquement a lieu à l'une des pointes de rochers qui ferment l'anse étroite de Port-Fouquet. On gravit un sentier dans la falaise. On marche sur un chemin pendant quelques centaines de mètres. On entre dans la maison ombragée d'ormes qui fut la maison du surintendant Fouquet, et qui est devenue une dépendance de la prison. Entourée de fossés et d'arbres, défendue par des remparts, cette maison à grand air, au fond de sa cour carrée où sont plantés deux ormeaux. Elle est solide et élégante sous la vétusté de ses pierres, vertes et rousses de mousse et de rouille. Son visage de style xvii\ siècle, à grosses moulures et à mansardes, n'est défiguré que par les verrues de quelques cahutes et la guérite d'une sentinelle.

L'entrée du prisonnier est consignée au greffe le 2 novembre 1850. Il passe trois mois dans une chambre du premier étage de ce Château-Fouquet, il aperçoit une toiture, des têtes d'arbres, un bout de route, des carrés de champs, un talus, un peu de mer, un morceau de ciel. Mais il n'aperçoit tout cela que vaguement, du milieu de sa chambre. Pas plus qu'au Mont-Saint-Michel, il n'a le droit de paraître à la fenêtre, de donner à son visage et à ses mains la sensation de l'air frais et libre du dehors. Un jour, un coup de feu a été tiré sur un détenu qui n'obéissait pas assez vite aux injonctions de la sentinelle.

Ce séjour dans la demeure seigneuriale prit fin en février 1851. Alors, Blanqui est conduit au Pénitencier par la route qui passe devant le hameau de Roserière. Il retrouvera là le gros des détenus, les six cents condamnés surveillés par une armée de gardiens et de soldats.

CV

Après une succession de cours, de jardins entourés
de basses maisons, c'est l'entrée du préau, immense
champ herbu où erre une population de détenus, où
fermente la défaite de 48. L'arrivée du nouveau venu
est un événement dans la vie latente et fiévreuse,
agitée sur place, de tous ces vaincus qui ont gardé
leurs illusions, leurs entêtements, leurs ignorances et
leurs croyances, qui sont encore organisés, entre ces
murs, de la même façon que dans la ville remuante de
la Révolution, avec leurs groupes, leurs sous-groupes,
leurs mots d'ordre, leurs inimitiés, leurs chefs et leurs
suspects. Blanqui était parmi ces hommes l'objet de
discussions passionnées. Il avait gardé ses partisans
tenaces, assaillis de récriminations, d'argumentations
où les mains gesticulent, où les yeux s'enflamment.
Sans cesse, le document Taschereau revenait dans
les disputes aux heures réglées des promenades. En
somme, Armand Barbès, très entouré, très suivi, ré-
gnait là sur un groupe qui attendait Blanqui, lui
avait préparé une réception, devait l'accueillir aux
cris de : Vive Barbès ! A bas Blanqui ! Quelle sensation ce fut donc, cette apparition de Blanqui, vite
reconnu, si petit, si fluet ! Et quel magnétisme alla aux
amis, aux ennemis, projeté par cette maigre personne,
par ces yeux clairs où brillait l'étincelle de l'énergique
volonté ! Blanqui !... Blanqui !... c'est Blanqui !... Le
nom courut par les rangs, alluma la poudre violente
des passions enfermées entre ces murs, suscita des
exclamations, puis fit soudain le silence dans le groupe
haut en paroles de Barbès. Les invectives possibles ne
furent pas proférées, l'hostilité se tut, à l'aspect de ce
pâle visage, de ces cheveux blanchis au dur Mont-

Saint-Michel. Blanqui passa comme une ombre, donnant la main aux mains nombreuses qui se tendirent vers lui, tranquille devant les colères aperçues, devant les bras farouchement croisés. Il s'en alla prendre sa place en prison de son pas paisible.

CVI

La partie du pénitencier où il est conduit fait face à l'est. C'est un rez-de-chaussée développé en façade sur un étroit terrain, un couloir de terre et d'herbe d'une douzaine de mètres de longueur, qui aboutit au préau d'un côté, de l'autre côté à un mur de cul-de-sac. La mer est à cinquante mètres. On l'entend, mais on ne la voit pas. Il y a sur toute l'étendue du terrain, devant le rez-de-chaussée, une muraille de cinq mètres de hauteur. Les cellules ont leurs portes et leurs fenêtres en face de cette muraille. Derrière les cellules, il y a un couloir qui fait communiquer les diverses parties de la prison, et par lequel les gardiens font leurs rondes. On ouvre une porte verte, on entre dans une petite chambre où il y a un lit de fer, une chaise, une table, une autre porte qui communique avec une autre chambre. C'est là. La République, tout de même, n'a pas aggravé la peine de ces républicains par le régime cellulaire. Blanqui a un compagnon, Cazavan, étudiant en médecine, brun et maigre méridional, portant binocle, actif et résolu, qui s'était évadé du Château-Fouquet presque aussitôt après son arrivée, qui avait été repris, et était, depuis, très surveillé.

CVII

Blanqui occupait la cellule 14, Cazavan, la cellule 15, réunies en une sorte de logement par la porte de com-

munication. Le voisinage avec tous était d'ailleurs
possible. A certaines heures, toutes les portes ouvertes
laissaient les détenus aller et venir, passer les uns chez
les autres, libres de se réunir, de causer, de manger, de
lire, de fumer ensemble. Au 29, chez Barbès, la réunion
fut régulière, aux heures permises. Le tabac était
abondant, la conversation animée, la camaraderie
sonore. C'était le grand centre d'activité politique,
l'assemblée qui prétendait conserver intact l'évangile
républicain.

Blanqui fut réellement un excommunié de cette
chapelle. Le doute né du document Taschereau, et qui
ne resta jamais qu'un doute pour les plus ardents
adversaires, suffit pour faire mettre à l'index celui
dont on redoutait la raison sarcastique et la direction
mystérieuse, un peu hautaine. Le prétexte saisi avec
empressement, le parti fut bien vite privé d'une force
indéniable, qui eût été un nécessaire contrepoids aux
pures phraséologies, aux fougues vibrantes, aux départs
irréfléchis. Mais Blanqui devait être forcément un isolé
ou un presque isolé dans le parti révolutionnaire. Il
avait dû accepter la tradition par son éducation classique et par la force des choses, et il resta, pendant la
plus grande partie de son existence, un conspirateur à
la mode de la Restauration, se servant des formules qui
étaient alors les signes de ralliement. Mais vraiment
son esprit était en avant de la tactique de son parti. Il
devina le premier, parmi ses coreligionnaires, que la
politique devait être une science comme toutes les
autres manifestations de l'activité humaine, et que cette
science sociale était à constituer. Tout agissant qu'il
était, il fut un critique parmi des hommes d'action qui
se souciaient peu, comme lui, de systématiser la force,
et à qui il suffisait de marcher devant eux, certains
jours où leur beau républicanisme faisait battre leur

courageux cœur plus vite et montait à leur naïf cerveau
en ivresse guerrière.

On fut un peu long, dans un tel milieu, à comprendre
qu'il y avait plus qu'un remueur de pavés, plus qu'un
chef de barricade en Blanqui, qu'il y avait en lui un
observateur perspicace de la lutte des intérêts, un con-
naisseur d'hommes assez méprisant et, par conséquent,
méfiant et froid, un politique savant connaissant la
France comme devrait la connaître un ministre de
l'Intérieur, et l'Europe comme devrait la connaître un
ministre des Affaires étrangères. Cet homme d'État
possible qu'il y eut en Blanqui, cet organisateur
espéré de la Révolution sociale, ceux qui crurent le
découvrir n'en démordirent plus et restèrent attachés
à lui, malgré tout et contre tous! Ceux mêmes qui
cessèrent d'être les affiliés de ses desseins gardè-
rent une haute estime pour cette intellectualité, une
croyance en cette force. Mais, en 1851, à Belle-Ile, ils
n'étaient pas en très grand nombre. Ce fut plus tard,
sous l'Empire, que le parti blanquiste devait se recruter
parmi la jeunesse médicale du quartier Latin. Alors,
aux jours de cette captivité tranquille, perdu dans ce
phalanstère, Blanqui vécut à son choix en isolement ou
en bon voisinage, l'humeur sereine, souvent gaie,
s'amusant volontiers des plaisanteries, soignant sous
sa fenêtre un carré de légumes et de fraisiers, circulant en sabots et en bretelles, un grand chapeau de
paille sur la tête, un peu voûté, attentif à la terre
comme un jardinier, et aussi travaillant à force, et
causant à mi-voix avec Cazavan.

Si Blanqui avait fait avorter, par sa seule apparition,
la manifestation projetée, il savait bien quelles hostilités il avait devant lui, et dès le début, voulant connaître le terrain sur lequel il allait vivre, il se décide
à marcher vers ses ennemis, il veut, une bonne fois,

tirer le débat au clair, et prie un de ses codétenus de
transmettre à Barbès la proposition suivante : Que
Barbès se présente seul à seul, devant l'assemblée
des républicains. Point d'auxiliaires, d'avocats plai-
dants. Un duel entre Barbès et Blanqui, devant deux
cent cinquante témoins. « J'ai hâte, conclut-il, d'arra-
cher son masque à ce prétendu Bayard, de montrer le
Tartufe, l'aristocrate vaniteux et envieux, fourvoyé
par hasard dans le camp démocratique. » Barbès accepte
d'abord, puis l'on en vient à vouloir régler les conditions de la rencontre. Blanqui, homme de précaution,
sait que Barbès a embauché des partisans, a fait distribuer des bons de deux francs. Il a entre les mains
l'un de ces bons, il demande que les conditions soient
écrites et l'acceptation signée. Voici le procès-verbal
qu'il fait tenir à Barbès :

    « La discussion contradictoire aura lieu entre Barbès
et Blanqui seulement, à l'exclusion de toute autre
personne. Toute interruption, quelle qu'elle soit, sera
réprimée à l'instant même par le bureau, et considérée
comme une insulte à l'assemblée. Blanqui et Barbès
réprouvent d'avance avec énergie ces interruptions,
quels qu'en soient les auteurs. — Chacun d'eux con-
servera la parole aussi longtemps qu'il lui plaira, et ne
pourra la reprendre ensuite que lorsque son adversaire
aura fini sa réplique. — Ils pourront ainsi parler alter-
nativement plusieurs fois. Ils prennent l'engagement
réciproque de ne pas s'interrompre l'un l'autre. — Le
bureau sera composé de trois membres. Le président
sera d'abord nommé par l'assemblée, les deux autres
choisis ensuite, l'un par Barbès, l'autre par Blanqui. —
Le bureau est uniquement destiné à maintenir le calme
et le silence dans l'assemblée. Il ne pourra, dans aucun
cas, intervenir dans la discussion ni interrompre l'un
quelconque des orateurs. — Néanmoins, lorsque chacun

des deux contradicteurs aura pris trois fois la parole, le
bureau pourra consulter l'assemblée sur la clôture.
Citadelle de Belle-Ile-en-Mer, 14 décembre 1850. »

C'était acceptable. Barbès refusa d'acquiescer à ces
conditions en signant. « Il voulait, dit Blanqui, un tohu-
bohu, une mêlée générale. Il aurait détaché contre moi
trois ou quatre avocats spadassins de sa coterie. C'est
contre eux qu'il aurait fallu me défendre. Lui serait
resté spectateur paisible et majestueux. Moi, je voulais
un duel de Barbès à Blanqui, pas autre chose. »

La proposition de Blanqui avorta donc. Une réunion
eut lieu, convoquée par Barbès, où il ne fut question
que de la procédure. Un ami de Blanqui dit les offres
faites, acceptées par Barbès. —Non, dit celui-ci. Fontaine
et Peyre affirment, jurent sur l'honneur. —J'ai accepté
verbalement, mais je n'ai pas signé, rectifie Barbès. Il
est furieux d'être discuté, finit par s'écrier : « Qu'on
aille chercher M. Blanqui ! » Les murmures s'élèvent
devant l'appellation inusitée. Huit détenus rédigent une
déclaration par laquelle ils refusent de s'ériger en juges
de Blanqui. D'autres voix s'élèvent : « Nous aussi ! nous
aussi ! Point de jugement ! C'est odieux ! C'est abominable ! » C'est un tumulte, une tempête traversée de
huées, d'apostrophes, et la séparation dans un violent
désordre.

Le lendemain, au cours d'économie sociale que pro-
fessait Blanqui devant les détenus, deux fois par semaine, depuis son arrivée en novembre, il y a affluence,
plus de cent cinquante détenus, un grand nombre
d'ouvriers qui protestent contre la guerre faite à Blanqui et vont répétant : « Ce sont les Bourgeois qui
veulent démolir nos hommes ! Nos hommes les gênent,
ils veulent s'en défaire. » Car désormais, il y a deux
partis dans la déportation : le parti bourgeois, et
l'autre, le parti du prolétariat révolutionnaire groupé

autour de Blanqui. En somme, c'est celui-ci qui a la majorité, et il affirme, à plusieurs reprises, dans ses lettres, que sans cette protection du nombre, il aurait été assommé.

Il gagne donc la sécurité, la tranquillité, à cette tentative de débat. Ensuite, il ne se préoccupe de l'attitude de ses adversaires que dans les pages de l'*Avis au peuple* envoyées à Barthélemy, à Londres, en réponse à une demande de toast pour le banquet des Égaux, anniversaire du 24 février, tenu sous la présidence de Louis Blanc. L'occasion avait été saisie par Blanqui pour exprimer ce qu'il pensait de la politique des hommes de 1848, et pour dire leur fait à Louis Blanc et Barbès en particulier. Il savait que son *Avis au peuple* ne serait pas lu au banquet, mais il renseignait ainsi la proscription sur ses sentiments. Il eut, d'ailleurs, une autre publicité : son beau-frère, auquel il avait communiqué cet *Avis au peuple* à l'état de brouillon, le publia, et cela fit scandale chez ceux qui ne se faisaient pas faute d'attaquer Blanqui, et se récriaient lorsqu'il attaquait à son tour. Blanqui expliqua cet *Avis au peuple* par le spectacle de la curée en avance à laquelle il assistait. Il veut, dit-il, barrer la cuisine aux fricoteurs, et prétend qu'on doit épouser sans dot.

En dehors de cet incident, il ne révèle ses sensations que dans les lettres confidentielles qu'il peut faire parvenir à ses amis. Des pages qu'il écrit, en mars 1851, racontent avec humour et vivacité l'agitation politique et les commérages de la prison. Barbès, Albert et compagnie, explique-t-il, sont organisés ici en gouvernement occulte, comme s'ils étaient au pouvoir, ou comme s'ils devaient y être le lendemain, ils distribuent les places, les emplois, les grades, en même temps que l'argent, le vin et le tabac. Barbès tient la feuille des bénéfices, chaque prisonnier est entouré, en proie aux

racoleurs : « Tu es un fou, dit-on à celui que l'on veut
convaincre, tu vas avec Blanqui. Il ne sera rien, absolument rien, il n'a pas la moindre chance, et toi non plus
plus tu n'auras rien à la prochaine révolution. C'est
Barbès qui sera le maître, et il te laissera de côté. » Et
c'est un perpétuel háro sur Blanqui, désigné communément sous les désignations de traître et de dictateur
en herbe, d'agent de police et de Cromwell, de mouchard et d'aspirant Napoléon. Il termine en s'égayant
de ce champ de foire, et en traitant sévèrement Barbès
qui, dit-il, fait ici le même métier de division qu'au Mont-
Saint-Michel, qui le poursuit de haine et de calomnie
depuis dix ans, l'assaille par derrière comme à Bourges,
sous la protection du président de la Haute-Cour et du
procureur général.

Il se désigne lui-même comme le « paria » de l'époque,
fait allusion à sa réputation de croquemitaine pour déclarer qu'il se soucie de l'opinion de ce monde comme
de celle d'un troupeau de buffles.

Toutes ses pensées ne vont pas à ces vaines disputes.
Dans une lettre de la même date, il écrit à l'un de ses
amis, frappé d'un deuil cruel :

« ...Pour ma part, je n'aime pas à être consolé. Le
temps, les luttes de la vie, les événements, ce tourbillon qui nous entraîne tous sans s'arrêter jamais, voilà
ce qui amortit peu à peu les grandes douleurs de l'âme.
Comme tous, tu t'étonneras aussi de moins pleurer,
quand des jours nombreux auront passé sur ton cha-
grin, et c'est ainsi qu'hommes et choses, tout va suc-
cessivement et sans retour s'abîmer dans le gouffre de
l'éternel oubli. Adieu. »

Dans la même lettre, il a été amené à parler de son
père « qui était un excellent homme, doux, facile, indulgent et d'une admirable philosophie. Il m'a laissé
un peu de sa patience et de sa résignation. Sans

ce précieux héritage, je serais déjà mort de désespoir. »

CVIII

L'existence de la prison, par les beaux jours du climat modéré de Belle-Ile, fut surtout rendue facile aux
prisonniers par le grand préau herbu, déployé sous le
plein ciel. Sur ce terrain de cent vingt-cinq mètres de
largeur sur deux cent cinquante mètres de longueur,
les promenades et les groupements étaient faciles,
et aussi l'isolement. On pouvait s'éviter, ne pas entendre les conversations adverses, se réfugier dans le
chuchotement de la confidence, installer le conciliabule.
Le parti formé autour de Barbès était de beaucoup
le plus bruyant. Les conversations commencées dans
la cellule du chef continuaient pendant les heures de
sortie. Un certain nombre d'indifférents vaguait, re-
grettant la rue populeuse, la journée de l'atelier, la
rentrée au faubourg aux heures du soir. Ceux qui
s'étaient nettement prononcés pour Blanqui étaient
des amis retrouvés, ou des adeptes sûrs tels qu'il sut
toujours en conquérir et qui se donnaient pour ne plus
se reprendre. Souvent aussi, il marqua son intention
bien arrêtée de solitude. Il resta de longues heures à
sa fenêtre, pendant les soirées claires, observant l'état
du ciel ou laissant aller sa pensée vers les années révo-
lues. Dans le préau, il marchait vite, s'arrêtait, reprenait sa marche à l'écart, vers les jardins en contre-bas.
L'été, il parcourait l'étendue permise, monté sur un
âne, coiffé de son chapeau de paille, en bras de chemise, et personne ne s'avisait alors de vouloir dialo-
guer avec ce songeur qui s'en allait au pas ou au trot
de sa monture.

CIX

Il y eut des journées d'effervescence. Le préau fut parfois, aux heures où se desserrait la discipline, transformé en un forum où se posaient bruyamment les questions politiques et sociales. Toutes les théories qui étaient apportées quelques mois auparavant aux tribunes des clubs, tous les événements qui depuis arrivaient en échos, suscitaient des discussions contradictoires où tous ces hommes, habitués aux débats de ce genre, faisaient évaporer en paroles leur colère ou leur ennui. Leur pensée allait à la France transformée en Empire, au coup d'État de décembre qui avait été la fermeture définitive de la période qu'ils venaient de traverser. Ils avaient écouté mourir les derniers échos des insurrections européennes, et il semblait, à ceux qui réfléchissaient, dans leur île, inquiets du mystère de l'espace, qu'il ne leur venait plus, de la France, de l'Allemagne, de l'Italie, de l'Europe entière, qu'une sensation de grand silence et de vide. Tout paraissait bien fini, et ils étaient les derniers ardents, jetés à l'inaction, condamnés à l'impuissance, consumant au milieu de l'océan leurs dernières énergies.

Malgré tout, chez ces faubouriens, ces hommes d'en avant, toujours prêts à repartir pour le rêve, une exaltation naissait des souvenirs évoqués, des projets déclamés, des rêves de bonheur et des conceptions de cités humanitaires qui s'élevaient en tremblantes constructions sur les plans rigides des systèmes. Le désir du rythme et de l'unisson surexcitait les cervelles et montait les voix, qui passaient de la parole véhémente aux larges phrases des chants patriotiques, aux clameurs des refrains révolutionnaires.

17

Quand tous avaient figuré dans les palabres, dit leur
mot, jeté leur cri dans les discussions, quand ces prisonniers s'étaient donné l'illusion de la liberté en montant à des tribunes imaginaires, ils s'enivraient davantage encore dans ces chœurs à pleine voix qui leur
donnaient des sensations de départs au pas de course,
d'écroulements de tyrannies, de fraternités durables,
d'harmonies universelles. Combien de « Marseillaises »,
de « Chants du départ », de « Chants des ouvriers »,
s'envolèrent de l'enclos et s'en allèrent se perdre dans
le bruit du vent et de la mer!

La population du Palais, nullement effarée par la réputation d'incendiaires et de buveurs de sang des internés du pénitencier, s'en venait, à ses jours et à ses
heures de promenade, s'arrêtait dans les chemins en-
vironnants et sur les glacis de la citadelle, écoutait ces
invocations, ces ardentes paroles, ces appels aux armes,
toute cette poésie de religion républicaine, pareille à
des litanies et des cantiques. Pour la plupart de ces
promeneurs de petite ville, de ces allants et venants
de remparts, ce fut une distraction régulière, l'aubaine d'un spectacle et d'une audition, quelque chose
comme un concert sur la place, un orphéon et des
chœurs venus de loin, disciplinés, réglés, vraiment
faits pour intéresser les amateurs et susciter, le soir,
quelques conversations de dilettantes au repos après
dîner.

CX

Des plaisirs de phalanstère d'un goût plus profane
furent recherchés. Dans une salle qui était le préau
des jours de mauvais temps, des représentations théâtrales furent organisées. Les Parisiens étaient les actifs
régisseurs de ces soirées. Leurs souvenirs du boulevard

du Crime, leurs sympathies anciennes pour les illustres
comédiens ordinaires du peuple, se réveillaient aux
heures où ils savaient que la foule afflue aux portes des
théâtres, entre les balustrades, que les marchandes
d'oranges éclairent leurs éventaires, que le lustre flam-
boie comme le soleil du mélodrame. Ils eurent vite fait
de disposer une scène, une salle, des tréteaux, des
planches, des banquettes, d'installer un trémolo à l'orchestre. Ils jouèrent ce qui avait du succès dans leur
bon temps de Paris, ils apprirent les rôles lorsqu'ils
purent se procurer les brochures, ils les jouèrent tant
bien que mal, dans leurs grandes lignes, en suppléant
les lacunes, lorsqu'ils étaient forcés de s'en remettre
au compte rendu de leur mémoire. Ils jouaient dans la
pénombre aux silhouettes incertaines, sous la faible
clarté des bougies et des lampes, avec des entr'actes
annoncés par le cri : « Ouvrez les sabords! » Et ils rem-
plissaient tous les rôles avec la même conviction, devant leur public de camarades bénévoles, amusé et
bon enfant comme un public de mômes au guignol des
Tuileries. On garda longtemps le souvenir d'une certaine représentation d'*Antony*, où Adèle d'Hervey apparut, sans entrevue préalable avec le barbier, plus
moustachue et barbue que son fatal amant romantique.

CXI

Les défiances et les haines s'oubliaient pendant ces
distractions cherchées en commun. Elles s'oubliaient
aussi à certaines dates d'anniversaires, quand il s'agissait de fêter les Glorieuses, le Vingt-quatre Février, ou
de célébrer le funèbre Juin. Il y eut des repas pris en
commun, des banquets, des agapes comme aux premiers âges chrétiens, le vin économisé pendant plu-

sieurs jours, des toasts portés aux morts, des rappels
d'hécatombes, des promesses de vengeances. Le drapeau rouge surgit parfois, au-dessus des groupes com-
pacts, massés comme derrière une barricade, — le
drapeau de révolte, trouvé, cousu à une hampe on ne
sait comment, brandi par quelque poigne énergique.
On le déploya aussi à des enterrements de camarades,
où toute l'horreur de la condamnation et du séjour
forcé apparaissait à tous. C'était donc fini, celui-là qu'on
emportait ne reverrait plus les siens ni sa ville. Et
combien, parmi ceux qui restaient, auraient un sort
semblable! Le même vent de colère, le même instinct
de violente manifestation qui jette parfois les foules
derrière un corbillard au long des voies qui montent
au Père-Lachaise, soulevait alors la multitude des
prisonniers, et c'était l'étoffe rouge déployée, et *la Marseillaise* violemment chantée par des bouches ardentes,
que les vivants escortaient le mort, faisant trois ou
quatre fois le tour du préau, impuissants, piétinant
sur place, sans possibilité de sortir par les issues fortement gardées.

Il y eut des protestations contre le logement, contre
l'alimentation. Il y eut des révoltes, révoltes de prison
étouffées, réprimées à huis clos par les troupes, punies
par le cachot et la privation de l'ordinaire nourriture.
Le directeur, qu'on pendait en effigie, reléguait à
l'obscurité, dans un souterrain fangeux, condamnait au
pain et à l'eau les meneurs découverts, ceux qui avaient
jeté leur nourriture, mis le feu à leurs paillasses, ceux
qui étaient accusés d'avoir suscité des bagarres, engagé
des rixes avec leurs gardiens. Ceux-ci non plus,
n'étaient pas tous d'humeur pacifique. Quelques-uns
frappaient dur et longtemps. Un détenu fut grièvement
blessé d'un coup de hache. Il y eut, dans les caveaux
du Château-Fouquet, des scènes pareilles à celles des

horribles cachots du Mont-Saint-Michel. Puis, le calme
revenait pendant quelque temps, jusqu'à la première
bourrasque, toujours en suspens dans une atmosphère
où évoluait un si grand nombre d'hommes.

Mais la tristesse, ce fut la haine des vaincus les uns
pour les autres, le fossé toujours plus creux entre
Barbès et Blanqui, les sectes qui se fusillaient des yeux
et se méprisaient réciproquement, les bandes à part
des Mastics et des Purs ou Rigides. La honte, ce fut
quelquefois, il faut tout dire, non seulement les batailles entre prisonniers, mais la basse jalousie de certains, la dénonciation des méfaits, des tentatives
d'évasion. Il y eut, comme dans toutes les agglomérations humaines, de mauvais levains qui firent apparaître
de laides maladies morales, des vilenies commises qui
révoltèrent les cœurs probes.

CXII

Blanqui lisait, annotait ses lectures, causait, toujours
calme d'apparence, mais la pensée active, sans cesse en
course à travers le monde. Il ne cessait de réclamer à
sa mère, à ses sœurs, aux amis restés fidèles, les aliments de sa prodigieuse faim de lecture : des livres,
des brochures, des journaux, des revues, des atlas. A
Belle-Ile, il absorba des bibliothèques. Ce fut là, alors
qu'il devenait cinquantenaire, une entrée en possession
de ses moyens, une mise en équilibre de ses facultés,
un plateau de pensée où il prenait conscience de l'ensemble des choses et de lui-même.

Il révise la politique, l'économie politique, la philosophie, sa pensée se fraie des chemins à travers la
métaphysique, il acquiert les bénéfices des sciences,
tout cela par des notes sur les livres qu'il lit, par des

réponses aux lettres qu'il reçoit. Les longues lettres qu'il écrit à ceux qui lui envoient leurs ouvrages sont de vrais articles de revue, par la longueur, par la réflexion, par le soin. Il écrit aussi des articles de journaux, des entrefilets, sur les nouvelles qui lui arrivent, par conversations, par lettres, par *le Moniteur*. En novembre 1851, il prévoit, dans une lettre à Rougée, le coup d'État tout proche. En 1853, sur la guerre de Crimée imminente, en 1855, sur le conflit engagé, il reprend le thème de Napoléon : l'Europe républicaine ou cosaque.

C'est à Belle-Ile, en 1852, qu'il écrit : « L'Anarchie *régulière* est l'avenir de l'humanité. » C'est là qu'il donne son opinion, virulente, contre Mazzini. C'est là qu'il note tout ce qui le traverse. Sur la foule : « Que d'autres portent leur encens à cette idole. Elle n'aura pas le mien. Je n'adore pas le crocodile. » Sur son isolement : « Seul, avec la vérité, contre tout le monde, même dans un grenier, c'est une douce et consolante solitude. » Sur les hommes de 1848 : « Ils voulaient passionner les intérêts, moi les consciences. » C'est à Belle-Ile, enfin, qu'il se passionne pour l'astronomie, qu'il ébauche une hypothèse de l'univers.

L'homme s'achevait ainsi, contre l'opinion faite. Il se trompait, s'il croyait pouvoir changer cette opinion. « Il a cinquante-un ans, sa statue est fondue... », pouvait écrire plus tard Hippolyte Castille. Mais il trouva, dans ce travail journalier, la sérénité philosophique, une sorte de fatalisme ironique fondé sur les conditions nécessaires de l'évolution humaine. Sa conduite de l'avenir, les conversations qu'il eut depuis avec ceux qui reconstituèrent un parti de pensée et d'action autour de lui, prouvèrent qu'il s'était constitué une personnalité définitive pendant ces années de prison.

Sa sérénité, toutefois, ne fut pas la résignation. Il ne

se refusa jamais à aller jusqu'au bout de ses anciens espoirs et de sa force persistante. Il vivait au Pénitencier comme s'il avait dû y finir ses jours, mais il ne renonçait pas à l'idée d'en sortir, et même, cette idée lui fut toujours présente, parallèlement menée avec ses préoccupations d'étude.

Tout en regardant et en étudiant les vastes étendues où évoluent les races et se joue le sort des peuples, les configurations de pays dessinées et raturées par la diplomatie européenne, il s'intéressait à l'immédiat, il se préoccupait du point de l'espace où il était échoué. Il put se procurer quelques livres et brochures, des descriptions de la Bretagne qui faisaient quelque mention de Belle-Ile, une carte quelconque où reconnaître l'aspect, la situation, l'orientation du pays. Qui sait? Il pourrait y avoir une facilité insoupçonnée pour sortir de cet îlot qui semblait si bien gardé par cette mer. Précisément, c'est la mer qui pouvait être la grande libératrice. Il ne s'agissait que de se confier à elle, jusqu'à la rencontre d'un vaisseau anglais ou espagnol. Ses vagues se chargeraient d'emmener les fugitifs au large, au loin, loin des gardiens et des soldats, si loin que là ne serait même pas entendu le bruit du canon annonçant l'évasion. Mais comment?

Bien vite, Blanqui comprit qu'il n'y avait rien à tenter du côté du Palais. Il n'avait fait qu'entrevoir la capitale de l'île à l'arrivée, mais une enquête exacte n'était pas nécessaire pour deviner toute cette partie nord la plus surveillée, la plus remuante de mouvement militaire. C'était là que menaçaient la Citadelle, le Pénitencier, les forts, c'était là qu'erraient les curieux et qu'inspectaient les fonctionnaires.

En admettant même que cette agitation pût devenir une garantie pour une fuite, le passage entre l'île et le continent n'était pas très large, on pouvait y rencontrer les bateaux qui font des services réguliers entre Belle-Ile, Auray et Quiberon, les îles de Houat et d'Hœdik. Il faudrait toujours sortir des eaux françaises, descendre vers le sud. Mieux valait chercher tout de suite la vraie direction.

A Sauzon, au nord-ouest, à six kilomètres du Palais, la population est plus restreinte, mais la situation géographique est identique. Mêmes inconvénients à Locmaria, à l'est, en regard d'un autre couloir limité par le continent. Mieux vaut chercher vers le sud-ouest, au long de la côte de la Mer Sauvage. Et là, il n'y a vraiment que Port-Goulphar qui soit possible, qui soit un havre sûr où les pêcheurs de la région et les pilotes surpris au large par le mauvais temps, puissent trouver un asile en eau profonde. C'est de là qu'il faut partir.

Les deux compagnons de prison entrevirent vaguement tout cela à travers l'imprimé des livres et les cartes des atlas. Mais les renseignements furent plus précis lorsque vint à Belle-Ile, à la fin de l'automne de 1852, la mère de Blanqui, âgée de soixante-quinze ans, et le fils de Blanqui, adolescent de quinze ans, avec lesquels le prisonnier put avoir quelques utiles entrevues.

CXIII

Mme Blanqui parcourut l'île, s'en alla du Palais à Sauzon, à Bangor, à Locmaria, en compagnie d'un républicain du Palais, Émile Houchoua. Elle habita le village de Kervillaouen, au sud, au pied du phare, à l'entrée du vallon de Port-Goulphar, profondément encaissé entre les pentes rocheuses, le fond envahi par une végétation aquatique d'oseraies et de glaïeuls, le sol spongieux propice à la croissance d'une herbe grasse, à la pousse prodigieuse des fougères.

Là, elle put examiner l'aspect des choses, observer les êtres. Dans la basse maison même où elle habitait. maison de marin et de paysan, cabaret de village, entraient chaque jour les pêcheurs et les pilotes. A cinq ou six, ils venaient passer des heures, boire le pot de cidre ou le verre d'eau-de-vie. Rudes hommes de physionomies particulières, l'apparence abrupte, la parole lente, le regard droit. Sans doute parmi eux il s'en trouverait qui consentiraient à courir le risque d'aider à une évasion. Rien de plus facile que de s'embarquer dans l'anse rocheuse de Port-Goulphar, la nuit, à l'heure favorable d'une marée. Au large, on errerait vers le vaisseau inconnu. Il n'y avait pas à aller très loin pour se trouver sur le grand passage des navires.

CXIV

Au printemps de 1853, Blanqui et Cazavan se décidèrent.

Mais depuis longtemps déjà, ils vivaient dans les péripéties de l'évasion. Lentement, ils s'en rapprochaient, par des circuits insensibles. Avec des précautions infinies, ils la préparaient, ils la rendaient possible, ils lui donnaient une certitude mathématique, une fin logique.

Blanqui, presque dès son arrivée, avait pris une attitude singulière avec les geôliers. Il était peu poli, m'ont dit ses anciens gardiens que j'ai retrouvés, il affectait de ne pas les voir et de ne pas les entendre, leur répondait sèchement quand il lui était impossible de faire autrement, le plus souvent leur tournait le dos et lassait leurs interrogations. Au bout de quelque temps, il était bien acquis qu'il était inutile de lui adresser la parole, que c'était là un prisonnier revêche et dédai-

gneux, peu disposé à s'humaniser avec les gens. Alors,
il appliqua son système de mutisme dans toute sa
rigueur. Jamais plus il ne répondit aux appels. Il ne
détourna pas la tête, se força à la complète immobilité
aussitôt que les pas se rapprochaient, que le bruit des
clefs tournées et des verrous tirés retentissait à la
porte. Il continuait simplement son occupation, il écrivait, ou il lisait, ou il était penché sur une carte, ou
plongé dans sa rêverie. S'il était couché, il restait
accoudé, son livre ouvert, ou faisait semblant de dormir. Les premiers jours, les gardiens insistèrent. Ce fut
en vain. Le gardien-chef fut mandé, mais son costume
aux liserés d'argent n'eut pas plus de succès que les
uniformes vert sombre à liserés jaunes. Objurgations,
menaces d'encellulement, rien n'y fit. Il fallut bien se
résoudre à en passer par ces caprices d'homme enfermé. Quand ces expériences, répétées tous les jours,
patiemment, subtilement, se furent réparties sur des
semaines et des mois, personne n'y apporta plus
d'attention. Le gardien entr'ouvrait la porte, appelait :
Blanqui ! constatait la présence de son gibier de prison,
et se retirait, sans même faire un pas dans la pièce. De
même chez Cazavan, devenu, lui aussi, muet et maniaque comme son compagnon.

Le procédé, peu à peu, insensiblement, s'imposa.
Cazavan prit l'habitude de tourner le dos à la porte, de
rester courbé au-dessus de sa table encombrée de
papiers. Blanqui, couché ou écrivant à sa table, gardait
sur la tête l'immense chapeau de paille de ses promenades, qui projetait une ombre épaisse sur ses yeux,
sur son visage, laissant à peine voir la courte barbe
rousse et grise. Pendant les veillées qu'ils prolon-
geaient tard, tous deux s'ingéniaient à prendre des
attitudes de mannequins, le col raide, les membres
las, aplatis, jetés au hasard. Le gardien put s'appro-

cher, surpris, une première fois, croyant à une syn-
cope, et puis il se contenta bientôt du coup d'œil
d'habitude de tous les soirs dans la pièce faiblement
éclairée, et que n'éclairait guère davantage la lueur de
la lanterne.

Le drame de l'évasion allait pouvoir se jouer.

CXV

Ce fut bien, en effet, un drame émouvant, une succession de scènes rapides où la volonté de l'homme se
heurte au destin.

Hâtivement, au moment de la dernière promenade
de la journée du 5 avril, jour de la nouvelle lune,
choisi avec l'espoir de l'obscurité, les deux prisonniers
fabriquent leurs sosies, les mannequins qui prendront
leurs places, et qui ne répondront pas plus qu'eux à
l'appel. Ils modèlent leurs traversins, bourrent de linge
les vêtements auxquels ils donnent les formes et les
postures d'habitude de leurs corps, ils allument les
lampes, ils installent sur des chaises, aux deux tables,
ce faux Blanqui et ce faux Cazavan, ils emportent deux
cordes dissimulées depuis des mois, deux cordes à
nœuds, avec crochets en fer et barreaux de bois à
chaque extrémité, et ils sortent, mêlés aux groupes,
marchant de leur pas ordinaire, faisant leur parcours
de chaque soir. Ils sortent, mais ils ne rentrent pas.
Ils choisissent leur minute, profitent d'une confusion et
d'une inattention, se réfugient dans le jardin, se blot-
tissent sous les rames de pois. Ils resteront là, sous la
pluie qui vient de commencer et qui semble s'installer
persistante, ils resteront jusqu'au soir, jusqu'à la nuit,
alors que les formes peuvent bouger dans l'ombre sans
être aperçues.

La rentrée se fit. Un par un, deux par deux, par
groupes, les uns à pas pressés, les autres s'attardant,
surveillés par les gardiens, les détenus rentrent comme
les moutons autour desquels s'empressent les chiens.
C'est fini. Les dernières portes se ferment. Le silence
des maisons closes, la tristesse de la discipline, règnent
sur le Pénitencier. Les rondes passent, on marche dans
les couloirs, on ouvre les portes, on fait l'appel. Blanqui ! Cazavan ! Ils sont là tous les deux, Blanqui absorbé
dans la lecture, son chapeau de paille sur la tête,
Cazavan, qui écrit à sa table. On referme les portes.

CXVI

Rien de particulier ne s'est produit. Aucun va-et-
vient. Pas de lanternes qui courent en zigzags. La nuit
s'annonce brumeuse, obscurcie de pluie. Il faut éviter
la dernière ronde, quitter les rames de pois. Il y a un
puits mitoyen, enclavé dans la muraille, entre le préau
et le potager. C'est dans ce puits, de quatre mètres de
diamètre, que les deux hommes descendent, s'aidant
de la corde, s'arc-boutant contre les pierres. C'est là
qu'ils restent, pendant une heure et demie, immobiles,
grelottants, les jambes dans l'eau, jusqu'à l'heure où ils
entendent les pas de la ronde de nuit qui s'éloigne.
Avec un mal infini, ils sortent, trempés d'eau, perclus
de froid. C'est le brouillard, la nuit noire. Frissonnants,
riant et pestant à la fois en sourdine, ils cherchent leur
chemin. Ils escaladent d'abord une palissade. Une
cloche sonne. C'est la fermeture, la ronde dans les
chambres achevée. Victoire ! les mannequins ont
vaincu ! proclament-ils à voix basse. Il leur reste encore
à traverser des jardins, à franchir deux petits murs, à
éviter deux postes-lunettes. Ils jettent leurs capotes

sur les crêtes des murs hérissées de verres cassés et ils
passent. Ils sont hors de la prison. Il leur reste à sortir
de la citadelle. Les voici arrivés à la fortification principale. Ils ne connaissent pas l'existence d'un escalier,
ou bien ils ne voient pas les degrés dans le noir, car
après avoir tenté en vain d'accrocher leur corde au
sommet du mur, ils plantent leurs couteaux dans les
interstices des pierres pour servir de marches, parvenir en haut. Les voilà debout sur le glacis, regardant le feu rouge du phare de Bangor. Ils fixent leur
corde, et ils descendent. Ils longent la citadelle, passent
sous les canons des talus, franchissent un premier
fossé, puis un second, et les voilà dehors, passant
contre la ville, et bientôt en pleine campagne.

CXVII

Le vent de suroit est doux. La brume se résout définitivement en pluie fine et pénétrante. La route commence
là où finit le port, s'en va tout droit au sud. Elle part du
Palais, aboutit au phare, traverse l'île dans sa largeur.
La dernière usine à sardines dépassée, il y a encore, au
bord du fossé, quelques maisons isolées, la porte et les
fenêtres ouvertes sur les champs, tournant le dos au
grand chemin. Il faut aller jusqu'à Cosquet pour traverser un village, — un village de dix maisons, — avec
un moulin à l'écart. Pendant plus d'une heure, c'est la
solitude complète. Non seulement une solitude d'êtres,
mais le décor même de la solitude. Au début, on
aperçoit, à un horizon rapproché, une allée de pins
poussés très haut, de troncs dégarnis, les branches
en parasol. A la fin de la course, le clocher de Bangor
monte derrière les replis de terrain et l'on prévoit dans
l'obscurité l'agglomération des maisons du bourg. Le

18

sommet du phare paraît et disparaît à chaque détour,
jetant à l'espace la lueur de sa lampe. Mais, pendant
un moment, aucun de ces points de repère n'entre dans
le champ de la vision. C'est la plaine, toute rase, toute
ronde, c'est la lande, sans une maison, sans un arbre.
Ce fut aussi une nuit de mystère et de silence. Silence
de pas et silence de voix. Un de ces calmes de campagne
tels qu'on entend distinctement, à travers la vapeur de
la pluie, l'heure qui sonne aux horloges dans des
maisons éloignées aux fenêtres ouvertes, et qu'on n'est
troublé et tressaillant que par le cri doux d'un oiseau
de nuit qui appelle.

CXVIII

Les deux hommes n'osent pas suivre la route. Ils s'en
vont vers la lumière du phare, par les sentiers, puis
par les champs, à travers ruisseaux, fossés, marais,
ajoncs. Ils tombent dans les fondrières, se déchirent
aux épines. Ils arrivent enfin au pied du phare, après
trois heures de cette terrible marche dans l'inconnu. Ils
sont brisés, haletants, trempés d'eau, couverts de boue
et de sang.

Le nom qui leur a été donné est celui de Jean-Louis,
à Radenec. Où prendre le hameau de Radenec? Ils
s'engagent à travers un groupe de maisons. Un fantôme
sort d'une venelle, c'est un homme en chemise qui est
venu au bruit des pas, qui surgit devant les passants.
Blanqui l'interroge, il répond en mots brefs :

— Quel est le nom de l'endroit où nous sommes?

— Vague.

— Est-ce loin, Radenec?

— Dix minutes.

— Vous connaissez Jean-Louis?

— Oui.

— Voulez-vous nous conduire pour une pièce de cinq francs?

Sur cette offre, un nouveau personnage surgit, qui accable les étrangers de questions, sous la pluie qui tombe maintenant à torrents.

Ils répondent comme ils peuvent, racontent des histoires, qu'ils sont obligés de quitter l'île cette nuit même pour affaire urgente. Enfin le questionneur consent à montrer le chemin jusqu'à la maison de Jean-Louis, à Radenec, par le village de Quérel, au-dessus de Port-Goulphar.

Ils arrivent vers deux heures du matin. C'est une maison basse, toute neuve, couverte en chaume, avec cette date au-dessus de la porte : 1848. Tout contre, l'écurie avec un grenier. On frappe, Jean-Louis paraît, écoute, répond :

— Mais je ne suis ni marin, ni pêcheur, dit-il. Je suis paysan.

Derrière lui, il y a la silhouette d'un autre homme dont la voix jeune s'élève :

— Moi je suis marin, et je vous aurais passé très volontiers, si la chose était possible.

Blanqui et Cazavan regardent celui qui parle. C'est un beau garçon de vingt ans, une physionomie douce, distinguée, intelligente, ou qui du moins semble telle à Blanqui.

Tous trois sortent, tiennent un conciliabule. La vérité est dite, cinq cents francs sont offerts. Le jeune marin dit qu'il avait deviné, serre avec effusion les mains des évadés, leur dit son désir de les servir. Pour cette nuit, il ne faut pas songer à partir, et, de fait, il leur montre, à quelques pas, la mer agitée en tempête, les lames qui viennent se briser aux rochers. Ils partiront le lendemain. Lui ne pourra les accompagner, il est marin

des classes, et il doit quitter Belle-Ile au matin, mais
il leur enverra un ami, aussi sûr que lui, aussi ardent
à les tirer d'embarras.

Blanqui, Cazavan, ne se tiennent pas de joie. Ils
entendent la mer toute proche qui va les emporter avec
elle, ils se croient libres. Ils ont été réconfortés, dans
leur état de froid et de fatigue, par l'abord cordial, le
visage apparu beau et grave, de ce jeune homme. Le
guide a été bien choisi. Dans la petite salle basse où
ils ont été conduits, ils comptent une partie de la somme
convenue à leur libérateur. Ils donnent trente-cinq
francs à l'homme de Vague, quarante francs au vieux
Jean-Louis. Il leur reste de l'or, des bijoux, ils pourront payer leur passage à bord du navire qui les
recueillera, et vivre quelque temps sur la terre inconnue
où ils aborderont. Mais il faut attendre la marée. Le
jeune homme s'en va tout préparer, ils n'ont qu'à
attendre dans le grenier de l'écurie, où ils montent par
l'échelle. Le vieux Jean-Louis va leur chercher des
vivres, leur prend encore cinq francs, les barricade avec
une cage à poulets, des planches, la paille de la litière.
Blanqui et Cazavan restent seuls, épient par la lucarne.

CXIX

Ils sont là encore, au matin, quand la première lueur
court à ras du sol. Quelle fin de nuit! quelle aube! La
mer est venue, s'est retirée, on entend moins l'appel
de sa voix. Personne n'a marché dans le chemin, ne
s'est approché de la maison, qui semble morte, désertée
par les habitants.

Tout à l'heure, ce sera le jour. Que faire? aller au
port, chercher une barque? par quel sentier, dans
quelle anfractuosité de rochers?

Six heures... la perception du tintement de l'angélus au clocher de Bangor... Du bruit au loin, un pas qui se rapproche, mais non le pas prudent et balancé de l'homme de mer, un pas qui bientôt se multiplie, toute une troupe de marche régulière, qui vient avec une rumeur confuse. Les voici, les gardiens verts, le gardien-chef Laculle, galonné d'argent, la brigade de gendarmerie du Palais. Ils viennent tout droit à l'écurie, ils cernent la maison, ils montent. La voix du gardien-chef dit de jeter ce qu'on trouvera à bas de l'échelle.

C'est la fin de l'aventure. Les fugitifs sont pris dans la paille, empoignés par des poignes solides, avec des rires de jovialité. On les pousse par la lucarne, on les jette, de huit ou dix pieds de hauteur, sans leur laisser toucher l'échelle, sur le fumier, on les relève à coups de crosse, on les traîne dans la fange, on bafoue ceux qui ont été si patients et si forts, mais qui n'ont pas pu mener jusqu'au bout leur entreprise, on se moque de ceux qui n'ont su s'évader qu'à moitié.

De toutes les manières, la vilenie a fait son œuvre. Les gens qui sont venus au Pénitencier annoncer l'évasion ont touché cent francs de prime, cinquante francs par tête d'évadé. Au même moment, une dénonciation sournoise se produisait à l'intérieur de la prison. Quelque indice avait suscité l'attention. Le gardien en chef passe, procède à un contre-appel. Pourtant, personne ne manque. Blanqui et Cazavan sont toujours présents, ont prolongé leur veillée. Mais un détenu a vu plus clair que les geôliers, un vieux à barbe blanche, un combattant de 1830. Il hausse les épaules : « C'est des bonshommes, dit-il, vous ne voyez donc pas que c'est des bonshommes ! »

A présent, on les tient, et solidement, et pour long-temps. Mis nus sous une pluie battante, devant la maison de Jean-Marie Portugal, on cherche dans leurs vête-

18.

ments, sur leurs corps, des armes et de l'argent. Des
armes, ils n'en ont pas. Mais ils ont des pièces d'or, des
bijoux. Cazavan porte un sac de cuir. Blanqui a cousu
une ceinture dans sa chemise de flanelle. Sur Blanqui,
on trouve aussi une carte de Belle-Ile. Il y a des
exclamations lorsque l'or brille. « Ils ont assez pillé la
France en 48 », dit l'un. Et tous approuvent. Il y a un
surgissement de laboureurs sordides, qui clopinent et
grognent autour de leurs masures. On rhabille les
évadés sous les regards curieux. Ils entendent une
femme qui pleure.

C'est le désastre complet. A l'avenir, personne ne
pourra plus communiquer avec les prisonniers. Les
deux compagnons seront séparés. Les mannequins ne
tromperont plus personne. Allons! en route pour la
dure cellule! Les deux hommes sont restés stoïques,
la tête haute sous les quolibets. Ils refusent maintenant
de marcher. Blanqui a froid, est envahi de frissons de
fièvre. On ne peut, pendant plus d'une heure, les traîner,
les pousser. Une charrette est réquisitionnée, et c'est
dans cette charrette qu'ils reviennent, garrottés jusqu'au
sang, excitant la curiosité des paysans, qui s'arrêtent
de travailler, se lèvent du champ sur lequel ils peinent,
quelques-uns criant des exclamations de joie. A mi-
chemin, ils trouvent un détachement d'infanterie qui
vient à leur rencontre. Blanqui a décrit ce chemin du retour : « C'était une belle matinée douce, calme et humide.
La pluie avait cessé. La mer sauvage grondait encore en
s'apaisant, et une brise légère du sud-ouest poussait les
ailes des moulins. Le ciel était gris, mais haut, l'alouette
chantait gaiement dans les nuages. Plus d'île enchantée,
de sentiers escamotés, de métamorphoses fantastiques.
Les sorcelleries de la nuit s'étaient évanouies. Une
chaussée large et droite sillonnait la plaine émaillée de
hameaux. » Sur cette chaussée, Blanqui, tout abattu qu'il

est par la fièvre, regarde passer « une magnifique jeune
fille au teint vermeil, qui revient du marché en grande
toilette » et regarde les captifs avec un joyeux sourire.
Les cultivateurs sont rentrés dans leurs antres, et le
pilote, lui aussi, est chez lui, à compter son gain.

CXX

C'est lui, c'est ce misérable homme qui a livré ceux
qui s'étaient confiés à lui. C'est lui qui est allé à la
prison avec les gens de Radenec, et qui a touché le prix
de la trahison après avoir empoché l'argent des fugitifs.
Le pêcheur au visage loyal avait été mal regardé, son
âme obscure n'avait pas été aperçue à travers ses yeux.
A quelques années de distance, en livrant Blanqui et
Cazavan, il a recommencé l'abominable action de celui
qui livra la duchesse de Berry. Il est un de ceux dont
l'histoire vomit le nom. Ce nom, je l'ai là, écrit dans
mes notes, je pourrais le laisser tomber de ma plume,
le donner tout vif à imprimer, faire peut-être qu'il se
perpétue en châtiment. Mais sans doute un tel écriteau
d'infamie punirait-il aujourd'hui des innocents. Le coupable est mort, il a laissé des descendants, des enfants,
des petits-enfants, qui savent la honte, qui ont connu
la réprobation des bouches fermées, des regards dé-
tournés, des mains fuyantes. A quoi bon condamner
et frapper à nouveau des irresponsables ? Ce nom,
Blanqui avait le droit de le prononcer, il ne l'a pas
fait, il a gardé devant la trahison le silence du mépris, il a laissé dédaigneusement le traître dans son
obscurité. Il n'y a qu'à enregistrer un tel arrêt, et qu'à
passer devant une telle mémoire. Qu'elle soit perdue,
dissoute, à jamais ensevelie, anonyme, dans la boue et
la poussière d'autrefois.

CXXI

D'ailleurs, l'individu a connu l'inimitié et la répulsion. Au cours de l'enquête que j'ai dû mener pendant
la préparation de ce livre, et pour laquelle j'ai suivi les
chemins, vu les endroits, recueilli les noms, écouté les
débats sur les incidents, j'ai appris, en dehors de toutes
les prudences de langage lorsqu'il s'agissait des faits,
que l'acte criminel blessait les esprits, révoltait les
consciences. Le souvenir de Blanqui et de l'évasion
manquée de 1853 est encore vivant à Belle-Ile. Les gens
font allusion à ces événements d'il y a un tiers de
siècle avec des airs de mystère. Les interrogations
éveillent la méfiance dans les yeux et font hésiter les
paroles. C'est avec des réticences, des regards circu-
laires et des chuchotements, que certains consentent à
parler de la route prise par les fugitifs depuis la prison
du Palais jusqu'au Petit-Cosquet, jusqu'à Kérel, de
l'écurie de Radenec où ils ont couché, où ils ont été
arrêtés au matin. C'est avec répulsion qu'il est parlé
de la trahison du pilote qui avait promis aux évadés
de les embarquer au Port-Goulphar.

Elle est debout-contre la route, la maison bâtie avec
l'or du prisonnier fuyant sa geôle. Dans le pays, c'est
le Château-Blanqui. Un mystère l'enveloppe. Deux fois,
le feu, mystérieusement allumé, l'a léché, a brûlé ses
fenêtres, ses poutres et sa toiture. Quelques-uns de ces
hommes de mer au parler grave, quelques-unes de ces
douces filles à la voix chantante, qui hésitent à parler
des événements anciens et à prononcer les noms mé-
prisés, ne sont pas loin de croire « qu'il y revient »,
dans ce Château-Blanqui solitaire dressé de biais entre
deux chemins, à l'entrée de la lande.

CXXII

Dans le pénitencier, lorsque la nouvelle de l'évasion
courut, les amis de Barbès triomphèrent, élevèrent la
voix pour affirmer que c'était un coup de police, que
Taschereau continuait. Il fallut en rabattre au retour.
Les prisonniers payèrent de vingt-neuf jours de cellule
leur tentative d'évasion. Vingt-neuf jours, le maximum,
passés au Château-Fouquet, mais non plus dans les
chambres du premier étage. C'est dans l'affreuse cave,
à gauche de l'entrée. Par la pente pavée, en contre-bas
de la cour, qui aboutit à une porte verte aux clous
énormes, aux ferrures rouillées, on pénètre dans le
couloir sombre où s'ouvrent les portes numérotées des
cellules, affreux *in pace* voûtés, au sol de pierre mêlée
de gravier.

C'est l'abominable cachot classique, meublé du baquet, du lit de camp — une planche en pente pour
s'étendre, une autre planche au chevet pour reposer
la tête — et d'une autre planche encore, fixée au mur
pour mettre le pain à l'abri des rats. L'homme jeté
là est sous terre, dans la nuit. Impossible de travailler, de lire. Il ne vient qu'une lueur, vite absorbée,
avalée goulument par les ténèbres, du soupirail qua-
drillé qui s'ouvre à ras du pavé. Par là, en se haussant
sur le lit de camp, on peut apercevoir un coin du ciel,
un bout de feuillage remuant. On retombe vite, fatigué,
à la cave noire, à l'obscurité inquiétante. La maison
seigneuriale a ses dessous, pis que des étables à porcs,
que dissimulent sa façade à moulures et ses bouquets
d'ormeaux. Le prisonnier enfermé en un tel réduit,
condamné à l'inactivité, ramené à l'air quelques instants tous les jours, replongé dans le noir, dans le

mouillé, dans le puant, est bientôt en proie à l'anémie, à l'obsession mentale. Il lui faut une singulière force de résistance pour échapper à toutes les maladies ennemies qui le guettent dans l'ombre glacée, il lui faut le plus énergique vouloir pour empêcher son cerveau de sombrer dans l'atonie.

Blanqui était de ceux qui résistent. N'écrit-il pas, en conclusion du récit de sa tentative d'évasion, cette phrase qui est comme la formule de sa vie : « Allons ! de la patience, toujours ! de la résignation, jamais ! »

Il était déjà venu, deux ans auparavant, dans cette cellule en sous-sol du Château-Fouquet. On avait puni, sur lui et sur d'autres, la tentative d'évasion de vingt-quatre détenus qui essayèrent de s'enfuir par les fossés de la citadelle et qui furent dénoncés, eux aussi, par un de leur camarades, loup de l'insurrection devenu mouton de la police. Blanqui avait connu aussi le séjour dans les cellules du Pénitencier, moins dures, plus claires, mais très obsédantes par leurs murs nus et blancs, leur lucarne, leur porte rébarbative, leur espace restreint de deux mètres cinquante sur trois mètres. Il était sorti de tout cela affaibli, blanc de visage, les mains transparentes, mais indemne, en somme, et le cerveau non troublé, la pensée toujours vigilante. Il avait su prendre son parti du régime pénitentiaire, faire les parts nécessaires, accepter les contingences, garder l'essentiel qui était la vie intérieure. Il sortit donc encore de sa station un peu prolongée au Château-Fouquet, en son ordinaire état cérébral, mais avec une fluxion de poitrine, dont il guérit.

Des occupations qui semblèrent puériles à beaucoup furent appelées en aide par sa prévoyante volonté. On le considéra comme fantasque et maniaque pour l'attention qu'il apportait à sa nourriture, pour ses goûts

et ses répugnances vite taxés de parti pris. Blanqui,
sans cessé, fut préoccupé de l'hygiène de la prison.
Pour sauver son esprit, il soigna son corps. Il mangeait
rarement de la viande, buvait rarement du vin, s'en
tenait au sec ordinaire de l'établissement, au poisson
bouilli et salé, aux légumes, aux lentilles, aux hari-
cots. Il excitait la stupéfaction de ses gardiens par son
habitude permanente de repousser toute sauce, de retirer ses aliments de tous les jus, de tous les brouets
noirâtres qu'on lui servait. Il séparait soigneusement
les morceaux solides de leurs assaisonnements liquides,
les raclait, les séchait avant de les absorber. Les hari-
cots, ils les lavait un par un, les épluchait. Les lentilles furent son mets de prédilection. C'est en elles
qu'il croyait trouver le plus de phosphore, la précieuse
substance nécessaire au fonctionnement de son cerveau.
Il était toujours friand, comme aux jours de sa jeunesse, de fruits et de laitage. Pour le laitage, il pouvait
encore contenter ses désirs. Pour les fruits, les bonnes
fortunes étaient plus rares. A Belle-Ile pourtant, des
figues mûrissent à l'abri du vent derrière les murs des
jardins, mais ces jardins sont d'intimes paradis fermés.
Il restait donc au prisonnier les envois de sa mère, de
ses sœurs, sans cesse préoccupées de lui.

On le classa, définitivement, comme un personnage
très singulier, comme un être incompréhensible, on
taxa de monomanie la méfiance qui était en lui et qui
grandissait, dans ce milieu où il savait l'hostilité, où
il escomptait des menaces, où il supposait des embus-
cades et des tentatives d'empoisonnement.

CXXIII

Il écrit le 6 octobre 1853 :

« Il n'y a plus aujourd'hui de prison politique, mais un troupeau d'hommes abattus regardant tous les jours à l'horizon de Paris si la grâce arrive. Les inflexibles ne forment plus que la minorité. »

Il apprécie la situation faite à la France par l'Empire, croit que la nation ressuscitera.

Son dernier démêlé avec Barbès est de cette époque, novembre 1853, à propos d'une formation de bibliothèque, à laquelle Barbès veut bien souscrire, mais à la condition que son nom ne figurera pas auprès du nom de Blanqui. Celui-ci s'amuse de l'incident, de la lutte entre les Mastics et les Rigides, se laisse pourtant aller, en une lettre, à dire sa haine des charlatans.

Quelques jours après, le 26, sur le rôle de dupe que lui et ses amis ont pu jouer : « Pensez-vous que nous en soyons plus bêtes pour cela ? Estimez-vous que la duplicité soit du talent et la perfidie du génie ? Moi, je n'en crois rien, et j'ai une assez pauvre idée de ceux qui s'avisent de me mettre dedans. Un fourbe, un coquin, est un incapable, un impuissant... »

La plupart de ces lettres sont adressées à Rougée, prisonnier sorti de Belle-Ile, fixé à Londres.

Une autre lettre, de février 1854, exprime les sentiments éprouvés à la nouvelle de la mort de son frère Adolphe :

« La perte d'Adolphe m'a profondément affecté. La mort d'un frère, c'est la destruction d'une partie de nous-même, c'est un lambeau arraché à notre propre chair. Le corps et l'âme à la fois sont frappés.

J'ai ressenti ce déchirement avec d'autant plus de douleur que je n'ai à faire sur la tombe d'Adolphe le sacrifice d'aucune pensée hostile. De moi à lui, dans nos
démêlés, il n'y a jamais eu que simple revendication
d'indépendance politique. Malheureusement, la tolé-
rance n'est pas le défaut de nos adversaires, et mon
frère était en cela de son parti.

« Il succombe bien prématurément ! Toute sa vie
avait été vigoureuse et exempte d'infirmités. Quel mal
a donc pu trancher ainsi ses jours avant l'âge ? Vous ne
me parlez pas de sa maladie que l'on représente comme
longue et cruelle. J'aurais cependant désiré quelques
détails sur ce triste sujet, et je vous serais fort reconnaissant de me transmettre ce que vous en pouvez
savoir... »

CXXIV

A l'automne de 1854, Barbès fut libéré, et son départ
amena une détente dans la vie de disputes de la prison.
Au moment où la question d'Orient produisit la guerre
de Crimée, une lettre écrite à George Sand fut commu-
niquée à Napoléon III. Le sentiment qui animait Barbès
apparaîtra suffisamment dans ce passage essentiel :
« Vous me demandez si je m'intéresse à la guerre de
Turquie. Beaucoup ! Et je ne vous cache pas que je
fais des vœux ardents pour que les Russes soient battus par nos petits soldats. Il me tarde de les voir en
ligne, et je crois qu'ils marcheront vaillamment... »
La grâce, accordée sans conditions, fut signée par
Napoléon III, après la lecture de cette lettre. L'ordre de
libération signifié à Belle-Ile le 5 octobre, Barbès refusa
la faveur impériale, fut expulsé du pénitencier deux
jours après, vint à Paris où il écrivit au directeur du

19

Moniteur officiel une lettre, datée du 11 octobre, qui
déclare repousser la mesure prise à son égard. Il ter-
minait : « Je vais passer deux jours à Paris, afin que
l'on ait le temps de me remettre en prison, et, ce délai
passé, vendredi soir, je cours moi-même chercher
l'exil. » Il donnait son adresse : Hôtel du Prince-Albert,
rue Saint-Hyacinthe-Saint-Honoré, il attendait, rien ne
venait, et il faisait ce qu'il avait dit : au jour indiqué il
partait pour Bruxelles, de là en Espagne, en Portugal,
puis en Hollande, à la Haye, d'où il ne devait jamais
revenir en France.

C'est fort bien, nul ne songera à douter, à suspecter,
et Blanqui ne dit mot, selon l'habitude qu'il eut toujours vis-à-vis des personnes, gardant ses attaques et
sa virulence pour les idées et pour les faits politiques.
Mais sur le reproche fait à Blanqui de la grâce qu'il
refusa, lui aussi, en 1844, il est permis de se demander
quelle aurait été l'attitude de Barbès et de ses amis,
si pareille aventure, d'une grâce impériale, était
advenue à Blanqui.

CXXV

En sortant de l'in-pace du Château-Fouquet, Blanqui
avait repris l'existence cloîtrée dans le quartier réservé,
mais sous une surveillance plus étroite, toutes les
portes de communication fermées, les promenades sui-
vies par des regards épieurs. Il n'y avait plus qu'à subir
sa peine et compter sur l'imprévu.

Ce fut alors qu'il acheva d'acquérir la philosophie de
la vie de prison. Il aperçut avec certitude que son sort
était ainsi fixé, qu'il lui fallait tout installer là, le réel
et l'imaginaire, que c'était de cette manière que s'ac-
complirait sur place, dans la monotonie des mêmes

heures, sa course à travers le monde. On peut affirmer
que cette course fut aussi complète que les courses qui
apparaissent parmi les plus actives, et les plus sillon-
nantes de l'espace. Peut-être même fut-elle ressentie
davantage, puisqu'elle fut davantage réfléchie, et que
l'homme eut tout le loisir de s'écouter penser et de se
regarder ne pas vivre.

La période de 1848 qu'il venait de traverser était faite
pour le renseigner durement sur la liberté de l'homme
et la possibilité de l'action. Alors, il n'était pas enfermé
dans une cellule, il pouvait aller et venir, marcher par
les rues, voir des gens, publier ses idées, concerter des
plans. Oui, il pouvait tout cela, et tout cela pouvait
aboutir au néant, à l'inaction, et même, pis encore,
pouvait aboutir à l'opposé du résultat cherché. Il partait
dans une direction voulue, vers un but désiré, et il
arrivait ailleurs, il se trouvait avoir tourné le dos au
but de sa marche.

Pendant quelques mois, il avait été maître de ses
desseins et de ses pas sur le pavé de Paris, brusquement
mis en présence d'une mêlée de forces dans laquelle il
fallait déterminer un courant. Il avait essayé, avait
coordonné quelques éléments, tenté de déblayer, au
milieu de la confusion, un espace où le torrent social
se serait creusé un lit régulier. Immédiatement, le
brutal incident, le fait, avait surgi, Taschereau rédui-
sait l'agitateur à peu près à l'impuissance en le sé-
parant du gros de l'armée révolutionnaire. Blanqui
n'avait plus guère été vraiment que le chef des blanquistes, d'un groupe, d'une secte. Il avait réussi, pourtant, à se maintenir, et même, par un vigoureux sursaut, à reprendre l'offensive le 17 avril, le 15 mai. Mais
un tel effort était épuisant, et la défaite, dans de telles
conditions, n'était pas de celles qui peuvent se com-
penser immédiatement par une victoire. Il fallut se

cacher, puis se rendre, entrer à Vincennes, et de là
entendre se livrer la suprême bataille, avoir la sensation de l'impuissance individuelle et de la fin de l'action
populaire.

Et c'est seulement aujourd'hui, à Belle-île, enfermé
pour des années, que Blanqui prend une sensation
plus nette de la vie.

Cette vie, pour être intense, n'a pas à se manifester par les éclats et par la mise en scène de la
passion.

Un puissant subterfuge apparaît. L'action accomplie,
l'action tentée, l'action voulue, deviennent les points
de départ d'u ·e activité créatrice de la pensée.

Le souvenir et l'imagination se combinent, rendent
plus profonde la vie intérieure,

Les drames de l'esprit se multiplient, s'étendent à
tous les points de l'espace et à toutes les dates du
temps.

L'homme vit et revit sans cesse sa vie individuelle ;
sa femme est disparue, mais son amour est persistant,
son être est pour toujours possédé par le sentiment.

Il vit aussi la vie multiple de l'humanité. La Géographie, l'Histoire, ne sont pas pour lui des sciences
mortes, d'arides exercices de mémoire. L'atlas, c'est
l'image de l'espace où s'évade son esprit. A travers les
mots, par la réflexion prolongée, il anime les cartes,
les pages, il s'incarne dans les vivants passés et présents, il s'identifie à leur manière d'exister. Il aperçoit qu'il n'est pas d'efforts inutiles, que le tracé parallèle de la pensée et de l'action n'est pas interrompu,
S'il songe alors à cette tumultueuse année Mil huit cent
quarante-huit qu'il a traversée si rapidement, il découvre que malgré les avortements et la défaite, c'est un
sûr point de repère dans l'histoire du monde, que tout
a été mis en question, qu'une bataille ainsi livrée ne

pouvait être que perdue pour l'instant présent, mais
qu'elle était à jamais gagnée devant l'avenir.

CXXVI

Une lettre de Blanqui, du 30 octobre 1857, adressée
à l'un de ses amis, avocat à Bruxelles, donne quelques
détails sur sa famille. Un de ses frères, Gustave-Henri,
est mort à Cayenne le 5 septembre 1856. Sa mère habite
110, rue de Montreuil, dans le faubourg Saint-Antoine.
Il a pu entrevoir seulement quatre ou cinq fois son fils
depuis l'emprisonnement au Mont Saint-Michel.

C'est le 1er décembre 1857, après sept ans de séjour,
presque trois années passées depuis la tentative d'évasion, que Blanqui est extrait de Belle-Ile pour être
transporté en Corse, avec trente et un de ses compagnons parmi lesquels Delescluze.

Le voyage dure dix-huit jours, dix jours de mer,
quatre jours en rade de Cadix pour renouveler la pro-
vision de charbon, trois jours en rade d'Ajaccio, vingt-
quatre heures de patache d'Ajaccio à Corte.

L'incident de la traversée est une tempête de trente-
six heures dans le golfe de Gascogne. Blanqui, néanmoins, se porte mieux, retrouve le charme de la vie
libre par l'air oxygéné et léger de l'Océan, et il écrit
avec satisfaction que son estomac difficile va jusqu'à
digérer le lard rance dont on le nourrit. Il supporte
moins bien l'atmosphère chargée de fumée de Cadix,
où c'est l'ennui, après la curiosité éprouvée à longer les
côtes d'Espagne, de Portugal, d'Afrique.

D'Ajaccio à Corte, il y a un appareil militaire considérable pour conduire les trente-deux détenus : des
détachements de gendarmerie et de ligne sont éche-
lonnés de lieue en lieue sur le parcours de quatre-vingt-

19.

huit kilomètres à travers la sauvage vallée de Gravone. Le voyage s'achève de nuit, les feux de bivouac allumés, les soldats de l'escorte portant des torches. La surprise, c'est l'affluence sympathique des populations faisant cortège d'un village à l'autre, des cris de : Vivent les Parisiens ! les gens de Corte debout depuis huit heures du soir jusqu'à trois heures du matin pour attendre l'arrivée du convoi. Le paysage est devenu de plus en plus abrupt, la cime neigeuse du Monte d'Oro éclaire la nuit de sa pâleur d'astre.

La prison, sur les pentes d'un rocher détaché des escarpements du Monte Rotondo, est bâtie en blocs de marbre brut, se compose d'un rez-de-chaussée et d'un étage voûtés, recouverts d'une terrasse bitumée. Un corridor dessert la double rangée de pièces, surveillées d'un chemin de ronde à l'extérieur. Le préau est une seconde terrasse gazonnée, installée sur les communs, et à laquelle on parvient par un pont de bois jeté sur le chemin de ronde. De là, on aperçoit le paysage, — du nord-ouest au sud-ouest, le massif du Monte Rotondo, haut de deux mille sept cents mètres, séparé du roc de la prison par le torrent du Tavignon, et tout un amphithéâtre de massifs et de crêtes, le Monte Conio, le Monte Cardo, — au sud, une vieille citadelle juchée sur un roc et surplombant la prison et la ville, — à l'est, un autre amas de montagnes en vaste demi-cercle. On découvre les nids des villages dans les anfractuosités des rocs. Corte est enfermé dans un cercle de quatre à cinq lieues de diamètre. De la terrasse de la prison, on ne voit que le sommet du clocher de la cathédrale.

Blanqui ne se réjouit pas de l'atmosphère nouvelle où il doit vivre, regrette le goût salin de Belle-Ile. L'été, dans la prison de Corte, est étouffant, entre des murs blancs où l'air ne circule pas, et qui sont des rôtissoires au soleil.

En hiver, c'est un autre supplice : le supplice de l'eau. La prison est au rez-de-chaussée et au sous-sol. Le prisonnier que l'on jette là peut croire habiter quelque grotte marine, ou quelque égout. L'eau ruisselle des murs, suinte des plafonds, des planchers. La moisissure qui ronge les murailles gagne l'homme enfoui dans les caveaux glacés. Un tuyau de cuir qui a pour fonction d'aérer ces profondeurs malsaines ne sert qu'à contaminer les étages supérieurs, apporte d'en bas l'atmosphère putride et les germes dangereux. Par une rencontre singulière, avant Blanqui le révolté, Blanqui le conservateur était venu. Non pas en prisonnier, mais en visiteur. En 1840, Adolphe Blanqui, l'économiste, au cours d'une enquête comme les parlements en ordonnent de temps à autre pour se donner l'illusion de l'action, dénonçait la prison de Corte comme un « outrage à l'humanité ». En 1857, l'humanité était encore outragée dans la personne du propre frère de l'enquêteur, et elle le fut pendant un an et quatre mois, jusqu'à l'expiration de la peine de dix ans de détention prononcée par la Haute-Cour de Bourges.

Seulement le 2 avril 1859, Blanqui fut libre. Mais libre avec cette restriction qu'il cesserait d'être un prisonnier pour devenir un déporté. On le retira de sa prison inondée de Corte et on l'envoya se sécher en Afrique.

CXXVII

C'est là, à Mascara, province d'Oran, sur le versant sud de l'Atlas, qu'il est interné, malgré sa protestation datée de la prison de Marseille, 22 mai. Après quatre mois et demi, le 16 août 1859, il est libéré définitivement par la loi d'amnistie générale. Il peut rentrer en France où il fait encore une station à Toulon, au fort

Lamalgue, sous la menace d'une déportation à Cayenne
en vertu de la loi de sûreté générale. Sa sœur,
Mme Antoine, par une consultation d'avocats qui prouve
l'impossibilité d'appliquer cette loi aux faits de 1848,
obtient enfin sa liberté. Il vient à Paris, où il ne s'était
pas trouvé, libre, depuis le printemps 1848.

Il y trouva sa famille réduite. Après son frère Adolphe,
avec lequel était rompue depuis des années l'affection
ancienne, sa mère, qu'il vit à Belle-Ile, était morte en
1838, le 30 juillet, pendant qu'il était à Corte, morte
stoïquement, énergiquement, comme elle avait vécu,
et trouvant qu'elle avait assez vécu. Il eut ses sœurs,
les toujours dévouées, son frère Jérôme, menuisier,
bon et intelligent, malheureusement affligé de sur-
dité, à jamais tombé au silence. Il n'eut pas son fils :
il le trouva, à l'âge d'homme, vingt-quatre ans, élevé
contre lui par la famille Serre, fermé à son influence,
pis encore, indifférent, incompréhensif, lui ressem-
blant physiquement, ressuscitant devant lui sa jeunesse, mais le dedans vide, rien de cette flamme
ardente sous le dehors calme et volontaire, aucune
étincelle à trouver, à ranimer. Leurs entrevues furent
celles des étrangers qui n'ont rien à se dire, qui cherchent un sujet de conversation, qui se séparent avec
des paroles molles, des formules vagues. Eusèbe Blanqui avait hérité de sa mère, se trouvait indépendant,
enclin à végéter la vie dans quelque maison campa-
gnarde. Toute sa manifestation filiale fut d'offrir à son
père de venir vivre avec lui de la vie grasse et morne
du petit propriétaire, et il était un écho des rancunes
familiales lorsqu'il lui proposait ainsi, en échange de la
sécurité, de renoncer à la politique, Blanqui ! renoncer
à la politique ! C'était l'idée fantastique, folle, qui ne
devait venir à personne, et qui vint au fils. Le père ne
songea même pas à répondre. Renoncer ! Tout, le ca-

chot, la déportation, le bagne, plutôt que cet abandon
de son individu, cette mise à mort de son esprit. Sans
même que l'idée de choix, de préférence lui vînt, il
garda, sans exhaler la tristesse qui fut certainement en
lui, sa pauvreté et sa liberté.

Il eut une autre cause de tristesse, et celle-là, il ne
la cacha pas. Tous ses papiers, ses écrits achevés, ses
notes, ce qu'il avait élaboré en prison, au Mont-Saint-
Michel, confié aux siens, lors de leurs visites, avait été
brûlé par son frère Jérôme, sur l'ordre et sous les yeux
de sa mère, dans sa chambre de mort. Était-ce crainte
d'une visite de police, inquiétude maternelle, ou un dernier acte d'autorité vis-à-vis de ses enfants? Elle avait
sans cesse été l'autoritaire auprès du père faible, la
violente et l'inflexible, d'une personnalité indomptable,
maîtresse chez elle, combattant sans cesse les résis-
tances, souveraine de ses enfants, et n'hésitant pas,
comme les souverains, à diviser pour régner, Auguste
Blanqui eut en lui la même force indomptable, et chose
singulière, il ne l'eut que dans le domaine intellectuel,
dans la politique à laquelle il s'était livré. Vis-à-vis de
l'existence, il eut la même résignation que son père,
mais sans plainte, sans protestation. Vis-à-vis des
siens, il eut la douceur complète, la parfaite affection. Sa brouille avec Adolphe n'est pas ici contradictoire, car la politique y reparaît, la guerre sociale en
est la cause.

Lorsqu'il apprit, revenant d'Afrique, la destruction
de ses manuscrits, qu'il fit venir son frère Jérôme, Blanqui eut quelques vifs reproches, à peine devinés par
le pauvre sourd, il passa la fin de la journée, sous les
yeux de ses sœurs consternées, à se promener de long
en large, le front dans les mains, répétant sans cesse
d'une voix de reproche pour sa mère qu'il pleurait, qui
l'avait aimé, qu'il aimait : « Mes papiers ! mes papiers

sont détruits. » Puis, sa volonté intervint, ses plaintes cessèrent.

Après un voyage à Londres, il connut le Paris de l'Empire, toutes les anciennes ardeurs éteintes, ou assoupies, une ville en transformation, une population paraissant heureuse de sa promenade du dimanche, s'amusant, comme à une pièce de cirque, des régiments qui passent, des prisonniers autrichiens qui défilent, au retour de la guerre d'Italie, prenant peu à peu le goût du plaisir du soir, des bals, des terrasses de café, des concerts, de toutes les veillées éclairées et bruyantes, où le corps et l'esprit se fatiguent pour le lendemain, finissent par vivre une vie alternée de torpeur et de soubresauts.

Insensiblement, la force de réagir, l'énergie de penser, se perdent dans cette habitude de silence réveillée seulement par des éclats de fête.

La caractéristique de ce temps d'Empire, ce fut vraiment, malgré les apparats et les décors illusoires, l'absence de vie sociale. La vie ne peut exister que si des éléments contraires se font jour, se confrontent, s'opposent, se corrigent.

L'inertie n'est pas l'équilibre. En ces années, les éléments de vie, dispersés, étaient réduits à l'impuissance. Les rares journaux qui n'appartenaient pas au régime nouveau chuchotaient à peine leur opposition. Blanqui, dès ses premiers pas sur le pavé de la ville, se sentit enveloppé d'une atmosphère peu rassurante, qui lui conseillait l'isolement et la prudence. Tous ceux qu'il rencontra, des anciens compagnons du Mont-Saint-Michel, de Belle-Île, étaient comme lui des suspects surveillés par la police, menant à peu près la vie des libérés restés en surveillance, ne sachant pas si tout à l'heure, pour quelque parole imprudente, quelque fausse démarche, ils n'allaient pas être incriminés, arrêtés, et condamnés par des juges décidés à tout pour gagner leurs appointements.

Que l'on ajoute à cela, pour Blanqui, cette inquiétude particulière au prisonnier qui se retrouve au dehors, inquiétude déjà marquée chez lui, chez Barbès, à leur libération de 1848, et qui apparaît encore cette fois. La vie réglée n'existe plus, avec les ouvertures de porte à heures fixes, les apparitions de gardiens, les instants rigoureusement assignés aux repas, au travail, à la marche du préau, au sommeil. La sensation ne s'épuise pas vite, et Michelet, rencontrant alors Blanqui et le félicitant d'être libre, de respirer enfin au grand air, entendit le curieux aveu qui lui fut fait par l'éternel prisonnier, de sa gêne, de son inquiétude. Il étendait les bras, était étonné de ne pas toucher des murs. Sa volonté, si virile qu'elle fût, avait subi une empreinte, et l'historien surpris écoutait l'homme d'action qu'il croyait ivre de sa liberté reconquise, lui avouer qu'il lui manquait quelque chose, qu'il se sentait plus rassuré, plus maître de lui en prison.

CXXVIII

S'il y avait, à cette date de 1860, une déperdition, un évanouissement des forces d'autrefois, une impossibilité de refaire un parti avec les débris des foules de juillet 1830, de février et de juin 1848, il y avait, en revanche, un commencement de renouvellement du parti révolutionnaire, un travail de reconstitution qui fut bientôt visible à la vue pénétrante de Blanqui. Il se refusa à rejoindre en Sicile Garibaldi pour prendre part à une expédition dont il n'approuvait pas toutes les tendances et alliances. La lutte qu'il prévoyait contre l'Empire était pour lui autrement attirante. L'humanité,

en somme, ne chôme pas. On peut croire toutes les
énergies abattues, tous les ferments supprimés, par la
terrible moisson des répressions violentes. Le sol semble
à jamais infertile. Les plantes vivaces sont brûlées, les
germes détruits par le feu et le sang. Mais voici qu'au
bout de quelque temps, de cette terre ravagée, de ces
sillons défoncés, une nouvelle germination se lève,
recommence malgré tout, contre tout, son travail
d'envahissement.

Ce cheminement dans l'obscur existait. Quelques
années encore, et tout ce qui était caché viendrait à la
lumière, toutes ces attentes, toutes ces préparations
aboutiraient à de l'action, tous ces désirs épars se
souderaient en un effort commun. Peut-être pour une
nouvelle défaite, mais quelle défaite de ce genre ne
contient une part de victoire? Et puis, la vie ne raisonne pas, et les nouveaux venus voulaient vivre, consumer leur ardeur. Ce n'était pas en arrière que ceux-là
regardaient, mais en avant, et il y avait en eux, plus
que le regret de la défaite, l'espérance d'une bataille
qui pouvait être une victoire.

Dans le passé, toutefois, ils ne se refusaient pas à
trouver une attache, une tradition, et la réapparition de
Blanqui leur fit naître une occasion toute naturelle de
rétablir le courant révolutionnaire, dont le tracé allait
se perdant depuis douze années. A côté de l'opposition
libérale qui réunissait tous les opposants à l'Empire,
depuis les légitimistes, les orléanistes, jusqu'aux républicains constitutionnels et même jusqu'aux républicains plus radicalement réformistes, il existait donc un
petit groupe qui allait de jour en jour gagner des
adhérents et qui voulait un changement social par le
changement politique.

Les hommes de ce groupe, tout naturellement,
allèrent à Blanqui. Les uns le prirent comme chef, les

autres comme conseil. Et c'est ainsi que le parti blanquiste se trouva reconstitué avec ceux que l'on appela,
fort justement, des blanquistes du premier et du second
degré. Sur tous, l'influence de Blanqui fut réelle. Elle
aurait été plus grande encore s'il s'était mieux livré
aux bonnes volontés qui venaient à lui, si son caractère,
naturellement clos, ne s'était pas encore verrouillé
sous les assauts de haine qu'il avait subis.

Sa défiance, toutefois, eut des détentes. Il manifesta
l'étendue de son savoir, l'acuité de son esprit, à ceux
qui l'approchèrent. Ceux-là ne croyaient pas au document Taschereau, et se trouvaient ravis de ne pas
trouver en cet homme d'hier une Belle au Bois dormant
de la politique, ayant dormi en prison, ignorant tout de
l'évolution continuée, des hommes et des événements.
Cette jeunesse, d'étudiants, d'écrivains, de bourgeois,
d'ouvriers, trouva bientôt, pour désigner celui qui
revenait ainsi parmi elle, le nom qui prit un sens à la
fois respectueux et familier, et Blanqui devint le Vieux.

CXXIX

Il ne tint pas longtemps ses assises, chez sa sœur
aînée, chez quelque ami, dans la demi-liberté des démarches et des conversations surveillées. Blanqui n'aurait pas eu connaissance des projets rêvés et ébauchés
par les nouveaux hommes d'action du parti républicain,
qu'il n'aurait pas été difficile de l'impliquer dans une
affaire, à cette époque où le pouvoir avait sa liste de
suspects, prévenait si aisément, et au besoin inventait
les complots. Mais il était alors d'une ardeur sans pareille, impatient comme un lion en cage, cherchant
l'issue, prêt au départ. Le premier auquel il fit part de
ses projets fut Arthur Ranc, qui revenait de Lambèse,

comme lui revenait de Mascara, et qui lui représenta
que tous deux étaient alors trop surveillés pour pouvoir préparer et mener à bien une entreprise. Blanqui
passa outre, chercha ailleurs. Au premier prétexte, on
devait essayer de supprimer cette activité. Cela fut fait
dès 1861. On invoqua le délit de société secrète, on
incrimina des brochures, des feuilles distribuées clandestinement, où l'on crut reconnaître l'inspiration et la
marque de l'esprit blanquiste, à défaut de la parole
authentique de Blanqui.

Chez la sœur de celui-ci, on trouva des listes, qui
étaient simplement des noms pris dans l'annuaire Bot-
tin pour l'envoi de brochures de propagande. Il n'en
fallut pas plus pour prouver un projet d'affiliation, et
l'arrestation fut décidée. On mit quelque temps à l'effec-
tuer. Blanqui avait alors une chambre, rue du Figuier-
Saint-Paul, mais il était difficile de le prendre au gîte,
il savait disparaître à propos, chez un ami, chez sa
sœur, circulant, frôlant la police, s'amusant des péripéties de cette chasse. La plus chaude alerte fut, un
matin, chez sa sœur, rue Hautefeuille, où Mme Antoine
avait un atelier de brochage au-dessous de son logis.
Blanqui avait couché dans le petit lit de son neveu,
enfant d'une dizaine d'années, et il se disposait à sortir,
son chapeau et ses gants tout prêts, lorsque la cour de
la maison fut envahie par une nuée d'agents. Une
ouvrière prévient Mme Antoine, qui fait monter rapidement son frère avec elle jusqu'au dernier étage. Là il y
a des chambres. L'une d'elles est occupée par une
ouvreuse de l'Odéon, un colosse de femme, tendre et
dévouée, vénérant Blanqui, l'aimant de son cœur de
peuple. Elle fabriquait avec soin son café au lait, elle
cache Blanqui dans son lit, sous les couvertures, l'édre-
don, et continue ses occupations, sa porte ouverte.
Mme Antoine redescend, reçoit les agents dans ses

ateliers, est gardée à vue par eux pendant que la per-
quisition monte à l'appartement. Le chapeau et les
gants sont aperçus, le neveu de Blanqui est interrogé, et c'est le petit qui sauve tout. Il s'était recouché
dans son lit, il se lève, ouvre une armoire pleine de
vêtements de son oncle, et d'autres chapeaux, et d'autres gants. Les agents vont jusqu'au haut de l'escalier,
visitent des chambres, flairent le café au lait de l'ouvreuse, s'en vont, et Blanqui, à demi étouffé, est encore
une fois libre. Pour peu de temps. Il est arrêté, enfin,
au coin de la rue du Figuier, traduit au tribunal correctionnel, le 14 juin 1861, avec ses complices, Senique,
sculpteur; Caumette, compositeur d'imprimerie; Vos-
gien, cordonnier; Frémeaux, lithographe, et Mᵐᵉ Frémeaux. Comme il fallait s'y attendre, les juges dociles
condamnent sans difficulté, à quatre ans de prison, et
envoient à Sainte-Pélagie celui qu'ils considèrent
comme un cheval de retour de la politique, en rupture
momentanée de pénitencier et de cellule.

CXXX

Il avait déjà été enfermé à Sainte-Pélagie, en 1831,
après sa plaidoirie du procès des Quinze, et en 1835, à
l'issue du Procès des Familles. Il y rentra en 1861, en
compagnie de Senique et Caumette.

La maison n'avait guère changé, dans le triste paysage
urbain des rues de la Clef, du Puits-de-l'Ermite, du
Battoir, Lacépède, qui enferment la prison dans leur
quadrilatère, proche le Jardin des Plantes et l'hôpital
de la Pitié. Ce sont les trois bâtiments, du Nord, de
l'Ouest, de l'Est, les trois cours, de la Dette, de la Préfecture ou des Travées, de l'Infirmerie ou des Poli-

tiques, les cours pavées semblables à des fosses, les maigres acacias, les hautes murailles surmontées de plates-formes, où marchent les factionnaires, fusils chargés. La dernière cour était affectée spécialement, comme on le devine, aux condamnés pour délits politiques et aux malades de toutes catégories. Là, l'écrivain, le journaliste, l'homme d'action, pouvaient apprendre, par les intéressés eux-mêmes, le régime des condamnés de droit commun : les prisonniers affermés, l'exploitation des entrepreneurs, les travaux de couture, de cordonnerie, etc., le tiers du salaire gardé par l'administration, un autre tiers gardé jusqu'au jour de la sortie, le gain immédiat de cinq centimes par jour pour douze heures de travail, le développement des industries de la prison, l'exploitation du travail repris en sous-ordre par des banquiers achetant d'avance, à bas prix, le salaire d'une quinzaine, d'autres achetant les vêtements, la nourriture. Et quelle nourriture ! un bouillon peu différent d'une simple eau tiède, des légumes secs souvent gâtés, deux fois par semaine un soupçon de bœuf bouilli, et de l'eau. Et toutes les horreurs de la promiscuité d'une troupe d'hommes, de la démoralisation des enfants, enfermés pleurants, pour des délits, relâchés cyniques, prêts aux crimes.

Les politiques n'étaient soumis qu'à l'exploitation des commissionnaires et des auxiliaires qui leur étaient dévolus comme servants et espions, et ils avaient la ressource de faire venir leur nourriture du dehors. Les facilités furent toujours réelles, dans cette prison où arrivait la rumeur de Paris. Sauf aux jours de Quatre-vingt-treize où vinrent là Mme Roland et quelques Girondins en une de leurs étapes pour la mort, Sainte-Pélagie fut, le plus souvent, la prison des délits politiques, le lieu de passage des journalistes, des pam-

phlétaires, des affiliés aux sociétés secrètes : Nodier,
Béranger, Courier, Jay, Jouy, Marrast, Philippon,
Carrel, les accusés du procès d'avril 1834 : Godefroy
Cavaignac, Guinard, Imbert, etc., dont l'évasion en
bande fit sensation, les vaincus du cloître Saint-Merry,
les inculpés de l'affaire des Prouvaires, puis Lacham-
baudie, Daumier, Lamennais, Pyat, les insurgés de
juin 1848, Proudhon; les représentants arrêtés en 1851,
puis tous les condamnés du second Empire : pour les
affaires de l'Hippodrome, de l'Opéra-Comique, des
Deux-Rives, de la Bastille, des Francs-Juges.

CXXXI

Blanqui, en 1861, trouva là une société assez diverse:
politiques, littérateurs, journalistes, éditeurs, ouvriers.
La même année, il fut rejoint par son ami Émile Villeneuve, condamné pour outrage au clergé; par Vachérot,
auteur de la *Démocratie*; par le poète Catulle Mendès,
condamné pour outrage littéraire à la morale publique.
En 1862, toute une fournée de forgerons, cordonniers,
perruquiers, corroyeurs, etc., entre avec Jules Miot,
ancien représentant du peuple, tous condamnés aussi
pour affiliation à une société secrète. La même année,
passent le seuil de la prison : Taule, Tridon, Germain
Casse, pour outrage à la morale publique et religieuse
commis par le journal *le Travail*; puis Scheurer-Kestner,
pour manœuvres et intelligences à l'intérieur; Alfred
Sirven, pour outrages à un culte reconnu; Scherer, du
Temps; Vermorel, de la *Jeune France*; Eugène Pelletan,
du *Courrier du Dimanche*; Laurent-Pichat, du *Phare de
la Loire*, pour excitation à la haine des citoyens les uns
contre les autres. Et plus tard, en 1863 et 1864, après
le départ de Blanqui, arrivée de Charles Longuet, pour

20.

délit commis par le journal *les Ecoles de France*, Gustave Naquet, Poupart-Davyl, Xavier de Ricard, Casta-
gnary.

CXXXII

Blanqui, en 1861, habite une chambre au troisième
étage du pavillon de l'Est, dit Pavillon des Princes,
puis au deuxième étage ; le Salon de la Gomme,
d'abord, puis le Parloir. Il a pour voisins Jules Miot,
Taule, Casse, Tridon, Alfred Sirven. Mais le régime
admis rv ? de la Clef comportait une liberté relative,
et tous les locataires de la prison avaient la faculté de
voisiner, de mener la vie commune des repas et de la
conversation. La chambre de Blanqui devint tout naturellement un rendez-vous de curiosités et de sympathies. Il se ferma, autant qu'il fut en son pouvoir,
aux premières, et tâcha même de n'accepter les
secondes qu'à bon escient. Nul détenu ne fut plus discret, moins liant. Pendant les trois années qu'il passa
à Sainte-Pélagie, s'il descendit au préau aux heures
réglementaires, il ne prit guère part aux promenades
et aux groupements. Il se condamnait à nouveau lui-
même, se contentait du logis de quelques mètres carrés
de surface qui lui avait été concédé, de l'air qui lui
était donné à respirer.

Son attitude éloignante, son mutisme avec les indifférents et les suspects, n'empêchaient pas les tentatives
pour pénétrer davantage dans son intimité. Il n'acceptait ni ne refusait les avances, il ne leur opposait que
la barrière de sa volonté, l'inertie de sa parole. Il avait
été tellement haï, poursuivi, défiguré ! L'acharnement
du mauvais sort rend méfiant. Au moins son retrait en
lui-même ne fournissait aux adversaires et aux curieux
que les armes qu'il voulait bien abandonner. Il ne lui

importait pas, sans doute, à ce moment de sa vie, d'être
accusé de froideur et de hauteur. De même qu'il se
préoccupait peu des étonnements devant son hygiène,
sa nourriture de maïs, de lait, de lentilles, ses fenêtres
ouvertes la nuit en toute saison. Il savait trop qu'il
était regardé, même par des codétenus, comme la plus
extraordinaire bête en cachot qu'il y eût jamais, et il
devait, logiquement, devant tous les regards qui
l'épiaient, avoir l'immobilité lassée et le froncement de
sourcil des félins captifs.

CXXXIII

Qu'il ait tendu, exagéré cette manière, qu'il ait
refusé, par raideur, des tendresses d'esprit qui venaient
à lui, qu'il ait découragé des timidités, confondu de
maladroites et sincères offres avec des indiscrétions
vulgaires, cela est presque certain. Qu'il ait refusé des
collaborateurs de valeur intellectuelle alors qu'il acceptait des concours, des instruments inférieurs, cela est
tout à fait sûr, car cela est ici fatal. Il était faillible,
en proie aux souvenirs, à la désillusion, au doute. Il
avait été atteint, traversé par le soupçon, et il gardait,
avec sa blessure inguérissable, la fierté de l'abandon, il
se refusait à condescendre à la recherche d'une popularité facile.
Il fut ainsi, mais, malgré ses airs éloignés, il eut une
joie certaine à voir venir vers lui une admiration pour
son esprit et son caractère, une affection pour sa vie
solitaire. En lui, on peut noter les signes de fébrilité,
de parti pris, de manie, par où se reconnaît le type du
bourru bienfaisant, de l'homme devenu misanthrope
pour avoir aimé l'humanité et lui avoir rêvé de beaux
destins. La pudeur du sentiment apparaît dans un soin

à dissimuler son émotion par une impatience ou un
mutisme, mais sous sa brusquerie une cordialité se
révèle par un regard, par un sourire, par une parole
inattendue. Il eut, malgré tout, parfois malgré lui-
même, un charme de séduction qui ne serait pas expli-
cable sans la sincérité de sentiment, sans l'émotion
réelle. Il garda les amis qu'il prit, il s'attacha non seulement des dévouements farouches de séides, séduits
par la forte personnalité du politique, par l'autorité qui
émanait de lui en même temps que le mystère, mais il
conserva les tendresses persistantes d'hommes qui ont
côtoyé seulement ses idées, son action, et qui sont
restés unis à lui par un mystérieux aimant, par-delà
les années, par-delà la mort.

Avec ceux-là, il se détend, il repose ses nerfs toujours bandés pour la défensive, il se laisse aller à la
conversation. Il a gardé de son éducation première le
goût de la causerie, de la dissertation savante, il se
plaît, comme aux jours d'autrefois, aux discussions
philosophiques et littéraires.

Il a gardé aussi certaines opinions acceptées par sa
jeunesse. Si le sens historique et scientifique s'est accru
chez lui, il n'est pas venu à donner aux manifestations
de la littérature toute leur signification. L'art, par lui,
n'est pas scruté comme la preuve magnifique de la vie
supérieure de l'humanité, mais accepté pour la distraction charmante qu'il apporte à l'esprit chargé de soucis
et de peines. Son goût des anciens auteurs persiste justement, il adore les âpres historiens et les poètes légers
et comiques, admire Tacite, se plaît à Horace, mais
qu'un Tacite nouveau écrive d'autres annales brûlantes,
et Blanqui, par un phénomène singulier, sera rebuté
par la vie écrite ; parmi les livres qui lui viennent de
toutes parts, qu'il ait à se prononcer sur Balzac et
About, il méconnaîtra le prodigieux créateur, et trou-

véra sa récréation dans les élégantes narrations et les
courtes épigrammes.

Ce qui a grandi chez lui, pendant les années d'isolement et d'amertume, c'est l'ironie. Il dissout volontiers,
par l'acide et le sel, les arguments qui s'opposent à son
passage. Sa fine bouche sourit malicieusement, ses yeux
dardent une lumière aiguë, tout son visage brille de
joie. Il est alors bonhomme et jovial, parmi ses amis
certains, il les amuse de sa critique, comme il les émeut
de sa conviction persistante, de sa pensée sans cesse
projetée vers l'avenir.

CXXXIV

En ces mois de recueillement et de monotonie de la
prison, il fut distrait et intéressé, non seulement par
ses lectures, ses travaux, ses songeries, mais encore
par de plaisants intermèdes, par des aubaines de conversation. Un rédacteur du journal de Sirven, Jean
Dolent, qui débutait dans les lettres par l'apprentissage
social, et qui a gardé de ces années un charme pensif
dans l'esprit et le talent, fut le bienvenu auprès de
Blanqui comme joueur d'échecs. Pendant la période où
il est le visiteur de Sainte-Pélagie, le jeune écrivain
devient l'hôte attendu, accaparé, du vieux révolutionnaire, impatient de son arrivée, la physionomie éclairée
dès qu'il aperçoit le partenaire. Tout de suite l'échiquier,
et l'absorption dans la combinaison et le calcul, la
fièvre de la stratégie grandissant dans le silence de la
cellule, la fin de la longue partie souvent ajournée au
lendemain. Le temps resté libre était encore employé
un des secrets de la durée, de la résistance du prisonnier, fut de ne jamais être inoccupé. Au préau, à l'heure
de l'exercice et de la prise d'air, Blanqui, assis sur un

banc, hanté de l'idée de changer les cerveaux, de donner le savoir à ceux qui en ont le plus besoin, s'entourait de voleurs auxquels il apprenait à lire. Jean Dolent
me dit l'avoir trouvé ainsi, comme un apôtre attirant
vers lui les vagabonds, les criminels, et attendant
l'heure de la partie d'échecs.

Il manifesta aussi une évidente confiance à un autre
écrivain, Théophile Silvestre, qui le vit régulièrement
à Sainte-Pélagie pendant quatre mois de 1862, qui eut
de lui une curiosité passionnée et a laissé des notes
précieuses où il a résumé les entretiens et les confidences. C'est de lui, ce signalement, autrement vivant
que les mortes descriptions des passeports et des pièces
de police, où il fait réellement vivre le front « élevé,
étroit à la base, évidé aux tempes, très plein et très
large dans sa partie supérieure, divisé vers le milieu
en deux compartiments sensibles », les pommettes
« d'une saillie exagérée, ressentie : acharnement terrible », les sourcils « appauvris », le blanc de l'œil
« un peu injecté, fatigué par la lecture », les prunelles
« bleu gris, au milieu desquelles éclate une fine rosace
de rayons fauves, d'un caractère très âpre et très
ardent », la lèvre supérieure « fine comme un trait de
plume, violemment tordue en arbalète », la lèvre
inférieure « épaisse et avancée, exprime tout simplement la bonhomie plaisante et tempère ainsi la violence de l'autre lèvre », les deux angles du front, à la
naissance des cheveux, « extrêmement fins et déli-
cats »; le crâne « renflé derrière l'oreille », le cou
« excessivement maigre et plein de plis et de rides très
relâchés, comme des entrelacs de cordes avec un trou
profond à la naissance du sternum », la barbe, les
cheveux d'une blancheur « prématurée », des airs de
tête « pointés en avant, il pique du nez, il faucònne »,
l'ensemble du visage « à la fois fort et grêle, la par-

tie inférieure très étroite et très pointue, et contras-
tant sensiblement avec la largeur du crâne et la force
des pommettes : le bas du visage est un angle aigu. »
Les mains, « petites, nerveuses, courtes, noueuses aux
phalanges, très blanches, très proprettes, les ongles
très soigneusement faits, à l'annulaire de la main
gauche, une bague alliance triple. »

Théophile Silvestre note ensuite des traits de tempé-
rament : le besoin de grand air, la fenêtre ouverte jour
et nuit, le lit parfois couvert de givre, comme aux jours
de la jeunesse, à Blagnac, — des traits de caractère :
la patience, la ténacité, et en même temps, l'insou-
ciance, tour à tour très inerte et très actif. Il est ennemi
de la mysticité et adversaire du fatalisme : « Je ne suis
pas, dit-il, de ceux qui prétendent que le progrès va
de soi, que l'humanité ne peut pas reculer ; je sais, au
contraire, que le mal est la faute des hommes et non
de la fatalité. Le mal même vaincu peut reprendre à
tout instant le dessus. Non, il n'y a pas de fatalité,
autrement l'histoire de l'humanité, qui s'écrit heure
par heure, serait tout écrite d'avance. »

Sur ses lectures, sur les écrivains, il émet des opinions parfois justes, parfois étranges, car il n'est vraiment préoccupé, passionné, que de politique, et de la
science et de la philosophie qui l'étayent. Il admire la
langue de Veuillot, la langue de Théophile Gautier, est
indulgent pour George Sand, trouve Baudelaire purement descriptif et spécialisé dans l'horrible, appelle
Lamartine « un écrivain désossé » en admirant le style
de l'*Histoire des Girondins*. C'est décidément à Balzac
qu'il en veut, à qui il reproche d'avoir armé les individus les uns contre les autres, d'avoir calomnié l'espèce humaine : singulier reproche de ce combatif et
clairvoyant Blanqui. Et encore, il le dénonce comme
n'ayant eu d'autre idéal que la fortune, sans doute

parce qu'il a été l'historien de l'argent. Il l'accable
d'invectives, et c'est Paul de Kock qu'il proclame le
premier romancier du siècle, Paul de Kock, non pas
négligeable, certes, véridique à sa manière, — mais
Balzac !

<h2 style="text-align:center">CXXXV</h2>

Sur la politique et la Révolution, il fournit quelques
détails. En 1830, Blanqui, étudiant en droit, habitait
rue de la Harpe, hôtel de Nassau : « J'ai porté, dit-il,
la première cocarde tricolore de 1830, faite par Mme Bo-
din, passage du Commerce. » Les clubs de 1848 lui
réapparaissait plaisants et touchants à distance : « Ces
pauvres théâtres de Paris ont dû bien souffrir de la
concurrence que nous leur faisions. La plupart des
clubs étaient bien plus comiques que le Palais-Royal. »
Mais ce qui vaut surtout d'être retenu, c'est son
explication si longtemps réservée, enfin fournie, de
l'animosité de Barbès contre lui. Ses ennemis ont eu
assez longtemps la parole pour qu'elle lui soit donnée
à son tour, et que son accusation soit aussi mise au
dossier. Elle est d'ailleurs purement humaine, psycho-
logique, ne touche rien que le caractère de Barbès,
mais le touche à fond, jusqu'à la vanité secrète et l'insuffisance intellectuelle cachées sous la pompe des
mots et la solennité de l'attitude.
Aux jours de 1862, cette animosité de Barbès paraît à
Blanqui une monomanie grotesque, un cas pathologique.
« Le secret, — dit-il à Théophile Silvestre en reprenant l'histoire de 1839, — était connu par bon nombre
de chefs, et Barbès sait bien que je ne pouvais engager
l'affaire du 12 Mai pour la perdre, me perdre moi-même,
et perdre ma femme qui était ce que j'aimais le plus

au monde. J'ai été longtemps sans pouvoir me rendre
compte de la cause cachée et réelle de tant d'animosité.
La jalousie de Barbès ne me semblait pas une explication suffisante. J'ai enfin trouvé le vrai motif.

« C'est moi qui avais Barbès pour lieutenant en 1836
dans l'affaire des poudres de la rue de Lourcine : je fus
condamné à deux ans de prison, Barbès à un an. Rester
un an en prison fut un grand sacrifice pour Barbès qui
était accoutumé à toutes les aises de la vie, qui aimait
se promener, ne rien faire, aller à la chasse, aller et
venir de chez lui à Paris, de Paris en province. J'avais
été bien aise d'engager Barbès dans la cause populaire ;
il était bien posé et d'un bon exemple, à cause de sa
fortune. Il était pour nous un auxiliaire assez rare, car
ce n'est pas dans les émeutes qu'on trouve ordinaire-
ment les rentiers, comme lui.

« Sorti de prison, où sans doute il avait amèrement
réfléchi et résolu de ne plus se faire prendre, il voulut,
néanmoins, par vanité, profiter du prestige que la
prison lui avait donné et jouer au personnage dans
l'état-major de la démocratie, où son intelligence seule
n'eût jamais suffi à le mettre en relief. Tandis qu'il se
croyait à l'abri de tout sacrifice, le cours des circonstances fit que je devins encore pour lui l'occasion d'un
sacrifice plus considérable, et, en quelque sorte, son
tentateur, son mauvais génie.

« Quand je fus sorti de prison, je repris aussitôt mes
relations et mes projets de renversement du gouvernement de Louis-Philippe ; et devant plusieurs adhérents,
je demandai de nouveau à Barbès si la cause pouvait
compter sur son concours et sur son dévouement.
Pressé de toutes parts, Barbès donna sa parole d'honneur de revenir de Carcassonne à ma première réqui-
sition.

« Barbès partit, et au lieu de rester une quinzaine

de jours chez lui, comme il avait dit, il ne revenait
pas. La prise d'armes du 12 mai, devenant à mes yeux
une nécessité pressante, je mandai Barbès. Barbès
arriva; et vous savez que ce voyage provoqué par moi
a failli lui coûter la tête. Voilà ce qu'il ne m'a pas
pardonné.

« Je n'aurais jamais trouvé cela, autrefois; à présent,
je connais le cœur humain, suffisamment pour être
bien certain de ce que je viens de vous dire. »

Théophile Silvestre dit alors à Blanqui : « Barbès
serait donc un conspirateur malgré lui? Il n'en aurait
que plus de mérite. »

Et Blanqui répond : « Aussi a-t-il été récompensé par
le surnom de Bayard de la démocratie. »

Et d'autres fois, avec d'autres interlocuteurs, jusqu'à
la fin de la vie de Blanqui, si le nom de Barbès apparaissait, dit ou écrit, avec son appellation ordinaire de
« loyal Barbès », Blanqui ne manquait jamais d'affirmer en souriant : « Je n'ai jamais connu personne
d'aussi menteur que Barbès. »

Il faut bien, ici, aligner encore ces attaques et ces
défenses, ranimer ces vieilles rancunes, puisque les
événements passés, les adversaires morts, leurs ombres
irritées, que l'on voudrait réconcilier, combattent
encore dans la nuit de la tombe et le lointain de l'histoire.

CXXXVI

La véritable raison, profonde, irréductible, de la
haine de nombre de démocrates, de révolutionnaires,
contre Blanqui, à toutes les époques, il faut la chercher
dans la supériorité d'intelligence de Blanqui. Les
autres, avec tant de beaux côtés, de désintéressement,
d'héroïsme, qu'ils ont prouvés, étaient incapables,

comme lui, d'une vision d'ensemble et d'une conti-
nuelle évolution d'esprit. Un abîme intellectuel les
séparait, les uns, tout d'abord fixés, ayant adopté une
foi, fermés à des notions nouvelles, et l'autre, Blanqui,
sans cesse au travail, ne perdant pas un instant, avide
de se renseigner, de s'annexer encore et toujours une
parcelle nouvelle du domaine infini de la connaissance.

Ce désir de savoir le possédait tout entier, le faisait
s'enquérir à tout venant, à tout propos, des découvertes
nouvelles, des spéculations philosophiques récentes. Il
suivait de son esprit hardi et compréhensif la lente
construction de l'édifice de science bâti par l'élite humaine. Il comprit immédiatement que la conception
sociale de justice et d'harmonie qu'il avait voulue ne
reposait pas sur un dogme, mais faisait corps avec
l'évolution elle-même, que pour savoir où l'on allait,
il fallait savoir d'où l'on venait, et par quelles étapes
on avait passé. Son rêve de bonheur pour l'humanité
future prenait comme point de départ le réalisme scientifique, acceptait la nécessité du développement de
l'être. Dès ce jour, Blanqui aperçut que la grande question était celle de l'éducation, que l'œuvre à accomplir
était de libérer la mentalité humaine de tous les despo-
tismes et de tous les parasitismes d'idées, de préjugés,
d'habitudes, de manies héréditaires.

Il le comprit, mais on pourrait facilement concevoir
qu'il ait été un peu effaré, au commencement du déclin
de sa vie, par l'énormité de la tâche, et qu'il ait eu seulement la volonté de ne travailler qu'à l'affranchissement de lui-même, ce qui est, d'ailleurs, travailler à
l'affranchissement de tous.

CXXXVII

Sur son individu, Blanqui, comme tous les autres,
avait fort à faire. Cet homme était un champ de bataille où l'instinct et la pensée se livraient d'étranges,
de terribles, de longs combats. La race, la première
éducation, les fatalités de la vie, comptèrent pour lui
comme pour tous. On peut tenir pour certain que son
goût pour Machiavel, et pour une politique à la Machiavel, lui venait de l'obscur atavisme, d'un tressaillement
dont il n'était pas maître, tout au fond de lui-même, et
qui manifestait l'âme du seizième siècle italien, aven-
turière et ténébreuse, éveillée au danger et à la bataille,
gardée par la défiance, servie par la ruse. Cette œuvre
de Machiavel, le *Traité du Prince*, qui fut, en effet, un
livre de chevet de Blanqui, est, d'ailleurs, une œuvre
d'observation et de philosophie supérieures, où notre
temps, après Jean-Jacques, a su démêler la vérité. La
haute vertu de l'auteur, exilé, emprisonné, torturé, sa
grande vision prophétique de l'unité de l'Italie, sont
venues éclairer les pages de son livre, et faire admettre
comme preuves de connaissance de la vie et de science
politique ses maximes implacables et ses froids conseils. Son livre est une œuvre de circonstance, son appel
au Prince est l'appel à une force capable de créer
l'unité. Au temps de Machiavel, on ne savait pas encore
que de telles entreprises ne se forment et ne s'achèvent
que par l'effort accumulé, que par l'agrégation d'intérêts, de passions, d'idées, qui aboutit à la plénitude du
sentiment national. Chez le patriote et le républicain
que fut Machiavel, l'idée était grande et le moyen était
empirique. Il voulait faire un pays fort et libre de cette
Italie dépecée par les partis et par les étrangers, où

chaque région était une proie entre les griffes et sous
la dent d'un pape, d'un duc, d'un capitaine français,
espagnol ou allemand. Il voulait, parmi ces rapaces,
choisir le plus rapace, parmi ces cruels, ces violents,
ces habiles, choisir le plus cruel, le plus violent, le
plus habile, le moins scrupuleux, le plus courageux, et
par celui-là, vaincre les autres, avoir raison de tous les
grands fauves et de tous les perfides félins, de l'empereur au tyran de ville, du pape au chef de partisans.
C'est, en somme, ce qui s'est passé ici, où le féodal de l'Ile
de France a mangé les autres féodaux, a fait sa royauté
en faisant l'unité, de Hugues Capet à Louis XIV, par
Louis XI et Richelieu... L'unité faite, et le dernier féodal debout, le peuple l'a renversé, a fait sa Révolution.
Quelle meilleure preuve de la sûre ascension de l'instinct? Et n'est-ce pas aussi ce qui s'est passé en Italie,
où le roi de Turin a fini par jouer, contre les autres
rois, contre le pape, contre l'étranger, le rôle du Prince
rêvé par Machiavel? Mais en Italie, le vrai Prince, qui
est le pays italien lui-même, n'a pas encore surgi
pour terminer l'œuvre. Les foules cheminent lentement.

  C'est donc le caractère de nécessité du *Traité du
Prince* qui s'imposait à Blanqui à Sainte-Pélagie, et
c'est cette politique de dissimulation, de violence, de
moyens adoptés tels quels pour arriver au but, qui
trouvait un écho en lui, à trois siècles de distance. Il
savait pourtant, après la Révolution, après le bilan philosophique et historique accessible à son esprit clairvoyant, que toute la question se résolvait par l'éducation à faire d'un nouveau Prince qui était l'Homme. Il le
savait, puisque, désormais, il le dit, et jusqu'à la fin de
ses jours. Et pourtant, malgré lui, contre le Blanqui français, si lucide, si merveilleux d'intelligence et d'ironie,
sortait de temps à autre ce vieux Blanqui italien,

de Florence ou de Venise, qui croyait aux plans
ténébreux et à la réussite possible, d'un coup de
force.

CXXXVIII

C'est ce Blanqui-là qui restait fermé, autoritaire, dé-
fiant, devenant lui-même une sorte de Prince ténébreux
de la démocratie, ne répondant pas aux interrogations,
donnant aux blanquistes leur allure machiavélique, sus-
pectant le plus dévoué, le plus confiant. La prison avait
contribué à aggraver cette nature inquiète et farouche.
Tout d'abord séduit par l'intelligence, par le charme de
la parole fine, par la gaieté tenace, le nouveau venu
voyait subitement un plan s'interrompre, les relations
cesser, et il restait étonné, s'il demandait la raison de
ce changement subit, d'apprendre par quelle démarche
insignifiante, par quel acte puéril, il avait alarmé la
susceptibilité du chef. Ce fut une des raisons pour
lesquelles, à un moment donné, les relations s'inter-
rompaient entre Blanqui et les hommes de valeur qu'il
attirait tout d'abord. Il voulait trop faire d'eux, à la manière des sociétés secrètes, des instruments bien façon-
nés à sa main, des disciples qui auraient agi sans savoir
le dernier mot de ses desseins. La plupart n'admettaient
pas ce régime sans examen et sans discussion avec cet
admirable discuteur, si prompt à trouver le défaut d'un
système, à prévoir la conséquence d'une pensée fausse,
à désagréger les idées et à jauger les actes des adversaires. Ses pairs restèrent à distance, après avoir pris
contact, et avoir subi quelque échec. Il garda des disciples, mais il se priva de contrepoids.

CXXXIX

Alors, pendant les années de prison de Sainte-Pélagie, cela n'avait pas d'autre importance. Certainement,
il vécut là le temps le plus heureux de sa vie. Pour la
première fois, il se vit compris, apprécié à sa valeur
par une jeunesse pensante, par une élite bourgeoise
venue à la Révolution. Il eut des interlocuteurs aptes à
le comprendre et à l'intéresser à leur tour. Il séduisit
ceux qui représentaient le parti socialiste en formation,
par sa nette et virulente appréciation du parti républicain parlementaire. Il prévoyait les pires fautes et les
plus absolus reniements, et ceux qui pouvaient le trouver sévère alors le reconnurent seulement perspicace
par la suite. Enfin, la grande cause de son influence sur
les esprits de ce temps-là, fut la philosophie scientifique qu'il affirmait contre les conceptions religieuses
et déistes. Sous l'Empire et jusqu'à la fin, il y eut un
renouveau et un développement des idées du dix-hui-
tième siècle, tout un mouvement qui reste marqué
dans l'imprimé d'alors, depuis le livre du philosophe et
du savant jusqu'à l'article du journaliste. Il y eut des
revues, des feuilles spécialement fondées pour l'examen et la polémique, et la hardiesse de pensée qui
parcourt le monde depuis l'antiquité grecque et latine
se fit jour à nouveau, la tradition interrompue en apparence parut se renouer. On se dit volontiers, en ce
temps-là, athée, matérialiste, positiviste, et le républicain vaguement religiosâtre ou nettement catholique
de 1848, devint une anomalie, une curiosité. Par là,
Blanqui, en désaccord si net avec le déiste et chrétien
Barbès, — encore une cause profonde de séparation, —
se trouva en harmonie avec ses nouveaux jeunes amis.

CXL

Parmi eux, un des plus distingués est Gustave Tridon, l'auteur futur des *Hébertistes*, spirituel et sceptique de parole, ardent et actif de pensée, riche et capable de sacrifice. Tridon est aussi l'ami du baron de Ponnat, l'auteur des *Variations du Christianisme*, une manière d'Holbach du groupe, bientôt amené à Blanqui. Celui-ci prise encore très fort le marquis de Montègre, qui anime la cellule de sa parole facile, éloquente, qui apparaît toujours un peu singulier et mystérieux, bien vêtu de drap noir, sans que l'on sût trop comment et de quoi il vivait : il vivait de pauvreté et d'apparence, comme on l'apprit plus tard, au jour où il se coupa la gorge parce qu'il n'avait décidément plus le morceau de pain nécessaire à sa subsistance. Puis, Ranc, et tout le groupe des étudiants en médecine, Villeneuve, Taule, Clemenceau, d'autres encore. Clemenceau, à vingt-deux ans, sortant de Mazas, où il avait été enfermé en vertu de la loi sur les attroupements, est très séduit par l'attitude et la physionomie de Blanqui, auquel il est présenté par Taule, prisonnier à Sainte-Pélagie. Il le trouve assis sur son lit, l'accueillant d'un sourire à la Voltaire, le fixant, dès son entrée, d'un regard extraordinaire qui éclate comme un feu noir dans son visage d'ivoire. Il est tout blanc dans sa chemise, le corps soigneusement frotté de mie de pain. Il est sobre, buvant du lait, mangeant des lentilles qu'il cuisine lui-même sur son poêle. Clemenceau amène son père, et la mémoire de Blanqui se manifeste : il se souvient que son visiteur a dû lui procurer un passeport, en 1848, par un maire vendéen, de Bazoges-en-Pareds.

L'étudiant en médecine revient tous les jours, pendant une année, causer avec le prisonnier. Il est bientôt le confident de ses projets, s'en va chercher en Belgique, chez le docteur Watteau, proscrit de 1851, une
presse et des caractères pour monter une imprimerie
clandestine. Il est interne à la Pitié, la fenêtre de la
chambre de Blanqui donne précisément sur la cour de
l'hôpital, et ce sont, à chaque instant, des signaux, une
télégraphie de conspiration. Tout cela s'interrompt brusquement, un fidèle de Blanqui vient chercher les presses
et les caractères chez Clemenceau. Celui-ci les livre et
va s'étonner ensuite auprès de Blanqui, lequel lui dit
franchement son déplaisir d'avoir appris qu'il conver-
sait volontiers, au café de Cluny, avec Delescluze, son
ennemi. Clemenceau, très peu de temps après, partait
pour l'Amérique, pendant que Blanqui restait à Sainte-
Pélagie ; et la conspiration s'arrêtait là. Elle n'eut
jamais, d'ailleurs, de précise entrée en matière, et
Clemenceau rencontra le doute de Blanqui, au jour où
il lui transmit une proposition d'action directe contre
Napoléon III et l'Empire, de la part d'un révolutionnaire de ce temps — sénateur républicain très modéré
depuis.

CXLI

Tous ces projets, toutes ces velléités d'agir, furent
d'ailleurs traversés par la maladie. Dès son entrée à
Sainte-Pélagie, à l'automne de 1861, Blanqui avait dû
être transporté à l'hôpital de la Clinique pour y subir
une opération chirurgicale devenue nécessaire. Il y
resta vingt jours, fut réintégré à Sainte-Pélagie, non
après guérison, mais après l'opération, et dut passer
encore trois mois au lit. Puis, de nouveau, l'état de sa
santé, ses maux d'estomac, sa débilité, exigèrent d'autres

soins que ceux de l'infirmerie de la prison, et il fut, le
12 mars 1864, transporté à l'hôpital Necker, rue de
Sèvres, où il devait finir sa peine qui expirait en
décembre 1865, selon la jurisprudence de la Cour de
cassation.

Il fut là, lit 24, dans une chambre du premier étage
dépendant de la salle Saint-Jean, service du docteur
Desormeaux, servi par les religieuses de l'établissement, visité par le médecin et par les internes, gardé à
vue par un agent de la Sûreté placé en malade dans
une chambre contiguë, recevant le jeudi et le dimanche
la visite de ses sœurs, de Cazavan, bien vite retrouvé,
et de ses nouveaux amis.

Ceux-ci n'étaient pas très nombreux. La plupart des
militants étaient à Sainte-Pélagie et à Mazas. Il y eut,
parmi ceux qui se lièrent avec Blanqui à Necker, Léonce
Levraud, présenté par Villeneuve, et son frère Edmond
Levraud, il y eut Cléray, il y eut Jaclard, venu de Nancy
à Paris pour faire sa médecine, qui avait connu Villeneuve à Lariboisière et fut aussi présenté par celui-ci
à Blanqui au commencement de 1865. Toutes les semaines, le jeudi, le dimanche, pendant ce séjour à
Necker, ces amis vinrent causer avec le prisonnier, lui
apporter des livres, lui faisant connaître les jeunes gens
d'alors qui paraissaient à Blanqui pourvus d'intellectualité et d'activité. C'est ainsi qu'il vit Charles Longuet, publiant alors le journal des *Écoles de France*
où Rogeard fit paraître les *Propos de Labienus*, et qu'il
lui proposa la publication des *Damnés de l'Histoire*,
titre changé plus tard en celui des *Hébertistes*, l'ouvrage de son cher Tridon, qu'il goûtait fort, lui, le
classique, le clair, le direct, malgré l'enjolivement et
la rhétorique romantique de la phrase.

A travers ces relations, ces causeries, peu à peu
l'idée de précipiter le combat contre le régime impérial

réapparaissait. C'est aussi à ce moment que Blanqui a
l'idée d'écrire et de faire écrire une série de brochures
sur les opposants du Corps législatif. Tridon, Jaclard,
Villeneuve, se partagent la besogne, établissent, par des
études historiques et critiques, les dossiers de ceux que
Blanqui prévoit comme les gouvernants réactionnaires
du lendemain de la victoire républicaine. Les efforts
vont vers l'action prochaine. Tous ces hommes, jeunes,
dans la première fièvre de l'idée républicaine, pas-
sionnés pour une juste rénovation sociale, pressaient
Blanqui, et celui-ci revenait à ses idées d'organisation,
de groupement, aux mêmes conceptions de sociétés
secrètes, et de coups de main tentés brusquement,
qu'il avait eues au temps de la Restauration et de
Louis-Philippe. Pourtant, il se faisait beaucoup d'objections à lui-même, envisageait les conséquences, le
sang répandu, et bien souvent les entretiens finirent
par des conseils de prudence. Il exhortait Longuet à
conserver son journal, à en faire un centre de propagande, à ne pas en compromettre l'existence par des
articles d'inutile violence.

CXLII

Pendant un instant de cette année 1865, Blanqui eut
lui-même son journal : *Candide*, journal à cinq centimes, paraissant le mercredi et le samedi de chaque
semaine, et dont le premier numéro est daté du mercredi 3 mai 1865. Il ne fallait pas songer à la politique.
Candide fut consacré à la critique religieuse et à
l'exposé scientifique et philosophique. Il eut pour collaborateurs, avec le chef : Gustave Tridon, qui publia des
études sur Charlotte Corday, le serrurier Gamain,
Servet et Giordano Bruno, — P. Vaissier, E. Villeneuve,

Baron de Ponnat, Louis Watteau, Losson, Viette, Sumino (Dʳ Onimus), etc.

Blanqui signait Suzamel, d'un nom abréviatif des deux prénoms de sa femme : Suzanne-Amélie. C'est lui qui rédige la courte introduction : « *Candide* ne veut pas être un journal futile. Ce genre est peu de son goût. Il désire encore moins être un journal ennuyeux. La concurrence l'écraserait. Instruire et plaire serait son vœu. C'est beaucoup d'ambition sans doute. Tout le monde ne sait pas mêler l'utile à l'agréable. Être à la fois sérieux et amusant, c'est un gros problème. Si *Candide* ne sait pas le résoudre, il ira rejoindre tant d'autres qui ne l'ont pas résolu, et bien d'autres, à leur tour, le rejoindront par le même chemin. Il n'y a pas de cimetière plus peuplé que ce rendez-vous. »

Un autre avertissement, signé P. Vaissier, pour toute la rédaction, fait du personnage ressuscité de Candide un portrait dont le signalement semble applicable à Blanqui. C'est le philosophe dégoûté qui, ne pouvant rester à cultiver son jardin, est devenu le champion de la morale et du droit, mais qui l'a payé cher. Il a subi toutes les vicissitudes, dénoncé par l'envie, proscrit par la violence, calomnié par la lâcheté. Il a pu croire un jour à la réalisation de ses vœux, mais il a été vaincu, emprisonné, torturé, vilipendé. « Candide, est-il ajouté, n'a pu traverser de si rudes épreuves sans froissements meurtriers. Il ne faut plus attendre de lui les saillies de sa première naïveté. L'indifférence l'attriste, l'abaissement des caractères l'irrite, le spectacle continu des prostitutions et des turpitudes glorifiées lui arrache des rugissements et des larmes. Candide n'a plus seulement à combattre ses ennemis d'autrefois, les inquisiteurs ennemis de la pensée, il reconnaît leurs successeurs dans les philosophes de l'équivoque, les prêcheurs de la religion naturelle. Ses maîtres sont les poètes de la nature, les martyrs de l'humanité, ceux qui vouèrent leurs noms à la haine pour le salut du monde. »

Très régulièrement, Blanqui publia dans *Candide* des pages nées de ses lectures et de ses réflexions : *Notre Morale*, *Un Père de l'Église au* IV° *siècle*, *Le Monothéisme*, *Science et foi*, réponse au Père Gratry. Il définit nettement la morale : produit humain, guerroie contre le surnaturel qu'il qualifie un guet-apens, dit le danger d'exagérer l'idéal au delà des forces humaines. Il sait que le sacrifice est le privilège et la vertu des grandes âmes, ne s'impose point à la conscience, tandis que la justice, au contraire, s'impose, trouve sa sanction dans notre cœur, est le vrai, l'unique lien. Il veut tout l'effort de l'homme pour l'humanité. L'évolution de la conscience publique lui apparaît, dans l'Histoire, toujours en accord avec la science, et il voit le futur âge d'or possible régi par la maxime philosophique antérieure au Christianisme : « Ne fais pas à autrui ce que tu ne voudrais pas qu'on te fît. »

Son article du *Monothéisme*, très court, est un des résumés les plus substantiels qui soient, tout gonflé de sève intellectuelle, de force historique. Il dit le mouvement de la science chaldéenne, une immense civilisation dans la voie du génie moderne, vaincue par le fléau lugubre du monothéisme sémitique. Il voit nettement le polythéisme, qui devenait peu à peu la science et la philosophie, il dénonce la Bible, réhabilite Babylone avec la Grèce.

Sur saint Jérôme, Père de l'Église au IV° siècle, troublé par la pensée de l'Antiquité, sur le Père Gratry, religieux du XIX° siècle, essayant de pallier les ignorances des livres saints en conciliant la science et la foi, Suzamel-Blanqui reste éloquent de sa belle éloquence ordonnée qui se répand en ondes brûlantes : « La nuit ! voici la nuit ! s'écrie-t-il. Des rochers de la Palestine, le

monothéisme sémitique s'est précipité sur le monde
romain. Dans moins d'un siècle, il en fait un cadavre.
Les sciences, les arts, toutes les cultures de l'esprit disparaissent sous ses pas. Le fanatisme chrétien, torche
et marteau en main, courait à travers l'Empire, rasant
les temples, brisant les statues, trépignant avec des
transports de rage les beaux livres d'Athènes et de
Rome. La trombe de simoun, sortie du désert, passait
dévorant les chefs-d'œuvre de l'intelligence humaine.
Cette magnifique littérature du génie et du bon sens,
qui réunissait la majesté, l'éloquence, la vigueur, la
grâce... proscrite, maudite, anéantie. Plus rien que la
frénésie religieuse et le hurlement de sa note monotone
et lugubre : Dieu ! Dieu ! l'Enfer ! l'Enfer ! »

Mais son éloquence n'empêche pas son humour. Il
caractérise l'histoire du clergé chrétien et de ses capta-
tions : « Seize siècles durant, il a vendu le ciel pour la
terre. » Sur l'astronomie du Père Gratry, il est intaris-
sable, en phrases brèves qui s'envolent comme des
flèches, vont percer les raisonnements de l'oratorien.
C'est lui qui le rappelle à Dieu, au surnaturel : « Dieu
tombé en mécanique ! devenu *force* et *moteur !* Dieu
affublé de l'uniforme de l'athéisme ! Terrible signe du
temps !... » Il termine, offre le fauteuil d'Académie
au religieux, ne sachant pas être si bon prophète :
« Allez, ne péchez plus, ne courez jamais deux lièvres à
la fois, ne prenez point de thé chez Madame Gibou et
n'oubliez mie le pèlerinage de Jérusalem. Au nom du
Père, du Fils et du Saint-Esprit, je vous proclame un
grand innocent. Ainsi soit-il. » C'est très souvent, une
manière de nouveau Voltaire qui parle, un Voltaire for-
tifié de la science acquise depuis un siècle.

CXLIII

Le journal ne pouvait durer : il fut supprimé, avec distribution de mois de prison et d'amendes, après huit numéros, pour avoir traité de matières d'économie sociale sans être autorisé ni cautionné et pour le délit d'outrages à des cultes reconnus. Puis, Blanqui reconnaissait qu'il était impossible d'agir efficacement du fond d'une prison, ou d'un hôpital où il était gardé à vue. Son temps allait finir, il est vrai, mais, outre qu'il contestait la procédure de la Cour de cassation qui augmentait son temps de prison de cent jours, il se savait surveillé et craint particulièrement : la loi de sûreté générale existait encore, — elle ne devait être abolie que le 31 octobre 1870, — il savait qu'il pouvait être, à l'issue de sa peine, pris, enlevé et déporté à Cayenne, sans une minute de discussion, de répit. Il dit donc à ses amis son intention bien arrêtée de ne pas attendre un tel mauvais coup et de s'évader un peu ayant le jour où devaient finir, selon lui, les quatre années de détention auxquelles il avait été condamné. On se mit immédiatement à l'œuvre pour combiner l'évasion.

Cazavan et Blanqui ranimèrent leurs souvenirs de Belle-Ile, racontèrent comment ils avaient préparé l'occasion, rendu l'événement possible : par une série de manières insolites auxquelles ils avaient habitué leurs geôliers. En somme, l'entreprise aurait merveilleusement réussi, n'avait échoué que par la trahison du pilote qui avait juré sa parole. Il n'y avait pas nécessité, ici, à Necker, de fabriquer un mannequin. Mais l'important, pour gagner du champ, passer la frontière, était de réussir à cacher l'évasion pendant quelques heures. Pour cela, Blanqui imagina de se trouver absent

très souvent, au moment où la sœur lui apportait son
repas du soir. Il sortait de sa chambre, vaguait dans le
couloir, descendait au jardin. La première fois, la
seconde, on s'informa de lui. Puis on n'y fit plus
attention. Les sœurs qui le servaient étaient d'ailleurs
de bonnes personnes : l'une, vieille, sœur Marthe, qui
avait entrepris de convertir le révolutionnaire athée, et
avec laquelle Blanqui s'amusait fort à discuter, heureux, riant aux éclats, lorsqu'il pouvait la mettre en
fuite, toute bougonnante, par quelque argument
énorme, l'autre, jeune, charmante, brune avec des yeux
bleus, qui ne discutait pas, et paraissait avoir une
vénération pour ce pur vieillard, d'humeur si égale,
d'existence si austère, non éloignée peut-être de le
considérer comme un saint, dans son genre. Il n'y avait
pas à craindre ces surveillantes peu rigoureuses.

On alla ainsi jusqu'au mois d'août et jusqu'au jour
fixé, le 27. Ce jour était un dimanche. Les deux Levraud
vinrent, accompagnés d'un de leurs amis, Lemblin,
étudiant en médecine, et de Cazavan. Lemblin n'était
pas un politique, ne s'était jamais trouvé devant Blanqui. Il fut choisi exprès pour que l'agent, le concierge,
fussent déroutés par les visages nouveaux parmi les
visages connus des habitués. Car il s'agissait de faire à
Blanqui un visage nouveau. On s'en occupa pendant le
temps de la visite. Ce fut Léonce Levraud qui coupa les
cheveux, la barbe du prisonnier, qui lui rasa soigneusement le visage. Débarrassé de ses mèches blanches,
de sa barbe en broussaille, Blanqui n'était pas recon-
naissable. Ses amis le regardèrent stupéfaits, avec la
sensation d'avoir un étranger devant eux. Le bas du
visage s'était prodigieusement aminci, le front et le
crâne avaient pris un développement énorme. On ne le
reconnaissait qu'aux yeux restés brillants, au regard
rapide, à la voix fine et riante. Et ce fut avec les plai-

santeries dernières et le tremblement de l'espoir que
l'on affubla le prisonnier d'une perruque blonde, longue
et bouclée, extraordinaire, ou qui, du moins, sur le
moment parut telle, et d'un chapeau mou qui sembla,
lui aussi, destiné à faire retourner les passants. Blanqui,
dans tous ces préparatifs un peu fiévreux, restait
calme, s'amusant du barbier improvisé, lui défen-
dant les entailles, se regardant, satisfait, au petit
miroir de la cellule qui lui fut présenté par Levraud et
que celui-ci a gardé.

Enfin, l'instant arrive. On écoute l'agitation des départs dans les chambres voisines, les gardiens qui viennent annoncer que le temps de la visite est passé. Chez
Blanqui, on n'attend pas l'avertissement, on organise
le cortège, on ouvre la porte, et c'est le défilé devant
l'agent : Lemblin en tête, Blanqui ensuite, auprès de
Léonce Levraud, puis Edmond Levraud. Cazavan, le
dernier, parle très haut sur le seuil de la porte, comme
il faisait chaque fois, le visage tourné vers l'intérieur
de la chambre, disant au revoir à Blanqui, lui promettant de revenir le jeudi : « Oui, oui, c'est entendu,
cher ami, à jeudi ! » Il ferme la porte, rejoint ses compagnons, déjà dans le flot des visiteurs du dimanche,
qui défilent devant la loge du concierge. Personne n'a
reconnu Blanqui, l'agent a regardé et écouté machina-
lement Cazavan, le concierge a vaguement inspecté le
défilé, la sœur pourra venir tout à l'heure apporter le
pain et le lait du soir, ne s'étonnera pas de l'absence de
l'habitant du logis, on ne saura l'évasion que le lendemain matin.

Les amis sont dans la rue, rencontrent Pierre Denis,
qui connaissait Blanqui, mais qui ne le reconnaît pas.
Longuet était venu, avait aperçu Villeneuve, qui guet-
tait, lui avait trouvé un drôle d'air, n'était pas entré, se
doutant de quelque chose.

Le soir même, Blanqui était parti. De Necker, il s'en était allé attendre l'heure du train de Bruxelles. Un ami avait pris le billet. Après une promenade d'allée et venue boulevard de Strasbourg, avec Levraud, avec Jaclard, Blanqui arrive devant la gare du Nord, deux minutes avant le départ de neuf heures, reçoit le billet dans une poignée de main, traverse la salle d'attente, monte en wagon, et le train part, franchit la frontière.

On ne sut, en effet, l'évasion que le lendemain, grâce à la jeune sœur, qui confia plus tard à la nièce de l'évadé qu'elle s'était bien aperçue que M. Blanqui était parti, qu'elle avait vu sa barbe et ses cheveux oubliés par terre. Charmante sœur, dont la délicatesse de cœur compense heureusement l'acte du dénonciateur de Belle-Ile.

CXLIV

Avant de partir, Blanqui avait écrit une lettre qu'il data de Paris, 28 août, et qu'il adressa aux journaux. Il en fut publié des extraits, çà et là, et le texte complet parut dans la *Rive gauche*, journal de Longuet et de Rogeard, qui remplaçait *Les Écoles de France*, supprimées. Blanqui s'explique sur son départ, attaque l'illégalité de la Cour de cassation qui n'a statué sur son pourvoi qu'après cent quarante-deux jours, au lieu des quarante et un jours prescrits par la loi : « J'ai subi, dit-il, non pas quatre ans, mais quatre ans et six mois de prison, douze pour cent en sus du principal. Je ne dois pas aller plus loin. Se soumettre à une illégalité flagrante quand on peut s'y soustraire, fût-ce au prix de l'exil, c'est la légitimer. Je ne le puis. Il est de mon devoir de ne pas accepter les cent jours de gratification qu'a daigné m'octroyer la Cour suprême, et je lui tire ma révérence. »

Et cinq jours après, le 2 septembre, il écrit de Bruxelles une nouvelle lettre qui vise un article de la *Gazette des Tribunaux* et insiste sur la durée de la peine.

On discuta, on épilogua, Rogeard trouva à reprendre au souci de la légalité et au formalisme de la lettre de l'évadé, tout en soupçonnant l'ironie et en apportant son hommage à Blanqui. Il suffisait de reconnaître que celui-ci avait raison de se mettre à l'abri. Son départ lui interdisait une fois encore l'action publique, la propagande à ciel ouvert, le rejetait à la conspiration. Mais la déportation aurait supprimé bien davantage encore son rôle. Outre le repos qu'il avait bien conquis, le droit d'aller et de venir, il y gagna au moins de rester en communication directe avec le monde vivant, sans les efforts de volonté inouïe qu'il lui fallait avoir en cellule, sans la tension de pensée nécessaire pour se faire une idée de l'existence du dehors, des mille événements et incidents qui composent et modifient perpétuellement la vie sociale.

CXLV

Presque aussitôt, en cette année 1865, Blanqui va à Genève, se réjouit de courses dans les montagnes, mais il est surtout attiré par le congrès internationaliste de Genève, où il a cherché à avoir une action par une entente avec les délégués des faubourgs de Paris : Alphonse Humbert, Protot, Tennessé, Lalourcey, Jeanou. Ceux-ci doivent combattre les tendances d'indifférence politique de la section parisienne, indifférence vue naturellement avec faveur par le pouvoir impérial. Ils le firent, et même ils n'acceptèrent pas, de Blanqui, l'avis subit de ne pas continuer leur cam-

pagne. Il y eut là un violent désaccord, qui fut mis à
l'ordre du jour, en la séance solennelle de compte-rendu
qui se tint à Paris, au café de la Renaissance. Les délégués obtinrent gain de cause auprès de leurs commet-
tants, et finalement, tout le monde fut arrêté, moins
Protot qui s'échappa, à la fin de la réunion.

Blanqui ne peut se justifier à cette séance : il est à
Bruxelles, logé chez le docteur Watteau, il installe
sa vie de travail, sa correspondance avec ses amis
restés à Paris, Tridon, Jaclard. D'autres sympathies
viennent à lui, de la jeunesse militante. Il revoit
Longuet, dont le journal a été supprimé, qui fuit la
prison à Bruxelles et continue en Belgique avec Rogeard
la publication de la *Rive gauche*, Le congrès de Liège,
puis le congrès de Bruxelles, lui donnent à connaître
nombre d'étudiants délégués. Parmi eux, apparaît celui
qui devait être l'un des plus fidèles amis de sa vie,
Granger, de race bourgeoise et paysanne normande,
venu de l'Orne à Paris pour faire son droit, esprit fin,
amoureux de lettres et, en même temps, enthousiaste
de politique. Il revint, amena avec lui Eudes, son compatriote, strictement homme d'action celui-là, brave,
résolu, parlant, criant, d'un verbe désordonné, souvent gênant, mais qui plut à Blanqui par sa perpétuelle décision et par sa faculté d'imposer silence à sa
hâblerie.

Avec ceux-ci, un nouveau groupe d'action acceptait
la direction de Blanqui, et forcément le groupe plutôt
intellectuel réuni depuis 1861 était mis en échec par
les impatiences des violents. Il y avait bien le trait
d'union d'intellectuels militants, mais il fallut tout de
même en arriver à choisir une méthode et à prendre
des décisions.

Pour le moment, il s'agissait d'organisation, de formation de troupes. Jaclard et ses amis de faubourg,

Genton et Duval, s'y occupaient déjà activement. Granger et Eudes s'employèrent au même travail, tous en rapport avec Blanqui, recevant de lui les instructions les plus précises, de longues lettres, sur papier pelure, écrites d'une écriture fine, acérée, élégante, lettres qui étaient de complets exposés de la situation politique et des avis très détaillés sur la méthode à employer pour recruter et rassembler des adhérents capables d'action révolutionnaire.

CXLVI

On pouvait concevoir cette politique de force contre un pouvoir de force, mais aujourd'hui, à réfléchir sur la haute intelligence et la fatalité du sort de Blanqui, le regret vient pour lui, pour son parti, que ses rares facultés n'aient là encore trouvé leur emploi que dans la politique secrète et la chance du coup de main. Pour se révéler homme d'État, il fallait à Blanqui plus que le hasard d'une émeute triomphante, il lui fallait la réussite d'une révolution. Il pouvait occuper Paris pendant quelques jours avec une troupe de partisans. Pour se maintenir, il lui fallait l'acquiescement d'une grande partie de la population. Et pour faire la politique générale capable de lutter contre les circonstances et de tenter les grandes réformes sociales, il lui fallait apparaître comme possible, être admis à la discussion.

Naturellement, il n'est pas seul responsable de son exclusion. La fausse idée que l'on se fit de lui en 1848 fut soigneusement entretenue par son parti même, par ceux qui auraient dû faire de lui un des personnages représentatifs des idées qu'ils servaient. Ici, on se trouve en présence des tares d'esprit et des laides

passions des hommes. La haine, la jalousie, l'intérêt
l'emportèrent. Ceux qui auraient dû donner l'exemple,
sacrifier leurs préférences personnelles à l'honneur et
au succès de leur cause, restèrent tapis dans leur
égoïsme et leur hostilité.

Ceci ne vise pas les opposants officiels d'alors. La
plupart avaient été vus à l'œuvre en 1848, et Blanqui
suivait et analysait avec trop de perspicacité les phases
de leur évolution pour admettre la possibilité d'une
entente avec eux. Eux, de leur côté, ne lui auraient
même pas rendu la stricte justice à laquelle tout homme
a droit. Il y avait là un fossé, un abîme infranchissable.
Mais les autres, ceux qui auraient dû vouloir constituer fortement, avec tous les éléments existants, le
parti de conquête sociale qu'ils évoquaient avec tant
d'ardeur, ceux-là ne devaient pas laisser à Blanqui ce
renom d'épouvantail que créa pour lui la peur affolée de
la bourgeoisie de 1848. Ils devaient dire la valeur réelle
de l'homme, sa conviction éprouvée, le tirer de l'obscurité où on l'entrevoyait tout différent de ce qu'il était,
aérer sa vie. Ceux-là savaient, et pouvaient, et se
turent. On compte les sympathies qui se manifestèrent
publiquement, les explications qui furent tentées pour
définir Blanqui avec vérité.

Pour lui, l'impossibilité de pénétrer le milieu réfractaire lui apparut évidente, et il se terra. Que n'a-t-il
essayé davantage ? Il était homme de pensée. Que n'a-
t-il fait sans cesse œuvre de pensée ! Le journal se refusait à lui. Il lui restait la brochure et même le livre
pour s'élucider devant tous. Mais, plus homme de pensée
qu'homme d'action, il avait néanmoins le goût de l'action, il voulait des réalisations immédiates, et le livre ne
représente que la lente pénétration, l'action à longue
échéance, l'influence sur l'avenir. Doué comme il l'était,
en laissant même de côté sa faculté de parole lucide,

avec son cerveau, son pouvoir d'écrire, Blanqui eût
obtenu rapidement sa situation d'écrivain, et s'il
n'avait pas chance de faire la moisson, il eût vu, au
moins, germer ses idées. C'est, en somme, ce qui attend
son nom, un avenir équitable qui aura connaissance de
ses écrits, ceux qui sont publiés déjà, ceux qui attendent, depuis les jours de prison et de liberté solitaire où il se donna tout entier à lire, à songer, à
écrire.

Mais, tout cela dit, il reste ce qu'il a été : le désir
d'action, courageusement affirmé dès les jours de la
jeunesse, et toujours réprimé, toujours vaincu. C'est le
désir d'action incarné en lui qui a été immédiatement mis à l'index, surveillé, arrêté à la première
manifestation ou préventivement, et c'est ainsi que
Blanqui est devenu le prisonnier, l'enfermé. La société
contre laquelle il se levait a donné à son nom une
signification farouche et redoutable, il est r~ 'é comme
le symbole de l'action révolutionnaire, et c'est cette
action que les défenseurs de l'ordre factice et de l'in-
justice légale ont cru verrouiller, enfermer avec lui.

C'est ainsi que la personnalité vraie se complique et
se change par l'idée que le milieu social se fait de cette
personnalité. L'individu lui-même est obligé d'accepter
en partie ce jugement qui le transforme, il est contraint, parfois, d'obéir à sa légende. Tout en étant, en
restant soi, on devient autre, et il faut faire effort,
plus tard, pour retrouver la vérité d'un être sous cette
cristallisation produite par la réaction des idées adverses, sous cette patine particulière déposée par l'opinion, où entrent fatalement le renseignement erroné et
le mensonge intéressé.

CXLVII

Les années qui suivirent son évasion de Necker, de
1863 à 1870, Blanqui les passa dans un mystère inviolé,
malgré le nombre de ceux qui prirent contact avec lui
pendant cette période. Jamais secrets de séjour, de
domicile, ne furent mieux gardés, même et surtout aux
moments les plus graves.

D'abord, après son voyage en Suisse, il vécut à
Bruxelles de la vie la plus paisible, à l'écart des pas-
sages, des visites d'amis politiques. Il faisait son choix,
ne se prodiguait pas. Puis, tranquillement, malgré la
loi de sûreté générale, il vint à Paris, soit pour se concerter avec ses amis plus complètement que par correspondance, soit lorsqu'il crut deviner une agitation
imminente, soit simplement lorsque la nostalgie du sol
français et de l'atmosphère parisienne s'emparait invinciblement de son cœur.

Ce fut de Bruxelles qu'il assista au détraquement
européen de 1866 et qu'il vit l'apothéose de l'Empire
en 1867, avec la catastrophe du Mexique comme avertissement en pleine fête d'Exposition universelle. Le
déclin s'annonçait visiblement. La prospérité était au
comble, l'argent affluait, l'Empire tirant profit des
conditions économiques nouvelles, des inventions de
machines, des chemins de fer, du développement industriel. Mais, en même temps que la fortune rapide,
se développaient l'enflure de la satisfaction imprévo-
voyante et le goût morbide du plaisir. Tous ceux
qui réfléchissaient quelque peu savaient que la fête
s'abîmerait en un cataclysme, et ceux qui voulaient la
Révolution continuée et la France définitivement républicaine cherchaient ardemment la solution énergique.

la bataille suprême qui détruirait ce dangereux Empire.

Enfin, l'opinion semblait se réveiller, les masses commençaient à s'émouvoir au spectacle de la poignée d'hommes en lutte sous les condamnations, continuateurs de la tradition d'autrefois, qui parut blessée à mort en 1848 et définitivement ensevelie en 1851. Le mal du paupérisme avait grandi au milieu de la prospérité industrielle, l'Association internationale des travailleurs s'était fondée à Londres en 1864, quelques semaines avant la mort de Proudhon. Les théories socialistes réapparaissaient, autrement certaines et scientifiques qu'en 1848, avec la différenciation des systèmes, toutefois. Mais Blanqui, tout en travaillant sur les questions urgentes, tout en élucidant pour son compte les problèmes de l'économie politique, revenait à l'idée qui le hantait : courir au plus pressé et mettre d'abord le pouvoir entre les mains de ceux qui permettraient, hâteraient, ou tout au moins ne contrarieraient pas l'expérience de l'évolution.

CXLVIII

Dans ce but, il reprit les pratiques usitées au temps de la Restauration et de Louis-Philippe : la formation d'un groupe central recrutant peu à peu des adhérents, s'adjoignant prudemment des nouveaux venus pour une action à accomplir, à une date indéterminée, dans des conditions à fixer. Blanqui redevenait là le chef approché de quelques-uns et dont l'autorité allait rayonnant, s'exerçant sur tous les groupes particuliers par l'aide d'intermédiaires.

Ce fut à l'établissement de ces districts révolutionnaires, de ces réunions d'hommes résolus, que se vouèrent et s'acharnèrent les amis de Blanqui, devenus

ses lieutenants : Jaclard, Genton, Duval, Granger,
Eudes. En 1866-67, le travail de propagande commença
lentement, sourdement, derrière la façade du régime
impérial, et il fut mené avec une prudence et une sûreté
sans pareilles. Sous le Paris visible, donné à la joie, tout
éclatant de lumière, tout bruyant d'une clameur de bombance, un autre Paris, que l'on croyait mort, ressuscite
sans bruit, répare ses pertes de sang, refait son organisme. C'est le Paris de la Révolution et de la République qui renaît, se retrouve, reprend conscience
de lui-même. Il a fallu quinze années, depuis l'écrasement de juin 1848, pour éveiller des générations
nouvelles d'ouvriers, non plus à l'espoir, mais à la
volonté d'une transformation sociale. Cette fois, c'est
une classe séparée qui s'annonce, qui va rédiger ses
cahiers, c'est un mouvement réaliste qui se définit,
après les dures leçons données au populaire enivré de
sentiment et croyant aux bonnes volontés des dirigeants
et des possesseurs. La philosophie positive et la littérature de vérité ont créé une atmosphère qui s'étend,
qui envahit les esprits par le pouvoir des paroles
répétées et par l'imprimé des journaux. Le romantisme
a achevé son évolution, fait sa grande transformation,
visible dans l'œuvre de Hugo, et le poète des *Orientales*
est devenu le romancier des *Misérables*. Toutes les
pensées et toutes les énergies, encore une fois, vont au
rendez-vous de l'action.

Ceux qui vivaient alors de la vie de plaisir, de boulevard, de théâtre, de turf, qui est contée aux chroniques
satiriques de Rochefort, n'étaient pas assez observateurs
et conscients pour voir les symptômes visibles, ils se
souciaient peu de philosophie et de littérature, s'amu-
saient des journalistes agressifs. Comment auraient-ils
soupçonné que dans l'immense Paris, dans la ville
tumultueuse du travail, régulière en apparence, se

formait avec précaution et suite le complot des hommes
volontaires, décidés à surgir un jour, les armes à la
main, au milieu de la fête, et à tenter la suppression
violente du régime qui faisait obstacle à la marche en
avant de l'humanité? Pourtant c'était ainsi. Parmi ces
employés, ces ouvriers, qui passaient dans la rue,
semblables à toutes les autres unités de la foule, qui
allaient à leurs occupations, faisaient leur tâche, se
reposaient le soir à la terrasse d'un café, dans une
arrière-salle de marchand de vin, sortaient le dimanche
en famille, parmi ceux-là étaient des affiliés qui se
concertaient pour mener la propagande, se procurer
des armes, se tenir prêts à tout événement. Comment
les oisifs ou les intéressés auraient-ils su quelque chose
d'une telle agitation? Pendant cette période d'organisation, qui dura des mois et des années, le secret
fut si bien observé que pas une des allées et venues de
tous ces gens, de plus en plus nombreux, ne fut sus-
pectée : la police politique de l'Empire, si réputée et
réellement formidable, ne soupçonna rien, n'intervint
pas une fois.

CXLIX

Les choses, pourtant, furent poussées loin. Les
premiers groupements sont faits par Jaclard, Genton
et Duval, trilogie d'un étudiant en médecine et de deux
ouvriers, qui donne bien la formule politique combative
de ce temps. Les adhérents sont au nord et à l'est de
Paris, depuis Montmartre, à travers la Chapelle, la Villette, Belleville, Ménilmontant, jusqu'à Charonne. Lorsque Granger et Eudes, à leur tour, se mirent à la besogne, ils rassemblèrent les éléments de la rive gauche, du
Quartier Latin, des Gobelins, de Montrouge. L'augmen-
tation du contingent était sensible presque de jour en

jour, suivait une progression régulière. Les unités
formaient rapidement des dizaines, les dizaines arrivaient aux centaines. Ils furent cinq cents, huit cents,
mille. Puis deux mille. Le chiffre le plus fort sera
d'environ deux mille cinq cents.

CL

Ce fut lorsqu'il vit naître et grandir ce mouvement
que Blanqui commença de venir régulièrement à Paris.
D'abord, de rapides voyages, des stations chez sa sœur
aînée, Mme Barellier, rue du Cardinal-Lémoine, chez
Eudes, rue Vavin. Pas une fois, il ne fut deviné, inquiété. Il en arriva à prolonger ses séjours, et il vécut
comme s'il avait disparu du monde, laissant à tous la
croyance de son séjour à Bruxelles. Ses sœurs elles-
mêmes, parfois, ne furent pas prévenues, par surcroît
de précaution, pour éviter le danger des visites. Ses
deux intimes, Granger et Eudes, seuls, savaient le
secret de sa retraite.

Il passa jusqu'à six mois à Paris. Granger et Eudes
avaient loué pour lui une chambre, à un sixième étage,
boulevard Montparnasse, non loin de la rue Vavin. Sous
un nom supposé, Blanqui vécut là, complètement ignoré.
Il devint M. Baduel. Sauf la liberté de la sortie, qui a
bien son prix, son existence, dans cette chambre du
boulevard Montparnasse, fut exactement la même que
dans la cellule du Mont-Saint-Michel, de Doullens, de
Belle-Ile, de Corte, de Sainte-Pélagie. Il avait pris l'habitude de se trouver ainsi seul entre quatre murs, et il
gardait cette habitude dans la vie libre. La prison suivait l'homme, se reconstruisait autour de lui, où qu'il
fût, par un acte de sa volonté.

Il vivait comme il avait toujours vécu. Levé à l'aube, aspirant l'air à la fenêtre, comme autrefois à travers les barreaux, soigneux de sa toilette, buvant son lait, reprisant ses bas, raccommodant ses vêtements, et tout de suite dans les livres et dans les écrits. L'avidité de savoir, la passion du travail furent les grands motifs de sa claustration. A midi, il sortait, s'en allait, tournait le coin de la rue Vavin, tout fin, le pas précis, sa silhouette menue vite effacée, montait chez Eudes. C'est là qu'il déjeunait, qu'il dînait, qu'il recevait ses amis, ignorants de son vrai domicile. Pour tous, il habitait là. Rue Vavin, ou rue du Cardinal-Lemoine, ceux qui le virent le trouvèrent ainsi, dans ses travaux de couture ou d'écriture, toujours occupé, toujours souriant, accueillant, le coup d'œil fin, de côté, un demi-sourire en écoutant, interrogeant sans cesse, très gai, ne détestant pas les gauloiseries, s'amusant des calembours.

C'est dans la petite chambre du boulevard Montparnasse, tout en suivant une correspondance active avec le docteur Watteau, qu'il écrit des études sur Jésus, à propos du livre de Renan, sur le Fatalisme, sur le Libre Arbitre, sur le Positivisme, sur l'Idée de Dieu, sur la Femme, et une foule d'annotations politiques, de plus en plus marquées d'esprit philosophique, sur les faits du jour, sur les textes des journaux. C'est là qu'il rétablit l'équilibre de la lutte pour la vie par ces mots : « La pensée se doit à la faiblesse. » C'est là qu'il revient sur une idée qui lui est chère, défend le matérialisme, accusé de cruauté parce qu'il proclame le néant dans la mort, la séparation éternelle entre les êtres, l'absence de consolation : « C'est lui reprocher une vertu, dit le stoïcien Blanqui : on ne se console que trop. »

Au soir, il retournait chez lui, continuait sa besogne. Parfois, il s'en allait, seul, ou avec Eudes, avec Granger, retrouver Tridon, Jaclard, Genton, Duval. A deux, ou

trois, ou quatre, on déambulait, Blanqui prenait plaisir
à retrouver les rues connues de sa jeunesse derrière le
décor du Paris impérial, et, très souvent, on dînait
dans quelque rôtisserie du faubourg Saint-Denis. Ces
jours-là, après l'exercice de la marche, Blanqui admettait la viande et le vin, changeait son hygiène, se
faisait des muscles, expliquait la logique de sa manière
d'être en prison.

Il mena cette vie avec une parfaite simplicité. Dénué
de tout, il était le pauvre après avoir été le prisonnier.
Ses sœurs firent pour lui le possible et l'impossible, lui
donnèrent sans compter ce qu'elles avaient, sans jamais
songer à établir des parts dans les bribes héritées de
leurs parents. Elles lui auraient donné leur vie, il fut
leur frère et il fut leur enfant. Dans une atmosphère
d'affection jamais troublée, entre Mᵐᵉ Barellier, brusque
et éloquente, et Mᵐᵉ Antoine, prévoyante et raisonnable,
Blanqui restait très soucieux de l'opinion de ses sœurs,
tendre, déférent, de bonne humeur inaltérable, toujours
satisfait, étonnant les deux femmes par cette philosophie
de la vie, cette acceptation de chaque jour, qu'il maintint à travers tout comme la condition de sa santé
morale.

Avec les amis qui étaient venus à lui, il fut de même.
Sans qu'un mot fût dit de part et d'autre, il accepta
d'eux la vie telle qu'elle lui fut préparée. On louait pour
lui une chambre, on l'installait, on pourvoyait au nécessaire, sans qu'il eût jamais à s'occuper de savoir comment
s'était magiquement ordonnée cette humble existence.
Il ne s'enquit jamais. Sa vie était si réduite, si strictement bornée à l'essentiel! Lui, qui demandait justice
et bonheur pour tous, il savait si bien borner son désir
et faire tenir la joie en lui-même, dans un parfait dédain,
et peut-être même dans une presque ignorance de ce
qui a tant de prix pour un si grand nombre d'hommes;

l'argent, le luxe, les jouissances charnelles, et tous les apparats multiples de la vanité. Il était épuré, tout spirituel, et il s'en allait par les rues brillantes de la grande ville, sans un désir, se fixant où on lui disait de se fixer, chez sa sœur, chez un ami, puis chez un autre, vivant ainsi, veillé par les deux femmes et par ses compagnons, comme un maître parmi ses disciples. Un grand respect l'entourait, on s'attachait à lui garantir, hors des soucis vulgaires, la sécurité de la pensée et du travail.

CLI

A ce moment, parmi ses ardents amis, impatients d'ouvrir le feu et de renverser l'Empire, Blanqui, tout en étant l'organisateur, est aussi le temporisateur. Il voit nettement à quelle machine puissante, bien agencée, il faut s'attaquer, il craint le départ trop hâtif, le succès final retardé, l'avènement de la République compromis. On lui fait valoir l'état progressivement échauffé de l'opinion, la possibilité de surexciter la rue, d'entraîner la foule. Mille symptômes sont significatifs, des incidents naissent tous les jours. L'opposition parlementaire, insuffisante, est débordée. Le ton des journaux, des pamphlets, se monte, malgré les condamnations, la prison, les amendes. La *Lanterne* de Rochefort, en juin 1868, jette sa lueur, le hardi brûlot aborde le vaisseau de haut bord impérial. Le Coup d'État, raconté par Ténot, le procès de la manifestation Baudin, l'éclat soudain de la parole de Gambetta remettent en question les origines. Paris tressaille, on commence à parler haut, à se rassembler. Qui sait l'action décisive d'une petite troupe déterminée dans un tel milieu enflammé?

C'est à ce moment que Blanqui écrit, avec un soin,

une prudence, un calcul inimaginables, son *Instruction pour une prise d'armes* et ce qu'on doit faire à la suite d'une Révolution. C'est encore un rapport d'esprit entre lui et Machiavel, rédigeant les *Dialogues sur l'Art de la guerre*, indiquant la formation du bataillon carré. Comme Machiavel, Blanqui apparaît organisateur, à la fois ingénieur et intendant de la guerre des rues. Il fait, pour ses amis, la théorie savante de la révolution, le plan rigoureux de la bataille, il indique la construction des barricades, dessine la carte des rues, rédige des proclamations au peuple, à l'armée, aux soldats, aux officiers.

Jaclard vient rue Vavin, avec Duval, Genton. Comme eux, Granger, Eudes pressent Blanqui. Il y a, alors, fin de 1868, huit cent affiliés. Ils ont été réunis, d⁴ ⁱ ; çà et là, par fractions de cinquante, de cent. La nuit, à Montmartre, sur le boulevard extérieur, de véritables exercices militaires, des concentrations, des marches ont été expérimentés. Sur ces huit cents hommes, cent possèdent des fusils. Pour les sept cents hommes sans armes, il faut aller immédiatement à un dépôt tout formé. Les boutiques d'armuriers n'y suffiraient pas. Il est indiqué de prendre une caserne. Divers plans sont proposés : aller droit à la Préfecture, puis à l'Hôtel de Ville, ou s'attaquer à la caserne du Prince-Eugène, au bas du faubourg du Temple. L'armée, elle aussi, commence à s'émouvoir, les révolutionnaires ont pris contact avec des sous-officiers : il y a là, peut-être, l'embryon d'une révolution où l'armée joindra le peuple, où tous deux emporteront les Tuileries.

Une autre proposition est faite, à laquelle paraît s'attacher Blanqui : la prise du fort de Vincennes. Là aussi, des intelligences existent. Jaclard offre de continuer le travail d'embauchage, de se mettre en rapport avec des officiers démocrates. Pour cela, il faut aller habiter au-

près d'eux, se mêler à leur vie. — Combien de temps
durerait ce travail d'approche? demande Blanqui. —
Six mois. — C'est trop long, dit-il. C'est ainsi qu'il
arrête ses amis étonnés, qu'il prévoit des dangers, la
découverte de la conspiration, tout un travail détruit
d'une façon irréparable.

CLII

Au commencement de 1869, les projets sont repris.
L'idée de Vincennes n'a pas été abandonnée. Mais il y a
une scission entre les hommes d'action du parti, et cela
au moment où la petite armée blanquiste a toute sa
force numérique et atteint son maximum d'effervescence. Seuls, Genton et Duval sont convoqués chez
Eudes. Ils réclament la présence de Jaclard, avec lequel
ils ont toujours été en accord. Blanqui fait donner rendez-vous à celui-ci pour le lendemain, place Clichy, un
rendez-vous comme les voulait Blanqui, en plein air,
au milieu de quelque boulevard, dans le petit jardin du
Louvre, au centre d'une place, aux endroits bien en
vue, d'où l'on peut voir surgir les visages suspects.
Blanqui et Jaclard ont leur conversation, au cours
d'une promenade le long du boulevard extérieur. Un
trois'ème, le docteur Lacambre, les joint. Blanqui expose son projet de la prise d'une caserne qui resterait à
fixer, et il croit à la possibilité de tenter le coup de
main un des jours de carnaval, le dimanche, le lundi
ou le mardi-gras, alors que la population songera à
toute autre chose qu'à une émeute. C'est exactement le
même procédé qu'au dimanche 12 mai 1839. Jaclard fait
ses objections, croit qu'il ne faudrait pas surprendre la
foule, risquer d'agir dans un milieu stupéfié, peut-être
réfractaire, et, finalement, dans le vide. Mieux vaudrait

profiter d'un état d'esprit, entraîner des gens déjà préparés. Blanqui écoute. Jaclard continue, discute les
questions de stratégie et de parcours. La causerie finit
par une discussion assez vive entre Jaclard et le
docteur Lacambre, discussion que Blanqui clôt en
donnant à Jaclard rendez-vous pour le lendemain,
place du Château-d'Eau, devant la caserne du Prince-
Eugène.

La nouvelle rencontre a lieu, et Blanqui prévient
Jaclard qu'il trouve, en effet, ses objections justes, et
que l'entreprise est ajournée. Jaclard veut en savoir
davantage, mais, dans ces circonstances, Blanqui ne
répondait pas, taciturne et rêveur, donnant l'idée d'un
Hamlet qui mesure la tâche, recule l'instant et songe
sa destinée.

CLIII

Ce n'était pas, pourtant, qu'il renonçât. Une ténacité
était en lui. Mais, à mesure qu'il avançait dans la vie,
il savait les difficultés, il voyait mieux la pensée en
avance et l'humanité en retard, il se préoccupait des
moyens de changer l'esprit de la masse. Tous ses écrits
de ce temps portent la trace de cette hantise. C'est en
cette période, l'une des plus calmes, des plus sûres de
sa vie, qu'il met au net pour lui-même les questions
débattues, qu'il élabore tout un ouvrage d'économie
politique, sous le titre : *Capital et Travail*, qu'il évoque
avec insistance le programme de l'instruction intégrale
et la nécessité d'un formidable budget d'instruction
publique.

Un journal aurait été alors nécessaire. Le groupe y
songea, après l'amnistie du 15 août 1869. La fondation
du journal *la Renaissance* fut décidée, avec un comité
directeur composé de Blanqui, Ranc, Regnard. Ranc a

raconté la conversation significative qu'il eut alors avec
Blanqui : « Le journal, dit-il, ne parut pas; mais la
chose était assez avancée pour que nous ayons eu chez
Regnard un entretien où la composition du premier
numéro fut arrêtée. Je devais faire l'article sur la situation politique; Regnard se chargea de traiter la question philosophique et religieuse. — Et l'article sur la
question sociale, qui le fera? nous dit Blanqui. — Mais
vous, mon cher citoyen, lui répondîmes-nous d'une
seule voix, cela vous revient de droit. — C'est que, re-
prit-il, avec son fin sourire, c'est bien difficile; le socialisme, voyez-vous, en est à sa période de criticisme. »

Le mot est à rapprocher de ce souvenir gardé par Paul
Lafargue du jour où il apporta à Blanqui une brochure
qu'il venait d'écrire sur le mutuellisme, le collectivisme,
le communisme : « C'est, dit Blanqui, de la scolastique
révolutionnaire que toutes ces discussions sur les
formes probables de la société future, il serait plus ur-
gent de faire une critique de l'instruction primaire. »

CLIV

Le résultat des entrevues avec Jaclard fut une diminution dans l'effectif de la troupe. Jaclard et ceux qu'il
représentait se lassèrent, crurent à l'impossibilité d'a-
boutir, et ce qui avait été organisé si patiemment se
désorganisa. Granger et Eudes continuèrent, avec Gois,
Caria, Sourd. En dehors d'eux, tout près d'eux, des
blanquistes libres évoluaient, prêts à venir au premier appel : Ferré, Rigault, Protot. Peu à peu, se trouvaient éloignés les amis de 1861 à 1865, propagandistes
qui voulaient une action plus générale, blanquistes du
second degré, selon le mot de Ranc : parmi eux, Ranc
d'abord, qui dédiait à Blanqui son *Roman d'une Cons-*

piration, sans se soucier des étonnements et des blâmes,
Levraud, Longuet, Villeneuve, Germain Casse, amis,
mais non mêlés aux projets. Clemenceau était en Amérique. Tridon, pour lequel Blanqui avait une tendresse
particulière, n'était pas non plus toujours averti de
ce qui pouvait se passer. Blanqui ne voulait pas l'exposer aux hasards et aux périls d'une journée. On admettait cette prédilection et cette précaution pour le
disciple bien-aimé, et tous servaient le désir de leur
maître.

CLV

La journée révolutionnaire, on crut bien l'avoir aux
premiers jours de janvier 1870, dans un Paris efferves-
cent de la mort de Victor Noir. La révolte était à la
Chambre, dans la parole de Rochefort, de Gambetta, du
vieux Raspail, nommés députés, sans cesse en discussion contre le ministre Ollivier et contre l'Empire. La
ville pouvait se soulever, avoir raison du pouvoir en
un jour. Cette fois, Blanqui, après des hésitations, un
recul devant la collision et le sang versé, accepta le
rendez-vous. Il partit, armé, dit adieu à ses sœurs, prit
son poste aux Champs-Élysées. C'est là que Granger lui
avait annoncé qu'il ferait défiler devant lui l'armée
dont il était le mystérieux général. Il connaissait les
chefs, il les verrait apparaître, et derrière chacun d'eux,
les hommes, groupés régulièrement, marchant au pas,
comme des régiments.

Il fut fait comme il avait été dit. Blanqui passa sa
revue, sans que personne pût se douter du spectacle
étrange. Appuyé à un arbre, debout dans la foule,
parmi ceux qui regardaient comme lui, le vieillard attentif vit surgir ses amis, réguliers dans la poussée du
peuple, silencieux dans les murmures grossis à tout

instant en clameurs. C'était une réduction d'armée, en
effet, près de deux mille hommes divisés par escouades,
allant d'une marche vive et solide, comme s'ils abat-
taient une étape. Ils s'étaient rencontrés, massés sur
divers points de Paris, pour se trouver au rendez-
vous de Neuilly. Quelques bruits avaient couru d'une
action possible, on parlait de bandes convoquées par
Gustave Flourens, et qui n'existaient pas, mais ceux-là
qui passaient en bon ordre, sous les yeux du chef aussi
insoupçonné qu'eux, ni amis, ni ennemis ne savaient
leur organisation.

Blanqui eut une minute d'orgueil et d'espoir, et ce
12 janvier lui parut, ainsi commencé par une telle montée violente vers Neuilly, devoir s'achever en drame
révolutionnaire définitif. Il suivit l'avenue de la Grande-
Armée, attendant le retour, le corps de Victor Noir ramené à Paris, au Père-Lachaise, la bataille engagée
avec les sergents de ville, puis avec les troupes du
rond-point des Champs-Élysées. Là était le point tragique. Que feraient les troupes? Le massacre ou la révolution? L'immobilité de ces soldats, disposés avec
méthode par les chefs, était funèbre, pendant que la
foule agitée disparaissait derrière l'Arc de Triomphe.
Elle allait revenir, le corbillard cahoté par de furieuses
vagues humaines, et c'est là, dans cet espace maintenant vidé, que serait le choc et que se déciderait la
partie suprême.

Il n'y eut rien. Le frère du mort fut écouté. Rochefort, Delescluze, se refusèrent à la responsabilité d'un
massacre, intervinrent contre Flourens. Il y eut une
confusion, puis une séparation, et la foule, partie com-
pacte, revint éparse.

CLVI

Après, c'est la dernière résistance de l'Empire, les sursauts, les coups d'audace du pouvoir, Rochefort arrêté, le plébiscite, les indices de la chute prochaine, malgré les votes de la province, l'hostilité nettement déclarée de Paris, les adversaires révélés en nombre dans l'armée par plus de cinquante mille *non*, les provocations, les émeutes, et, enfin, le 19 juillet, la déclaration de guerre à l'Allemagne.

Blanqui, en juillet, était retourné à Bruxelles, menacé d'être englobé dans le procès qui se jugea à Blois, où l'Empire affolé avait compris tous les militants qu'il put saisir, sous l'accusation de complot contre la sûreté de l'État et contre la vie de l'Empereur.

En juin, Barbès était mort à La Haye, où il menait, depuis 1854, une existence immobile et silencieuse.

CLVII

Dès que la possibilité, puis la certitude de la guerre apparurent, un sentiment nouveau se fit jour, le sentiment de l'instinct national. Tout disparaît, ou plutôt tout se transforme pour alimenter le désir de vivre, la nécessité de se maintenir, de résister, de vaincre. La violence de la lutte pour la vie envahit les cœurs, précipite le sang, surexcite les nerfs. Ceux qui habitent le pays idéal et réel de la pensée sans frontières, où ils songent à la cause universelle de l'humanité, ceux-là surtout tressaillent à cette question de vie et de mort pour leur pays. La France disparue, quel agent de civilisation est détruit! quelle défaite pour la cause humaine! L'accord

rapide et violent sur l'idée de patrie se fait donc à ces
minutes périlleuses entre les patriotes simplistes et les
philosophes avides d'avenir. Il en fut ainsi aux jours
de 1870. La badauderie d'une partie de la foule parisienne fut séduite, ne vit pas l'expédient impérial, se
laissa facilement entraîner par les excitations poli-
cières, et le cri : « A Berlin! » retentit aux boulevards
et aux carrefours. Les manifestants pour la paix furent
frappés, traités d'espions, de Prussiens. L'optimisme
exaltait les cervelles, la naïveté escomptait la certitude
de la victoire. La foule plébiscitaire croyait bénévolement au succès pour cet Empire qui avait donné le
drame militaire en représentation permanente, en Crimée, en Italie, en Chine, au Mexique, en Algérie, On ne
prévoyait pas la fatigue des dignitaires, l'incurie des
généraux, le désordre des intendants, on ne savait pas
l'ennemi méthodique et fort, organisé contre nous depuis soixante ans, ardent à la revanche, presque sûr
de la victoire contre le régime de gala qui apparut, à
toute l'Europe de 1867, infatué, incertain, imprévoyant.
Cette guerre, l'Allemagne la voulut, jusqu'à falsifier les
documents par son homme d'État Bismarck, et l'Empire l'accepta, d'une volonté étourdie, croyant se sauver, et se perdant.

Car, immédiatement, ce furent les désastres, Wis-
sembourg, Froeschwiller, Forbach, et le sentiment
national persistant, qui passe à la défiance et à la colère,
devient subitement clairvoyant et veut la disparition
de ce pouvoir, mauvais défenseur, qui va entraîner le
pays à la catastrophe.

CLVIII

Au 6 août, dès que les nouvelles des défaites sont
connues, dès que la fausse nouvelle d'une victoire a

couru Paris, vite détrompé, la colère remplace la
stupeur, et le 9 août, jour de la rentrée des Chambres,
pendant la bataille parlementaire contre le ministère
Ollivier, la foule, sur la place de la Concorde, est mouvementée, houleuse, menaçante. Cette foule a devant elle
des soldats et s'irrite de ces voltigeurs de la garde,
massés dans les Tuileries, de ces lanciers, de ces
zouaves, de ces lignards, rangés à l'extrémité du pont,
devant le Corps législatif, et que des voix véhémentes
envoient à la frontière.

A la Chambre des députés, Jules Favre et ses amis
argumentent contre l'Empire, la majorité, incertaine
de son action, renverse le cabinet, et c'est le départ
d'Emile Ollivier qui est jeté en pâture à la foule par
Jules Simon, traversant la place de la Concorde. Il y
eut le cri farouche et joyeux, la montée d'une acclamation, mais les observateurs de la scène, les amis de
Blanqui, venus là, se trouvant, se concertant, eurent
ensuite l'impression que le mouvement définitif aurait
pu avoir lieu ce 9 août, qu'il aurait suffi d'un cri jeté
par un résolu, d'un acte décisif accompli, pour jeter
cette masse sur les grilles des Tuileries et du Corps
législatif, pour emporter du même coup l'Empire avec
son ministère. On laissa passer la minute, on eut le
regret de l'occasion perdue. Qui sait de quel poids
l'acte nécessaire accompli ce jour-là eût été dans les destinées de la France?

Mais cette occasion pouvait renaître, le lendemain,
dans huit jours. Lorsque la foule a pris l'habitude de
ces rendez-vous, elle y est fidèle. La petite troupe
blanquiste, plus ardente que jamais, voulait intervenir.
Ceux qui la dirigeaient n'avaient pas renoncé à leur
entreprise sur Vincennes. Ils étaient décidés, coûte que
coûte, à entrer dans l'action, à mettre leur organisation
au service de la Révolution toute proche et de la patrie

menacée. On prévint immédiatement Blanqui à Bruxelles, pour le faire revenir et l'adjurer de donner le signal.

C'est le 10 août que Blanqui fut ainsi prévenu. Il était prêt, anxieux des nouvelles militaires, frappé en son cœur patriote par les désastres accumulés pendant trois jours. Le 11, il partit, sans passeport, mais résolu à entrer en France. Un peu avant la dernière station belge, il descendait du train, et il franchissait à pied la frontière dans la nuit du 11 au 12 août.

CLIX

Dans un logis loué par Eudes, impasse Jouvence, rue d'Alésia, à Montrouge, la soirée du 12, la journée du 13 sont employées à exposer et à discuter les divers plans possibles. Il y a là Eudes, Granger, Caria, Regnard, Pilhes, ancien représentant du peuple, Flotte, qui arrive de Californie. Il faut d'abord convaincre Blanqui de la nécessité d'intervenir. Il est, lui, pour l'expectative, pour la collaboration fatale des faits. Mais, malgré toute leur confiance dans la sagacité de celui qu'ils écoutent et qu'ils suivent, ses amis insistent. L'expérience du Vieux ne pouvait être comprise par les impatiences des jeunes. Ceux-ci font valoir que la petite armée blanquiste a été sans cesse se désagrégeant, que de deux mille cinq cents hommes qu'elle avait réunis, elle est tombée à quinze cents, puis à mille hommes, que, depuis un an, ce nombre a encore diminué, que c'était tout au plus si l'on allait pouvoir réunir quatre ou cinq cents fidèles. Tous sont partis ou vont s'en aller, fatigués des délais, sceptiques et lassés par la perpétuelle remise des grands projets. Puis la police rôde, flaire, cherche à deviner ce que peut bien préparer

24.

Blanqui, silencieux, inactif depuis si longtemps. Peut-
être bientôt va-t-elle tout découvrir. C'est miracle qu'elle
ne soit pas encore sur la vraie piste, qu'elle ignore les
voyages de Blanqui, ses domiciles, la cachette de
l'impasse Jouvence. C'est là qu'ont été déposées les
armes, achetées par Granger au prix de son patrimoine
de jeune homme : trois cents revolvers, quatre cents
poignards lourds comme des massues, fabriqués par
un mécanicien qui est de la conspiration. Les ouvriers
refusaient généralement les revolvers, préféraient ces
poignards, croyaient se défendre mieux par eux contre
les casse-tête des sergents de ville. Donc, si on laisse
encore une fois passer l'heure, les derniers s'en vont,
et ce sera l'isolement, la non-entente, alors que vont se
produire les événements les plus graves. La population
est frémissante, la Révolution est prête à faire son
entrée dans la rue : il faut lui ouvrir la dernière porte.
Il suffit d'un mouvement, d'une dernière secousse, pour
jeter l'Empire à bas. Il est plus que temps de faire ce
mouvement, de proclamer la République, d'organiser
une guerre de défense.

L'acte surtout proposé est la prise du fort de Vincennes. Là, tout est prêt pour une intervention décisive.
Il y a des intelligences dans la place. Le plan a été
relevé dans ses plus petits détails. On sait tous les
entours, toutes les portes, combien d'hommes il faut
jeter sur l'entrée principale, quel nombre il faudra
lancer vers les autres issues, par les chemins de ronde.
On connaît la disposition des postes, des corps de garde,
et la longueur des couloirs à parcourir pour arriver
aux dépôts d'armes.

Blanqui écoute et discute. La discussion est même
assez vive. La gravité et le danger de l'entreprise sont
montrés de façon saisissante par la parole nette de
celui dont on attend le signal. Il voit ses amis saisis

dès leur entrée dans le château et fusillés immédiatement
dans le fossé. Comme Eudes réplique, très excité,
bruyant et remuant, Blanqui lui conseille brusquement,
s'il tient tant que cela à mourir, de monter au troisième
étage de la maison, et de se jeter par la fenêtre. Ce sera
plus vite fait, et il n'entraînera pas les autres. Les
arguments repartent, d'un côté et de l'autre. Toute la
question, enfin, est de savoir si le faubourg est prêt,
n'attend qu'un signal, une preuve de volonté. Tous
l'affirment. Blanqui se décide donc. Comme il arrive
d'habitude, le chef suit les soldats. Que tous soient
prévenus pour marcher au premier geste. Blanqui donne
rendez-vous à ses amis pour le lendemain matin,
sept heures, dans le même logis de l'impasse Jouvence.
Allons! une fois encore, il va demander une revanche
à la force et mettre sa vie et sa liberté comme enjeux.

CLX

Le lendemain 14 août, un dimanche, au matin, c'est
un tout autre Blanqui que celui quitté la veille, qui
apparaît aux yeux de ses amis. Il n'écoute plus, il ne
discute plus. Il dit le plan auquel il s'est arrêté, il
ordonne. Pour la première fois, c'est le Chef qui se
dresse. La sensation fut terrible et profonde. En ce
vieillard chétif, pâle, auréolé de cheveux blancs, revit
toute la période héroïque du parti républicain croyant
et révolté. Les jours ardents et joyeux de 1830, les
jours sombres et désespérés de 1848, se reflètent sur le
visage où se mêlent l'illusion et l'amertume.

Il y eut un silence lorsque Blanqui se leva, aussi
calme, aussi paisible que la veille et que toujours, mais
avec une brièveté de la voix, une flamme des yeux. Il
annonça que la bataille était pour le jour même,

l'après-midi. Ses phrases incisives allèrent au cœur de tous.

On n'irait pas à Vincennes. C'était trop loin. La communication n'avait pas chance de s'établir avec le faubourg Saint-Antoine. On irait en plein quartier ouvrier révolutionnaire, aux confins de la Villette et de Belleville, où depuis deux ans les éléments d'action s'étaient révélés, où le peuple s'était montré le plus prompt à s'émouvoir des écrits des journalistes, de la parole des orateurs. Là, sur le boulevard de la Villette, non loin du canal, on s'emparerait pacifiquement de la caserne, ou plutôt des fusils des pompiers. Défense absolue de se servir des armes. On entrerait, on se saisirait des fusils dans la surprise de l'irruption. Un autre danger de Vincennes, qui était la collision avec l'armée, auxiliaire possible de la révolution de demain, était ainsi évité. Il ne fallait engager de lutte qu'avec la police.

La caserne prise, les fusils saisis, on armerait ceux qui se présenteraient, on partirait vers une autre caserne. Le plan d'ensemble était de parcourir une partie du périmètre de Paris, et, le soir venu, de cantonner sur un point central l'armée révolutionnaire ainsi formée. Blanqui indiqua l'Institut, d'où l'on pouvait commander la ligne de la Seine, à courte distance des Tuileries, de la Préfecture, de l'Hôtel de Ville.

Tout cela dit en quelques instants, sans la réponse d'aucune objection, on se sépare. Les chefs de groupes vont prévenir leurs hommes, qui savent le rendez-vous proche, mais qui ignorent encore le jour, l'heure, le lieu. Blanqui sera le premier au rendez-vous, donnera le signal.

CLXI

Il est là, à trois heures, par la belle après-midi de soleil chaud, sous le ciel bleu. Il marche à l'ombre d'une allée, parmi la foule des promeneurs du dimanche. Il voit apparaître ses amis, et le rassemblement se forme sous ses yeux, invisible dans la foule pour d'autres que lui. Il veut le dissimuler davantage, fait dire à tous de former cercle autour d'un faiseur de tours qui exhibe son maillot, ses paillettes, sur le terre-plein du boulevard, tout proche la caserne.

Les hommes réunis ne sont guère qu'une centaine. On ne les a pas trouvés tous. Beaucoup se sont récusés. Comme exemple : un des chefs de section, Alfred Breuillé, qui avait à prévenir vingt-cinq hommes, se heurte à cette objection que, dans peu, toute la population sera armée en garde nationale, qu'il est inutile de devancer l'heure. Sur les vingt-cinq, quatre seulement acceptent, et finalement, Breuillé se trouve seul au rendez-vous.

A trois heures et demie, Blanqui donne le signal, se dirige lentement vers la caserne, suivi de ses amis. Au moment où ils quittent la contre-allée pour se diriger vers la porte, la sentinelle jette au poste le cri d'alarme, se débat pour empêcher les survenants d'entrer. Dans le mouvement qui se produit, un coup de revolver part accidentellement, blesse légèrement la sentinelle. Au bruit, les soldats courent aux armes. Mais déjà Blanqui est entré dans le poste, il a les baïonnettes, les canons de fusils sur la poitrine. Ceux qui l'ont vu ce jour-là tiennent en piètre opinion les allégations de Barbès affirmant le trouble, l'effondrement de son rival dans les tragiques rencontres voulues ou acceptées par

lui. Sans s'émouvoir, sans faire un mouvement pour
saisir les armes, il étend sa petite main contre les fusils,
parle aux soldats d'une voix égale, leur demande de
se joindre à lui, de venir jeter à bas l'Empire, de proclamer la République pour défendre la patrie contre
l'invasion. Il est tranquille, maître de lui, autant que
dans sa chambre de travail, au milieu de ses livres. Il
recommence, redit ce qu'il a dit, fait tout pour rassurer
et convaincre ces hommes surpris. Tout cela entrecoupé
par le piétinement de nouveaux arrivants, par la lutte
pour s'emparer des fusils.

Brusquement, des coups de feu éclatent. Les insurgés
restés dehors sont aux prises avec une escouade de
sergents de ville accourus l'épée haute. Blanqui,
Granger, Pilhes, Breuillé, sortent du poste, Eudes sort
de la cour intérieure où il était entré, et Blanqui au
milieu d'eux, tous rapides et violents, dégagent leurs
camarades, font feu. Trois sergents de ville tombent :
un mort, deux blessés. Le reste s'enfuit, va chercher
du renfort contre cette bande surgie on ne sait d'où.
Blanqui rentre dans le poste. Les pompiers n'avaient
pris aucune part à la bataille, Blanqui crut encore à la
possibilité de les persuader, mais il se trouva cette fois
en face du lieutenant Cottrey, qui venait d'être prévenu.
C'est à lui qu'il s'adresse, qu'il dit la raison de l'entrée
dans la caserne. Il le presse, il veut le décider à venir
proclamer la République. Il se heurte à la discipline.
L'officier ne veut pas livrer ses armes, et Blanqui, fidèle
à son engagement de la veille, n'a pas recours à la
violence. Il sort comme il était entré, et du premier
coup d'œil peut apercevoir que le projet échoue de
toutes manières. C'est le vide, comme en 1839, le
boulevard subitement déserté de ses promeneurs, quelques curieux, au loin, collés aux maisons.

La petite troupe, au complet, se met en marche,

traverse la place au canal, parcourt le boulevard extérieur vers Belleville, les armes à la main, criant à
pleine voix : « Vive la République! Mort aux Prussiens! .
Aux armes! » Nulle voix ne répond. Le peuple regarde
passer craintivement ceux qui avaient cru l'émouvoir.
Aux armes! Au loin, dans les rues traversées, on
aperçoit la foule, on distingue des sergents de ville en
observation. Le faubourg, stupéfait, assiste au défilé
de ces exaltés criant leur cri de guerre et d'espoir,
sans rien comprendre à cette extraordinaire aventure
de quelques hommes qui opposent leur fièvre à l'inertie,
jettent leur parole au silence, s'offrent tout entiers à l'on
ne sait quel idéal invisible. Aux armes! Ceux qu'ils
prétendent affranchir les suivent lointainement de leurs
yeux effarés, regardent décroître les silhouettes violentes, écoutent le dernier écho des voix hardies, et
continuent leur promenade.

Les insurgés parcourent ainsi deux mille mètres,
faisant s'évanouir la vie sur leur passage, s'avançant
comme dans une ville morte. Après l'ancienne barrière du Combat, Blanqui fait l'arrêt, conclut que
l'affaire est manquée. « Vous voyez, dit-il, les fusils
n'ont pu être enlevés, personne ne se joint à nous, il
n'y a rien de possible. Il fallait le mouvement populaire
espéré. Les sergents de ville vont revenir nombreux à
la charge, la troupe va apparaître, et les revolvers
seront inutiles contre les chassepots. Il faut nous
séparer, termine-t-il, le terrain est libre, nul n'inquiétera
notre retraite; cachez vos armes et dispersez-vous à
travers les rues voisines. » Ce fut ainsi : on jeta trois
fusils pris aux pompiers, on mit les revolvers dans les
poches, et la dispersion eut lieu.

CLXII

Derrière eux, les sergents de ville étaient en effet
revenus en force, et l'ordinaire aventure arriva : les
badauds dispersés, assaillis, frappés, arrêtés comme
coupables. Les effrayés, les indifférents, qui n'ont pas
voulu approcher tout à l'heure, entrer dans la bagarre,
sont maintenant, malgré eux, acteurs après avoir été
spectateurs. Pas un insurgé n'était parmi ceux qui
furent saisis par la police devant la caserne. Ce sont
ces malheureux, au nombre de quatre-vingts, qui furent
traduits en conseil de guerre, reconnus par les pompiers
et par les sergents de ville, condamnés à mort, à la
déportation, à la réclusion. Deux seulement des véritables insurgés, Eudes et Brideau, furent arrêtés le
soir, devant le Palais de Justice, sur la dénonciation
d'un passant qui aperçut la crosse d'un revolver dans
la poche d'Eudes.

Dans Paris, ç'avait été le même effet de stupeur que
sur le boulevard extérieur. L'esprit de la population
était à ce moment vacillant, s'égarait volontiers sur
les fausses pistes qui lui étaient indiquées. On répandit
le bruit que l'échauffourée était le fait d'espions
prussiens qui tentaient une diversion à l'intérieur.
Beaucoup le crurent. Et même Gambetta le crut. Il le
dit à la tribune de la Chambre, demanda, sans rien
savoir, l'exécution de la loi sur les étrangers. La presse
bonapartiste surenchérit. On était sous le régime de
l'état de siège, le conseil de guerre n'avait pas besoin
d'être encouragé, acquitta au hasard, condamna le
reste : Eudes et Brideau, les seuls qui étaient de l'affaire,
à mort, et avec eux, à mort aussi, des passants arrêtés,
Drest, Cahen, Zimmermann, Brisset ; à dix ans de

travaux forcés, Saint-Hubert, Robidat, Mordac ; à cinq
ans de détention, Lerin, Larregieu. Le procès fut jugé
en quatre audiences, les 20, 23, 29 et 31 août.

Il fut impossible de découvrir Blanqui. Ranc, qui le
vit le jour même, a raconté comment il avait été caché,
au premier moment, par le docteur Paul Dubois, puis
par Cleray, puis par Sourd. On flaira sa présence dans
l'affaire. Le logis de l'impasse Jouvence fut fouillé après
l'arrestation d'Eudes, les habitants du quartier, inter-
rogés, désignèrent Blanqui comme le « Vieux monsieur », le « Marquis », et le signalement qu'ils en
donnèrent correspondait au signalement du chef vu
boulevard de la Villette. Ce fut tout le renseignement
obtenu.

CLXIII

Les condamnés à mort ne furent pas exécutés,
George Sand, Michelet, avertis sur la réalité de l'événement, intervinrent. La démarche de Michelet fut une
lettre rendue publique, adressée aux « Chefs de la
défense » où l'historien de la patrie s'élève contre la
chose inhumaine, le spectacle barbare de tant d'exécutions militaires.

Il dit que le temps presse, qu'il signe seul, mais que
s'il avait un jour de plus, dix mille, vingt mille personnes signeraient avec lui. « Je suis de Paris, dit-il,
j'y ai toujours vécu. J'en ai l'âme. » Il continue, désapprouvant l'émeute, mais montrant le procès obscur,
laissant prévoir pour plus tard quelque lumière nouvelle
qui donnerait à regretter amèrement l'exécution préci-
pitée.

D'autres démarches furent faites. Gambetta, mieux
informé, plaida auprès du général de Palikao, président
du Conseil des ministres, inexorable, répondant que, si

cela dépendait de lui, l'exécution aurait lieu immédiatement. Édouard Hervé vit Brame, autre ministre.
Enfin, Ranc fit une opération décisive sur l'esprit de
Clément Duvernois, lui fit valoir que l'Empire n'existe-
rait peut-être plus dans quinze jours, et que c'était une
terrible responsabilité à prendre que de laisser s'accomplir la sentence. Il y eut un sursis et, quatre jours
après, l'armée rendue à Sedan par Napoléon III, le
désastre, l'écrasement, et Paris proclamant la République le 4 septembre, avec vingt jours de retard sur
les insurgés de la Villette, désormais amnistiés par les
événements.

CLXIV

Blanqui, un mois plus tard, à la veille de l'investissement de Paris, a raconté la Villette, et sans entrer
dans les détails, sans faire valoir son rôle de discuteur
avant l'affaire, il a dit l'erreur complète, la stupeur de
la population, l'impossibilité de réussir : « L'heure
n'était pas venue, dit-il ; il faut savoir la deviner, et
dans des questions si redoutables, la méprise, l'erreur
de calcul, devient une lourde responsabilité. *J'ai cru*
n'est jamais une justification. Jouer à faux, de son chef,
la partie de la liberté peut-être d'une nation tout
entière est une faute, souvent irréparable, dont rien ne
saurait absoudre. Heureusement, cette faute n'était ici
qu'un simple incident, bientôt disparu dans la tourmente. » Il ajoute que, le 14 août, il était trop tôt, ou
trop tard. C'est le 7 août, au lendemain de Reichshoffen,
qu'il fallait détruire l'Empire : c'était le sauvetage de
l'armée de Mac-Mahon, Sedan épargné, Paris couvert.
Il explique le retard, mais ne l'excuse pas. « Quand on
se mêle de politique sérieuse, on ne doit pas se laisser
surprendre. » Cela ne ressemble guère, comme on l'a

dit un peu vite, à une apologie. Cet homme avait le
goût invincible de la vérité.

L'erreur qu'il n'avoue pas, parce qu'il ne la voit pas,
c'est la croyance à un mouvement de violence dans le
vide. Aller prendre une caserne, un dimanche, parmi
des promeneurs, alors que tous ceux qui seraient suscep-
tibles d'action sont au loin, n'apprendront l'événement
que le lendemain, c'est un coup de main qui reste un
coup de main, ne peut devenir une révolution. La révolution veut, pour réussir, tous ses éléments rassemblés
en une heureuse et formidable conjonction, la foule
instinctive occupant la rue, prête à partir pour enlever
l'obstacle. On ne décrète pas l'acte pour le jour et
l'heure fixes. C'est le consentement obscur de tous qui
décide de la bataille, et de la victoire, c'est le premier
incident né du hasard et de la rencontre qui fait jeter
le cri, briller les armes, déchaîner la force irrésistible.

CLXV

Le gouvernement issu de la révolution du 4 Septembre
était à demi révolutionnaire, en ce sens que, s'il s'était
nommé lui-même, il se trouvait par avance investi d'une
part de pouvoir par le suffrage universel : les députés
de Paris qui le composaient prenaient pour mission
d'assurer la vie nationale et de faire face au danger, en
l'absence de tout autre gouvernement. Cela fut approuvé
comme un fait, non seulement par l'acclamation de la
foule de Paris, qui voyait surtout l'Empire détruit, mais
par le silence de tout ce qui restait du régime de la
veille, par l'acceptation tacite du Corps législatif, qui
se sépara après trois réunions où il ne fit que constater
la vacance du pouvoir.

On ne voyait dans les hommes nouveaux que des

délégués provisoires chargés de délivrer la France de
l'invasion étrangère. Ils n'eurent pas d'autre mission.
Ils déclarèrent assumer cette grave et haute responsabilité. On leur fit crédit. Leurs noms, sans ces circonstances, eussent été contestés par la politique. Les
souvenirs de 1848 devaient faire discuter Jules Favre,
Garnier-Pagès, Crémieux, Glais-Bizoin, Arago. Les
hommes de la gauche, Ferry, Pelletan, Picard, Simon,
avaient pour nombreux adversaires tous les hommes
de la fraction avancée du parti. Gambetta apparaissait
une force qui devait entraîner la vieillesse, le scepticisme, l'indifférence. Rochefort était le gage accordé
au parti révolutionnaire.

Quant au général Trochu, nommé gouverneur de
Paris par l'Empire, le 17 août, il fut maintenu dans ses
pouvoirs et nommé président du gouvernement de la
Défense nationale, pour la valeur militaire qui lui était
supposée, pour son vote public d'un *non* au jour du
rétablissement de l'Empire, pour ses critiques judi-
cieuses de l'organisation de l'armée impériale, pour son
attitude d'homme intègre devant les tentatives de
séduction de Napoléon III. Tout cela était vrai, mais le
général, tout en obéissant aux circonstances, commit
plus qu'une faute, imposa un silence criminel à sa
conscience en acceptant de diriger la continuation de
la guerre, puisqu'il ne croyait pas à la possibilité de
la victoire. Il n'apporta que le doute et l'inertie
pour collaborer à ce qu'il appela l'héroïque folie. Ce
ne fut pas un homme de guerre, mais un temporisateur
décidé au premier jour à faire la paix, qui fut pris pour
chef par l'enthousiaste Paris, naïf et belliqueux, de
ces jours de septembre. On attendait la terrible énergie
d'un dictateur de la guerre à outrance, on eut la phraséologie d'un militaire mystique, et la défense, dès le
premier jour, fut incertaine et compromise, parce que

le général, songeant à quelque mission de conservation
sociale, était entré à l'Hôtel de Ville, au poste où l'on
commande, alors qu'il aurait dû se tenir au poste où
l'on obéit.

<h2 style="text-align:center">CLXVI</h2>

Tout le monde, le premier jour, adhéra, Blanqui
plus nettement, plus énergiquement que tous les autres.
Ceux qui l'ont accusé, depuis, de dissimulation et de
tactique n'ont pas eu la vision exacte de sa personnalité.
C'est aux hommes de son parti qu'il faut demander ici
la sensation juste. Il les entraîna dans l'acceptation.
Un grand nombre d'entre eux ne comprenaient pas,
savaient son opinion sévère sur la valeur intellectuelle
et morale de certains de ces hommes au pouvoir, et
dès le premier jour, ils auraient voulu, sinon l'hostilité,
du moins la réserve. Blanqui les adjura d'oublier tous
leurs ressentiments, de ne voir que l'œuvre à accomplir.
Cette œuvre n'admettait pas de divisions, de réticences,
il fallait s'y donner d'un esprit loyal et d'un cœur
résolu. La surprise, chez beaucoup de ceux qui accep-
taient l'influence de Blanqui, venait de ce qu'ils ne
connaissaient pas leur chef. Pour ses amis comme pour
ses ennemis, il était défiguré par la légende. Le Blanqui
fabriqué se superposait au vrai Blanqui en image de
conspirateur maniaque, d'agissant fiévreux et entêté,
partant sans but dans les aventures, n'apportant à
l'œuvre de la Révolution qu'une volonté destructrice.
C'est ce Blanqui-là qui a prévalu jusqu'à la fin de sa
vie. Il y en eut un autre que l'on ne vit pas, que l'on
ne voulut pas voir peut-être, car aujourd'hui il se
montre à ceux qui projettent sur lui la lumière véridique et lui demandent son secret, si visible dans ses
actes et dans ses paroles.

Malgré l'origine, la race d'Italie qui [se révélait dans les moyens d'action, il y avait en Blanqui un Français incomparable, pénétré, convaincu, un Français né du XVIIIe siècle, un homme affranchi et fait citoyen, comme tous les siens, par la Philosophie et par la Révolution. Sans faire intervenir ici l'origine picarde de la mère, par le seul fait du père annexé en 1792, ces Blanqui s'étaient donnés tout entiers, ne devaient plus se reprendre. Ils appartenaient désormais à la cause universelle, et c'est la France qui leur apparaissait comme le héros de cette cause. Immédiatement, d'un seul élan, ils se confiaient à elle, ils épousaient sa tradition, mettaient au-dessus de tout son existence. Cette existence en question, il ne devait plus rien y avoir en jeu, la politique sociale elle-même se trouvait ajournée. Ceci vu, immédiatement le Blanqui du siège de Paris apparaît ce qu'il a été, le grand calomnié se lève des cendres de l'Histoire, il est ardent et impatient, clairvoyant, farouche et désespéré, la flamme de l'esprit de patrie est en lui, le brûle et le consume.

La preuve, elle est où il faut la chercher, dans son écrit, dans sa parole de chaque jour, dans ses actes. Il n'est pas de documents plus incontestables. L'homme se précise, remet sa mémoire aux soins de l'avenir.

CLXVII

Aussitôt qu'il peut reparaître et agir, Blanqui fonde le journal *La Patrie en danger*, ouvre un club. Le journal paraît le 7 septembre, ses bureaux provisoires sont 34, rue des Écoles, où se publient les quatre premiers numéros. Au cinquième numéro, qui porte le nom de Blanqui comme rédacteur en chef, l'installation a lieu définitivement 78, rue d'Aboukir. Le club de la Patrie

en danger tient ses séances au café des Halles, 20, rue
Saint-Denis. Il faut lire les quatre-vingt-neuf numéros
du journal et les procès-verbaux des séances du club
pour connaître l'attitude de Blanqui pendant la guerre
franco-allemande et le siège de Paris, pour le voir se
révéler dans sa suprême et énergique manifestation de
vie civique, et donner la formule définitive de son esprit.

Avant le journal, un placard annonce la publication
et contient une déclaration d'adhésion au gouvernement provisoire. La déclaration, rédigée par Blanqui,
est signée des dix-neuf noms de Balsenq, Blanqui,
Breuillé, Brideau, Caria, Eudes, Flotte, Gois, Granger,
Lacambre, Ed. Levraud, Léonce Levraud, Pilhes, Regnard, Sourd, Tridon, Verlet, Émile Villeneuve, Henri
Villeneuve, parmi lesquels les auteurs de la tentative
de la Villette. Il est dit, en ces quelques lignes, qu'en
présence de l'ennemi, il n'y a plus de partis ni de
nuances, que le gouvernement du 4 Septembre représente la pensée républicaine et la pensée nationale et
que cela suffit, que toute opposition, toute contradiction, doit disparaître devant le salut commun. Il n'y a
plus qu'un ennemi, le Prussien, et son complice, le
partisan de la dynastie déchue qui voudrait faire de
l'ordre dans Paris avec les baïonnettes prussiennes. La
conclusion est formelle : « Maudit soit celui qui, à
l'heure suprême où nous touchons, pourrait conserver
une préoccupation personnelle, une arrière-pensée,
quelle qu'elle fût. Les soussignés, mettant de côté
toute opinion particulière, viennent offrir au gouvernement provisoire leur concours le plus énergique et le
plus absolu, sans aucune réserve ni condition, si ce
n'est qu'il maintiendra quand même la République, et
s'ensevelira avec nous sous les ruines de Paris, plutôt
que de signer le déshonneur et le démembrement de la
France. »

Aucun autre mot d'ordre ne pouvait être donné à
Paris. L'isolé formule la pensée de tous, mais quelques-uns seulement s'en aperçoivent. Le cercle de
défiance et d'indifférence est large autour de lui, et il
reste l'isolé.

CLXVIII

Le lendemain, le premier numéro de *La Patrie en
danger* paraît, reproduit la déclaration, et immédiatement, un article de Blanqui : *La défense de Paris*, va
droit au fait, envisage la situation née des batailles
perdues, de la marche en avant de l'armée prussienne,
et déclare tout net que Paris n'est pas plus imprenable
que nous n'étions invincibles.

Il y a le frémissement de la vérité, l'ardent désir
d'être entendu et compris, dans ces paroles brèves,
qui dénoncent comme ennemis l'amour-propre, les
déclamations, les hâbleries, qui réclament le nombre,
les armes, le courage. Avec une lucidité singulière,
merveilleuse, le vieillard qui a passé sa vie en prison,
dans les livres et les atlas, commence à parler de la
guerre et de l'art militaire, prouve qu'il a suivi de son
esprit ardent les opérations de la campagne achevée,
étudié le terrain de la lutte future. Comme il a des
contacts d'esprit avec Machiavel, Richelieu, pour ce qui
a trait à la politique, il a encore avec eux cette ressemblance de percevoir nettement l'ensemble et les détails
des opérations militaires, au point que ses amis ont pu
dire que la personnalité dominante en lui, était celle
d'un général.

Il montre les Allemands connaissant nos remparts,
nos fossés, nos citadelles, notre territoire pouce par
pouce, il explique dans les détails leurs deux plans
possibles : la tranchée ouverte sur le quart de la cir-

conférence, ou bien l'investissement à distance pour
arrêter les arrivages et affamer la place.

Il sait sur quels points peuvent se produire les événements de guerre, il dit l'espace de treize kilomètres,
dépourvu d'ouvrages offensifs, entre le fort de La Briche
et le Mont-Valérien, comment l'ennemi peut commencer
ses travaux à couvert derrière Asnières, traverser le
village, puis la Seine, et cheminer en sûreté à travers
Clichy jusqu'au pied de l'enceinte. Et encore, tout un
espace entre Villeneuve-la-Garenne et Courbevoie. Et
cet autre espace entre le Mont-Valérien et le fort d'Issy.
Il montre les forts impuissants à protéger Paris contre
le bombardement, les mortiers ennemis placés depuis
Maisons jusqu'à Clamart envoyant leurs bombes sur la
rive gauche et sur une partie de la rive droite, les
bouches à feux d'une portée de dix mille mètres lançant leurs projectiles de Villejuif jusqu'au boulevard
Montmartre.

Après l'exposé de ce qui est, de ce qui sera, il indique
les moyens de résistance, les fortifications comme point
d'appui, des travaux de contre-approche perpétuels
protégés par l'artillerie, la nécessité d'avoir cinq cent
mille hommes sous les armes : toute la population
mâle, de seize ans à soixante ans, les mobiles des provinces voisines de Paris, ceux de la Seine, les régiments disponibles, la marine, des fusils demandés à
tous les arsenaux, une fabrication incessante de canons,
de mitrailleuses, de fusils, des achats en Angleterre,
aux États-Unis, pour armer la province. « Que le canon
d'alarme, conclut-il, proclame le danger de la patrie.
Qu'on sache que c'est l'agonie qui commence si ce n'est
pas la résurrection. »

Il ne s'en tient pas là. Tournez la page du pauvre
journal, aujourd'hui jauni et usé, c'est un second article,
signé Bl., qui prévoit le bombardement et indique les

précautions à prendre pour parer au danger. Et, à la
troisième page, un troisième article : *Si Paris était pris,*
prévoit le cas où le gouvernement devrait sortir de la
ville, s'installer en lieu sûr, continuer la guerre : « La
capitale tombée au pouvoir de l'ennemi n'est plus que
le porte-voix de l'ennemi. — Feu ! telle doit être la
réponse de la France entière. » Blanqui demande
d'avance au gouvernement de Paris de rendre un décret
dans ce sens, désavouant, déclarant traître à la patrie
et punissant de mort tout individu qui accepterait une
mission, une fonction, d'un gouvernement installé dans
la capitale par l'ennemi, et tout individu qui obéirait
aux injonctions de cette source.

Le soir du même jour, après ses trois articles,
Blanqui préside le club des Halles, et posément, de sa
voix fine, de son éloquence sans fracas, pénétrante, qui
crée dans la salle un silence absolu, il redit ce qu'il a
écrit sur la nécessité de la levée en masse. Ceux qui
l'ont vu ce soir-là ont encore présente à la mémoire sa
physionomie au moment où Lullier, le présentant
à l'assemblée, le désigne comme « un vénérable
vieillard ». Il leva la tête, regarda, et toute la jeunesse
de son esprit passa, resplendit, dans ses yeux étince-
lants.

CLXIX

Et c'est tous les jours ainsi. Le journal est fidèle à la
déclaration. La première place appartient aux nouvelles
militaires, avec la préoccupation de ne pas alarmer le
public, mais aussi avec la volonté de ne lui rien céler.
Puis, c'est l'article de Blanqui, un exposé des faits et
une exhortation à l'action, une lucidité exaltée, un don
de voyant, une parole pressante, le tremblement d'une
voix qui craint de ne pas être perçue. Blanqui contre-

signe, dès le premier jour, le langage que parle Jules
Favre, ministre des Affaires étrangères, dans la circu-
laire aux représentants de la France à l'étranger : « Nous
ne céderons ni un pouce de notre territoire national, ni
une pierre de nos forteresses. Une paix honteuse serait
une guerre d'extermination à courte échéance... Après
les forts, les remparts ; après les remparts, les barricades. Paris peut tenir trois mois et vaincre ; s'il suc-
combait, la France, debout à son appel, le vengerait ;
elle continuerait la lutte et l'agresseur y périrait. »

Il n'ajoute qu'une condition au refus de céder un
pouce de territoire, une pierre de forteresse : pas de
contribution de guerre non plus. La paix sans condition,
ou la guerre. C'est toute sa politique, c'est celle de son
journal. Ses collaborateurs, Tridon, Levraud, Regnard,
Granger, Verlet, entrent dans ses vues, font taire, aux
premiers jours, leurs ressentiments politiques. Blanqui les laisse libres dans leur collaboration, mais son
exemple est compris, sa parole écoutée. Comme lui, ils
veulent la trêve sociale, l'union dans la défense.

CLXX

Enfin, Blanqui est dans son rôle. Il a, le soir, la tribune
du club, et, chaque matin, cette autre tribune, le journal.
Il peut parler, il parle, et il dit des choses admirables.
Toute la connaissance historique, toute la science, toute
la philosophie qu'il a amassées pendant les années de
silence, s'échappent de leur source secrète, font
irruption, viennent à la lumière, se répandent en clair
torrent, en ondes d'un cristal sonore.

Comme tous les êtres supérieurs, il voit loin. Il est
tout au moment actuel, il a, comme personne, la conscience qu'il se joue une partie terrible, que l'histoire

européenne est à un tournant, qu'il faut se décider vite,
jeter toute la force sur le point menacé. Mais la préoccupation d'un pareil moment n'empêche pas chez lui
la vision de la destinée humaine, de la nécessité de
rénover, de créer le cerveau et la conscience. Son
deuxième article est une des pages les plus généreuses
et les plus hardies qui aient pu être écrites en un tel
péril. Il est intitulé : *Fraternité*, et c'est l'exhortation
fiévreuse à l'appel aux armes de la population mâle,
sans qu'on demande à personne des titres de vertu.
Blanqui sait d'abord la puissance de l'uniforme, du
groupement, et il croit aux grandes circonstances pour
révéler des devoirs inconnus et sublimes aux déshérités
du sort, aux coupables de misère, il demande si cette
épreuve suprême ne retrempera pas les âmes égarées,
ne fera pas des hommes nouveaux et purifiés. Il rappelle
les forçats de Toulon arrachant la flotte française à
l'incendie, en 1793, et ne commettant pas un vol dans
la ville abandonnée. Sans doute aussi se souvient-il des
voleurs de Sainte-Pélagie auxquels il apprenait à lire.
Un optimisme enthousiaste naît en lui, il veut que la
République désarme les bras criminels, ressuscite la
joie, l'espérance, la solidarité, les nobles instincts. Il
veut la force avec la justice, et partout il dévoile la
pensée qui l'absorbe : « N'oubliez pas que demain on va
combattre, non pour un gouvernement, pour des intérêts de caste ou de parti, non pas même pour l'honneur,
les principes, les idées, mais pour ce qui est la vie, la
respiration de tous, pour ce qui constitue l'être humain
dans sa plus noble manifestation, pour la patrie. » Il
écrit cette ligne émotionnante :

« Que serons-nous demain si nous n'avons plus de
patrie ? »

CLXXI

Il continue ses articles sur la défense de Paris. Il est l'interprète, inconnu, de la population. Ce qu'il dit dans son journal, on le dit dans les groupes de la rue, et dans les chambres, le soir. Jamais il n'y eut unisson pareil entre un peuple et un homme, mais ce peuple ignore cet homme, tout un abîme de silence est entre eux, une impossibilité de communication. Ces pages, qui auraient dû, qui auraient pu soulever toute cette masse énorme de Paris, si facilement soumise au fluide, ne dépassaient pas de beaucoup le cercle d'adeptes, ne firent que çà et là des recrues. En dehors de toutes les raisons qui se trouvent déjà déduites de la personnalité vraie de Blanqui et de la fausse personnalité qui lui fut infligée par l'ignorance et la haine, il en est encore une autre, spéciale aux pages qu'il écrivait à cette heure tragique. Ces pages sont restées brûlantes jusqu'aux profondeurs, on ne peut les lire aujourd'hui sans subir leur clarté de pure lumière et leur chaleur de flamme vive, mais elles sont sans mise en scène, sans effets de rhétorique, sans images et contrastes de romantisme. Nulle pompe, aucun panache, pas de boniment.

C'est la passion et la raison, toutes claires, toutes nues. La force y apparaît à chaque ligne, avec le sentiment de la mesure, et bientôt la colère civique s'y montre, mais les éclats qui feraient retourner les passants ne retentissent pas dans ces exposés rigoureux et ces réquisitoires inflexibles. C'est bien plus de l'histoire que du pamphlet. Blanqui délaisse volontiers les hommes. Calomnié dans sa vie, haï dans sa personne, il passe en les ignorant à travers ses ennemis et ses insulteurs, il les écarte d'une plume dédaigneuse.

23

Il voit l'ensemble d'une situation, il prévoit demain par aujourd'hui, il est obsédé par le but, par la conclusion qui vient, qui s'approche, jour par jour, heure par heure. Tout le reste ne lui est rien.

Ceux qui lurent ces articles les trouvèrent donc admirables. Mais l'écrivain ne conquit pas cette foule du siège, qui voulait la même chose que lui, qui se refusait à admettre la défaite et la reddition de Paris. Dans le mouvement et le bruit de la ville en bataille, la voix de Blanqui est comme une voix dans le désert. On ne l'entendra qu'après, elle deviendra de plus en plus vivante, elle incarnera enfin tous ceux qui jetaient alors leur clameur au vent, et qui n'auront jamais su, ou qui n'auront su que trop tard, quel collaborateur s'offrait à eux.

CLXXII

Jour par jour, on peut suivre alors la vie de Blanqui. Jour par jour, on peut écouter à la tribune du club et à la tribune du journal celui qui fut, presque toute sa vie, séparé des hommes, condamné au mutisme. On peut savoir la date et l'heure de sa parole, de son action.

Le 7 septembre, au Café des Halles, à une séance où assistent Flourens et Lullier, Blanqui met à l'ordre du jour et traite la question de la distribution des armes. Le lendemain matin, son article expose le même sujet, dit l'insuffisance de l'armement, les arsenaux vides, l'artillerie incomplète, l'inaction des usines de guerre, mais fait valoir le puissant outillage qui existe pour transformer les vieux fusils, fabriquer des chassepots et des mitrailleuses, fondre des canons. Il revient sur l'inutilité défensive des forts construits par Louis-Philippe contre Paris, sur l'impuissance d'action de l'enceinte, gênée par les villages bâtis entre la ville et

les forts. Il montre tout l'ouest vide d'ouvrages défen-
sifs : il n'y a pas de faubourgs à tenir en respect de ce
côté. Il insiste sur la nécessité d'une guerre de retranchements à trois mille mètres en avant des forts.

Le lendemain, le bureau permanent du club est organisé, avec Blanqui comme président, Regnard et
Lévraud comme assesseurs. Tridon, Granger, Caria,
Verlet, Eudes, Brideau sont délégués auprès des autres
assemblées populaires pour réunir en faisceau toutes
les forces vives éparses dans les quartiers de Paris. Et
vite, Blanqui va vers la question de la défense, la montre
sous toutes ses faces, fabrication d'armes, artillerie,
interroge Lullier sur l'état des forts, donne son avis sur
l'issue finale, croit que les Prussiens n'entreraient pas,
qu'ils incendieraient la ville par les avenues. Son article
du lendemain, qui a pour sujet la garde nationale,
cherche les meilleures conditions de nombre, de mobi-
lité, fournit tout un plan d'organisation détaillé, sur la
base de cinq cents hommes par bataillon.

Le lendemain 10, l'ennemi est annoncé à trois journées de Paris, il court des bruits de traité de paix,
personne ne songe même à une cession de territoire,
mais ceux qui sont déjà las et voudraient la fin de la
lutte croient à la possibilité de tout résoudre par
l'argent. Blanqui se dresse, voit la honte et la diminution dans ce salaire offert à l'ennemi, et la misère pour
de longues années, après ces cinq milliards prélevés
sur le pays épuisé. L'article suivant va droit aux déclamations, aux serments de mourir sur les barricades :
« Si l'on ne meurt que sur les barricades, dit-il, on vivra
longtemps, on attendra les Prussiens jusqu'au jugement
dernier. » Il cite comme preuve le bombardement de
Strasbourg. A Paris, de par-delà les forts, l'ennemi
peut bombarder les quartiers de la périphérie. Un
fort pris, les projectiles arriveront presque jusqu'au

centre, et, l'enceinte forcée sur un seul point, commen-
cera l'œuvre d'extermination, la pluie d'obus, l'incendie
par les mortiers, la ruine et la mort. Sa pensée s'exalte
à ce spectacle de la grande ville détruite et il écrit son
acte de foi, enthousiaste et désespéré :

« La gloire de Paris est sa condamnation... Sa
lumière, ils veulent l'éteindre ; ses idées, les refouler
dans le néant. Ce sont les hordes du v° siècle, débordées
une seconde fois sur la Gaule, pour engloutir la civilisation moderne, comme elles ont dévoré la civilisation
gréco-romaine, son aïeule. N'entendez-vous pas leur
hurlement sauvage : « Périsse la race latine! » C'est
Berlin qui doit être la ville sainte de l'avenir, le rayon-
nement qui éclaire le monde. Paris, c'est Babylone
usurpatrice et corrompue, la grande prostituée que
l'envoyé de Dieu, l'ange exterminateur, la Bible à la
main, va balayer de la face de la terre. Ignorez-vous que
le Seigneur a marqué la race germaine du sceau de la
prédestination ? Elle a un mètre de tripes de plus que
la nôtre. Défendons-nous. C'est la férocité d'Odin,
doublée de la férocité de Moloch, qui marche contre nos
cités, la barbarie du Vandale et la barbarie du Sémite.
Défendons-nous et ne comptons sur personne. »

Il crie malheur à qui s'enferme dans la défensive. Il
transporte la nécessité du combat, au loin, dans la
plaine de Saint-Denis et d'Asnières, sur les hauteurs de
Sannois et de Meudon. Il devine l'attaque probable
contre l'ouest, Paris tourné par le sud, l'ennemi passant
la Seine au-dessus du confluent, se portant sur Meudon
par le bois. De là, il prendra la ligne droite de l'enceinte,
depuis la porte du Point-du-Jour jusqu'à la porte
Dauphine, et le bombardement couvrira le xv° arrondissement, Grenelle et Vaugirard, et la partie sud
du xvi°. Une autre portion de l'armée allemande peut
traverser la Seine vers Épinay, s'avancer par Genne-

villiers et Asnières, se combiner avec l'attaque du sud
par le Vésinet, Montenon, Houilles et Sannois. La route
suivie par les Prussiens de 1815 est rappelée. Il faut
donc établir des retranchements au-dessus de Meudon
en gardant de solides communications.

Le lendemain, il termine son exposé, répond à ceux
qui parlent avec assurance, jactance, déclarent Paris
impossible à bombarder. Il prouve avec une évidence,
maintenant indiscutable pour tous, que les batteries
prussiennes, placées en dehors de la ligne des forts
du sud, bombarderaient les XIIIe, XIVe et XVe arrondissements, et qu'en dehors des forts de l'est, elles
peuvent envoyer des projectiles sur une grande partie
des XVIIIe et XIXe arrondissements. L'enceinte prise, la
partie de la ville comprise entre la Seine, les grands
boulevards, les rue Gaillon et Saint-Roch et la rue du
Temple recevrait les bombes de toutes les batteries, et
le reste de Paris ne serait bombardé que par les trois
quarts.

C'est cette vérité qu'il faut dire, pour éloigner les
faibles, les cent mille femmes réfugiées. Et Blanqui
revient à ses retranchements, aux ouvrages en terre à
distance, à Meudon, clé du siège, à la bataille continue
livrée par quatre à cinq cent mille hommes à une lieue
en avant de la ligne des forts : « Paris entendra le canon,
mais il ne verra pas les projectiles. » Et encore, et toujours, il demande la fin des paroles inutiles, il veut des
chiffres exacts d'hommes, de munitions, il pense à tout,
aux arsenaux exposés, il adjure de faire immédiatement
diriger sur Paris le matériel d'artillerie, les armes, les
poudres, qui se trouvent sans protection dans les lieux
ouverts. Il recommence sans cesse, prouve davantage
ce qu'il a déjà prouvé, il est comme un prophète qui
voit Paris détruit et s'enrage à vouloir le sauver.

CLXXIII

Le 12, au club, à un citoyen qui veut mettre à l'ordre
du jour la question du travail commun, de la fabrication des armes livrée à l'individualisme, Blanqui répond
que, sans la visite du voisin de l'autre côté du Rhin, on
discuterait bien d'autres questions, mais qu'aujourd'hui
la question n'est ni individualiste, ni collectiviste, que
c'est une question de vie ou de mort. Certainement, si
les réformes avaient été accomplies, la puissance de résistance aurait été centuplée. Mais, avant tout, il faut
penser au pays qui s'écroule. Un gouvernement républicain a été nommé en face de l'invasion, il faut le
pousser, l'exciter, espérer qu'il écoutera, que son énergie augmentera avec le danger. Demain, dit Blanqui,
aurons-nous une patrie ?

Le lendemain matin, le voyant lève le voile de
l'avenir. En douze lignes, au début de son article, il
raconte tout le siège de Paris. Sur l'annonce faite par
les Prussiens qu'ils vont investir Paris à une dizaine
de lieues, il flaire le piège, devine le plan : « Masquer
Paris comme une simple place de guerre, avec une
armée d'investissement trop peu nombreuse pour un
siège, mais suffisante pour intercepter les communications et les arrivages ; puis sillonner la France entière
dans tous les sens, au moyen de plusieurs corps chargés
d'enlever ou détruire nos établissements militaires, de
prendre ou disperser les levées ou les noyaux d'armée,
de briser les administrations de tout ordre, en un mot,
de désorganiser et d'occuper le pays. »

Il montre l'approche de l'ennemi, son arrivée sous
les murs sans un coup de fusil, sans que les avenues
aient été disputées, alors qu'on pouvait faire payer cher

une position telle que Chelles, Montfermeil et Livry. « Attendre l'ennemi dans les forts, c'est triste. » La défiance de Blanqui s'éveille à la pensée de la mission diplomatique de Thiers auprès des cours étrangères. Il songe : « Dans quel abîme allons-nous descendre! »

Le lendemain 13, au club, il s'élève contre les négociations pour la paix. Il est incrédule à l'intervention des rois, et son anxiété grandit dans l'article du matin : il constate bien l'appareil de la guerre, le bruit des armes, les flots de soldats, mais il cherche la direction, il a une impression glaciale comme si tout ce bouillonnement n'était qu'un simulacre, il devine la lutte entre deux courants, celui de l'enthousiasme et celui de l'égoïsme, il prévoit le sinistre dénouement. Il voit l'Europe avide de notre chute, il supplie le peuple de ne compter que sur lui-même, de ne pas déceler une faiblesse en demandant à l'étranger un secours que l'on n'obtiendra pas.

CLXXIV

L'action du drame se précipite. Visiblement, Blanqui veut faire accepter sa pensée, prendre sa part d'influence. Pendant deux jours, il raconte l'affaire de la Villette pour dissiper les doutes, montrer ses desseins, éclairer sa politique. Il a retrouvé Clemenceau, maire de Montmartre, énergique et populaire, il se présente à l'élection des chefs de bataillon dans le quartier où domine l'influence de son ami de 1863. Il y a une grande réunion de quinze cents gardes nationaux dans une vaste salle de la rue Clignancourt, où la plupart des assistants sont dans l'ignorance de l'homme qui se présente à eux. Ils ont un étonnement devant sa tête blanche, sa voix faible, comme devant un spectre sorti de l'histoire. Il faut un discours du maire, président de

la réunion, pour leur apprendre ce que c'est que Blanqui,
quelle tradition du parti républicain il représente,
quelle force est en lui. A l'unanimité, après cette intervention, Blanqui est nommé commandant du 169ᵉ bataillon. Le lendemain, il a les insignes du commandement, un képi galonné, un sabre.

Il est ainsi le 15, à la salle Favier, à Belleville, à
l'entrée de l'ardent faubourg. De nouveau il affirme sa
volonté d'entente avec le gouvernement. Il s'explique
dans un article de polémique avec le *Siècle*, il veut la
défense à outrance, mais il ne sera pas complice par
son silence d'une politique de résistance en surface.
Désormais, dans la logique de son rôle, il va parler,
signaler les fautes, les prévoir, harceler l'immobilité
gouvernementale.

CLXXV

Toute cette fin de septembre, à partir de l'investissement, se passe pour lui dans cet effort sur place, dans
cet acharnement à vouloir être entendu, compris. Il ne
prend qu'un peu de repos, le soir, chez Sourd, il est
vite debout, vite dehors : le matin, aux nouvelles, à
l'activité, de son bataillon au rempart, du rempart à la
mairie de Montmartre, de la mairie à l'Hôtel de Ville,
au bureau d'équipement; le soir, avant le dîner, au
bureau du journal; après le dîner, au club, rue d'Arras
ou salle Favier. Le club de la *Patrie en danger*, rue des
Halles, n'existe plus, Blanqui est forcé bientôt d'espacer
ses apparitions aux clubs, mais il est fidèle à l'article,
cloche d'alarme quotidienne qu'il voudrait faire retentir et vibrer à travers la rumeur de la foule et au-
dessus du grondement du canon qui roule à l'horizon
de Paris.

C'est le 19 qu'il pose la grande question : « La Patrie
est-elle énergiquement défendue? » et qu'il répond :
« Non! » Désormais chaque jour apportera sa preuve,
et Blanqui l'illuminera de tous les feux de son verbe.
Le 19, il proteste contre le décret qui fixe les élections
municipales au 23 septembre et les élections législa-
tives au 2 octobre, dans une France dévastée, occupée
par l'ennemi ; il ne voit le salut que dans l'énergie de
Paris donnant tout pouvoir à une dictature de guerre
uniquement chargée de combattre l'étranger. Le 22, le
sentiment du péril grandit en lui, prend l'accent du
désespoir : « La situation n'est plus tenable, dit-il, et
ne saurait se prolonger sans catastrophe. Comment
vivre dans cette contradiction mortelle : un gouvernement de défense nationale, qui ne veut pas se défendre? » Il voit bien qu'une seule pensée hante les
hommes de l'Hôtel de Ville : la paix, que le général
responsable ne croit pas à la résistance, et que toutes
les escarmouches sous Paris et tous les préparatifs
n'ont qu'une valeur d'apparence. Il dénonce le vice
affreux de la situation par cette seule interrogation :
« Est-on bien disposé à combattre quand on a la certitude de la défaite? »

Le chef de bataillon appuie le journaliste. Le 21 septembre, une adresse signée de soixante-douze commandants est portée à l'Hôtel de Ville par cinquante
d'entre eux, pour demander l'ajournement des élections
en province et la guerre à outrance. L'entrée de la
maison gouvernementale est refusée, Blanqui pénètre
seul, remet l'adresse à Jules Ferry, lui expose en
quelques mots son sentiment de la situation, l'interroge
sur l'indemnité par laquelle on achèterait la paix. Pour la
question de l'indemnité, Ferry la résout en disant que les
sept millions cinq cent mille *Oui* du plébiscite payeront.
Il remet d'ailleurs au lendemain la vraie entrevue. Ce

lendemain, qui est le 21 septembre, les chefs de bataillon sont reçus par Garnier-Pagès, Picard, Ferry,
Rochefort. Blanqui, en conclusion, ne trouve formulée
aucune réponse catégorique, il résume le débat, dans
son journal, par ces mots : « L'espoir d'une paix
achetée est un dissolvant pour toute résistance sérieuse.
On ne s'apprête pas à combattre, quand on ne s'occupe
que de traiter... Si depuis dix-sept jours le gouvernement avait songé à trouver des chassepots, il aurait plus
avancé l'œuvre de la paix que par ses appels éperdus aux
puissances étrangères. »

CLXXVI

On accuse naturellement Blanqui de semer la discorde
et la haine, lui qui aurait dû être appelé au conseil de la
défense. Une effervescence se manifeste, des officiers
de la garde nationale, sur une information qui leur a
déplu, viennent arrêter, sans mandat, le secrétaire de
la rédaction, le correcteur et deux employés de *La Patrie
en danger*. Conduits à l'Hôtel de Ville, ils sont remis en
liberté immédiatement, mais l'incident est significatif,
indique des adversaires irrités, violents, prêts à remplacer la discussion par la brutale injonction de la force : on
introduirait volontiers le bâillon dans la bouche d'ai-
rain. De fait, on parvient à la faire taire trois jours.
Après l'article le plus sensé, le plus raisonnable : *Les
nécessités de la défense*, où Blanqui réclame l'inventaire général et le rationnement, montre l'utopie de la
communauté devenue subitement un fait qu'il faut
subir si l'on ne veut périr, après cet article, il y a une
interruption de trois jours de *La Patrie en danger* : l'imprimeur a refusé de continuer sans un subside. Jamais
Blanqui ni ses amis ne se sont occupés de la vente et du

gain, n'ont exigé un compte, laissant libre l'industriel jusque-là satisfait.

Mais Blanqui ne veut pas se rendre, ses amis croient à lui, à sa parole, à son intervention. Non seulement ils lisent ses articles, ils admirent le cours de défense improvisé par ce stratège qui a fait son éducation en prison, mais encore ils l'entendent, tous les jours, dire ce qu'il ne peut écrire, montrer toutes les faiblesses du plan empirique de Moltke, qui n'est un plan supérieur qu'en regard de l'absence de décision de Trochu. Les chefs militaires ne pouvaient croire aux aptitudes de Blanqui, ainsi subitement révélées, et du haut en bas de la hiérarchie, tous durent, s'ils firent attention à lui, prendre en pitié ce civil qui se mêlait de faire des observations et d'avoir des idées sur une science dont ils étaient les représentants patentés. Mais dans l'entourage de Blanqui il y a une admiration, une souffrance, un enragement, à voir ainsi se consumer cette fièvre, qui ne réussit pas à embraser la ville, et l'on veut garder au rédacteur en chef de *La Patrie en danger* le contact possible avec la population, faire savoir à tous qu'un homme est là, riche de facultés, prêt aux responsabilités.

Au bout de trois jours, le 1er octobre, par la réunion de tous les efforts, le journal reparaît donc, sur une seule feuille de grand format, à dix centimes.

CLXXVII

Question de vie ou de mort! dit Blanqui reprenant la plume, demandant le jour dans les ténèbres, et, pour la première fois, parlant de façon menaçante: « La calomnie se déchaîne comme en 1848. Nous savons ce que c'est, le marchepied de l'échafaud, le prélude de la

proscription. Et la défense, où en est-elle ? Au mensonge et aux simulacres. Paris n'a jamais été défendu,
il ne l'est point, il ne le sera pas. On cultive le Prussien
comme une ressource contre la *Démagogie*. La *Déma-*
gogie fera tête et ne se laissera point égorger, qu'on le
sache bien. Elle a été débonnaire en 1848. Elle était
seule en cause, et s'est abandonnée au couteau. En
1870, elle est la Patrie. Elle défendra la Patrie avec les
ongles et avec les dents. Aux hurlements et à l'audace
de la réaction, elle a compris le danger, et les traîtres
n'échapperont ni à sa perspicacité, ni à sa vengeance. »

L'article suivant : *La Dictature militaire*, requiert
directement contre Trochu, fournit son dossier de Breton catholique, d'homme de monarchie et d'église, peu
apte à l'action, empressé à la politique et à la parole,
refusant, par esprit de conservation sociale, de se servir des deux cent cinquante mille combattants des faubourgs, refusant de les armer, et Blanqui se résume,
formule ce jugement : « Les grands événements portent
les grands hommes, ils laissent choir les petits. »

On sait la prise de Toul et Strasbourg : quatre-vingt
mille hommes et l'artillerie de siège vont venir ren-
forcer les Prussiens devant Paris. Pas de nouvelles de
la province. L'article qui commente cette situation
montre le gouvernement comme le plus grand obstacle
à la défense : « Depuis le 4 septembre, il n'a cessé de la
compromettre, et par ses mesures politiques, et par
ses mesures administratives, et par ses mesures militaires. Il nous perd, et on crie : Maintenez-le; il nous
conduit aux abîmes, et on crie : Suivez-le. Le premier
acte de la défense est d'écarter ceux qui rendent la
défense impossible. »

Le 6 octobre, *Préparatifs de trahison* : c'est l'histoire
reprise au début, la paix voulue quand même, Jules
Favre s'en allant, sans mandat, savoir les conditions et

subir l'affront de Bismarck, les capitulations de Toul,
de Strasbourg, tenues secrètes pendant quinze jours,
les nouvelles de province cachées aussi.

Le 7, *La situation* : des faits précis, l'artillerie de
marine et les approvisionnements des arsenaux laissés
dans les ports de l'Ouest, la non-fabrication des pièces
de campagne depuis le 4 septembre, le non-achat de
fusils Remington en Angleterre, alors que l'on aurait
pu avoir mille pièces, trois cent mille fusils avant l'investissement.

Blanqui se résout à chercher le remède ailleurs, il
accepte maintenant l'idée des élections parisiennes,
qu'il a combattues contre Longuet rue d'Arras, le
22 septembre. « L'évidence, dit-il le 8 octobre, a tout
emporté. Les colères de la réaction ont levé les derniers doutes. A ses fureurs, à ses calomnies, on a reconnu la mesure nécessaire, la mesure du salut. »

Le 5, Gustave Flourens, chef d'un bataillon de Belleville, le 63ᵉ, et de plus, pourvu du titre spécial de major
de rempart, avait manifesté à l'Hôtel de Ville, discuté
avec Dorian sur la fabrication des armes, discuté avec
Trochu sur la lenteur de la défense, et finalement donné
sa démission. On le regardait naturellement comme un
exalté, et il l'était, mais la situation comportait l'ardeur
et la généreuse folie, et l'instinct de Flourens fut considéré à tort comme quantité négligeable. Il pouvait, il
devait se trouver en accord avec la sagesse, le savoir
pratique, d'un homme tel que Dorian : un gouvernement de défense nationale était obligé par les circonstances de s'adjoindre toutes ces forces pour la même
œuvre, et Blanqui, de même, qu'on laissa s'épuiser au
dehors, aurait dû être, dès le premier jour, installé au
conseil et à la direction. Mais, qui connaissait Blanqui?
Trois jours après la manifestation Flourens, au lendemain du départ de Gambetta en ballon, une nouvelle

tentative est faite auprès du gouvernement. Les chefs
de bataillon, accompagnés d'une foule sans armes, se
réunissent pour aller réclamer les élections municipales. Ils trouvent la garde mobile en bataille devant
la grille, et un bataillon de garde nationale rangé en
avant de la mobile. Trois délégués seulement sont
reçus, mais pour s'entendre dire par Jules Ferry que le
gouvernement n'entrait pas en pourparlers et que des
mesures étaient prises contre les manifestants. Il n'y
avait qu'à se retirer. Le lendemain matin, en même
temps qu'un court récit de la démarche, Blanqui publie
la page du *Droit divin*, où il parle politique, démonte
le mécanisme gouvernemental, montre les hommes du
pouvoir à jamais en possession de l'autorité, se trans-
mettant l'héritage à travers tous les régimes, traitant
de séditieux ceux qui osent contester leur nouveau
droit divin, taxant le peuple d'ingratitude s'il ne s'in-
féole pas, et l'écrivain de bon sens, d'ironie et d'éloquence remet ainsi les choses en place : « Et cependant, il (le peuple) ne doit rien à personne. Il n'est
tenu d'aucune attache aux individus, quels qu'ils
soient. Il ne doit consulter que son propre intérêt,
jamais les convenances et les amours-propres de ses
mandataires. Les prendre quand il en a besoin, les
laisser quand ils ne sont plus en situation, telle doit
être sa pensée unique. Tel qui rendait service aujour-
d'hui est demain un obstacle et un péril. Il n'a point à
récriminer contre l'ingratitude s'il reçoit son congé. Un
citoyen honoré un seul jour de la confiance nationale
sort à jamais de la foule et demeure dans sa retraite
un personnage consulaire. Le mandat populaire ne
devrait pas devenir une propriété ni un héritage. »

CLXXVIII

On voit distinctement comment la fausse opération se fit dans l'esprit de la population de Paris. Elle voulait, cela n'est pas douteux devant les quatre mois de siège supportés avec leurs tristesses et leurs horreurs, elle voulait la résistance. Elle crut à cette résistance par le chef militaire qu'elle s'était donné, et c'est sur le nom de ce chef qu'elle imposa la nécessité de l'union. Tous ceux qui furent clairvoyants trop tôt et essayèrent de rompre avec le chef néfaste apparurent suspects, et c'est au nom de la défense voulue par tous que les plus ardents à la défense furent traités en factieux et en ennemis. Le 8 octobre, les gardes des bataillons venus au secours de l'Hôtel de Ville traitent les manifestants de brigands, de pillards, voleurs, Prussiens, et ils crient : « A bas Blanqui ! » comme on criait en 1848. Blanqui constate simplement, dans son journal, qu'aux outrages sont mêlés des noms de républicains qui ont le tort d'avoir voué leur vie à la République, son ironie relève les épithètes de factieux et de Prussien, les voies de fait commises contre les hommes coupables d'ardeur et de désespoir. Il voit que tout cela mène à la capitulation, et l'ascète proclame que la joie sera dans les cuisines et dans les salles à manger, qu'il n'est pas sain d'entrer en guerre contre le ventre, et que l'affaire des exaltés ne sera pas bonne.

On ne lui fit guère attendre la sanction de sa prophétie et, tout d'abord, le moyen d'action qui était en son pouvoir lui fut enlevé. Il explique lui-même fort bien comment on s'y prend pour démolir un commandant : on ne lui donne rien, il n'obtient qu'après les autres des armes, des équipements, des vêtements de

rebut. Le mécontentement ne tarde pas à naître dans
le bataillon, et les adversaires savent l'exploiter : le
chef est réputé bientôt pour un incapable ou un homme
de mauvaise volonté. C'est ce qui se passe au 169ᵉ.
L'affaire éclate le 15 octobre : une députation d'officiers et de gardes désapprouve le chef de bataillon
Blanqui, comme instigateur de manifestations, proteste
contre ses doctrines politiques et contre son incapacité
absolue en fait de manœuvres militaires. Immédiatement, un ordre du jour de Trochu prend acte des sérieux dissentiments, dissout le cadre des officiers,
annonce de nouvelles élections. Blanqui eut beau montrer que c'était là, pour lui, la première révélation des
dissentiments sérieux, qu'il n'avait jamais dit un mot
de politique à son bataillon, et il aurait pu ajouter qu'il
avait même supprimé la politique de ses articles de *La
Patrie en danger*, les amis de Blanqui eurent beau faire
observer que sa vision du siège et sa science militaire
devaient lui éviter le reproche de ne pas s'astreindre à
une besogne de sergent instructeur, rien n'y fit, le coup
était porté. Huit jours après, les élections auront lieu
et Blanqui sera remplacé par un de ses capitaines.

CLXXIX

Il n'aura plus son sabre de commandant, il lui restera sa plume de journaliste. Il fait merveille, redouble
de sagacité, d'éloquence, et c'est au moment où l'intrigue de bataillon se forme et s'agite contre lui, que sa
pensée prend son plus grand essor et qu'il écrit son
invocation à la race dont il est, à l'idée qu'il adore. Il
regarde monter l'invasion barbare, il contemple la terre
de France, « où se débat, entre deux millions d'hommes
armés, la question du progrès ou de l'immobilité, de la

dignité ou de la servilité humaine, de la race latine ou
de la race germanique », et il s'écrie en un style qui
marche d'abord au pas de charge et qui finit par prendre son vol dans l'espace :

« Les Teutons ont franchi le Rhin et menacent une
fois encore la civilisation. Les races du Midi ont tressailli au bruit des pas de ces bandes féroces, sorties des
forêts du Nord pour asservir la Méditerranée aux rois
et aux hobereaux.

« L'Italie se souvient et accourt dans sa plus illustre
personnification. L'Espagne s'ébranle au delà des Pyré-
nées. Le monde entier s'agite au spectacle de cette
lutte suprême entre une nationalité farouche et étroite
et l'idée de la fraternité humaine.

« Ils courent nos plaines fertiles, ces hommes aux
pieds plats, aux mains de singes, qui se prétendent
l'élite du genre humain, qui n'en ont jamais été que le
fléau, et qui viennent pour nous refouler mille ans en
arrière dans les brouillards ténébreux de la Baltique.

« Oh! vous, la grande race de la Méditerranée, la
race aux formes fines, délicates, l'idéal de notre espèce,
vous qui avez couvé, fait éclore et triompher toutes les
grandes pensées, toutes les généreuses aspirations;
debout pour le dernier combat, debout pour exterminer
les hordes bestiales de la nuit, les tribus zélandaises
qui viennent s'accroupir et digérer sur les ruines de
l'humanité!. »

CLXXX

Les articles qui suivent commentent les nouvelles de
la province, l'attitude de l'armée ennemie, immobile,
attendant en parfaite sécurité la fin de nos vivres. La
famine est son moyen, cela est maintenant visible.
Blanqui, une fois de plus, dénonce, affiche le sûr calcul.

Sur Gambetta, il a des doutes, il craint qu'il n'ait emporté
de Paris la maladie mortelle du gouvernement provisoire, l'incertitude, la peur du peuple, l'obséquiosité
pour la réaction. Garibaldi sera paralysé par le clergé,
ne sera qu'un nom. La Révolution est traitée en sus-
pecte, en ennemie.

La République, acclamée, est détestée, combattue, sa
fin escomptée. Blanqui ne peut céler sa tristesse : « Je
ne connais pas de plus grand supplice au monde que le
spectacle de cette épouvantable hypocrisie. C'est trop,
pour une génération, de le subir deux fois en vingt-
deux ans, sans que les bourreaux daignent changer un
seul mot à leur programme. En vérité, jamais on ne
pourra sonder les profondeurs de la bêtise humaine. »

Il commence à douter de la possibilité de la victoire
pour Paris, après les quinze premiers jours si précieux,
perdus en négociations, et quinze autres jours encore,
passés en hésitations. Il reste bien un élément d'action, d'énergie, de résistance, mais on se méfie de cette
démocratie trop ardente, on ne se résout pas à l'employer, à jeter Paris tout entier sur l'ennemi. Le plan
du général Trochu, qui consiste à ne se servir que de
quarante mille gardes nationaux en une série de sorties,
ne peut conduire, selon Blanqui, qu'à la capitulation
par la famine, l'Alsace et la Lorraine démembrées, la
royauté rétablie.

Il y a évidemment, à ce moment, chez l'écrivain,
une diminution de croyance au succès final. Sa faculté
de voir et de deviner joue son rôle, il s'aperçoit bien
que l'on n'a pas fait entrer d'armes à Paris, que l'on
ne transforme pas assez vite les fusils existants, que la
fabrication des canons est lente, qu'il n'y a que soixante
pièces de campagne pour toute la garde nationale, que
sur les cinq cent mille hommes, gardes nationaux,
mobiles, soldats de ligne, dont se compose l'armée de

Paris, il n'y a que cent soixante mille hommes suffisamment armés. Pourtant, il affirme que l'on pourrait
encore, en trois semaines, par un sursaut d'énergie,
avoir douze cents bouches à feu, former trente mille
artilleurs, fabriquer dix mille fusils par jour, mais il
sait aussi que les militaires ne tiendront nul compte de
cette opinion d'un civil. Et s'il avait su, par surcroît, ce
qu'il aurait pu savoir, ce que le général Trochu savait
sûrement, que l'armée ennemie ne comptait à ce moment
que cent soixante mille hommes autour de Paris, et que
le combat, sur un point, pouvait être décisif, rétablir la
communication avec la France, rendre l'air et la lumière
à Paris! Sur ce fait, sur cette question de la défense
de Paris, les historiens les plus modérés, les plus conciliants, ont prononcé plus tard exactement comme
Blanqui, à l'instant même des événements, dans *La
Patrie en danger.*

Sans cesse, Trochu disserte, écrit, et pendant ce
temps les combats inutiles se multiplient, les commencements de sortie jamais continués, aucuns renforts aux
soldats engagés.

Le 21 octobre, environ sept mille hommes disposés
en trois colonnes, avec une réserve à peu près égale,
ouvrent la route par Buzenval et la Malmaison,
inquiètent l'ennemi à Versailles, l'inquiètent jusqu'à un
commencement de panique. Mais les Allemands eurent
des renforts, jetèrent la force suffisante au point menacé,
tandis que les Français restaient livrés à eux-mêmes,
devaient battre en retraite, après leur offensive victorieuse.

CLXXXI

L'affaire du Bourget était pour donner l'alarme aux
plus conciliants : le village, pris le 28 octobre par le

coup de main de trois cents francs-tireurs de la Presse,
bientôt appuyés de mobiles et de gardes nationaux,
était repris par les Allemands le 30 octobre. Pendant
deux jours, à la porte de Paris, une poignée d'hommes
attendit du secours, des troupes, des canons, et attendit
en vain, fut cernée, hachée, après un affreux et héroïque combat maison par maison. Le lendemain, le général Trochu parlait de cette bataille de trois jours comme
d'un pénible accident et déclarait textuellement que le
village du Bourget ne faisait pas partie de notre système
de défense, que son occupation était d'une importance
très secondaire.

A l'affaire du Bourget s'ajoute la reddition de Metz.
On n'y croit pas d'abord lorsqu'elle est annoncée par
Félix Pyat. On brûle son journal le *Combat*, on dénonce,
à l'*Officiel* même, Pyat comme un agent de l'étranger.
Mais la vérité est la vérité, et, le 30, une affiche de
Jules Favre annonce à la fois le retour de Thiers, une
proposition d'armistice des quatre grandes puissances
neutres avec convocation d'une Assemblée nationale, et
la capitulation de Bazaine à Metz.

Après un mois et demi de siège, il fallait bien constater l'inertie de Trochu, le mauvais armement, la lenteur des travaux, le surgissement de l'idée d'armistice
en avant de l'idée de défense, il fallait craindre Paris
rendu après Metz. Cette fois, il y a dans la ville l'agitation
qui annonce la tempête, les groupes discutant, clamant
devant les affiches, la colère à pleine rue.

CLXXXII

Le 31, les maires étaient à l'Hôtel de Ville dans le
cabinet du maire de Paris, Étienne Arago, lui disant
l'état des esprits, cherchant un mode d'intervention

rapide. Ils vinrent à dix heures du matin, ils revinrent
à une heure. Chaque fois, ils montrèrent la descente
des faubourgs sur l'Hôtel de Ville comme imminente.
Tous se mirent d'accord sur la nécessité de l'élection
des municipalités, sur une solution justicière de l'affaire du Bourget, sur la formation immédiate de bataillons de marche. Le maire de Paris et ses adjoints
allèrent porter ces propositions au gouvernement as-
semblé dans une salle voisine. Il fallait se hâter. La
rumeur de Paris grandissait, la foule allait venir.

Il était même trop tard. Pendant la délibération,
cette foule était venue, forçait la grille, entrait à l'Hôtel
de Ville.

CLXXXIII

Sur cette foule, l'hésitation ne peut être longue. Il
est certain que l'on peut trouver en elle la révélation des forces révolutionnaires sous les armes. Les
noms des chefs, les articles de journaux, les désirs
anciens hautement exprimés, témoignent suffisamment
que ces combattants rêvaient un ordre social différent
de l'ordre de la veille, et que leurs volontés et leurs
énergies étaient toutes prêtes pour en essayer la réalisation. Mais, ceci admis, je ne crois pas qu'aucun historien de l'avenir trouve, aux dates des soulèvements de
la population assiégée, un sentiment qui ait dominé le
sentiment de la défense de Paris. Par un phénomène
naturel, toute la violence des plus violents révolutionnaires se trouvait détournée de son but et orientée vers
la guerre patriotique.

Avec quelle ardeur! Je me souviens comme s'il s'a-
gissait de spectacles d'hier.

Ma première impression me vient de la foule dans
laquelle je vivais alors plongé, le jour, le soir, par le

fait de ma curiosité de coureur de rues, d'enfant qui
voulait voir et savoir, qui lisait les affiches innombrables se succédant d'heure en heure, qui écoutait les
discussions passionnées des groupes formés à chaque
coin de rue, sur chaque chaussée, sous le ciel bas,
dans l'atmosphère chargée de pluie ébranlée par les
coups de canon, qui lisait les journaux, les placards
criés à pleine rue, déployés aux kiosques, aux devan-
tures des libraires.

Combien de fois ces cris, ces paroles, ces imprimés,
ces visages anxieux et colères, cette foule levant ses
milliers de visages vers le ciel où passait le bruit de la
canonnade, combien de fois toute cette histoire vécue
ne se rencontrait-elle pas avec l'histoire passée que je
lisais au soir dans les livres ! C'était à perdre la notion
du temps et des faits, à croire que l'on se trouvait emporté, par quelque terrible enchantement, à l'époque
de la Patrie en danger et de la Terreur, et que les
prodiges de l'ardente défense révolutionnaire allaient
se renouveler. Mon imagination de ce temps-là ne se
faisait pas faute d'accomplir ces voyages d'illusion,
chaque fois interrompus par quelque arrêt du destin,
par quelque réapparition du réel.

La vie de la foule se manifestait encore d'une autre
manière au cours des longues attentes qui furent alors
imposées à tous — on peut se demander pourquoi, avec
stupéfaction — pour délivrer à chacun sa part de pain
et de viande. Pendant ces stations aux portes des bou-
cheries, des boulangéries, tout au long d'une soirée
sans lumière, ou à l'aube, les femmes, les enfants révé-
laient jour par jour l'esprit d'une population d'humbles,
de ceux qui supportaient le plus lourdement le poids
de cette tragédie imbécile, voulue en dehors d'eux, et
qui les prenait, les engageait de force comme figu-
rents.

De ces agglomérations immobiles contre les boutiques,
comme des groupes gesticulants des boulevards, on n'en-
tendait monter qu'une même parole exprimant la même
pensée : l'espoir perpétuellement affirmé que l'on ne
céderait pas, que Paris lasserait ses assaillants, que
l'on viendrait ainsi tous les soirs, tous les matins, chercher le mauvais pain et la viande de cheval, pendant
des semaines, pendant des mois, jusqu'à l'heure de la
trouée certaine où Paris rejoindrait enfin la province à
travers l'armée allemande dispersée. C'était cette affirmation qui était faite par les discuteurs des groupes,
si volubiles, aux yeux si brillants. C'était elle encore
et toujours qui sortait, la nuit, des capuchons rabattus
sur les visages des hommes, des mantes, des capelines,
des mouchoirs dont s'enveloppaient les femmes. Et des
petits qu'on ne voyait pas, enfouis dans les rangs, pro-
clamaient aussi, avec des voix rieuses et rageuses,
qu'ils refusaient de se rendre.

Tous ceux qui ont connu ces jours, n'ont pas entendu
autre chose. Il n'y avait donc pas à être surpris, au soir
du trente-un octobre, du défilé, qui dura des heures,
de tous les sombres bataillons en vareuses, fusils luisant sous la pluie, marchant d'un pas accéléré vers un
centre qui était l'Hôtel de Ville, avec l'idée obsédante
de sauver Paris.

Je revois cette place, noire de foule. J'évoque cette
soirée tiède, cette pluie, les lumières qui couraient aux
vitres, les arrivées ininterrompues de bataillons. Je
me rappelle une ondulation qui courut cette foule
armée, dans la nuit de six heures du soir, lorsque l'on
dit que Blanqui était entré, occupait l'Hôtel de Ville,
et qu'il allait donner des ordres. Toutes les journées
de 1848 s'évoquaient par des noms d'individus, les
mêmes que vingt-deux ans auparavant, et par la foule
anonyme, la même aussi qui essayait encore instincti-

vement de changer son sort. Mais combien la réalité de
ce soir d'octobre était plus belle et plus poignante que
l'histoire ressuscitée par les plus beaux livres, avec son
incertitude, avec le grand inconnu que l'on sentait dans
le noir, au loin, vers la campagne mystérieuse où grondait toujours la voix menaçante de la guerre.

CLXXXIV

Blanqui était entré, en effet, aussitôt qu'il avait été
prévenu de ce qui se passait, car il n'y eut jamais de
journée moins combinée que le 31 octobre. Il y eut
une partie de la population, exaltée, affolée par les nouvelles, furieuse de l'inertie, et qui s'en vint instinctivement vers les gouvernants de l'Hôtel de Ville, mais
sans projet, sans but préconçu. On a beaucoup écrit
sur ce qui s'est passé pendant cette journée, cette soirée
et cette nuit, et toutes les narrations, d'inspirations
diverses, avec les mêmes impressions de désordre et
d'attente sur place, se trouvent en accord sur les faits
essentiels.

Dès le matin, c'est l'arrivée des bataillons, crosses
en l'air, portant sur des drapeaux : Pas d'armistice ! La
Commune ! La levée en masse ! Devant l'Hôtel de Ville,
comme sous les fenêtres du gouverneur, au Louvre, ce
sont les cris : A bas Trochu ! Vive la Commune ! Des
armes ! Pendant la délibération des maires, il y a des
discours de Trochu, de Jules Simon, de Garnier-Pagès,
de Rochefort. Puis une double invasion de la salle du
Conseil municipal, au-dessus de la cour Louis XIV, où
délibèrent les maires, et de la salle du gouvernement,
qui occupe l'angle de l'Hôtel de Ville, sur la place de
Grève et le quai de Gesvres. Delescluze et Pyat, suivis
d'une foule tumultueuse, entrent dans la salle des

maires, et Flourens, suivi de quatre cents de ses tirailleurs, va tout droit à la salle du gouvernement.

Le maire de Paris et ses quatre adjoints traversent
la salle du Trône, se heurtent aux envahisseurs, parviennent pourtant à transmettre au gouvernement le
résultat de la délibération, les élections municipales sont
acceptées, et Étienne Arago est chargé de l'annoncer à
la population. Il lit le vœu des maires et la décision
gouvernementale du haut de l'escalier du préfet, puis
d'une fenêtre sur la place. Dans la salle du gouvernement, Rochefort, monté sur la table, donne la même
nouvelle. Il est mal accueilli, descend. Désormais, tous
ceux qui croient avoir quelque chose à dire vont monter sur cette table autour de laquelle sont assis Trochu,
Jules Favre, Jules Simon, Jules Ferry, Emmanuel
Arago, Garnier-Pagès, Dorian. C'est Lefrançais qui
surgit le premier, déclare la déchéance. Puis Flourens,
botté, galonné, qui lit la liste d'un nouveau gouvernement, ou plutôt d'un comité provisoire chargé de pro-
céder aux élections de la Commune. La foule acclame
ou désapprouve. La liste donnée plus tard comme définitive par Flourens était ainsi composée : Dorian, Flourens, Mottu, Victor Hugo, Louis Blanc, Delescluze,
Blanqui, Avrial, Raspail, Ledru-Rollin, Félix Pyat,
Millière, Ranvier, Rochefort. Celui-ci fut discuté, le
nom de Dorian fut dicté par la foule.

CLXXXV

C'est alors que le désordre et le hasard se mani-
festent en mouvements incertains et furieux. Flourens
avait fait un gouvernement, mais il restait à l'installer.
Tous ceux qui se trouvaient désignés ne furent pas
prévenus. Blanqui, sans bataillon, n'avait pas marché

sur l'Hôtel de Ville. Avisé à cinq heures et demie qu'il a une part du nouveau pouvoir provisoire, il est à six heures à l'Hôtel de Ville, il passe à grand'peine à travers la foule, il surgit, sans que l'on sache comment, dans le bureau du préfet de la Seine, séparé de la salle du gouvernement par un vestibule donnant sur l'escalier du préfet. C'est ce vestibule et cet escalier qui vont jouer le grand rôle dans l'affaire du Trente-un octobre. C'est là qu'ont pu pénétrer et manœuvrer à leur aise les bataillons venus au secours du gouvernement renversé. Flourens avait fait occuper la salle où il se trouvait avec Trochu et ses collègues, et donné ordre à ses tirailleurs de garder les portes. Il isolait ainsi la révolution qu'il croyait faire, supprimait toute communication avec le dehors. C'est le vestibule et l'escalier qu'il lui aurait fallu occuper, et c'est là que vinrent camper les gardes nationaux du 106e bataillon, du faubourg Saint-Germain, dévoués à Trochu, prêts à tout événement.

Blanqui, dans la salle où il pénètre, est reconnu, entouré d'amis, et mis au courant du rôle de Flourens. Il veut rejoindre celui-ci, traverser le vestibule, il trouve à la première porte de communication les gardes du 106e qui l'empêchent de passer. Il voit le péril, la difficulté d'aboutir immédiatement, va au possible.

Il s'installe, presque silencieux, de son allure paisible, froidement tragique, et sa pensée court d'abord à l'ennemi. Il faut empêcher qu'il ne sache les dissensions de Paris, et le premier ordre que signe Blanqui est de fermer toutes les barrières, de supprimer toutes communications. Le second ordre est aux commandants des forts pour les informer de ce qui se passe et les avertir de redoubler de vigilance. Cela fait, les estafettes partis dans toutes les directions, Blanqui songe à l'Hôtel de Ville, expédie à une vingtaine de chefs de bataillons l'ordre de rassembler leurs troupes et de venir sur-le-champ. Aux bataillons réunis sur la place, il donne l'ordre d'entrer immédiatement pour garder les portes et occuper l'intérieur après avoir fait sortir le 106°. A l'un de ces bataillons, il enjoint de prendre la Préfecture de police. Les maires sont prévenus. Pour ce qui concerne trois ou quatre arrondissements, de nouveaux maires sont désignés.

Ledru-Rollin vient, voit Blanqui écrivant, signant, et s'en va.

CLXXXVI

Pendant ce temps, le conflit prévu éclatait dans la salle voisine : le 106° envahissait la salle occupée par Flourens, le commandant Ibos montait à son tour sur la table, auprès de Flourens, le distrayait pendant que ses hommes enlevaient Trochu suivi de Ferry et d'Emmanuel Arago. Flourens, berné, consigne les autres dans une embrasure de fenêtre, les entoure de tirailleurs. Il est sept heures. L'insurrection, au lieu de s'accroître, décroît. Millière est venu, a parlé d'agir révolutionnairement, mais il est venu seul, n'a pas convoqué son bataillon. Les bataillons qui ont occupé la place sont repartis, à l'annonce d'un nouveau gouvernement, croyant tout terminé. Deux compagnies, qui sont à l'intérieur de l'Hôtel de Ville, s'en iront aussi, à minuit. Il pleut, la foule est affamée, chacun rentre chez soi : on aura des nouvelles le lendemain matin, par les journaux.

C'est au moment du tumulte occasionné par l'enlèvement de Trochu que Blanqui veut de nouveau rejoindre Flourens. Cette fois il réussit à sortir, pénètre dans le vestibule empli de cris et de gestes, se jette à travers les groupes, parvient à l'autre porte. Là, ce sont les

tirailleurs de Flourens qui lui barrent le chemin.
Leur consigne est pour tous. Blanqui lui-même ne
passera pas. Plusieurs fois, il est repoussé. Enfin il
parvient à se faire entendre et comprendre, il joint
Flourens, revient avec lui dans le bureau du préfet
pour essayer de coordonner l'action, de clarifier la
situation trouble.

Il faut une fois de plus traverser le dangereux vestibule, où se renouvelle sans cesse l'imprévu. Le vacarme
a augmenté. Les paroles violentes retentissent. Ce n'est
plus le 106° qui s'agite dans ces coulisses du drame,
c'est un autre bataillon du faubourg Saint-Germain,
le 17°. Les gardes sont nombreux, animés, tout prêts à en
venir aux mains avec les tirailleurs de Flourens. L'un
d'eux aperçoit Blanqui, le reconnaît, le signale. En un
instant, il est séparé de Flourens, une bande est sur
lui, l'empoigne, le précipite contre une table, le déchire,
l'étrangle. Les tirailleurs veulent le soustraire à ces
poignes brutales, et c'est une mêlée dans laquelle disparaît le vieillard. Les gardes sont les plus forts, emportent leur proie hors du vestibule, sur le palier. Là,
Blanqui tombe, haletant, presque évanoui, est recueilli
par d'autres gardes du 17° qui ne l'achèvent pas, qui
l'aident, au contraire, à s'asseoir sur une banquette,
le laissent reprendre ses sens. Pendant quelques instants, il reste immobile. Lorsqu'il retrouve sa réflexion
avec sa respiration, il peut reconnaître une fois de
plus combien il est difficile d'être compris, et s'apercevoir qu'il ne sert de rien d'accumuler les efforts,
de donner sa science, sa philosophie, de s'user le
cerveau, de dépenser sa vie. Il veut ce que veulent,
sans doute, la plupart de ces hommes, la défense
acharnée, la victoire de Paris et de la France, il le
veut avec autant d'ardeur et plus de clairvoyance.
Mis en leur présence, il est traité en ennemi, injurié,

frappé. Il s'en faut de peu qu'il ne soit assommé par ces inconscients, incapables de s'élever au-dessus de leur esprit de classe, jusqu'à l'idée supérieure de patrie invoquée par ce vieillard dont ils peuvent briser la frêle enveloppe, dont ils ne réduiront par le cœur énergique.

Il est vivant, mais il est prisonnier. On lui donne un verre d'eau, on l'emmène entre deux haies de gardes nationaux, on lui fait descendre l'escalier, suivre un couloir jusqu'à une porte par laquelle on sort de l'Hôtel de Ville. Cette porte est gardée par des hommes de Flourens qui interviennent. Un de ceux qui conduisent Blanqui, un garde national géant, saisit à la gorge un tirailleur, l'écrase contre la porte. Un coup de feu éclate, ne blesse personne, et c'est le vide soudain, les tirailleurs massés d'un côté, les gardes nationaux en retraite sur l'escalier, et Blanqui seul, entre les deux groupes, qui élève immédiatement la voix, adjure amis et adversaires de ne pas en venir aux mains, de ne pas répandre le sang français. On écoute, tout s'apaise, il remonte avec une escorte, retourne dans la salle des délibérations, reprend sa place, son écritoire, sa plume.

CLXXXVII

Il y a, autour de la table, Flourens, Delescluze, Millière, Ranvier, Mottu. Ils délibèrent. La situation est celle-ci :

Les membres du gouvernement qui n'ont pu suivre le général Trochu sont toujours gardés à vue. Paris s'est arrêté dans sa manifestation. Aucun bataillon n'est descendu des faubourgs. Ceux qui étaient venus sont repartis. La place de Grève s'est trouvée déserte, main-

tenant elle se repeuple d'instant en instant. Par la rue
de Rivoli, par les quais, les bataillons de Trochu
arrivent, investissent l'Hôtel de Ville. Ferry est à la
porte de la salle Saint-Jean avec le 106ᵉ qu'il a ramené
après la conduite de Trochu à son hôtel. Tout à l'heure,
les forces du dehors rejoindront les forces du dedans,
l'Hôtel de Ville sera repris. Il faut tirer le meilleur parti
des événements.

Dorian choisi comme intermédiaire a consenti aux
élections municipales pour le lendemain mardi, et pour
le mercredi à l'élection du gouvernement provisoire.
Delescluze propose de prendre acte de cette déclaration et d'attendre le résultat du vote. Blanqui donne lecture d'une adresse aux Parisiens : elle ferait connaître
à tous la raison de défense nationale qui a déterminé
le mouvement du Trente-un Octobre, et donnerait le
pouvoir à la commission provisoire pendant la durée
du scrutin. Ce fut la proposition de Delescluze qui fut
adoptée, et tous les six, Delescluze, Blanqui, Flourens,
Millière, Ranvier, Mottu, allèrent la remettre à Dorian,
avec lequel ils conclurent la convention définitive des
élections municipales, de la réélection du gouvernement, et de la séparation à l'amiable des deux parties
adverses, avec cette clause que nulles représailles,
nulles poursuites, ne pourraient être exercées à l'occasion des faits accomplis.

Cette convention, Jules Favre, Jules Simon, Garnier-
Pagès et Tamisier, général de la garde nationale,
l'acceptent, et même, il est dit, dans la déposition de
Dorian faite plus tard devant la commission d'enquête,
que ce sont les membres du gouvernement qui avaient
fait offrir les élections municipales pour le lendemain
et la soumission du gouvernement de la défense
nationale à l'épreuve du suffrage universel. Jules Ferry,
qui bat toujours l'entrée de la salle Saint-Jean, et vers

lequel s'en vont en parlementaires Dorian et Delès-
cluze. Jules Ferry, par la porte entrebâillée, prononce
des paroles qui souscrivent à la convention proposée,
déclare que le peuple doit être consulté et le titre gouvernemental régularisé. Il consent aussi à l'évacuation.
La porte se referme. Jules Ferry restera encore là
deux heures, attendant la réponse définitive de Delescluze.

C'est après ces tentatives de conciliation, et cet
accord qui engageait suffisamment les contractants,
que la force apparaît. La sortie de tous est empêchée
par l'irruption du bataillon des mobiles du Finistère,
conduit par le commandant de Legge, et du bataillon
de l'Indre, commandant Dauvergne. Ils surgissent par
les deux souterrains qui font communiquer la caserne
Lobau avec l'Hôtel de Ville. Il y a une terrible minute
d'anxiété lorsque les fusils brillent dans la masse noire
des mobiles, sous la voûte, et qu'il suffirait du signal
d'un chef pour allumer la gerbe d'une fusillade. En face
d'eux, il y a Flourens, Dorian, Blanqui, Delescluze,
Millière, et, massés derrière le mur d'un corridor, les
insurgés armés. Un geste, un coup de feu, et l'Hôtel de
Ville est plein de sang. Heureusement, l'officier vient à
l'ordre de Dorian, est mis au courant de la situation,
accepte l'expectative. Les mobiles bretons occupent le
rez-de-chaussée, l'entresol. Les mobiles berrichons
prennent le premier étage et la salle du Trône. Pendant ce temps, Charles Ferry ouvre la porte à Jules
Ferry qui entre avec des gardes dés 14ᵉ, 17ᵉ, 106ᵉ bataillons. Il va tout droit à la salle du gouvernement, brise
les portes, délivre ses collègues, parle haut. Cette fois
encore, le conflit entre les survenants et les tirailleurs
de Flourens est évité. Le général Tamisier, qui avait
accepté la proposition d'un départ commun, fait honneur à sa parole. Il part avec Flourens et Blanqui,

donnant le bras à Blanqui, et derrière eux tous ceux
qui avaient occupé insurrectionnellement l'Hôtel de
Ville. Le défilé dure une demi-heure à travers les
rangs des mobiles et des gardes nationaux massés sur
la place. C'est quatre heures du matin, la nuit noire, la
pluie d'automne.

CLXXXVIII

Ce gouvernement de quelques heures, installé à
l'Hôtel de Ville pendant cette soirée et cette nuit qui
pouvaient devenir tragiques et ne furent que confuses,
était incapable de prolonger davantage son existence.
Il était sans communication, sans attache avec le
dehors, et, infailliblement, il devait s'anémier et mourir
sur place.

Aucun des hommes qui le composaient ne pouvait
réunir l'unanimité de Paris, ni Flourens, simple chef
d'une troupe, ni Delescluze, journaliste d'influence limitée, ni Blanqui, inconnu des uns, méconnu des autres,
légendaire, défiguré. D'ailleurs, la force révolutionnaire
ne se révéla pas assez vivante pour leur donner une dictature de circonstance. Non seulement ils ne furent pas
rejoints à l'Hôtel de Ville, mais encore ils y furent abandonnés. Leurs troupes, venues sur la place, s'en étaient
retournées, peu à peu avaient regagné leurs quartiers.
Ils ne se seraient maintenus un jour que pour assister
aux élections municipales et au renouvellement du
mandat du gouvernement de la Défense. On a le droit
d'écarter l'hypothèse d'une guerre civile devant l'ennemi : de l'avis de tous ceux, hommes d'opinions les
plus diverses, qui ont donné leur témoignage sur cette
journée, il ressort que la préoccupation perpétuelle
des envahisseurs a été de ne pas se servir de leurs
armes.

De même, il n'y eut pas déploiement de vigueur chez
Trochu, Ferry, libérés. Trochu s'en alla dîner. Ferry
entra après les mobiles lorsque la porte lui fut ouverte.
Les choses, visiblement, furent traînées en longueur.
Ce fut comme une entente tacite, infiniment honorable,
de ne pas en venir aux mains au milieu de ce terrible
désordre.

L'idée de la guerre et le sentiment patriotique domi-
naient la situation. Il y avait donc, dans l'esprit des
plus décidés, l'idée contradictoire de renverser le gouvernement de la Défense sans agir révolutionnairement.
On s'en remettait à la volonté de tous, comptant, pour
le jour présent, sur l'afflux populaire, et pour le lendemain, sur le moyen légal des élections. Le populaire
manqua.

Il était trop facile, ensuite, de railler les hommes qui
se permettaient de critiquer les opérations du siège et
n'avaient pas su se maintenir, se fortifier, dans la place
qu'ils avaient prise. On n'y manqua pas, on risqua le
spécieux et grossier parallèle. Il est pourtant aisé
d'apercevoir que les hommes apportés là par un mouvement qui diminue et bientôt cesse, devaient fatalement tomber à l'impuissance. Il faut l'arrivée du flot
pour emporter les navires vers le large. Tout l'effort de
Blanqui alla au vide. Il vit la situation, sut fournir une
méthode, donner des ordres. Il ne pouvait faire que
Paris eût comme lui le sens du vrai, et que la révolution s'ordonnât. Sa forte imagination, après avoir cons-
taté le réel, créait le rêve de l'action, mais l'élément
nécessaire manquait pour animer le rêve. Dans les périodes historiques de ce genre, si les soldats peuvent
créer le chef, le chef ne peut susciter les soldats. A ce
moment Paris, déjà inquiet, mais encore croyant, voulait, acceptait Trochu, se confiait à l'esprit négateur.
Blanqui, affirmatif, résolu, restait ce qu'il fut toute sa

vie, un général sans armée, prouvait seulement qu'il
était un chef possible. « La Révolution, dit Louis Fiaux,
sut qu'elle avait son Richelieu. »

Il ne gagna au Trente-un Octobre qu'un nouvel enjolivement de sa légende. On inventa contre lui, et il se
trouva des gens pour le croire, qu'il avait profité de
son pouvoir éphémère pour envoyer au ministère des
finances deux délégués porteurs d'un bon de quinze
millions!

CLXXXIX

Le 1er novembre, sur l'affiche de Dorian, Schœlcher,
Étienne Arago, annonçant les élections municipales,
une autre affiche de Jules Favre était collée, annonçant
que ces élections étaient ajournées, et que la population devrait voter le 3 novembre par OUI ou par NON
sur la question de savoir si l'élection de la municipalité
et du gouvernement aurait lieu à bref délai. C'était
manquer à la parole donnée, revenir tout au moins sur
l'une des décisions, celle qui avait été prise, non pas,
comme le disait Jules Favre, pendant que les membres
du gouvernement étaient gardés à vue, mais avant
l'envahissement de l'Hôtel de Ville, par délibération
des vingt maires acceptée du gouvernement.

Le vote eut lieu, sur une formule encore une fois
changée, nettement plébiscitaire, la population inter-
rogée sur le maintien du gouvernement de la Défense
nationale. Il y eut 321,373 oui, 53,585 non. Le vote de
l'armée donna 236,623 oui, 9,050 non. Les élections
municipales eurent lieu le samedi.

La seconde clause de l'accord de l'Hôtel de Ville fut
également méconnue. Des poursuites furent exercées
contre ceux qui avaient joué un rôle actif pendant la
nuit du Trente-un Octobre. Vermorel, Lefrançais, Vési-

nier, Tibaldi furent arrêtés. Ranvier, Jaclard, Tridon,
Bauer furent arrêtés, puis relâchés. Blanqui fut poursuivi, mais non arrêté. Le préfet de police, Edmond
Adam, donna sa démission. Henri Rochefort sortit du
gouvernement. Tamisier résilia, à l'amiable, le commandement de la garde nationale, fut remplacé par
Clément Thomas.

CXC

Blanqui s'en va loger chez Léonce Levraud, qui
n'habite pas son appartement, rue Clauzel, est chi-
rurgien d'un bataillon de mobiles au plateau d'Avron.
Le nouveau locataire est présenté à la bonne comme
un parent ayant déserté sa maison bombardée. Il
s'installe, avec un autre ami de Levraud, le docteur
Cholet, d'Agen, connaît de nouveau la claustration, au
milieu de ce Paris tressaillant et douloureux du siège.
Sa destinée était de traverser des intermèdes violents,
des scènes envahies de foules, des grands drames
mouvementés et retentissants, et de retomber ensuite
aux décors de solitude et de silence. Réduit à l'impuissance, il retrouvait la liberté de sa pensée, redevenait
son maître. Vaincu, il se dressait, tenace, en face de
l'univers insensible ou ennemi.

Chez Levraud, il est en cellule, mais il a un compagnon, il peut parcourir les chambres paisibles, prendre
contact avec le monde par la magie du cabinet de travail où sont amoncelés les livres. Puis, sa pensée va
au dehors, se manifeste, s'offre à tous, il écrit chaque
jour son article pour la *Patrie en danger*.

Il apprécie le manquement du Gouvernement à sa
parole, Dorian qui reste muet, Favre qui se ravise.
Son journal conseille énergiquement de voter *non,*

glorifie la défaite du parti révolutionnaire par son
scrupule, par son refus de guerre civile, puis, le vote
acquis, il cherche un réconfort dans l'opinion non
exprimée de ceux qui étaient au rempart et des jeunes
gens non électeurs. Mais il sait bien, que les chiffres
produisent leur effet, que le dénouement de la
défaite et de la paix approche, et que tout est
impuissant contre l'aveuglement des masses. « Aujour-
d'hui, toutefois, s'écrie-t-il, cet aveuglement est doublé
d'égoïsme! Paris tombe en défaillance; il s'ennuie de
ses habitudes perdues, de ses vivres rognés, de ses joies
envolées. Il en a plus qu'assez du rôle de Strasbourg
et ne tient pas à manger les rats de ses égouts. Voici
quarante jours de carême. Revenons au carnaval. Votez
donc, enfants de Sybaris, votez pour la *défense nationale* qui rendra la ville aux Prussiens, la viande à vos
marmites, les chalands étrangers à vos magasins, et à
vos lupanars. La *défense nationale* n'a fabriqué ni fusils,
ni canons, engins dangereux qui entretiennent la discorde. En revanche, elle a préparé les armistices qui
apportent la paix. Donc, vivent la paix, la viande, les
légumes, la musique, le trottoir et la bombance! Jetons
par-dessus bord la République, l'Alsace, la Lorraine, et
même la France, si Bismarck le demande. Nous serons
Prussiens, mais nous ne ferons plus la queue chez le
boucher, et les laitières reviendront au coin des portes.
O Dieu! le lait! La Patrie, l'univers pour une tasse de
lait! Et fusillez les brigands qui nous l'ôtent de la
bouche. Ouvrez, ouvrez les portes à l'abondance.
Qu'importe si l'infamie entre avec elle.

> On vit de honte, on n'en meurt pas,

a dit le poète. Le poète a bien dit. »

Il décrit les symptômes de l'agonie. D'une plume
acérée et dure, il débride la plaie, démontre impitoya-

blement que sous la guerre extérieure il y a une guerre
intérieure, que la bourgeoisie veut garder le pouvoir
social, qu'elle acceptera la paix qui garantira son règne.
A propos des réfugiés de la campagne, il fait une
rapide allusion aux paysans ruinés qui donneraient
la France pour leur jardin : « Peut-on, dit-il, leur faire
un reproche, après les avoir abandonnés à l'ignorance
et à l'égoïsme? » Tout lui présage la fin, il annonce
les dernières convulsions de la nation alitée, expirante,
et l'heure fatale saluée d'une hausse de quinze francs à
la Bourse. « Car, dit-il de sa voix amère, la patrie
meurt, mais la Bourse ne se rend pas. »

Désormais, c'est le regret, la tristesse, la douleur,
qui s'exhalent de ces pages. Il attend en frémissant la
capitulation de Paris et le règne absolu de la réaction.
« Quand on songe, écrit-il le 11 novembre, que l'Hôtel
de Ville n'a jamais cru une minute au succès possible
de la résistance, qu'il a fait deux mois de cette horrible guerre sans nul espoir, uniquement pour conserver l'autorité, pour rester gouvernement! Et quand
on songe encore que cette certitude préconçue de la
défaite en a été la seule cause, que des préparatifs
sérieux, faits à temps, nous assuraient la victoire, et
qu'on s'est croisé les bras, par conviction de leur inutilité, comment ne pas rester anéanti de douleur et de
rage devant la patrie qui s'abîme, par l'ineptie, l'égoïsme
et la plate ambition de quelques hommes? »

Le 13, il résume l'Œuvre du gouvernement : l'éner-
vement, l'anémie de Paris, qui est maintenant indécis,
fatigué, après avoir voulu passionnément l'action,
depuis le 4 septembre jusqu'au 31 octobre. Ce dernier jour, il a fait un « geste puissant », il pouvait,
le lendemain, se dresser terrible, mais ce lendemain
a vu le commencement de l'agonie. On est de nouveau à
l'armistice, à la paix, le gouvernement n'aura bientôt

qu'à obéir au sentiment public. Cette idée de la paix
désirée, cherchée, consentie, mendiée à toute l'Europe,
sans avoir fait la guerre farouche que commandait la
patrie, cette idée met Blanqui hors de lui. C'est de la
transformation de Paris, du Paris héroïque en Paris
égoïste, qu'il en veut aux gouvernants : ils ont trouvé
la confiance, l'espoir, l'ardeur, l'enthousiasme, et ont
mis à la place, parce qu'ils n'avaient pas la foi ni la
volonté, le doute, l'inquiétude, l'indifférence, l'abatte-
ment. Car c'est à Paris maintenant que Blanqui s'adresse.
C'est à lui qu'il parle librement, sans les phrases adula-
trices et pompeuses des flatteurs de peuple, c'est lui
qu'il rend responsable de la situation.

L'article suivant, du 14, l'*Abdication d'un peuple*, précise encore ce sentiment. Blanqui n'admet pas le droit
à disposer de la France, reconnu aux provinces envahies, votant « le sabre prussien sur la gorge ». Il n'admet pas davantage Paris, « demi-mort de faim, signant
d'une main défaillante le démembrement de la patrie ».
Il est magnifique d'inflexibilité, de courage civique, et
c'est ce vieil insurgé, au milieu de la catastrophe et de
l'effondrement, qui représente le mieux le sentiment
national et la loi civique. Ecoutez-le : « Les pouvoirs
légitimes sont aux mains de qui résiste. Le bulletin
de vote, aujourd'hui, c'est la cartouche. Aucun autre
n'est valable, tant que l'étranger n'a pas vidé les lieux.
Les départements envahis ou menacés d'invasion prochaine sont frappés d'incapacité politique. Ils n'ont
plus qualité pour régler le sort du pays. Une ville
assiégée, aussi longtemps qu'elle combat, représente
la nation et la représente même mieux que personne.
En capitulant, elle déchire son mandat. Si la province
cède et que Paris se défende, il est la France. S'il succombe et qu'une province fasse tête à l'ennemi, elle
devient à son tour la nation. Là où on se bat pour l'in-

dépendance, là est la République, et le gouvernement
de droit comme de fait. Une assemblée qui traite avec
l'étranger, maître du pays, est à l'état de révolte contre
un seul canton qui continue la lutte par les armes. »

CXCI

Il s'acharne aux choses de la guerre et de la défense.
Il revient, le 15, à l'organisation de la garde nationale,
à la faute commise dès le début, au refus de faire de
la population valide de Paris une armée, à la nécessité des fragmentations strictement coordonnées : le
bataillon, le régiment, la brigade, la division, la légion,
à la place des bataillons de quinze cents hommes,
masses informes impossibles à manier, et qu'il a fallu
d'ailleurs défaire chaque fois qu'il y a eu tentative
d'entrée en campagne.

Il répond, le 16, à la proclamation Trochu affirmant
que la journée du 31 octobre avait empêché d'aboutir
les pourparlers d'armistice : c'est l'avis de blanqui,
mais il donne une raison qui n'est pas celle de Trochu,
indique la défaite des révolutionnaires, des violents,
des outranciers. Cette même proclamation, d'ailleurs,
contient l'aveu du général, sa non-croyance à une
défense victorieuse de Paris. « Pourquoi donc, dit Blanqui, l'a-t-il prise en main, s'il la jugeait impossible ? »

Le 19, l'article *Point d'assemblée* est une histoire en
raccourci du régime parlementaire, un libre jugement
sur les assemblées de la Révolution, sur les Chambres
de Louis-Philippe, sur les assemblées de 1848 à 1851.
« Qu'est-ce donc, interroge-t-il, qu'une assemblée ?
Serait-ce une réunion de vertus et de talents, de grands
dévouements, de hautes intelligences, une crème de l'humanité, ou même une élite de la nation ? J'en atteste

hélas ! lés quinze ou vingt échantillons qui ont ennuyé, perverti ou désolé le pays près d'un siècle, c'est un ramas de nullités et d'égoïsmes, où priment quelque artiste de la parole et certaines habiletés malfaisantes, bientôt les guides du troupeau, et les maîtres de tout le monde. Aux jours d'orage et de désastre, quand la patrie chancelle sur sa base, l'égoïsme de toutes ces médiocrités se traduit par des catastrophes. L'instinct qui les domine avant tout, c'est la peur, l'intérêt ensuite... Je ne parle pas de quelques nobles âmes égarées au milieu de cette tourbe. Elles ne peuvent qu'assister impuissantes à cet odieux spectacle. Ce tableau est-il une calomnie ? Que l'on interroge les souvenirs de soixante-quinze années, l'histoire du Sénat et du Corps législatif en 1814 et 1870, de la Chambre des députés en 1830 et 1848, de la Constituante et de la Législative sous la deuxième République. »

Blanqui dit la seule assemblée possible : « Il existe en séance, à Paris, une assemblée de 500,000 hommes, avec des bouches de bronze et des paroles de plomb. Que la province en convoque d'autres, de la même nature, sinon du même chiffre... La France, en ce moment, n'a d'existence civique que dans les camps. Partout ailleurs, personne n'a droit à la parole. »

Des assemblées, il passe, le lendemain, au suffrage universel et à l'éducation du peuple, et ce n'est certes pas un fanatique ou un hypocrite qui écrit ces lignes : « Les Républicains ont payé cher déjà, il y a vingt-deux ans, et vont payer plus cher encore, je le crains, l'application prématurée d'un idéal, admirable pour l'avenir, mais bien fatal dans le présent. Un peuple est ce que l'a fait son enseignement et ne solde qu'avec la monnaie mise en circulation. Nourri d'absurde, il rend l'absurde, et lui demander autre chose, c'est exiger des pêches d'un mancenillier... Le suffrage universel est né dans

les grandes villes, qui n'ont pas regardé plus loin que la
barrière, et ont cru la France faite à leur image...
Comment ne pas voir que la manifestation politique
d'un peuple sera toujours le reflet des idées dont on l'a
abreuvé, et qu'après vingt ans de despotisme, de servitude, d'abrutissement systématique, il ne peut éclore
du scrutin que la graine semée dans les cerveaux? C'est
ce qui est arrivé en 1848 et 1849 par l'ineptie des
démocrates. Ils ont voulu récolter la République dans
un champ semé de monarchie, et, à leur grande stupeur,
ils n'ont recueilli que trois variétés de la vieille plante,
avec le plaisir du choix. Avant que le blé pousse sur une
terre empoisonnée de chiendent, il faut la retourner et
la herser trois ou quatre fois, sans compter l'écobuage,
sinon, c'est de la semence perdue... Après la révolution
de Février, plusieurs années de préparation intellectuelle auraient dû précéder et préparer le scrutin populaire. C'est par l'idée, jamais par la force, qu'on doit
conquérir une nation... Le suffrage universel est le
principe sacro-saint parmi nous. Le voiler cinq minutes
serait un sacrilège. Résultat net de ce scrupule : le suffrage universel qui aurait créé, depuis quinze années,
un monde nouveau, en échange d'un assez court ajournement, nous a presque tués comme nation, par son
application immédiate, et nous tuera tout à fait, si on
recommence demain la même extravagance. »

Il conclut que l'œuvre préalable d'une révolution
doit être l'éducation, toujours empêchée par l'élection
immédiate d'une assemblée. Et pour ce moment de
1870 où il écrit, il montre Bismarck d'accord avec la
réaction pour demander une Assemblée nationale :
« Une Assemblée *nationale!* oui-da! comme la défense
nationale, qui a paralysé avec acharnement la défense.
On appelle national aujourd'hui tout ce qui sert à
détruire la nation. »

CXCII

Après ces chefs-d'œuvre, un autre chef-d'œuvre, du 21 novembre : *Les maraudeurs*, écrit pour défendre des mesures de rigueur les malheureux qui s'en vont hors des murs chercher quelque bois, quelque légume. Ils ont pris ce qui était abandonné, brisé des clôtures, pillé des champs. Attentat contre la propriété! « Que ne faisiez-vous la récolte vous-même, grands défenseurs de l'ordre! dit Blanqui. Pourquoi les propriétaires ont-ils laissé là leurs mobiliers, leurs choux et leurs carottes? La peur les tenait, et malgré la douleur de la séparation, ils ont préféré leur vie à leurs pommes de terre... A défaut du propriétaire, qui empêchait l'autorité de déménager elle-même les maisons désertes, d'enlever les récoltes?... N'avait-elle pas des voitures, des chevaux et des hommes?... En plein siège, sous le coup de la disette et à la veille de la famine, votre propriétarisme farouche défend, au nom du tien et du mien, de toucher à des biens destinés à périr, qui, sans aucun tort pour personne, pourraient sauver des existences. La mort plutôt qu'un outrage à la propriété. » Et Blanqui raconte que les maraudeurs ont répondu par un cri sauvage. Au retour d'une journée de fatigue et de froid, hommes, femmes, enfants, chargés de bois ramassé sous les balles prussiennes, ont trouvé aux portes de Paris l'ordre de laisser là leur fardeau. Ils l'ont déposé, y ont mis le feu, ont dansé autour, en criant : « Eh bien! personne ne l'aura! » D'autres ont vendu leur récolte aux Prussiens. Blanqui s'attriste et s'indigne : « Malheur à toi, société sans entrailles, qui tues le dévouement au cœur du peuple et y fais germer la vengeance! *Personne ne l'aura!* C'est par cette formule d'extermination que tu es parvenue à remplacer la fraternité! Comment se peut-il que des hommes, parmi nous, aient pris ce dédain, disons cette haine de la patrie, d'aller vendre aux Prussiens la sûreté de nos foyers?... Ce sera l'épisode le plus dramatique du siège de Paris que ce débordement quotidien des faubourgs dans le champ de carnage, pour glaner les restes de légumes, à la bouche des canons allemands. Nul autre n'accuse une plus profonde misère et une plus grande douleur morale. Ces parias portent le véritable deuil de la patrie. »

Ainsi, les émotions du siège se répercutent chez le solitaire. En ces derniers jours de novembre, le deuil privé s'ajoute au deuil public, par la mort d'une nièce de Blanqui, Mario Barellier.

CXCIII

Le journaliste continue son œuvre, se déclare en accord avec Gambetta opposé à une assemblée, montre le *Moniteur* prussien flétrissant le mouvement du 31 Octobre, pénètre la conduite de Bazaine, revient à la garde nationale de Paris frappée d'impuissance, proteste encore contre l'opinion qui blâme les acharnés de la défense, se passionne à montrer le spectacle de l'immense ville acceptant avec résignation la volonté obscure d'un chef militaire visiblement inactif, donne toute liberté à son ironie contre la badauderie héroïque, formule la sévère conclusion : « Paris abandonne en aveugle sa défense à un homme qui a déclaré la défense impossible. Paris a perdu le sens, l'esprit, la volonté, Paris abdique. Eh bien! il aura le sort des peuples qui abdiquent, la ruine et le déshonneur. »

Il a un revirement d'opinion sur Gambetta, opiniâtre à la lutte, possédé comme lui, il commence à le deviner,

par le démon de la patrie. Il manifeste un renouveau
d'espoir devant la sortie du 29 novembre, le passage de
la Marne, la bataille de Champigny. Il n'est pas désespéré du retour, qui s'imposait, dit-il, sous peine de
compromettre Paris. Il réclame encore et toujours
l'offensive. La reprise d'Orléans par les Allemands ne
le fait pas désespérer. La province, affirme-t-il, revien-
dra malgré cette défaite, si elle entend toujours le
canon de Paris.

CXCIV

Et subitement, sa voix se tait. Son journal meurt
malgré tant de sacrifices de ses amis, tant d'opiniâtreté,
tant d'éloquence, de talent, de génie patriotique, chez
lui. Il a été impossible de faire vivre l'humble
feuille.

Une note en tête du n° 89, du 8 décembre, annonce
ainsi la fin : « La *Patrie en danger* cesse de paraître.
Nous dirons franchement pourquoi : les ressources
nous manquent. Malgré la plus stricte économie,
malgré la gratuité absolue de la Rédaction, le journal
n'arrive pas à faire ses frais. Le déficit est peu de
chose, mais il suffit quand on est pauvre. Nous regret-
tons amèrement que cette nécessité survienne au
moment où chacun doit lutter de ses derniers efforts.
LA RÉDACTION. »

CXCV

Blanqui retourne à la nuit, au silence. Pendant trois
mois, on a entendu la voix, on a su la pensée de celui
qui fut toujours scellé aux profonds cachots, séparé
du monde par les murs, les portes, les verrous des
forteresses. On a pu savoir, dans les plus tragiques

circonstances, ce qu'il y avait en lui de savoir amassé,
de foi inviolée. C'est fini, il disparaît encore.

Il ne faut pas le laisser disparaître sans le témoignage qu'il a eu d'un homme, non de ses amis politiques, mais d'esprit fier, de conscience pure, qui l'a vu
dans la mêlée de ce temps-là, qui a entendu sa parole,
qui a lu ses articles au moment où ils paraissaient.
C'est la page écrite plus tard par un grand lettré,
J.-J. Weiss, et qui restera annexée aux articles de la
Patrie en danger. Elle est claire et belle de sincérité, de
véracité, toute brillante et enflammée de joie courageuse.

Weiss ne savait pas tout de Blanqui, mais combien
il a deviné! Il débute en s'étonnant de toute la ribam-
belle officielle, qui, pendant cinquante ans, a mené la
France de catastrophe en catastrophe et de chute en
chute. Il signale ceux qui ont exercé des grandes
charges, qui ont eu des titres. Tous des hommes
d'Etat, des hommes politiques. Et Blanqui, dont toute
la vie a été donnée à la politique, n'est rien qu'un
« homme de lettres » !

« Et pourtant, dit Weiss, ceux qui sont les véritables maîtres de la politique, qui en ont étudié les lois
constantes et déterminé les aphorismes, qui l'ont pour
ainsi dire élevée à l'état de science exacte, Thucydide,
Guichardin, Machiavel, Richelieu, Henri de Rohan, et
le plus profond comme le plus aisé de tous, le cardinal
de Retz, ne refuseraient pas de reconnaître en ce
singulier « homme de lettres » sinon leur égal, du moins
un des leurs, né avec des aptitudes que la fortune, qui
ne fait pas le mérite, mais qui le met en œuvre, ne
lui a pas permis de développer...

« Je ne connais de Blanqui que ce que j'ai vu de lui,
du 4 septembre au 8 décembre 1870, sur une estrade
de club, que ce que j'ai lu de lui, pendant le même

temps, sur un méchant morceau de papier jaunâtre qu'il faisait paraître à force de sacrifices, qui n'avait ni abonnés, ni acheteurs, qui n'a pas pu vivre plus de trois mois, et dont je suis peut-être le seul, en dehors de son cénacle intime, à me souvenir aujourd'hui. Je ne connais que le Blanqui du siège, le Blanqui du Club des Halles et de la *Patrie en danger*. C'est de celui-là seul que je veux parler.

« Le club se tenait dans une petite salle du premier étage, au-dessus d'un café, club peu nombreux, grave et recueilli. Représentez-vous l'aspect de la Comédie-Française, les jours où on y joue Racine et Corneille, comparez l'auditoire de ces jours-là à la foule qui emplit un cirque où des acrobates exécutent des sauts périlleux : vous aurez l'impression exacte qu'on éprouvait en entrant au club révolutionnaire de Blanqui, comparée à celle que donnaient les deux clubs en vogue du parti de l'ordre, celui des Folies-Bergère et celui de la salle Valentino. C'était comme une chapelle consacrée au culte orthodoxe de la conspiration classique, où les portes étaient ouvertes à tout le monde, mais où l'on ne sentait l'envie de revenir que si l'on était un adepte.

« Après le maussade défilé des opprimés qui se présentaient chaque soir à la tribune, pour dénoncer invariablement, celui-ci la conspiration des banquiers contre le peuple, celui-là son chef de bureau, cet autre un administrateur de chemins de fer, le prêtre du lieu se levait, et, sous prétexte de résumer les griefs de son client, le peuple, représenté par la demi-douzaine d'imbéciles prétentieux et furieux qu'on venait d'entendre, il exposait la situation.

« L'extérieur était distingué, la tenue irréprochable, la physionomie délicate, fine et calme, avec un éclair farouche et sinistre qui traversait quelquefois des yeux

minces, petits, perçants, et, à leur état habituel, plutôt
bienveillants que durs ; la parole mesurée, familière et
précise, la parole la moins déclamatoire que j'aie jamais
entendue avec celle de M. Thiers. Quant au fond du
discours, presque tout y était juste. J'avais pour voisin,
au Club des Halles, un jeune rédacteur du *Journal des
Débats*, très conservateur comme j'ai l'honneur d'être,
moi-même, qui débutait alors et qu'on remarquait
beaucoup pour la sagesse et la maturité de son esprit.
Combien de fois ne l'ai-je pas entendu soupirer au
moment où Blanqui faisait son exposé quotidien des
événements du siège, des fautes du gouvernement, des
nécessités de la situation : « Mais tout cela est vrai !
Mais c'est qu'il a raison ! Mais quel dommage que ce
soit Blanqui ! » Je le pensais comme lui, je le disais
comme lui, mais je n'en soupirais pas. La vérité est
bonne, de quelque côté qu'elle vienne.

« Et le lendemain je lisais le journal ! Ah ce n'était
pas la parole froide et correcte de la veille, cela brûlait
et ravissait ! Quelle puissance ! Quelle sincère et déchi-
rante tendresse pour la patrie en péril ! Quel retentissement de ses blessures ! Quelles saignantes douleurs !
Quelles colères, quelles rages magnifiques contre les
incapacités souveraines et les abominables vanités qui
perdaient Paris en s'admirant ! Écrire ainsi à soixante-
cinq ans sonnés, après quinze ou vingt ans de captivité,
quand l'imagination est tarie, quand les sens sont
éteints, le corps épuisé, l'esprit fatigué : comment le
peut-on, à moins d'écrire avec sa chair et son sang et
comme en s'ouvrant les entrailles ?

« Ce n'étaient que des cris de l'âme et des éclats de
nerfs, mais des cris qui étaient des arguments, mais
des éclats que dominait en leur désordre un jugement d'une sûreté et d'une vigueur toute géométrique.
Où donc Corneille a-t-il appris l'art de la guerre ?

s'écriait le grand Condé à la première représentation
de *Sertorius*. Blanqui n'avait point, je suppose, appris
la guerre plus que Corneille. Mais, comme il possédait
à un degré éminent la faculté politique, il a donné,
du 4 septembre au 9 octobre, pendant qu'il en était
temps encore, même en matière militaire, tous les aver-
tissements qui, écoutés, eussent pu préparer le salut;
il a prédit, dès avant l'investissement, la catastrophe
et les causes qui l'amèneraient.....

« La politique n'a pas été douce à Blanqui. Elle a été
un peu pour lui, si l'on veut me permettre une comparaison qui n'est pas aussi élégiaque qu'elle en a l'air,
comme Célimène est pour Alceste. A son début dans la
vie, lorsqu'il s'est donné à elle tout entier, sur sa première barricade, il la rêvait, sans doute généreuse,
loyale, sublime, propice aux échanges de dévouement :
il l'a trouvée ingrate, fausse, perverse, égoïste, et, qui
pis est, vulgaire; il lui demandait le bonheur et la
gloire pour prix de son existence et de sa personne
qu'il engageait sans réserve : elle ne lui a apporté que
brisement et déchirement, tortures physiques et morale-
les, une renommée atroce, une légende d'ignominie. On
ne peut lire sans émotion les lignes douloureuses qu'il
a lui-même écrites sur ce sujet en 1848.

« Comment tant de souffrances, à la longue, et tant de
déceptions, si profondes et si cruelles, n'eussent-elles
pas apporté à leur suite un ferment de folie? Avoir la
conscience nette et claire qu'on est le premier de sa
secle et de son parti; sacrifier tout à la cause révolutionnaire, joies de la jeunesse, études et travaux de
l'âge mûr, fortune, liberté, honneur, une femme aimée;
méditer sans cesse, dans la prison, dans l'exil, à travers
les chemins que l'on suit en fugitif, au fond des cachet-
tes ténébreuses où l'on se dérobe, sur les lois de la
politique et sur les procédés certains de gouvernement

qu'on mettra en jeu le jour de la victoire et, quand elle
arrive, la victoire convoitée de la Révolution, quand la
Révolution triomphante reçoit de la fortune, pour première tâche, la France à délivrer de l'invasion, Paris à
sauver d'une capitulation épouvantable, voir la Révolution qu'on a préparée par toute sa vie glisser entre
les mains « de valets des rois, métamorphosés en
brillants papillons républicains », tous médiocres
d'ailleurs, tous incapables, tous sans foi dans la patrie ;
discerner les moyens de salut et ne les point pouvoir
appliquer ; n'être rien, tandis que Jules Favre et le
général Trochu sont tout et perdent tout parmi les
acclamations idolâtriques de cette démocratie à laquelle
on s'est immolé, et de cette démagogie idiote en
laquelle on espérait trouver un instrument de règne ;
n'avoir d'autre consolation que de crier, chaque matin,
à la foule inattentive, qu'on est soi-même le grand
homme, et non point ces gens-là, dont l'apothéose
déshonore la nation ; puis, un beau jour, ne même
plus se plaindre, parce qu'on n'a plus de quoi payer le
morceau de papier sur lequel on imprimera sa plainte ;
se sentir mourir inutile à son pays qui se meurt... Ah !
si l'enfer existe, il doit être fait de sensations pareilles.
Et ç'a été l'existence de Blanqui ! »

CXCVI

Son journal disparu, sa parole supprimée, Blanqui
n'est plus qu'une unité dans la foule, une impuissance
ajoutée à toutes ces impuissances individuelles qui
attendent le signal d'agir, dans l'anxiété, dans la colère,
ou dans la résignation. Mais lui ! lui qui ne peut accepter
ce destin sans amertume, lui qui est conscient dans la
douleur, quelles souffrances sont les siennes ! La pensée

effroyablement active, toujours avertie, toujours divi-
natrice, aperçoit distinctement, jour par jour, heure
par heure, l'approche de la mort. Sous la lourde tombée de neige de décembre, dans le sol de glace, il voit
Paris se coucher lentement au tombeau, aller au sommeil final, à l'agonie prochaine. Tout autour de la ville,
tonnent les canons des forts et les canons allemands,
et ces salves monotones qui se propagent dans l'atmosphère d'hiver annoncent de leur grand bruit solennel
et funèbre la fin et l'enterrement d'une grande chose,
le peuple de Paris étendu et expirant dans la profonde
vallée de la Seine, sous un ciel opaque et pesant comme
une dalle de cimetière.

   Pour Blanqui, c'est la fin de tout, non seulement ses
idées, ses espoirs de rénovation sociale vaincus, la
République responsable de la défaite, mais cette défaite,
c'est celle de la France, du milieu d'éclosion merveilleux
des lettres et de l'art, de la philosophie et de la science,
de la politique combative et de la Révolution. C'est la
dévastation de ce beau champ où croissaient les idées,
où l'on pouvait espérer tant de fleurissements et de
moissons. Quel désastre et quelle nuit chez cet homme
qui a vécu sa vie ardente, sacrifiée, obscure, dans
l'attente d'un soir glorieux de victoire ! Il est encore frémissant, indomptable, mais il est vieux, les années
passent, l'espoir s'enfuit, le mystère s'aggrave, l'énigme
devient de plus en plus cruelle, impossible, dévora-
trice. Il va bientôt disparaître, vaincu deux fois. Toutes
ses années, toutes ses forces, il les a données, depuis
la première bataille de 1827. Il a été traqué, condamné
à mort, enfermé, séparé de la vie, méconnu, calomnié,
ignoré. Hier, il a encore apporté son invincible vitalité
à la cause de la République et de la Patrie, et le voici
proscrit, obligé de se cacher dans cette ville qu'il
aurait voulu sauver.

CXCVII

Les troupes revenues de Champigny, le grand effort ne fut pas recommencé. On maintient les gardes nationaux à faire l'exercice dans leurs quartiers, à monter la faction aux talus, quelques-uns vont plus avant dans la guerre, passent des nuits aux avant-postes. La ville s'endort dans la froide atmosphère où montent les ballons, où passent les pigeons, où bientôt les obus tracent leurs sillons sifflants. Fin décembre, c'est le bombardement des forts, et au commencement de janvier, le bombardement de la ville. L'histoire, racontée à l'avance par les articles de la *Patrie en danger*, s'accomplit point par point.

Il y a quelques sursauts, une proposition énergique de Delescluze, maire du XIX° arrondissement, concluant à la démission des généraux Trochu, Clément Thomas, Le Flô, et à l'institution d'un conseil suprême de défense, proposition qui n'amena que la démission de Delescluze. Il y a une affiche des délégués des vingt arrondissements, réclamant l'action décisive, à laquelle répond l'affiche de Trochu : « Rien ne fera tomber les armes de nos mains... Courage, confiance, patriotisme. Le gouverneur de Paris ne capitulera pas. »

On est au 6 janvier. Une sortie est décidée, ou plutôt une fausse sortie. C'est, le 19, Buzenval, que tous les narrateurs s'accordent à désigner comme un simulacre de combat, avec les affreux accidents ordinaires, les retards, le manque d'artillerie. Puis ce terrible épilogue des morts de la garde nationale exposés dans leurs cercueils au Père-Lachaise. La tristesse envahit les résignés et la colère monte chez les frénétiques. Trochu se retire, donne sa démission de gouverneur : c'est sa

manière de ne pas capituler, et ce seul fait suffit à
juger le chef qui avait osé assumer la responsabilité de
la défense, en acceptant d'avance la défaite, en la
préparant par sa veulerie d'impuissant et son hypocrisie d'Église.

Il a terminé son œuvre néfaste d'immobilité, de
découragement, il remet le commandement à Vinoy,
qui, avant de songer à courir aux Prussiens, flétrit le
parti du désordre, lui adresse une provocation indéniable. Comment n'aurait-elle pas été entendue, dans
ce milieu morbide, enfiévré, où il y a place pour la con-
vulsion et la torpeur? Flourens est délivré à Mazas, on
prend rendez-vous dans les clubs, et les violents descendent sur l'Hôtel de Ville.

CXCVIII

La journée du 22 janvier s'annonce par une première arrivée de gardes nationaux sur la place déserte, vers une heure et demie, puis un détachement
stationne au quai, un autre rue de Rivoli, et une députation, conduite par Tony Révillon, entre à l'Hôtel de
Ville, est reçue par l'adjoint au maire de Paris, Gustave
Chaudey. La démission du gouvernement, son remplace-
ment par la Commune, c'est le vœu exprimé par ces
premiers délégués, qui s'en viennent au café de la
Garde nationale, à l'angle de la place et de la rue de
Rivoli. Il y a là Blanqui et ses amis, et d'autres vaincus
du 31 octobre, se refusant à jouer, à cette date, la
partie perdue, mais anxieux des événements, de l'imprévu.

Une seconde délégation entre, conduite par un jeune
lieutenant de la garde nationale qui discute violemment
de la défense de Paris avec Chaudey et revient haran-

guer la foule. Car la foule est venue, des passants, des
femmes, des enfants, la place est houleuse, bruyante
de murmures et de clameurs, des voix plaintives et
menaçantes de Paris gémissant et colère.

C'est dans cette masse qu'entrent, au son des tambours, des gardes nationaux du 101ᵉ, venus de la
rive gauche, et du 207ᵉ, qui viennent des Batignolles et
débouchent par la rue du Temple. Ils se rangent en
ligne devant l'Hôtel de Ville, en face d'un groupe de
mobiles placé entre la grille et la porte, et c'est alors
qu'éclate subitement la scène sauvage du drame, comme
si des adversaires s'étaient donné rendez-vous. Un coup
de feu est tiré, sans que l'on puisse dire par qui,
d'autres coups de feu se suivent, un officier de mobiles,
placé entre la grille et la porte, est blessé, des fenêtres
du premier étage la fusillade des mobiles massés dans
les salles balaie la place.

Il y a un départ effroyable de la foule sans armes,
une poussée, des chutes, des corps jonchant le sol, à
croire à un amoncellement de cadavres. Mais presque
tous se dressent, s'enfuient. Les coups de feu recom-
mencent, tirés par les gardes nationaux en retraite aux
coins de l'avenue Victoria, du quai, de la rue de Rivoli,
réfugiés dans les maisons. Un moment, la place est
vide, quelques morts étendus, des blessés qui font effort
pour se relever. Un seul homme est debout, à l'angle
de la place, devant le café de la Garde nationale, une
frêle silhouette aperçue par quelques-uns dans le
brouillard d'hiver et la fumée de la bataille : Blanqui,
désespéré, qui veut voir et savoir, qui scrute cette
place de Grève où vient de passer le souffle de la mort,
ces fenêtres d'Hôtel de Ville illuminées de coups de feu.
Au-dessus de l'affreux décor de guerre civile, dans le
ciel triste, le grondement de la canonnade et du bombardement.

30.

En quelques minutes, tout est terminé. Les gardes nationaux sont pris à revers par l'arrivée de Vinoy. Les mobiles sortent. Sapia, qui commandait les insurgés, avec Rigault, a été tué. Les assaillants se dispersent, laissant cinq morts, dix-huit blessés, douze prisonniers. A l'Hôtel de Ville, il y a un mort et deux blessés. Le soir même, les clubs sont fermés, les journaux révolutionnaires supprimés, près de cent arrestations, d'hommes presque tous étrangers à l'affaire, décidées et exécutées. Delescluze, qui n'eut aucune part de direction dans l'affaire, pas plus que Blanqui, est jeté à Vincennes.

CXCIX

C'est la plus triste, la plus horrible journée du siège, puisque les assiégés en étaient arrivés à tirer les uns sur les autres. Le crime de guerre civile devant l'ennemi y fut commis. Ceux qui ont été chargés de la responsabilité, n'en vinrent pourtant à l'abomination que par patriotisme affolé, par rage de l'inaction dans la défaite. On leur doit cette constatation de vérité. Le lendemain, une proclamation du gouvernement les accusait de servir la cause de l'étranger, alors que c'était le désir exaspéré de chasser l'étranger qui les jetait ainsi aux aventures. Mais comme tous les essais de révolution qui avortent, le 22 janvier devait être flétri, non seulement dans sa réalité, mais dans ses intentions. Les flétrisseurs ne sont doux qu'aux révolutions qui réussissent et disposent des places.

CC

Six jours après, Paris capitulait. On envoyait, l'avant-veille, Dorian à Belleville, pour calmer Flourens, Mil-

lière, qui s'inclinaient devant la nécessité. L'*Officiel*
annonçait la conclusion. Dans la nuit du 27 au 28, la
fureur sacrée veille aux faubourgs, l'âme vacillante de
la patrie jette là ses dernières flammes, ses dernières
lueurs. Les femmes, d'une éloquence farouche et meurtrière, exàltent les hommes courageux, injurient les
indécis, les envoient au feu.

On sonne le tocsin, on bat le rappel, un projet de
sortie violente est élaboré par Brunel et Piazza, qui
sont arrêtés au matin. Tout est perdu, tout est fini,
Paris est rendu, et son gouvernement livre avec lui la
province, détruit la dernière ressource, l'armée de
l'Est, en la laissant en dehors de l'armistice, décide
la convocation d'une Assemblée nationale chargée de
conclure.

CCI

Sur ces nouvelles, Gambetta tente de résister au gouvernement de Paris, affirme la guerre possible, veut
exclure des élections tous les fonctionnaires et candidats officiels du régime impérial. Comme Blanqui à
Paris, il appelle et invoque la Révolution, proclame
qu'elle seule peut tout sauver.

Ranc a publié la lettre, en date du 6 février, que
Blanqui lui adresse à Bordeaux, pour exciter Gambetta
à la résistance. Toute la situation y est exposée en
quelques lignes, et c'est Blanqui certainement, comme
Gambetta, qui devine le devoir, proclame le droit supérieur, fixe la légalité, lorsqu'il conteste à un gouvernement prisonnier son droit à convoquer une Assemblée, lorsqu'il affirme qu'une place assiégée ne peut
stipuler que pour elle-même, non pour le pays, et que
c'est assumer une grave responsabilité que d'obéir aux
injonctions, aux décrets de gouvernants tombés entre

les mains de l'ennemi. Il avait encore raison lorsqu'il montrait les signataires de la capitulation envoyés à Bordeaux par permission de l'Allemagne, les prisonniers de l'ennemi allant donner des ordres au gouvernement libre. Le fait vient à l'appui. Bismarck surgit, par une intervention directe dicte la loi électorale à Gambetta comme à Jules Favre. Les élections auront lieu le 8 février.

CCII

Paris ne récompensa pas Blanqui de son courage civique, de son ardeur indomptable. Il ne fut pas choisi comme mandataire par la grande ville dont il s'était fait l'opiniâtre défenseur. Il aurait voulu être chargé de porter à l'Assemblée prochaine la parole de la résistance quand même, l'acte de foi en la patrie qui demanderait l'effort suprême. L'honneur de ce grave devoir lui fut refusé. Il n'y eut pas place pour lui sur les listes de quarante-trois noms élaborées par les clubs, les comités et les journaux.

Les rancunes et les ignorances firent leur œuvre comme toujours.

Lorsque Flotte vint apprendre à Blanqui que même le comité de la Corderie, malgré la parole pressante d'Édouard Vaillant, avait écarté son nom, la tristesse descendit sur le front du vieillard, et le fidèle ami dit avoir vu briller les larmes dans ces yeux qui n'avaient pleuré que la mort d'Amélie-Suzanne et la mort de sa mère.

Délaissé de tous ceux qui auraient dû aller vers lui, encore une fois seul comme un maudit, après ces jours où il avait eu en son âme l'âme de la France, son énergie, sa volonté de vivre, Blanqui a cinquante-

deux mille voix au scrutin du 8 février, alors que
le chiffre nécessaire est dévolu bizarrement, produit
une députation désordonnée qui va de Louis Blanc à
Farcy, de Victor Hugo et Garibaldi à Jean Brunet, de
Delescluze et Pyat à Léon Say, de Gambetta à Thiers.
Des membres du gouvernement de Paris, Jules Favre
seul était élu, mais Thiers était le député de vingt-six
départements, et toute une levée de cléricaux et de
monarchistes apparaissait dans l'Assemblée nouvelle.

CCIII

C'est dans ces jours de février, au milieu du mouvement de Paris ravitaillé, se reprenant à la vie, que
Blanqui, sans journal, sans tribune, reprend sa plume
de la *Patrie en danger*, et résume d'une éloquence
brève, avec une sûreté sans pareille, la période historique qui vient d'être vécue. Il le fait sous forme d'un
placard qui se vend cinq centimes, rue du Croissant,
et qui porte ce simple titre : *Un dernier mot.*

En huit colonnes, c'est une œuvre, le complément
nécessaire, logique, des pages écrites pendant le siège,
de septembre à décembre. Dans la *Patrie en danger*,
Blanqui avait à l'avance raconté les événements, les
phases de l'investissement, le siège qui allait être.
Dans un *Dernier mot*, tout en disant ce qui a été, il
montre ce qui aurait pu être.

Il écarte les lamentations, la rhétorique, les allégations d'ignorance, de corruption, de fatalité. La
fatalité, pour lui, est la loi de l'univers matériel, n'est
point celle de l'humanité. Lui, toute sa vie, a gardé sa
volonté intacte, sa pensée libre, il ne voit pas qu'il a
obéi aussi à un destin qu'il portait en lui-même, il veut
que l'humanité soit responsable de son sort. Son erreur

est de ne pas admettre de degrés dans cette responsabilité, mais c'est une erreur généreuse, une condamnation de la veulerie, un appel à la fierté. Les instruments de la destinée sont plus ou moins conscients. On ne peut mettre sur le pied d'égalité avec Trochu, Jules Favre, Jules Simon, l'obscur citoyen de la ville assiégée, qui n'est coupable que de n'avoir pas compris. Blanqui va prouver lui-même la différence des responsabilités.

Il sépare la cité de septembre, décidée au combat, de ceux qui ajournèrent sans cesse le moment de l'action: « Croire une chose impossible et l'entreprendre, dit-il, c'est de la démence, mais cette démence s'appelle trahison quand l'entreprise est la défense *in extremis* de la patrie et qu'on est libre de décliner le péril de ce fardeau. » Et Blanqui va démontrer qu'à la date du 4 septembre, malgré la décadence morale, malgré les revers du mois d'août, la partie n'était pas désespérée. « Nous n'avons point péri par les raisons transcendentales que nous débite la presse, mais tout bonnement par une faute militaire, » affirme-t-il. Cette faute a été commise pendant les seize jours écoulés entre la proclamation de la République et l'arrivée des Prussiens sous les murs de Paris ; or, l'avenir de la guerre était tout entier dans l'emploi de cette quinzaine. L'élément de succès, c'était Paris même, avec son enceinte, ses forts, et sa possession de tous les chemins de fer de France. La question à résoudre était une question de statistique et de transport. Blanqui l'expose ainsi : « La capitale, par l'arrivée de deux cent mille fugitifs, avait deux millions d'âmes. Il fallait envoyer en province un million de femmes et d'enfants et les remplacer par un million de jeunes hommes. Il fallait, en outre, compléter l'approvisionnement en vivres jusqu'à six mois. » C'est l'énoncé de cette proposition qui est développé dans *Un dernier mot*. Blanqui va aux détails, suppute la récolte de la Beauce, qui n'était pas battue, que l'on pouvait amener rapidement, grains et paille, que les Prussiens enlevèrent un mois plus tard. Les céréales en gerbe, sauf les quantités nécessaires pour la subsistance des habitants et pour les semailles, pouvaient être transportées ainsi, d'un rayon de trente lieues. Les départements de l'Ouest et du Centre auraient fourni des bœufs et des moutons : il était facile de doubler le nombre des bestiaux déjà réunis à Paris. De même, soixante mille porcs pouvaient être tués, salés, expédiés, et l'approvisionnement pouvait se compléter en quelques jours par un afflux d'œufs, beurre, légumes, poissons secs, fromages, huiles, volailles et lapins vivants. Pour réduire en farine les céréales introduites en grains, il n'y avait qu'à transporter à Paris les meules des moulins d'Etampes, Corbeil et Pontoise. Grâce à cette précaution, on n'aurait pas manqué de pain en décembre, alors que les magasins regorgeaient de blé. « Les avocats, dit Blanqui, ne sont pas tenus de savoir que le pain se fait avec de la farine et la farine avec du blé. »

L'échange de population entre Paris et la province est examiné et résolu avec une précision mathématique. D'abord, les partants volontaires s'en vont à leurs frais : ne pas retenir les fuyards, plus dangereux qu'utiles en présence de l'ennemi. Pour les émigrations obligatoires, Blanqui en sait la tristesse, les présente comme un sacrifice de Paris. Il compte six cent mille enfants au-dessous de seize ans, deux cent mille mères, cent trente mille femmes au-dessus de cinquante-cinq ans, soixante-dix mille hommes au-dessus de soixante-sept ans. Au total, un million d'émigrés à distribuer dans les départements libres, chez les habitants, avec indemnité à ceux-ci pour subvenir au logis et aux vivres. Le départ accompli, aux cinq cent cinquante-cinq mille hommes de garde nationale dénombrés à Paris par les hommes de seize à cinquante ans et les hommes valides de cinquante ans et au-dessus, il ajoute quatre cent mille conscrits des deux classes de dix-huit et dix-neuf ans, trois cent mille gardes mobiles, cent mille anciens soldats de vingt-cinq à trente-cinq ans, célibataires, veufs, mariés sans enfants, cent mille hommes des armées de Sedan et de Metz, de l'infanterie de marine, des matelots, canonniers, gabiers, cent mille hommes des garnisons éparses sur tout le territoire. C'est une armée d'un million d'hommes, remplaçant le million d'enfants, de femmes et de vieillards. En défalquant les conscrits de dix-huit et dix-neuf ans, et les gardes mobiles, du chiffre de la garde nationale, Paris ajoute cinq cent mille hommes, et l'armée de guerre monte au chiffre de quinze cent mille hommes. C'était dégarnir la province, mais assurer la résistance et créer l'offensive de Paris. L'armée allemande, d'ailleurs, était également forcée de se concentrer.

Les moyens de transport sont indiqués. Blanqui ne laisse pas une objection possible sans réponse. Il énumère les lignes libres, échelonne les départs, soixante-douze convois de quinze cents émigrants toutes les vingt-quatre heures, trois jours pour l'évacuation complète, partout les autorités présentes aux gares, répartissant les émigrants dans les villes et les campagnes, comme sont répartis les militaires en temps de guerre ou de manœuvres. La contre-partie de l'émigration, l'arrivée des conscrits, mobiles, soldats, se serait faite en même temps, les compagnies, requises par l'État, suspendant tout autre service. « Ainsi, dit l'actif rêveur, construisant son beau poème de défense qui pouvait être une réalité, — ainsi la France entière est en mouvement, ici pour quitter Paris, là pour s'y rendre; les autorités, les bons citoyens, pour organiser et diriger ces convois. »

Des armes, ensuite, des armes pour tout ce monde !
On n'a pas su le chiffre des chassepots disponibles au
4 septembre. Quel qu'il fût, l'ordre devait être donné
aux arsenaux d'expédier tous les chassepots, fusils à
tabatière, fusils à piston en magasins, poudre, munitions de guerre, et les canons de marine des arsenaux
maritimes avec leurs munitions, jusqu'à concurrence de
trois mille. En même temps, c'est le voyage nécessaire
des ouvriers armuriers de vingt-cinq à cinquante ans,
des ouvriers des fabriques d'armes et fonderies de
l'État, Saint-Etienne, Châtellerault, Ruelle, Indret, etc.,
avec les outillages pour la fabrication des chassepots.
Puis, les ouvriers des forges et fonderies de la Nièvre,
les mécaniciens du Creusot. Puis, les fers, aciers,
bronzes, cuivres, étains, plombs, salpêtres, soufres.
Puis, les trains de houilles venant des mines de la
Loire, de l'Aveyron, du Gard, d'Anzin avec un détour
par Lille. Que l'on essaie même de faire venir la houille
de Mons et de Charleroi, pour Lille et Paris, de
Newcastle pour le Havre. Que l'on achète le pétrole, les
huiles à brûler. Que les bateaux de charbon et les
trains de bois descendent du Morvan par l'Yonne et la
Saône. Que l'on achète à force en Angleterre des fusils
Snjders et Remington. Et que l'on commence la fabrication de canons à longue portée.

Après la question des armes, la question d'argent.
Blanqui n'oublie rien, donne sa liste de pain, vin, eau-
de-vie, bœuf et mouton, porc salé, beurre, œufs, fromages, poisson sec, sucre, café, huile d'olive, huile à
brûler, vinaigre et sel, légumes secs, drap, souliers,
foin, paille, avoine. Il évalue le prix du déplacement
de deux millions de personnes, du transport des vivres
et du matériel, d'un million de fusils à tir rapide avec
cartouches, de six mille canons de campagne avec
munitions, de l'indemnité aux hôtes des émigrés, un

franc cinquante pour les adultes, cinquante centimes pour les enfants. Il trouve un total de neuf cent quatre-vingt-seize millions. Il va jusqu'au milliard, il consentirait deux milliards, demande s'il vaut mieux acheter à ce prix la victoire ou payer dix milliards la besogne faite par le gouvernement de la défense nationale.

Il ne s'arrête qu'un instant à ce chiffre, continue à refaire en pensée l'histoire du Siège de Paris. Il met en train les fabriques de chassepots, les fonderies de canons, les fortifications par la pioche et la pelle, le classement et l'organisation des troupes, la formation des cadres, la transformation de la masse armée en corps régulier. Il voit la théorie apprise en quelques jours par la pratique, des redoutes construites à Garches, Meudon, Clamart, Thiais, Montmesly, Chelles, Montfermeil, Livry. Il voit Choisy, Villeneuve-Saint-George, la Butte-Pinson, les hauteurs de Sannois, la plaine de Gonesse, hérissés de retranchements. Il se réjouit de l'impossibilité pour l'ennemi de venir à Châtillon, de passer la Seine à Choisy, à Villeneuve-Saint-George, à Corbeil même. Il proclame l'impossibilité d'investir la ville, ni à une lieue de distance, ni à dix, ni à vingt, son cercle ne pouvant s'élargir indéfiniment sans danger. Que peut faire l'Allemand ? Parcourir la France vide de soldats, entrer dans des villes ouvertes, chez des populations sans armes, s'installer dans des places fortes, veuves de garnison et d'artillerie.

Pendant ce temps, l'armée de la France, enfermée dans la capitale, s'organise, et ce n'est pas sous les murs de Paris que se font les règlements des comptes.

Hélas ! le visionnaire doit s'arrêter, délaisser ce mirage, voir le réel : Paris comptant sur la province, le semblant de défense, le bombardement, l'armée de province créée trop tard, alors qu'elle pouvait être rassemblée dès le premier jour dans les murs de la capitale, puis la fin, la reddition, la preuve irréfutable que le sort de la France se jouait à Paris, la patrie tout entière comprise dans la capitulation, l'armée de l'Est livrée, les élections imposées par le gouvernement de Paris, prisonnier des Allemands.

L'accusation de haute trahison et d'attentat contre l'existence de la nation, c'est la conclusion formulée par le révolutionnaire qui s'improvise critique militaire, général et administrateur, par le patriote ardent qui restera comme l'historien amer et clairvoyant du Siège de Paris.

CCIV

Le jour où paraît *Un dernier mot*, le 12 février, Blanqui s'en va à Bordeaux avec Tridon, voit Ranc, entend le récit de la guerre de province, la débandade, Clinchant jeté en Suisse avec l'armée de l'Est par son exclusion de l'armistice, Faidherbe sans forces, Chanzy en relations avec le gouvernement vaincu. La douleur fut vive chez Blanqui, il vit la France et la République perdues. C'est à Bordeaux qu'il connaît le dernier sursaut et la honte dernière de Paris, les cinquante mille gardes nationaux qui montent les Champs-Elysées dans la nuit du 26 au 27 février à la rencontre des Prussiens et, au lendemain, l'occupation d'un quartier de la ville par l'ennemi.

Le 9 mars, le 4ᵉ conseil de guerre juge Blanqui par contumace, pour sa participation au Trente-un Octobre. Quinze jours avant, le 23 février, une première série d'accusés avait été acquittée, puis une seconde série le lendemain. Pour lui, avec Flourens, Edmond Levraud, Cyrille, il n'en est pas ainsi.

Auguste-Louis Blanqui, homme de lettres, âgé de

soixante-cinq ans, demeurant à Paris, rue du Temple, 191 (chez Cléray), est condamné à mort pour attentat contre un gouvernement qui n'existait pas encore le
31 octobre, puisque ses pouvoirs ne furent consacrés que
par la consultation du 3 novembre, et les poursuites et
la condamnation ont lieu, de plus, après la convention
d'oubli acceptée à l'Hôtel de Ville, et au mépris de la
parole donnée. A mort! Les officiers qui jugèrent ainsi
Blanqui absent ne surent pas découvrir dans son patriotisme au moins une circonstance atténuante.

L'unique pensée de Blanqui, depuis le 4 septembre 1870, avait été pour la guerre. La défaite venue,
la possibilité d'une renaissance de la France hantait
seule son esprit. Il ne songea pas aux représailles
d'une révolution, malgré Paris en armes, tressaillant,
manifestant par son trouble l'excédent d'énergie que
le siège avorté avait laissé en lui. Un conflit apparaissait certain entre la population de Paris, républicaine,
exaltée par la fin de la guerre, et l'Assemblée venue à
Versailles, provocante, monarchique, ayant pour chef
du pouvoir exécutif Thiers, décidé à faire l'ordre social
en même temps que la paix définitive. Paris devait être
la victime offerte en sacrifice pour l'équilibre nouveau.
Mais quand et comment, sur quel prétexte, à propos de
quel incident, le signal de la rencontre allait-il être
donné? Personne n'aurait su le dire. Les adversaires
se regardaient violemment, s'invectivaient par les journaux, les caricatures. La fièvre née aux jours d'hiver
se développait, emplissait la rue.

Blanqui, s'il prévit le cours fatal des événements,
marqua son intention, se désintéressa du conflit. Ceux
qui l'ont vu à cette époque, non élu député par Paris,
condamné à mort par le tribunal militaire, le trouvèrent
tout entier à l'idée fixe, ne songeant qu'à la France
défaite, à l'Allemagne victorieuse. Cela, pour lui, enga-

geait tout l'avenir, frappait d'avance de stérilité toute insurrection.

Puis, la fatigue s'ajoutait chez lui à la douleur, la maladie s'emparait du délicat organisme, de volonté si résistante pendant les mois du siège. Il voulut un asile, un repos, une solitude où se reprendre. Dans les pre-miers jours de mars, il part pour Loulié, près de Brete-noux, dans le Lot, vers la maison du docteur Lacambre, qui avait épousé sa nièce. Ceux-ci quittaient leur logis, pour un voyage en Espagne, au jour de l'arrivée de Blanqui : il resta seul avec sa sœur, Mme Barellier. Il avait grand besoin de ses soins, s'alita immédiatement, atteint d'une bronchite aiguë.

C'est au lit, dans l'après-midi du 17 mars, qu'il fut arrêté par les soins du procureur de Figeac, sur l'ordre du gouvernement. Il allait définitivement recevoir le salaire de la haute intelligence et des purs sentiments qu'il prouva pendant le siège de Paris.

CCV

Ce qui se passa ensuite stupéfiera l'avenir.

Blanqui, malade, est conduit par un froid très vif à l'hôpital de Figeac, dans une chambre nue, grillée, ver-rouillée. Les cérémonies habituelles s'accomplissent. On le fouille, on le débarrasse de sa monnaie, de son canif. Le lendemain, le procureur lui annonce une insurrection à Paris, la retraite du Gouvernement et des troupes à Versailles. Le prisonnier croit comprendre que l'ordre de l'arrêter a coïncidé avec la levée de l'insurrection. Il ne sait si sa détention sera longue, il demande ses compagnons habituels, des livres.

Il est conduit en secret à la prison de Cahors, mais son arrivée est ébruitée. Il est séquestré, un refus absolu

est opposé à la tentative de visite de sa sœur. C'est à
Cahors qu'il reste toute la fin de mars, tout avril, presque
tout mai, jusqu'au 22. Non seulement on empêche sa sœur
de le voir, mais toutes communications sont interdites :
il ne peut ni donner de ses nouvelles, ni recevoir de
nouvelles des siens. Plus encore, aucun renseignement
n'est fourni sur l'état de sa santé. Il peut se croire abandonné, et on peut le croire mort.

Il voit le procureur de la République de Cahors, le
préfet du Lot et le gardien-chef. Le simple gardien, qu'il
pourrait faire parler, intéresser à son sort, n'est pas
en rapport avec lui. Nul magistrat ne se présente pour
remplir les formalités du Code d'instruction criminelle.

CCVI

C'est pendant ce temps qu'il est nommé, le 28 mars,
membre de la Commune de Paris dans les xviii⁰ et
xx⁰ arrondissements, à Belleville et à Ménilmontant,
en même temps que ses amis Tridon, Eudes, Vaillant,
Ranc, d'autres qui avaient été, de près ou de loin,
mêlés à sa politique. Puis, d'autres encore, qu'il connaissait fort peu, certains même dont il se sépara, tous
rangés néanmoins sous la dénomination de blanquistes :
Rigault, Duval, Ranvier, Ferré, Protot, Vallès, Grousset,
Cournet, Mortier. Puis Flourens, Vermorel, Delescluze,
Pyat. Puis, des représentants de l'Internationale : Var-
lin, Theisz, Malon, Beslay, Lefrançais. Enfin, en dehors
des groupes extrêmes : Méline, Brelay, Tirard, Lefèvre,
Robinet. Aux élections complémentaires du 16 avril :
Longuet, Rogeard, Trinquet.

Grousset et Mortier, dès la première séance, Rigault,
à la seconde séance, réclament la présidence d'honneur
pour Blanqui. Il y a opposition de Delescluze dont l'hos-

tilité ancienne ne désarme pas, et Cournet, d'ailleurs,
demande qu'il soit fait pour le prisonnier quelque chose
de plus efficace.

L'idée de sauver Blanqui fut formulée par Tridon, qui, le 27 mars, mande Flotte à Paris. Il arrive
le 29. Le 6 avril, il lui est proposé par plusieurs membres de la Commune d'aller à la recherche de Blanqui. Tridon allègue que Granger est déjà parti, que
mieux vaut proposer au gouvernement de Versailles
l'échange de leur ami contre les otages, détenus à la
Roquette. Le 9, Raoul Rigault, en vertu de son titre
bizarre de délégué à l'ex-Préfecture de Police, fait
communiquer Flotte avec l'archevêque de Paris Dar-
boy. Les deux interlocuteurs s'entendent à merveille.
L'archevêque consent à écrire à Thiers. Il lui proposera
l'échange de sa sœur, de son grand-vicaire, du curé de
la Madeleine, du sénateur Bonjean et de lui-même,
contre Blanqui. La lettre est prête le lendemain. Il est
convenu que c'est le grand-vicaire Lagarde qui la por-
tera. Le 12, Flotte conduit l'abbé hors Mazas, lui
demande la promesse de revenir, quelle que soit la
réponse. La parole du grand-vicaire avait été déjà
donnée à l'archevêque, elle est de nouveau engagée à
Flotte.

Les négociations durèrent plus d'un mois, jusqu'au
14 mai. La première démarche se passe en lettres de
l'abbé Lagarde, en réponses de l'archevêque. Thiers
fait attendre sa décision, et l'abbé attend patiemment.
Le 23 avril, après onze jours, l'archevêque donne ordre
à son vicaire de reprendre immédiatement le chemin
de Paris et de rentrer à Mazas, en quelque état que se
trouve la négociation dont il a été chargé. L'archevêque
s'étonne de la lenteur de la réponse et ajoute que le
retard compromet gravement les prisonniers, peut avoir
les plus fâcheux résultats. Cette lettre est remise au

destinataire par les soins du ministre des États-Unis,
Washburn, mais cette fois l'abbé cesse d'écrire, et prend,
contre sa conscience, la résolution farouche de rester à
Versailles.

Une deuxième série de négociations s'engage où l'on
voit nombre de personnages apporter leur dévouement :
Cernuschi, le nonce du pape, l'ambassadeur américain,
le délégué du maire de Londres. Un prêtre détenu à
Mazas, l'abbé Bazin, compatriote et ami de Charles
Beslay, membre de la Commune, écrit d'admirables
lettres où il spécifie qu'il ne profitera en rien de la
mesure proposée. Enfin, le bon Flotte s'en va lui-même
à Versailles remettre à Thiers deux lettres, de l'archevêque et du curé de la Madeleine. Flotte a publié le dialogue qui eut lieu entre eux, au matin du 13 mai.

Thiers se refuse à croire la vie de l'archevêque en
danger, demande à Flotte la raison de ses craintes.
Celui-ci dit « le triple assassinat de Duval et de ses deux
lieutenants par le général Vinoy et celui des quatre-vingt-
quatre gardes nationaux fusillés par ordre du général
de Galliffet ». Thiers change la conversation, promet de
présenter la demande au Conseil et de l'appuyer,
affirme que son influence est limitée, ajoute : « Je ne
connais pas M. Blanqui. On le dit très intelligent et
très dangereux, il appartient au parti extrême de la
Révolution. »

Le lendemain 14, seconde entrevue à la même heure.
Flotte la résume ainsi : « En entrant, il me dit que
l'échange n'était pas possible, que rendre Blanqui à
l'insurrection, c'était lui envoyer une force égale à un
corps d'armée, mais qu'il m'autorisait à dire à l'archevêque que les choses pouvaient changer d'un jour à
l'autre, et qu'il n'oublierait rien pour le retirer de la
fâcheuse position où il se trouvait... Je fis observer à
M. Thiers qu'il y avait d'autres prisonniers que l'arche-

vêque à Mazas et que, s'il voulait consentir à rendre
Blanqui, la Commune rendrait tous les otages. M. Thiers
s'y refusa encore. Eh bien! lui dis-je, voulez-vous me
donner votre parole que vous allez signer l'ordre de
faire élargir Blanqui, et je vous amène ici, demain, les
soixante-quatorze otages? Nouveau refus de M. Thiers.
Devant cette détermination bien arrêtée, je n'avais plus
qu'à me retirer. » De retour à Paris, à Mazas, Flotte rend
compte de sa démarche, et l'abbé Deguerry dit, et l'archevêque approuve : « Cet homme manque de cœur. »

CCVII

Le 17 mai, Blanqui fut autorisé à recevoir sa sœur
dans la prison de Cahors. Il put croire à une accalmie.

C'était, sans le lui dire, un adieu qui lui était accordé.
Le 22, le matin, il est conduit à la gare, on le fait
monter dans un wagon où le gardent cinq gendarmes,
et il part, il ne sait pour où.

Il passe à Périgueux. Il est à Coutras à midi quinze,
à Tours à minuit trente. Il s'est aperçu que la consigne
était de cacher sa présence, mais que les employés du
chemin de fer n'avaient pas gardé le secret. Un briga-
dier de gendarmerie fut accusé de les avoir prévenus,
et Blanqui, dans le récit qu'il a fait de ce singulier
voyage, dit avoir reçu, sur plusieurs points du parcours,
des témoignages de compassion.

Il n'en fut pas ainsi à Tours. Le wagon-prison, détaché du train, resta dans les ténèbres, et, pendant que
le maréchal des logis, chef de l'escorte, dialoguait avec
un groupe d'ombres, le prisonnier entendit une voix
furieuse qui sortait de la nuit et éclatait en menaces :
« Gredin! Brigand! c'est moi qui ne le conduirais pas
loin! »

Le wagon rattaché à un train, la course recommence à toute vapeur d'express. Il y a des arrêts à Saumur, Angers, Nantes, Redon et Rennes. Partout, le passage est signalé au ministère de l'Intérieur, au ministère de 'a Guerre, par un préfet, par un général. L'heure de l'arrivée à Rennes est midi. Là, un ordre est donné de continuer jusqu'à Saint-Brieuc. Le préfet, pour éviter une émotion possible chez les ouvriers démocrates, s'entend avec le général pour faire conduire le voyageur mystérieux à la station voisine, où il attendra le passage d'un train qui part à quatre heures. Il l'attendit, jusqu'à cinq heures et demie, près de la station de l'Hermitage, dans une plaine où la voie ferrée n'était protégée par aucune barrière. Un rassemblement se forma bientôt, de messieurs à cheval, décorés de l'ordre du pape, très ironiques, mais sans paroles à l'adresse du prisonnier, entrevu dans son wagon cellulaire, et qui ne perdait rien de ce qui se passait au dehors. Lorsque le train arriva sur une voie latérale, Blanqui dut descendre, passer devant la haie des curieux.

Désormais, à chaque station, il y a des rassemblements hostiles. Après Rennes, une troupe de paysans salue le passage du train des cris de « Vive le roi ! » en agitant les chapeaux. Saint-Brieuc est atteint, mais le voyage continue. Long voyage fatigant, avec les stations ordinaires aux approches des bourgs, aux carrefours des routes bretonnes par lesquelles s'en vont les paysans conduisant leurs bêtes, les paysannes, un grand panier à chaque bras. Le Vieux, harassé, met la tête à la portière pendant les haltes, cherche les souffles du dehors, la tiédeur de l'air dans les dents.

A Châtelaudren, au crépuscule, il y a une foule menaçante, des gens s'approchent, profèrent des cris, des insultes, contre cet homme immobile, à barbe blanche, qui les regarde de ses yeux vifs. Dans cette rencontre

du révolutionnaire de Paris avec la Bretagne du passé,
s'il a croisé les regards avec ceux d'un paysan agité ou
paisible, gesticulant debout ou assis au revers du fossé,
quelque vieillard comme lui, quelque ancêtre vêtu à
l'ancienne mode, la courte veste bleue, les larges braies
blanches, le grand chapeau, les bas dans les sabots,
quelle étrange confrontation, et quel dialogue muet
plus étrange encore! On voit l'homme de la terre, tout
usé, tout cassé, blanchi lui aussi, rasé par toute la
figure, la barbe un peu repoussée, drue comme ce qui
reste du blé coupé dans un champ. En face de lui, dans
le cadre de la portière, le visage pâle et les yeux
expressifs de la révolte. Sur la face fatidi̟e e du laboureur s'inscrit l'hérédité paysanne, ses yeux sont cir-
conspects et méfiants, le paysan est sur ses gardes,
comme s'il avait rencontré un loup. Colloque rapide
pendant la rencontre de hasard. Le Breton hésite à
craindre et à plaindre. Son inconscience devient médi-
tative.

Dans l'œil de clair phosphore du vieux Blanqui, le
pronostic est plus sûr, la comparaison plus amère :

« Tu es un vieux Chouan désarmé, bonhomme, un
ancien vassal devenu électeur, et resté en servage dans
la domesticité du laboureur à gagés. Tu vis dans ta
dépendance tranquille, ayant gardé ta foi secrète à ton
seigneur, prenant le mot d'ordre au prône de ton curé.
Tu ne sais pas mon nom, tu ne le sauras jamais. C'est
tout de même pour toi que je suis parti vers le pays de
l'illusion, que j'ai été blessé rue aux Ours, que j'ai fait
le coup de feu en 1830, que j'ai passé ma vie au Mont-
Saint-Michel, à Belle-Ile, à Corte, à Pélagie, que j'ai
souffert le siège de Paris, et que je m'en vais vers la
prison inconnue ou la mort secrète. Toi, tu t'es con-
tenté, pendant toute ta vie de la terre, de l'atmosphère
de la mer, tu es librement sur la route, dans l'air du

soir, et c'est évidemment moi qui suis la dupe. Mais
tes fils retrouveront ma mémoire... »

CCVIII

Plouaret, Plounérin, Plouigneau, ce sont les noms
de stations entrevus avant Morlaix. Le train passe sur
un viaduc, s'arrête. Morlaix, onze heures du soir. Il fait
froid. C'est la fin du voyage.

Encore un ordre, et un trajet, la descente sur la ville
en voiture, puis une course dans la nuit au long de la
rivière, sur une route bordée de maisons, de châteaux,
de jardins, de parcs. On arrive à un endroit où l'eau
s'élargit, où des lumières scintillent. Un air humide
vient de l'horizon obscur. C'est le Dourdu, dont le nom
signifie Eau noire. Le cortège descend dans une barque
au flanc creux qui est là toute prête, avec son patron
Abraham et son matelot. Blanqui s'assied sans mot
dire. Pendant deux heures le bateau plonge, monte et
descend les vagues régulières. C'est la mer, de plus
en plus sensible. L'air est glacial et calme. Des feux se
montrent. La marée descend, emmène l'embarcation
de son mouvement puissant.

Un rocher surgit, un feu l'éclaire. C'est le château du
Taureau. Après le qui-vive ! et la réponse, c'est le
débarquement sur la pierre, la montée d'un escalier,
le passage d'un pont-levis, un vestibule où trente soldats sont alignés, l'arme au bras, sous les ordres d'un
commandant. L'officier, sur un signe, se fait suivre du
prisonnier dans une cour étroite, puis monte devant
lui un escalier de pierre, ouvre une petite porte. Le
prisonnier, vaincu par ses deux jours de voyage, entre
dans le noir, se jette sur le matelas qu'il aperçoit dans
l'ombre. La porte se referme sur lui avec le bruit

ignoble des verroux. Il est, dit Blanqui, trois heures
du matin, 24 mai 1871.

CCIX

Le lendemain, quand l'aube entre, et qu'il rouvre ses
yeux reposés, il peut réfléchir sur le lieu de détention
où il vient d'être enfoui, il peut voir dans toute son
horreur le logis qui lui est infligé.

Il sait, mieux que ceux qui le gardent, la situation
et l'histoire du château du Taureau. Il connaît les
sinuosités et les défenses des côtes comme il connaît
les cours d'eau, les routes et les sentiers de terre, et
dans la fosse où on l'a jeté, où il médite, il évoque la
construction et son histoire.

Le château est bâti sur un roc, au milieu de l'eau.
Ses murs réguliers de forteresse, ses angles sortants et
ses angles rentrants, se dessinent nettement au-dessus
de la vague. C'est l'ancienne défense de la rade, le corps
de garde avancé de Morlaix contre les Anglais, devenu
une caserne pour les soldats, un cachot pour les prisonniers. Les bourgeois de la ville l'ont construit en
1642, le roi s'en est emparé et en a fait une prison
d'État en 1660. La Chalotais, procureur général au
parlement de Bretagne, dénonciateur des Jésuites,
arrêté comme Blanqui, chez lui, mis dans l'impossibilité
de communiquer avec personne, y est enfermé en 1765,
et les derniers montagnards, Romme, Soubrany, Bour-
botte, y sont conduits en 1795. Il y a des logements, une
citerne, un pont-levis fermant l'entrée, au nord. Par le
large vestibule glacial, dallé de granit, Blanqui a pénétré
dans la cour étroite et tournante. La lanterne a éclairé
un escalier de huit marches, dans un angle, par lequel
on est arrivé à une porte brune, couleur de vieux sang.

Après cette porte, treize autres marches, dans le noir,
puis une autre porte. C'est la porte de la chambre où le
prisonnier est en ce moment, assis sur son lit : une assez
vaste chambre, dix mètres de long sur cinq mètres de
large, voûtée, semblable à une cave, presque obscure.
Le froid tombe de la voûte, le salpêtre suinte des murs,
l'obscurité est perpétuelle. Jamais un rayon de soleil.
On a maçonné l'ouverture sur la mer. Le jour sombre,
glauque, un jour d'entrée de souterrain et de fond de
rivière sale, ne vient, par une seule fenêtre grillée,
fermée d'un volet, et par une imposte vitrée, que de la
triste cour humide, creusée entre les formidables bâtiments. Cette cour, c'est tout ce que le prisonnier aperçoit à travers les barreaux. Quelques soldats flânent.
Entre les pavés croissent des coquelicots pâles et
d'amères camomilles.

Les seuls hôtes permanents de la cour sont les canons
de la batterie basse, canons de gros calibre amarrés
dans les casemates du rez-de-chaussée, mastodontes
de fonte, immobilisés dans les écuries, les pieds entra-
vés, leurs bouches brutales fermées.

CCX

Cette chambre de détention, ce vaste caveau sur-
baissé, n'ayant de prise de jour et d'air que sur cette
cour étroite, est plus triste que la cellule du Mont-Saint-
Michel ouverte sur les grèves, que la cellule de Belle-
Ile, au rez-de-chaussée, de plain pied avec le préau.
Pas de reflet de mer, pas de clarté de verdure. Le granit n'est pas rose, la pierre n'est pas blanche. La couleur
des choses, dans les diverses prisons de Blanqui, est
changeante. Ici, les objets apparaissent plus épais et
plus lourds. Tout est gris et rouillé. La couleur de

midi ne pénètre pas, c'est toujours couleur de soir,
couleur cloporte, aile de chauve-souris, toile d'arai-
gnée. La fleur qui croît entre les pavés éteint sa flamme
sous cette cendre. On a descendu le vieillard au plus
profond de l'ombre. C'est le lieu que l'on a choisi pour
enchaîner cette force, pour jeter à pourrir cette chair
de philosophe.

CCXI

Personne n'a revendiqué l'idée d'avoir séquestré là
Blanqui, pour des faits qui devaient être oubliés, et sont
ravivés au mépris de la parole jurée. L'acte criminel
fut accompli non seulement contre l'honneur, mais
contre la loi. Rien, dans le code, n'autorise une telle
mainmise sur l'individu, une pareille mesure d'exception qui supprime les formalités de greffe et d'écrou,
les interrogatoires du magistrat instructeur, de droit
même dans l'état de siège, même sous le régime des
tribunaux militaires. Non, personne ne s'est vanté
d'un pareil outrage à la justice, et il faut chercher et
inscrire les noms des gouvernants de ce temps-là pour
attribuer les responsabilités. Le ministre de l'intérieur,
Ernest Picard, jouisseur, sceptique, et le ministre de la
justice, Dufaure, austère puritain, consentent à la même
œuvre. Le ministre de la guerre, Le Flô, qui a sa propriété du Nec'hoat sur la rivière de Morlaix, non loin du
Taureau, prend les mesures nécessaires, avec Pothuau,
son collègue de la marine. Avec eux, dans le ministère,
il y a ces survivants de la Défense nationale, l'amer
Jules Favre, le doucereux Jules Simon. Au-dessus d'eux
tous, il y a Thiers, l'homme d'État sans scrupules, celui
qui incarne le mieux, autrefois au nom de Louis-
Philippe, aujourd'hui en un rôle personnel, et toujours

pour le compte d'une classe, la bassesse des intérêts,
la résistance d'une caste qui a commencé la Révolution,
qui ne veut pas l'achever, qui préfère tout perdre plutôt
que de rien concéder. Celui-là, c'est l'esprit réfractaire,
armé d'obstination et de cruauté, hier le fusilleur de la
rue Transnonain, aujourd'hui le bombardeur de Paris. Il
n'a pas changé depuis sa comédie d'intrigant de 1830,
sa politique de parlementarisme desséchant de 1830
à 1848, son froid calcul de 1849. Il est le maître, il va
pouvoir refaire en grand l'exemple de 1834, il organise
la répression, décide l'exemple de l'hécatombe, la saignée méthodique de la masse ouvrière.

Un tel homme, renseigné sur la politique depuis
quarante ans, connaissait fort bien Blanqui, malgré les
paroles dites à Flotte. Il l'avait devant lui, comme son
contraire, depuis les jours de la Restauration où ils
combattaient ensemble le même adversaire, depuis les
premiers jours de la monarchie de Juillet, où les alliés
de la veille s'étaient vus tout à coup séparés par un
abîme.

Depuis, Blanqui était le vieil ennemi, l'esprit de
révolte tenace, vivace, qui surgit sans cesse alors qu'on
le croit vaincu, anéanti, qui sort des caveaux du Mont-
Saint-Michel aux jours de 1848, en spectre qui soulève
une trappe. Les hommes comme Thiers, tous ceux du
personnel dirigeant, peuvent ne pas parler des hommes
comme Blanqui, affecter de les dédaigner, de les ignorer, se refuser à la polémique avec eux, à la discussion
contradictoire, mais ils savent fort bien ce qu'ils sont,
ce qu'ils représentent par leur existence désintéressée,
sacrifiée, douloureuse et violente : l'instinct de justice,
le droit de vivre pour tous, les souffrances d'en bas, la
foule humaine qui ignore même ceux qui combattent
pour elle. Un homme comme Thiers est soutenu par le
formidable syndicat des forces sociales. Un homme

comme Blanqui est forcément un isolé. Motif de haine
de plus chez celui qui a tout contre celui qui n'a rien.

Pour la période qui venait d'être traversée, Thiers
n'était pas sans avoir lu la *Patrie en danger* et le *Dernier mot*, et les aptitudes organisatrices et militaires
qu'il possédait incontestablement ne devaient que lui
faire prendre en plus grande défiance le lucide Blanqui, apte à lutter contre lui. Ne se contredit-il pas, ne
dit-il pas à Flotte que rendre le prisonnier, c'était
donner un corps d'armée à l'insurrection ? Il n'y a pas
à chercher ailleurs la raison de son refus d'échange,
de son abandon de l'archevêque et de tous les otages,
de l'arrestation à la veille du 18 mars, de la séquestration illégale, de cette mise au secret dans le noir
château du Taureau. Tout cela est inclus dans le mot
qu'il dit aussitôt que le télégraphe lui a donné l'assurance de sa proie, le 17 mars, en entrant dans une salle
de commission : « Enfin ! nous tenons le plus scélérat
de tous ! »

CCXII

Aussi, l'emprisonnement au Taureau fut-il organisé
savamment et à loisir. Dès le 3 mai, le général qui commande la division de Brest fait savoir au ministre de
la guerre que les dispositions sont prises pour recevoir
le « prisonnier politique important », que l'officier et
ses hommes sont installés. Le 21 mai, c'est le préfet
maritime qui informe son supérieur, le ministre de la
marine, que la garnison se compose de vingt-cinq
hommes commandés par un officier, et qu'un capitaine
de l'état-major des places a veillé aux dispositions.

Une complication se produit. Une tentative mystérieuse aurait été faite par des inconnus, le soir du
19 mai, au port de Morlaix, sur un commis de la ma-

rine, lieutenant de la garde nationale : ils lui auraient
offert cinq mille francs à l'effet d'enlever Blanqui,
lequel à cette date était encore pour trois jours dans
la prison de Cahors. Il est certain que la Commune
chercha les moyens d'obtenir de force ce qui lui était
refusé de gré : un crédit de cinquante mille francs fut
volé, après que Granger fut parti, mais les indications
de date et de route ne pouvaient être devinées, et Granger rôda en vain autour de la prison de Cahors.

Toujours est-il que le commis de marine ayant parlé,
les précautions redoublèrent, on agita la question d'envoyer à l'entrée de la rivière de Morlaix un des côtres de
la division du littoral nord, le *Moustique* ou l'*Espiègle*,
pour surveiller les alentours du Taureau, et le ministre de la marine donna, en effet, l'ordre de détacher
un des côtres garde-pêche qui vint prendre position en
vue du fort. De même un service de douanes fut organisé au long de la rivière et sur les côtes. Cela ne suffit
pas encore. La veille de l'arrivée de Blanqui, le 23 mai,
les soldats envoyés de Brest furent remplacés par
d'autres n'ayant pas séjourné à Morlaix, où les premiers
avaient pu être l'objet de tentatives de corruption.

CCXIII

Le lendemain de son arrivée, Blanqui fut tiré de ses
réflexions par le commandant du fort qui vint lui
donner communication, par ordre exprès, de ces instructions du ministre de la guerre : « Ordre de faire feu
sur le prisonnier à la moindre tentative d'évasion, et, si
on tentait de l'enlever, ordre de le fusiller sur le champ
et de ne livrer aux assaillants qu'un cadavre. » Ainsi
prévenu de son sort, apercevant tout le sinistre plan
ourdi pour le supprimer, Blanqui, véhément, répond au

chef militaire : — On ne fait plus ces choses-là de notre
temps, monsieur, et puis vous savez que si on les fait,
il faut livrer avec le cadavre les cadavres de la garnison. — Je le sais, monsieur, dit le commandant.

Blanqui put se convaincre vite que les précautions
étaient en rapport avec les paroles. La lecture des
ordres ministériels terminée, le geôlier donne au prisonnier l'ordre de le suivre. Il descend les treize
marches entre les deux portes, et, sur le palier, est
remis à deux soldats qui attendent sous une voûte, le
sabre nu à la main. Un seul s'en va avec lui, le précède,
et le geôlier ferme le cortège. On gravit un escalier
voûté, puis un escalier à ciel ouvert, on débouche sur
la plate-forme.

C'est enfin le visage du ciel, le visage maussade d'un
ciel de mai, et c'est le visage sauvage de la mer aux
ondes tournoyantes, aux flots rythmés. L'eau se brise
sur les écueils, des bouées flottent, des phares se dressent, un navire de l'État se balance dans la baie. Sur la
plate-forme, huit canons défendent l'approche de Blanqui, d'anciennes couleuvrines aux armes de Bretagne,
qui tendent leurs cous fins vers les vols d'oiseaux,
montées sur châssis pour tourner, pivoter dans toutes
les directions. Le vieillard écouta quels bruits pouvaient lui venir du monde à travers l'espace. Il n'entendit que le vent, la pluie, la mer. L'ivresse de l'air
libre passa sur son visage fatigué. Après avoir écouté,
il regarda, il ne vit que la mer au loin, l'horizon
brouillé, il ne put que deviner à sa droite la pointe de
Primel et le coteau de Plougasnou, à sa gauche, Roscoff et les hauts clochers de Saint-Pol-de-Léon. Il veut
mieux voir, plus près, les murailles du château, la base
du rocher, il s'approche du parapet. Le geôlier l'arrête : — Il vous est interdit de regarder la mer. Il continua la promenade, de long en large, entre le soldat et

le guichetier. Et ce fut ainsi tous les jours, pendant trois quarts d'heures, deux fois par jour, le matin et le soir.

Il a raconté le cérémonial qui accompagnait chaque promenade, et qui ne fut jamais dérangé ni diminué : « À l'heure fixée, le poste d'entrée du château prenait les armes. Le pont-levis se levait. Le fracas des chaînes annonçait à l'embastillé l'instant de sa sortie. Au bas des treize marches, il trouvait un soldat, sabre nu à la main, et sur la plate-forme un factionnaire avec son fusil. Le geôlier suivait le promeneur. Après la rentrée dans le cachot, les deux soldats étaient congédiés, et il ne restait que le factionnaire permanent sous la fenêtre. Le pont-levis s'abaissait alors avec le même fracas de chaînes, et l'heure du péril était passée pour la garnison. ·

« Le péril consistait en ceci : le vieillard terrible, tenant à peine sur ses jambes, aurait pu terrasser ou tuer sur la plate-forme le geôlier et la sentinelle, descendre l'escalier, massacrer devant la porte du cachot le soldat armé de son sabre nu, et, huit marches plus bas, la sentinelle en faction sous les fenêtres, traverser le vestibule-cantine en faisant main-basse sur le personnel varié qui l'encombre toujours, enfoncer la porte de communication entre le vestibule et le corps de garde, exterminer les huit hommes du poste, baisser à lui seul le pont-levis, se précipiter dans la mer, et gagner à la nage la côte de Bretagne, sous le feu des quinze hommes restants de la garnison, et des neuf canons de trente en batterie sur la plate-forme. Pour perpétrer cette série d'attentats, l'embastillé avait son poing et ses sabots. »

Blanqui n'engagea pas cette lutte. Il vit clairement que le moindre prétexte serait pris pour se débarrasser de lui. Il se maintint calme, d'une volonté stoïque,

attentif aux moindres mouvements de ses gardiens,
restant à distance de la fenêtre. Heureusement pour
lui, puisque le factionnaire lâcha un jour un coup de
fusil dans sa direction. Il fut puni, et Blanqui accepta
de croire à une maladresse, mais il eut ainsi la certitude que les fusils étaient chargés, que la menace de
mort était permanente.

CCXIV

Un supplice plus odieux encore que tous les autres
exista pour lui : le bruit, qui tuait tout sommeil, tout
repos, toute réflexion. Par un phénomène d'acoustique
dont il eut, dès le premier jour, la perception, les
chocs et les paroles venaient retentir à la voûte de sa
casemate. Le factionnaire placé sous la fenêtre était
relevé toutes les demi-heures avec grand fracas de qui-
vive! de montée et de descente de la plate-forme pour
changer aussi les sentinelles. Toute la nuit, c'étaient
des rondes d'officiers, de sous-officiers, des patrouilles,
des cris, faisant sursauter Blanqui, endormi auprès de
la fenêtre ouverte.

Il note qu'à chaque changement de garnison, « la première nuit était calme, que le lendemain seulement,
après les instructions données, les hurlements écla-
taient avec toute la vigueur de poitrines neuves. » Il
ajoute : « Le vacarme de jour était pire encore que le
vacarme de nuit. La cantinière, douée d'une voix formidable et de prétentions musicales plus formidables
encore, poussait, du matin au soir, des chants aigus qui
perçaient les murs de granit. Le fort retentissait de ces
notes furibondes. Ses deux enfants luttaient à l'envi
de beuglements avec leur mère. Le mari, portier-con-
signé et geôlier de mélodrame, façon Pixérécourt, faisait

chorus d'une voix fausse. Les soldats joignaient à ce
concert celui de quatre ou cinq chansons simultanées.
Les deux moutards, quand la voix leur manquait,
cognaient à tour de bras, avec des triques, sur les
tables et les portes. Cet épouvantable charivari venait
s'engouffrer dans la casemate, et le pauvre embastillé
passait des heures entières les doigts enfoncés dans ses
oreilles, pour échapper à la folie et à une fièvre cérébrale. Il avait enfin fait venir de la cire pour se boucher
les oreilles, espérant ainsi se soustraire au supplice;
mais, au bout de trois jours, les conduits auditifs
s'étaient enflammés, et il a dû subir le vacarme. »

Le dialogue suivant s'échange entre lui et le commandant du fort :

« — Vous m'avez enfermé dans un tombeau, vous
me devez au moins la paix du tombeau.

— Je ne puis pas empêcher de chanter des gens qui
s'ennuient.

— Mais, dans aucune prison, de pareils scandales ne
seraient tolérés. Le silence règne dans les maisons
d'arrêt, dans les maisons centrales, partout où il y a
des détenus. Il devrait régner aussi dans votre bastille.

— Ceci n'est ni une bastille, ni une prison, c'est une
caserne.

— Une caserne ! mais une caserne ne renferme pas
de prisonniers politiques, des masques de fer, auxquels
il est interdit de dire un seul mot à qui que ce soit.
J'en suis là, moi. Il m'est défendu d'adresser la parole
à personne, et il est plus sévèrement encore défendu
de me parler.

— Oui, vous êtes une manière de masque de fer.

— Certes, et je n'habite pas une caserne. La cour et
les corridors d'une caserne ne sont pas encombrés
toute la nuit de rondes, de patrouilles, de factionnaires,
hurlant des *qui-vive !* à se briser les poumons. On y

dort en paix. Votre prétendue caserne est un fort de
Fenestrelle, une bastille de Louis XIV, premier échan-
tillon du retour à l'ancien régime. Cette bastille est une
violation de toutes les lois. Elle n'est soumise à aucun
règlement. C'est l'arbitraire de la vieille monarchie.
On m'y a introduit clandestinement, au milieu d'une
nuit noire. Il ne s'y trouve pas de greffe. Je n'ai pas été
écroué. Je n'ai pas aperçu, depuis huit mois, l'ombre
d'un magistrat civil ou militaire. Je suis à la merci de
violences sans responsabilité.

— Votre situation est bien simple : vous êtes ici prisonnier de guerre ; je vous considère et vous traite
comme tel.

— Quelle est cette dérision? Prisonnier de guerre,
moi! Je n'ai pas été pris en guerre. Je suis un condamné
politique contumace. Et puis, où a-t-on vu qu'un prisonnier de guerre soit séquestré de jour et de nuit dans
une casemate lambrissée de salpêtre, privé de toutes
communications au dehors, ne prenant l'air qu'entre
deux soldats, le sabre sur la poitrine. Depuis quand
dit-on à un prisonnier de guerre : A la première
apparence d'un secours extérieur, vous serez fusillé, et
on ne livrera que votre cadavre. Bastille de l'ancien
régime, le fort du Taureau inaugure la restauration des
bastilles. Du moins, l'ancien régime nourrissait les prisonniers. »

CCXV

Il fut, en effet, un Masque de fer. Il perd son nom
dans les conversations du pays. Il devient le Prisonnier
du Château. C'est ainsi que le désigne même le médecin
qui envoie de Morlaix une ordonnance et des médi-
caments, avec ce libellé : « Prescriptions médicales du
Dr de Lacardachère au Prisonnier du Château. » C'est

ainsi encore que les gens de la côte renseignent les
baigneurs qui sont venus passer la saison d'été dans
l'un des villages ouverts sur la rade. En face, dans la
direction de Saint-Pol, de Karantec, des promeneuses
s'arrêtent, interrogent. On peut voir de loin flotter
leurs voiles bleus et verts. Ce sont les curieuses déçues
que l'on empêche de venir jusqu'à la forteresse. Elles
montent en barque, des guides à la main, se penchent
pour questionner, montrent du doigt la sombre bâtisse
où erre la grêle personne du prisonnier entre ses gardes. Par les calmes de l'eau et les transparences de
l'air, on entendrait les rires de la traversée, les cris de
légers effrois quand les robes sont mouillées par l'em-
brun. Avec une longue-vue marine, on apercevrait
l'étonnement des yeux, la commisération des bouches
entr'ouvertes, ou l'indifférence des placides visages,
quand les bateliers désignent le fort, parlent en mots
incertains du vieillard séquestré. Ce sont des hiron-
delles de mer, minces et vives, qui essaient de voleter
jusqu'au rocher, trempent à peine leurs plumes dans
la mousse des vagues, et s'en retournent si vite!

Défense d'aborder, cela va de soi, mais défense même
d'approcher à la portée des voix. Les barques de pêche
sont sommées de passer au large.

Pendant le jour, pendant la nuit, on entend les
factionnaires attentifs sur la plate-forme crier leur
qui-vive! et ordonner de s'éloigner aux bateaux qui
louvoient trop près du roc. Les sentinelles arment leurs
fusils. Les pêcheurs doivent faire force de rames. Tout
le monde s'écarte du roc dangereux, du personnage
maudit. A la rentrée, les gens parlent avec précaution
de ce démon redoutable de la Révolution, de celui-là
qui est gardé par toute une garnison et un vaisseau de
guerre, du monstre farouche enfermé entre le ciel et
l'eau, qui ne doit pas voir et ne doit pas être vu.

CCXVI

Le matin, le soir, pendant les instants de ses prises
d'air sur la plate-forme, le prisonnier regarde au loin
les barques de pêche des gens du Dourdu, de Primel,
de Pempoul, de Roscoff. Quand le vent est bien tourné,
il entend les paroles de la manœuvre, le grincement des
mâts et du gouvernail, l'égouttement des rames. Il
écoute le bruit des conversations lointaines, les calculs
de ventes de poissons, les rires tranquilles, les lentes
chansons rythmées comme des cantiques. Il suit d'un
long regard ces rudes hommes qui peuvent aussi le voir,
sa tête blanche levée dans le vent, entre ses deux soldats
dont les sabres brillent. Il devine les retours au petit
port, la cale couverte de paniers après la fixation de
l'ancre, la marche hâtée, les filets traînants; vers la
masure où bout la soupe dans l'âtre noir, la tablée de
mioches, la femme empressée, la pipe fumée sur un
banc, l'amour régulier, le lourd sommeil; la même
journée recommencée à pointe d'aube.

Ce pêcheur qui passe est de la même race, à peu de
chose près le même homme que ces paysans rencontrés
sur les routes, aperçus aux stations de campagne vers
Rennes, Guingamp, Morlaix. Celui-ci est aussi asservi,
aussi inconscient, la proie de fatalités naturelles et
sociales qu'il ignore, et il est d'apparence aussi libre.
Le politique a travaillé pour lui, mais peut-être ce
pêcheur est-il content de son sort, ne désire-t-il rien,
et, même sans la peur des coups de fusil, s'éloignerait-
il avec la même méfiance et la même hâte de ce sombre
génie de l'action qui aurait voulu changer le sort des
hommes malgré eux.

Alors, valait-il mieux vivre comme ce pêcheur?

33

Fallait-il refuser de partir à l'aventure, sous de mauvaises étoiles, pour s'en aller loger, toute sa vie, à
l'auberge de l'inquiétude? Fallait-il ne pas chercher
des résultats incertains par des efforts démesurés?

Non. Toujours Blanqui se reprend. Il a fallu cette
barque qui danse et ce marin qui rentre pour faire
naître les alternatives de doute et de foi. Devant la vie
active du corps, les idées peuvent dériver au scepticisme, mais l'orgueil revient vite en maître dans la vie
repliée de l'esprit. L'homme qui sait se réjouit et
s'exalte à la pensée qu'il a eu le droit de choisir.

CCXVII

Il cherche un refuge. Encore une fois, il veut se
sauver du milieu extérieur, de l'hostilité des choses,
du guet-apens de ses adversaires, de la méchanceté
ennemie. Il trouvera en lui-même l'abri inexpugnable,
la retraite sûre d'où il sera impossible de le déloger.
Narguant le sort, l'ignorant même à force de vouloir,
immatériel, pur esprit, il redeviendra le maître, domi-
nant tout parce qu'il se dominera lui-même. Cette
retraite sûre, cette région de spiritualité inaccessible, il
la pressent, il va la créer là où il se trouve, parmi les
dangers et les embûches, dans l'horreur des pierres et
des vagues, dans la cohabitation avec ceux qui tiennent
son corps prisonnier, mais ne peuvent empêcher l'évasion incessante de son esprit.

CCXVIII

Pendant cette nouvelle captivité au milieu des flots,
par les nuits de gros temps, par les rapides prome-

nades sur la plate-forme, avec les soldats, fusils
chargés, cette mer qui avait si fort surpris Blanqui
autrefois, au Mont-Saint-Michel, finit par lui parler et
se faire comprendre. Elle apparaît une révoltée, une
éternelle mécontente. Elle a des colères de batailleuse,
et des calmes trompeurs de prisonnière. Tout est en
prison. La mer est forcée à une besogne ponctuelle.
Dans cette étendue trouée de récifs, sans cesse elle
gronde, elle a de la fureur toujours prête, sous sa
chanson il y a de la menace.

Au fort du Taureau, baigné dans la lame, c'est, chaque
jour et chaque nuit, la même bataille, la mer qui
s'acharne au roc, le roc qui laisse tomber l'écume im-
puissante comme un sang de blessure. C'est un crépitement de fusillade, un fracas d'artillerie. Des échos de
la guerre des rues passent dans la violence du vent. Les
pierres qui tombent retentissent en éboulements de
barricades. Ici, comme dans les villes soulevées, c'est
le perpétuel recommencement, les débuts de victoires
brusquement changés en défaites. La mer, pourtant,
aura raison de cet orgueilleux granit.

Blanqui la regarde, cette mer, au cours des heures
mesurées. Puis, sa pensée s'échappe dans l'espace,
vers le ciel, souvent gris, chargé de pluie, vaste décor
mélancolique pénétré de lumière mouillée, et parfois
tout enflammé de soleil. Il établit les rapports de cette
mer avec ce ciel, avec les mouvements d'astres, il étudie
l'atmosphère, les formes des nuages, la couleur du
temps. Son œil voit loin, il prévoit les grains, sait les
dates des fortes marées, regarde grossir la lune. Il
observe, il calcule. Mais hélas! il est seul à regarder
les étoiles.

CCXIX

Désormais, chaque jour, chaque soir, il écrit, Dans l'air frais du matin, alors que ses gardiens peuvent le croire tout à la marche, à la respiration, il rassemble ses souvenirs, il élabore son plan de travail. Au soir, pendant la promenade qui le délivre de l'air humide et pesant de la casemate, il revise ses recherches, ses trouvailles de la journée.

A mesure que la saison avance, que le crépuscule gagne sur l'heure, le spectacle qui intéresse le vieillard prisonnier devient plus émouvant et mystérieux. Le firmament se creuse sous les regards qui s'acharnent à travers l'écartement des longs voiles bleus, des traînantes brumes blanches, des gazes et des mousselines de l'espace. Le ciel pâlit, la mer noircit.

Les derniers feux du jour courent encore sur la crête des lames violettes, d'un violet d'encre. Les étoiles s'allument, les unes vives comme de l'or, les autres d'une pâleur d'argent. Certaines sont bleues, vertes, roses. La douce face de la lune se lève, dépasse la Terre, vient en lentes oscillations planer au-dessus des flots. Tout l'univers caché dans la lumière se dévoile scintillant dans l'ombre.

C'est lorsqu'il est baigné de ces clartés, pendant sa promenade de la fin de la journée, alors qu'il oublie tout, qu'il peut se croire seul dans le clapotis de l'eau, sous la lueur des astres, que Blanqui est averti de l'heure qui passe, que le geôlier reparaît, que les factionnaires se rapprochent. Il lui faut sortir de la clarté lunaire qui ressemble à une aurore bleue, quitter les plages de firmament peu à peu immergées dans la mer phosphorescente des astres, descendre la pente de

sable argenté de la voie lactée, s'enfoncer subitement
dans le trou d'escalier de la plate-forme, rentrer dans
le rocher, replonger dans la nuit du cachot.

Là, il est ainsi qu'au fond d'un puits en désuétude.
Les herbes sèches frissonnent sur les gravats. Les
gueules barbares des canons luisent derrière les herbes.
Les avancées de la fortification découpent un irrégulier
morceau de ciel. Ce n'est plus la mer profonde de l'espace où flottent les flots de lumière, c'est une mare
obscure où croupissent les astres. Tous, selon les saisons et selon les heures, ils passent dans cette eau
noire, se reflètent sur les tristes pavés. L'éternelle jeunesse de Vénus brille sur la surface obscure du marécage. Les lourdes bêtes de là-haut, la grande Ourse, la
petite Ourse, allongent leurs pattes étincelantes dans
la vase. Le Chariot roule dans les ornières. La gloire
superbe de Sirius laisse aller ses méprisants rayons
dans cette nuit de cave. Une étoile tombe comme une
pierre de feu. Puis, une averse d'étoiles. Et voici la
Lune, mystérieuse et silencieuse, qui vient à l'orifice
ouvrir ses yeux curieux.

CCXX

Ce n'est plus Blanqui le prisonnier qui suit les geôliers, qui monte, qui descend, qui est verrouillé dans sa
casemate. C'est un astronome, c'est un savant, c'est un
poète, qui surgit sur la plate-forme, qui retourne à l'ombre, qui se remet à la page blanche, aussitôt sa petite
lampe allumée, son repas vite pris. De la fin tiède de
juin jusqu'au froid et aux tempêtes de novembre, il
élabore sa rêverie, lui cherche une formule. Il regarde
ce qu'ont regardé les Indous, les Chinois, les Égyp-
tiens, les Chaldéens. Il cherche ce qu'ont cherché

Thalès, Pythagore, Ptolémée, Copernic, Tycho-Brahé, Kepler, Galilée, Descartes, Newton, Euler, Herschell, Laplace... Ce sont les noms vers lesquels il va dans sa détresse, les noms de ceux qui ont vécu dans le désintéressement, qui ont habité la cellule du cabinet de travail, de l'observatoire. Il invoque et sert le même idéal de science, de vérité. Pour lui, aucune installation, aucun instrument. N'importe. Il transcrit le hautain testament de sa pensée, s'en va loin de la terre, loin des hommes ; il écrit l'*Éternité par les astres*.

Quelles pensées le hantent, quels mots, quelles phrases viennent à son appel, sous la bouche des canons, devant les fusils chargés, entre les sabres clairs ?

Sans facilités de travail, sans livres, sans figures, avec le seul tableau du ciel entrevu, il se résume à lui-même sa sensation et sa science du monde. Il retrouve, passe en revue les idées acquises.

Il part de la notion de l'infini de l'univers, par impossibilité qu'il en soit autrement. On ne peut imaginer de limites. Le vide a encore des dimensions, et c'est toujours l'espace qui s'ajoute à l'espace, indéfiniment. Il prend la certitude de l'infini du monde par la réflexion que si l'univers infini est incompréhensible, l'univers limité est absurde. Il ressent, comme tous ceux qui ont abordé l'énigme, cette douleur de l'esprit humain capable de formuler le problème, incapable de le résoudre. Il essaye de se consoler en supposant qu'il existe ailleurs des cerveaux plus vigoureux que le nôtre, pour lesquels la solution existe, et il ne cache pas sa jalousie.

L'énigme est la même pour l'infini dans le temps que pour l'infini dans l'espace. C'est encore, pour l'esprit, l'impossibilité de consentir à la non-existence du monde, pour hier et pour demain, qui donne ici la loi.

Donc, l'infini, en toutes ses parties est, a toujours été, sera toujours parcouru de mouvement, de chaleur, de lumière, d'électricité. C'est l'extension, ou plutôt la constatation du phénomène auquel nous assistons pendant notre vie éphémère. C'est la conception qui fait la condition première sur laquelle Blanqui construit ce qu'il appelle son Hypothèse astronomique.

CCXXI

Il établit encore, avant de prendre son essor dans l'espace, que l'idée d'infini n'est un peu abordable que par l'idée d'indéfini, le chiffre toujours ajouté au chiffre, l'action de prolonger sans cesse, admise par l'intelligence, mais qui n'entame même pas l'infini.

Son regard perce les premiers voiles, mesure les distances prodigieuses des étoiles. Il voit le soleil à sa place, parmi les étoiles de la voie lactée. Au delà, d'autres lueurs. Plus loin encore, les nébuleuses entrevues par le télescope. Les étoiles les plus proches sont au delà de sept mille milliards de lieues.

L'étendue sans fin n'empêche pas l'invariabilité du plan et des matériaux. L'analyse spectrale a démontré l'identité de composition de l'univers. Les soixante-quatre corps simples connus sur notre globe au moment où Blanqui écrit ne se retrouvent pas tous dans le spectre solaire et les spectres stellaires, et ces spectres révèlent des éléments inconnus, mais la science est nouvelle, les soixante-quatre corps simples, peu d'années avant 1871, n'étaient que cinquante-trois. Il suffit de savoir que les principaux agents existent identiques dans l'étendue, que l'hydrogène est la lumière de tous les soleils, que partout il forme l'eau avec l'oxygène, que telle adjonction crée les mers, que telle com-

binaison forme les terrains géologiques, que la vie vé-
gétale et la vie animale viennent ensuite.

Blanqui aborde les séries de ce vaste ensemble. Son
cinquième chapitre est une rapide étude critique de
la cosmogonie de Laplace, et un exposé succinct de
la nature non définie, de la vie mouvementée et de la
destinée mystérieuse des comètes. Cette nature des
comètes, c'est une des deux difficultés principales avec
lesquelles la théorie de Laplace est aux prises. Blanqui
énonce que ne pouvant à aucun titre les loger dans son
système de gravitation, l'auteur envoie ses comètes se
promener d'étoiles en étoiles pour s'en défaire. C'est, pour
l'astronome du fort du Taureau, l'occasion de belles
pages où l'humour monte sans cesse les pentes et va
aux hauts sommets de l'éloquence. Avec quelle presti-
gieuse rapidité son esprit se meut dans l'espace, à travers tous ces mystères de flammes et de lumières! avec
quelle verve singulière il montre les comètes, jouets des
planètes supérieures, jetées de l'une à l'autre, déchique-
tées, courant l'espace en loques, après s'être épanouies
au feu du Soleil, menacées par Saturne, guettées par
Jupiter, disputées au passage par toutes les puissances
attractives, la tête arrachée par le Soleil, l'arrière-garde
accrochée à la Terre, et tous ces fragments prisonniers
encore « écumés par la force centrifuge qui emporte
son butin dans l'espace »!

Il fait le tableau de la course des comètes victorieuses :

« Celles-là seules échappent, qui n'ont pas donné
dans les traquenards de la zone planétaire. Ainsi,
évitant de funestes défilés, et laissant au loin, dans les
plaines zodiacales, les grosses araignées se promener
au bord de leurs toiles, la comète de 1811 fond des
hauteurs polaires sur l'écliptique, déborde et tourne
rapidement le soleil, puis rallie et reforme ses immenses

colonnes dispersées par le feu de l'ennemi. Alors
seulement, après le succès de la manœuvre, elle déploie
aux regards stupéfaits les splendeurs de son armée et
continue majestueusement sa retraite victorieuse dans
les profondeurs de l'espace. »

Il ouvre aux regards le prodigieux cimetière des
comètes :

« Ces triomphes sont rares. Les pauvres comètes
viennent par milliers se brûler à la chandelle. Comme
les papillons, elles accourent légères, du fond de la
nuit, précipiter leur volte autour de la flamme qui les
attire, et ne se dérobent point sans joncher de leurs
épaves les champs de l'écliptique. S'il faut en croire
quelques chroniqueurs des cieux, depuis le soleil jusque
par delà l'orbe terrestre, s'étend un vaste cimetière de
comètes, aux lueurs mystérieuses, apparaissant les
soirs et matins des jours purs. On reconnaît les mortes
à ces clartés-fantômes, qui se laissent traverser par la
lumière vivante des étoiles. »·

Mais Blanqui s'étonne que l'on ait admis si vite
l'arrivée, puis le départ des comètes, entourant, quittant la Terre. On aurait dû voir là, lui semble-t-il, une
atteinte à la loi de la gravitation, et il donne à son tour
une théorie de ces corps inconsistants et errants des
lueurs zodiacales ; « Les détachements cométaires, faits
prisonniers dans ces rencontres sidérales, et refoulés
vers l'équateur par la rotation, vont former ces renfle-
ments lenticulaires qui s'illuminent aux rayons du soleil,
avant l'aurore, et surtout après le crépuscule du soir...
Ces masses diaphanes, d'apparence toute cométaire, per-
méable aux plus petites étoiles, occupent une étendue
immense, depuis l'équateur, leur centre et le point cul-
minant comme altitude et comme éclat, jusque bien au
delà des tropiques, et probablement jusqu'aux deux
pôles où elles s'abaissent, se contractent et s'éteignent. »

CCXXII

La seconde difficulté qui embarrasse la théorie de Laplace, c'est l'origine des nébuleuses, que Blanqui se refuse à confondre avec les comètes : celles-ci ne sont que des amas volatils changés en lueurs par un rayon solaire, tandis que la nébuleuse, futur soleil, est force et lumière, poids et chaleur. Mais la nébuleuse, comment se forme-t-elle, d'où vient la chaleur qui l'anime, la volatilise, la condense plus tard en soleil entouré de planètes ? La gravitation ne fournit qu'une moitié d'explication : la force centripète qui attire les corps les uns contre les autres, la force centrifuge qui les pousse droit devant eux. Sans la force centrifuge, la terre tomberait sur le soleil. Sans la force centripète, elle s'échapperait de son orbite.

Les deux contraires créent l'équilibre, loi universelle. Blanqui ne prononce pas le mot, mais il dit la chose, et il cherche, en somme, pour la formation des mondes, un autre principe que la chaleur. Il trouve le mouvement, qui produit la chaleur. A la place de la théorie qui se désintéresse de l'origine des choses, qui garde le silence sur leur commencement et leur fin, il installe le mouvement, résultat permanent de l'attraction, et l'on peut déduire de sa pensée cette conséquence de l'infini du mouvement, comme il y a l'infini de l'espace et l'infini de la durée.

Ce qu'il voit et dit clairement, c'est l'éternelle destruction et l'éternelle résurrection. Il n'a souci de l'ordre établi, immuable, tel qu'il est édicté. Il est révolutionnaire aussi dans l'espace, mais prêt à faire, là encore, de l'ordre avec du désordre. Il ne voit la matière éternelle que dans ses éléments et son ensemble : « Toutes ses formes, humbles ou sublimes, sont transi-

toires et périssables. Les astres naissent, brillent,
s'éteignent, et, survivant des milliers de siècles peut-
être à leur splendeur évanouie, ne livrent plus aux lois
de la gravitation que des tombes flottantes. Combien
de milliards de ces cadavres glacés rampent ainsi dans
la nuit de l'espace en attendant l'heure de la destruction, qui sera, du même coup, celle de la résurrection ! ».

Il trouve des images grandioses pour dire ces recom-
mencements :

« Car les trépassés de la matière rentrent tous dans
la vie, quelle que soit leur condition. Si la nuit du
tombeau est longue pour les astres finis, le moment
vient où leur flamme se rallume comme la foudre. Mais
quand un soleil s'éteint glacé, qui lui rendra la chaleur
et la lumière ? Il ne peut renaître que soleil. Il donne
la vie en détail à des myriades d'êtres divers. Il ne peut
la transmettre à ses fils que par mariage. Quelles peuvent être les noces et les enfantements de ces géants de
la lumière ? »

Et Blanqui évoque l'immense tourbillon d'étoiles
mortes se heurtant avec d'autres tourbillons éteints, et
la mêlée qui s'engage durant d'innombrables années
sur un champ de bataille de milliards de milliards de
lieues d'étendue, sans que soit suspendue un instant
l'obéissance aux lois de la nature, les masses solides,
devenues vapeurs, ressaisies par la gravitation, les nébuleuses tournant sur elles-mêmes, la circulation autour
de nouveaux centres, les globes qui ressuscitent. Dans
tout cela, nulle trace de chaos, toujours l'ordre, toujours l'attraction. La matière ne diminue ni ne s'accroît.
Les systèmes stellaires sont des masses énormes de
matière qui ne sauraient sortir du vide. Les nébulosités
ne s'improvisent pas.

CCXXIII

Ces pages donnent surtout à l'esprit une sensation impérieuse du temps pendant lequel s'accomplissent ces drames de l'espace racontés en une minute. Ce temps, c'est l'éternité, comparable à l'infini. Le chemin est sans fin, la durée aussi. L'étoile, dans l'ensemble, n'est pas plus que l'éphémère d'un soir. La mort et la renaissance des mondes sont à la fois innombrables et rares « selon que l'on considère l'univers ou une seule de ses régions ». L'expérience, nous la voyons par l'aérolithe « qui s'enflamme et se volatilise, en sillonnant l'air », comme le soleil se crée par le mouvement transformé en chaleur. Il faut donc faire rentrer ces accidents prétendus dans la loi générale. S'ils ne survenaient pas, ce serait néant. Leur régularité est la condition même de la vie.

Cette permanente mêlée vérifie la constitution identique de l'univers. Le même phénomène doit produire les mêmes conditions de chaleur, de lumière, de densité, dans les étoiles centres des systèmes et dans les planètes échelonnées. Et ce dilemme : « Ou la résurrection des étoiles ou la mort universelle. » Puis cette conclusion : « Tous les corps célestes, sans exception, ont une même origine, l'embrasement par entre-choc. »

CCXXIV

C'est par ces observations, ces calculs, ces déductions, c'est à travers cette féerie du monde, que Blanqui va, par les sûrs chemins de sa logique, jusqu'à la fin de son hypothèse.

On devine sa hâte fébrile, sa joie, son oubli de tout, à lire ces chapitres rapides. On voit, pour ainsi dire, son esprit s'emparer des choses, s'assurer les conquêtes qu'il vient de faire. Il a volontairement recours aux redites, à chaque instant il résume, il circonscrit son raisonnement, il le condense en termes clairs. Il veut que tout soit bien acquis, bien compris, et c'est alors qu'il s'élance d'un vol hardi dans son rêve scientifique, qu'il donne sa conception du monde dans les quelques feuillets qui traitent de l'analyse et de la synthèse de l'univers.

La nature, reprend-il, possède cent corps simples pour toutes ses œuvres, et un moule universel, qui est le système stello-planétaire. Ces corps simples peuvent fournir un nombre énorme, effrayant, de combinaisons. Mais, tout de même, il s'agit d'un nombre *fini*. Et il faut peupler un infini. La création forcée et l'uniformité de la méthode bornent donc le nombre, si fantastique soit-il, des combinaisons *originales*, ou plutôt des *combinaisons-types*, et c'est alors que les *répétitions* sans fin interviennent pour remplir l'étendue.

L'écrivain, poursuivant son examen de l'unité solaire divisée en planètes, dit les causes de diversité entre les planètes de tous les systèmes ; inégalité de volumes des nébuleuses, inégalité de chocs, etc. Il dit aussi les causes de similitude ; identité de formation et de mécanisme, unité de composition révélée par l'analyse spectrale. Tous les corps simples confondus par le choc, volatilisés, se séparent de nouveau par la condensation, se classent selon les lois de la pesanteur : « De là, pour la proportion des *corps simples*, et même pour le volume total des globes, tendance nécessaire à la similitude entre les planètes du même rang de tous les systèmes *solaires...* » Dès lors, l'infini est peuplé, tout a droit à l'infini : la planète et le ciron, et l'homme : « Par

lui-même, l'homme n'est qu'un éphémère. C'est le globe
dont il est l'enfant qui le fait participer à son brevet
d'infinité, dans le temps et dans l'espace. Chacun de
nos sosies est le fils d'une terre, sosie elle-même de la
terre actuelle. Nous faisons partie d'un calque. La terre-
sosie reproduit exactement tout ce qui se trouve sur la
nôtre, et par suite, chaque individu avec sa famille, sa
maison quand il en a, tous les événements de sa vie.
C'est un duplicata de notre globe, contenant et con-
tenu. Rien n'y manque. »

On voit désormais, en pleine lumière, l'hypothèse de
Blanqui : il suppose la combinaison qui a formé la
Terre, et qui a une valeur d'unité dans le nombre des
combinaisons-types, prenant forcément une valeur de
nombre infini par le retour forcé, la répétition obligée
de ces combinaisons-types qui doivent peupler l'espace
sans bornes.

CCXXV

Il admet les diversités dans la simple analogie, des
milliards de Terres ayant comme la nôtre une atmosphère, des mers, des terrains étagés, une flore, une
faune, des hommes, mais avec des variétés innombrables, sans la ressemblance exacte. Ce sont aussi des
combinaisons-types.

Il admet encore des ressemblances exactes au début
avec des bifurcations. Puis d'autres, plus prolongées.
« Voici, dit-il enfin, un exemplaire complet, choses et
personnes. Pas un caillou, pas un arbre, pas un ruis-
seau, pas un animal, pas un homme, pas un incident,
qui n'ait trouvé sa place et sa minute dans le duplicata.
C'est une véritable terre-sosie..., jusqu'aujourd'hui du
moins. Car, demain, les événements et les hommes

poursuivront leur marche. Désormais, c'est pour nous
l'inconnu. Chaque seconde amènera sa bifurcation, le
chemin qu'on prendra, celui qu'on aurait pu prendre.
Quel qu'il soit, celui qui doit compléter l'existence
propre de la planète jusqu'à son dernier jour a été parcouru déjà des milliards de fois. Il ne sera qu'une
copie imprimée d'avance par les siècles. »

Blanqui aborde le problème de la destinée de
l'homme : « Les événements ne créent pas seuls des
variantes humaines. Quel homme ne se trouve parfois
en présence de deux carrières? Celle dont il se détourne
lui ferait une vie bien différente tout en lui laissant la
même individualité. L'une conduit à la misère, à la
honte, à la servitude, l'autre menait à la gloire, à la
liberté. Ici, une femme charmante et le bonheur, là une
furie et la désolation. On prend au hasard ou au choix,
n'importe, on n'échappe pas à la fatalité. Mais la fatalité ne trouve pas pied dans l'infini, qui ne connaît
point l'alternative et a place pour tout. Une terre existe
où l'homme suit la route dédaignée dans l'autre par le
sosie. Son existence se déroule, un globe pour chacune,
puis se bifurque une seconde, une troisième fois, des
milliers de fois. Il possède ainsi des sosies complets et
des variantes innombrables de sosies, qui multiplient
et représentent toujours sa personne, mais ne prennent
que des lambeaux de sa destinée. Tout ce que l'on
aurait pu être ici-bas, on l'est quelque part ailleurs.
Outre son existence entière, de la naissance à la mort,
que l'on vit sur une foule de terres, on en vit sur
d'autres dix mille éditions différentes. »

Il prend des exemples dans l'histoire, les Anglais perdant Waterloo sur les globes où Grouchy arrive à
l'heure, Bonaparte vaincu à Marengo... Il répond aux
exclamations sur ces foules de terres semblables,
encombrant le ciel : « Non, non, ces doublures ne font

foule nulle part. Elles sont même fort rares, quoique
comptant par milliards, c'est-à-dire ne comptant plus. »
Il garde ainsi toujours présente la notion d'infini. L'infini suffit à toutes les profusions. Et Blanqui s'égaie de
cette histoire recommencée, entre-croisée, enchevêtrée,
commençant, se continuant, finissant, recommençant à
toutes les minutes du temps. Il voit Pompée vaincu
toujours à Pharsale, César poignardé dans tous les Sénats
de Rome. Impossible de s'avertir de planètes en planètes. « Ah! dit-il, s'il était permis de faire passer
l'histoire de sa vie, avec quelques bons conseils, aux
doubles qu'on possède dans l'espace, on leur épargne-
rait bien des sottises et des chagrins... »

« Ceci, au fond, malgré la plaisanterie, est très sérieux,
ajoute-t-il. Il ne s'agit nullement d'anti-lions, d'anti-
tigres, ni d'œil au bout de la queue ; il s'agit de mathématiques et de faits positifs. Je défie la nature de ne pas
fabriquer à la journée, depuis que le monde est monde,
des milliards de systèmes solaires, calques serviles du
nôtre, matériel et personnel. Je lui permets d'épuiser
le calcul des probabilités, sans en manquer une. Dès
qu'elle sera au bout de son rouleau, je la rabats sur
l'infini, et je la somme de s'exécuter, c'est-à-dire d'exécuter sans fin des duplicata... »

Donc, malgré toutes les influences, toutes les variantes, toutes les particularités, il faut arriver à
admettre que chaque combinaison particulière du matériel et du personnel « doit se répéter des milliards de
fois pour faire face aux nécessités de l'infini... On peut
milliarder sans scrupules avec l'infini, il demandera
toujours son reste. »

CCXXVI

Le solitaire est à sa conclusion, il se résume en images multipliées, d'une puissance d'imagination incomparable, il évoque pour chacun de nous l'existence perpétuelle depuis le non-commencement du monde jusqu'à sa non-fin, depuis toujours jusqu'à toujours. Il prend l'individu à chaque seconde de sa vie et le stéréotype à épreuves infinies dans l'éternité : « On remonterait en vain le torrent des siècles pour trouver un moment où l'on n'ait pas vécu. Car l'univers n'a point commencé, par conséquent l'homme non plus. »

Aux dernières pages, Blanqui s'évoque lui-même en une phrase saisissante : « Ce que j'écris en ce moment dans un cachot du fort du Taureau, je l'ai écrit et je l'écrirai pendant l'éternité sur une table, avec une plume, sous des habits, dans des circonstances toutes semblables. » Il écrit ainsi son sort dans le nombre sans fin des astres et à tous les instants de la durée. Son cachot se multiplie jusqu'à l'incalculable. Il est, dans l'univers entier, l'enfermé qu'il est sur cette terre, avec sa force révoltée, sa pensée libre.

CCXXVII

Il se sépare de son travail avec mélancolie et grandeur. Le progrès, déjà accompli sur d'autres planètes nées avant la nôtre, n'est pas pour les hommes du moment présent : « Nous renaissons, prisonniers du moment et du lieu que le destin nous assigne dans la série de ses avatars... Hommes du xixe siècle, l'heure de nos apparitions est fixée à jamais, et nous ramène toujours les mêmes, tout au plus avec la perspective

de variantes heureuses. Rien, là, pour flatter beaucoup
la soif du mieux. Qu'y faire? Je n'ai point cherché mon
plaisir, j'ai cherché la vérité. Il n'y a ici ni révélation
ni prophète, mais une simple déduction de l'analyse
spectrale et de la cosmogonie de Laplace. Ces deux
découvertes nous font éternels. Est-ce une aubaine?
Profitons-en. Est-ce une mystification? Résignons-nous.
Mais n'est-ce point une consolation de se savoir cons-
tamment sur des milliards de terres, en compagnie de
personnes aimées qui ne sont plus aujourd'hui qu'un
souvenir?... »

Il se reprend de cet attendrissement, formule, aux
dernières lignes, sa loi d'ensemble, en un langage de
beauté sévère, rigide et magnifique:

« A l'heure présente, la vie entière de notre planète,
depuis la naissance jusqu'à la mort, se détaille, jour
par jour, sur des myriades d'astres frères avec tous ses
crimes et ses malheurs. Ce que nous appelons le progrès
est claquemuré sur chaque terre, et s'évanouit avec elle.
Toujours et partout, dans le camp terrestre, le même
drame, le même décor, sur la même scène étroite, une
humanité bruyante, infatuée de sa grandeur, se croyant
l'univers et vivant dans sa prison, comme dans une
immensité, pour sombrer bientôt avec le globe qui a
porté dans le plus profond dédain le fardeau de son
orgueil. Même monotonie, même immobilisme dans les
astres étrangers. L'univers se répète sans fin et piaffe
sur place. L'éternité joue imperturbablement, dans l'infini, les mêmes représentations. »

CCXXVIII

Il a terminé. Il a encore une fois tenté et réussi
l'effort presque surhumain : il s'est arraché au milieu

ennemi, il s'est évadé en lui-même. Ceux qui le gardent
n'ont pas soupçonné quel drame touchant et grandiose
se jouait en ce débile prisonnier tombé au mutisme,
obéissant aux injonctions, suivant le geôlier, les soldats, sous les voûtes humides, par les noirs escaliers,
abordant et quittant la plate-forme, retournant à la nuit
du cachot où soudain la petite lampe brille comme une
étoile, éclairé les espaces. C'est sur la page blanche,
par les minuscules caractères de fine écriture, que
tout s'anime, que les sphères comparaissent, oscillent,
tournent, se choquent, meurent, éclatent, renaissent.
Le vieillard, dans cette horreur de la nuit, dans le
bruit des fusils et des voix, vit secrètement des heures
enchantées.

Et aussi, incertain de son sort, il sauve ce qu'il peut
de lui-même. Il ne sait ce qu'il adviendra de lui à 'a
merci des hommes. Peut-être ce soir, cette nuit, en
vertu des ordres qui lui ont été notifiés, peut-être, sur
un faux mouvement, sur une voix venue du dehors,
sera-t-il fusillé sur le pavé de la cour, sur les dalles
de la plate-forme, et la lueur amie de ces astres qu'il
évoque viendra-t-elle visiter son cadavre, l'envelopper
du doux linceul argenté de la lumière nocturne. Qu'il
essaie donc, au moins, de sauver un peu de sa pensée,
qu'il fasse savoir à ceux qui le condamnent quel cerveau
ils ont supprimé. S'il échappe de ce lieu sinistre, son
écrit sera encore son témoignage. Devant le conseil de
guerre et devant l'opinion, sa science, son éloquence,
sa poésie plaideront. C'est ainsi, fièrement et farouchement, qu'il se défend, demande la vie : s'il y a un
« document Taschereau » dans son existence inflexible,
le voici : c'est l'*Éternité par les astres*.

CCXXIX

Les trois prisons de Blanqui ont marqué les courses de son esprit, ses étapes intellectuelles. Il a été à la fois prisonnier et libre. Il s'est évadé hors des heures monotones de la vie quotidienne, il a vogué par les étendues et plané sur les hauteurs, dans l'infini de l'observation, de la réflexion, de la spéculation philosophiques.

Au Mont-Saint-Michel, il regarde son parti, la lutte sociale, la mêlée des hommes de son temps et de son pays, il appartient tout entier à la Politique.

A Belle-Ile-en-Mer, il veut voir au loin dans les perspectives de l'Histoire et par-dessus tous les horizons du monde reconnu. Il étudie la terre et se meut à travers la Géographie.

Au Taureau, il franchit les derniers obstacles, quitte le globe boueux et minuscule, se jette éperdument dans l'Espace, il voyage dans le mystère et dans l'infini de l'Astronomie.

CCXXX

Le dernier mot écrit, il se cherche une autre occupation, se prépare à passer l'hiver sur le roc, dans l'ouragan et la pluie. Ce sont les soirs d'hiver, les lumières de bonne heure allumées, la lampe du phare projetant à travers l'atmosphère glauque sa lueur trouble de veilleuse.

Les oiseaux de mer frappent la lanterne du bec, des ailes, des pattes. Ils descendent parfois étourdis dans la sombre cour de Blanqui, se jettent à la triste fenêtre lumineuse où bouge l'ombre de l'enfermé. Ce n'est pas l'hirondelle des faiseurs de couplets qui vient

profiler son vol sentimental dans la découpure de la
lucarne. Ce sont des oiseaux blancs et gris qui apparaissent, dilatant des yeux avides, poussant des cris
rauques, ouvrant des becs recourbés, déchiqueteurs et
féroces.

Si le regard va au dehors, il aperçoit reluire les canons
de la batterie basse amarrés dans les casemates du
rez-de-chaussée. Les nuits de mauvais temps, leur
bronze vibre dans les rafales, sonne en échos par toute
la fortification.

Sous les attaques de la tempête, le Taureau souffle de
l'eau et de la vapeur, s'encolère et mugit.

La pluie tombe sur ce concert de voix sauvages, le
vent de mer retentit.

Aux accalmies, on entend rire les soldats dans le
corps de garde.

L'homme est encore une fois seul, son ouvrage écrit,
sa plume tombée. Ah! qu'elle est loin, la route de jeunesse, la route de Nice à Bordighera, bordée de palmes,
inondée de soleil!

CCXXXI

L'heure vient, pourtant, de quitter le fort. Le 12 novembre arrive un ordre de transfèrement. Blanqui s'en
va, après cinq mois et dix-huit jours, à la même
heure qui fut celle de son arrivée, après minuit, dans
une barque semblable à celle qui l'a amené. Il pleut
à torrents pour remonter la rivière noire comme un
Léthé. La barque non pontée est sans abri. Le vieillard, mouillé, transi, monte en voiture à Morlaix, puis
en wagon jusqu'à Versailles, trois heures du matin, sans
changer de vêtements. De la gare de Versailles jusqu'à
la prison, au dépôt de la rue Saint-Pierre, il lui faut

aller à pied, perdu de fatigue, de froid. C'est là qu'il
peut voir ses sœurs entre un corridor et deux grilles,
en présence d'un gardien. C'est de là qu'il adresse au
président de l'Académie des Sciences un mémoire sur
la lumière zodiacale. C'est là qu'il reste jusqu'à son
procès, dont la première séance est au 15 février 1872.
La même semaine l'*Éternité par les astres* est publiée,
en un long fragment dans la *Revue Scientifique*, et au
complet en librairie.

<h2 style="text-align:center">CCXXXII</h2>

Le poëte de l'*Éternité par les astres*, l'historien au jour
le jour du siége de Paris dans la *Patrie en danger*, est
amené, dans la salle des assises du Palais de Justice
de Versailles, au banc des accusés, devant le quatrième
conseil de guerre. Mais ni le colonel qui préside, ni le
commandant chargé du réquisitoire, ni aucun des officiers désignés pour rendre le verdict, ne verront tel qu'il
est l'homme qui comparaît devant leur autorité. C'est
le Blanqui légendaire qui leur est amené, non un autre,
le révolté récidiviste, le diable qui surgit de la trappe
des guerres civiles, le loup-garou, le monstre.
Le public est nombreux, militaires, députés, journalistes, monarchistes, femmes de tous les mondes et leur
historiographe Dumas fils. Blanqui entre, ne regarde
rien de cette foule. Il vient de la casemate du rocher,
et il est pâle de la pâleur des tombes. Si ce n'étaient
ses yeux, il n'y aurait qu'à rabattre le linceul sur ce
visage d'ivoire. Mais les yeux protestent, avec une
admirable fureur de vie. Ils resplendissent de toute la
flamme intérieure, ils affirment avec une violence et
une ténacité superbes la volonté de persister contre tout,
contre tous, quand même.

L'interrogatoire dresse l'homme, donne son signalement ineffaçable :

— Accusé, levez-vous, Comment vous appelez-vous ?

— Louis-Auguste Blanqui.

— Quel âge avez-vous?

— Soixante-sept ans.

— Quel est votre domicile?

— Mon domicile, je ne m'en connais pas, à moins que ce ne soit la prison.

— Votre profession?

— Homme de lettres.

Le débat est sur le 31 octobre. Il pouvait être clos par la déposition de l'honnête homme Dorian qui vint affirmer sur son honneur qu'il y avait eu convention entre les membres du gouvernement, y compris Jules Ferry, et les chefs de l'insurrection, et qu'aucune personne ne devait être recherchée pour avoir participé au mouvement. Edmond Adam, ancien préfet de Police, vint confirmer le dire de Dorian. Mais le conseil de guerre passa outre, préféra s'en tenir aux insinuations, aux réticences, aux ignorances des autres témoins, alors que la vérité, affirmée par un seul, suffisait.

Le réquisitoire du commandant commissaire de la République fut stupéfiant, fit le procès au Quatre-Septembre en même temps qu'au Trente-un octobre, affirma qu'au 31 octobre il n'y avait pas de gouvernement légal, et demanda, en somme, la condamnation de Blanqui au nom de la légalité impériale. Puis, il la demanda encore pour la raison que l'accusé aurait pu prendre part à la Commune. Malgré l'énergique protestation de Blanqui contre la barbarie du décret des otages (n'était-il pas, lui-même, au Taureau, un otage?) cet extraordinaire réquisitoire affirme que l'accusé, membre de la Commune, aurait été entraîné aux excès criminels. On crut le réquisitoire, on ne crut pas l'avocat.

Georges Le Chevalier, racontant la vie désintéressée, honnête et pure, de Blanqui, affirmant la ferveur de sa conviction républicaine, démontrant que pas un seul des articles de la *Patrie en danger* n'est inspiré par la passion et par le calcul politiques, définissant le caractère du Trente-un octobre, manifestation et non attentat, établissant et scrutant les faits, la convention, la décision de ne pas poursuivre.

Blanqui se lève ensuite et prononce ces mots :

« Je n'ai rien à ajouter pour ma défense après les paroles de mon avocat ; je tiens seulement à établir que je ne suis pas ici pour le 31 octobre. C'est là le moindre de mes forfaits. Je représente ici la République traînée à la barre de votre tribunal par la monarchie. M. le commissaire du gouvernement a condamné la Révolution de 1789, celle de 1830, celle de 1848 et celle du 4 septembre ; c'est au nom des idées monarchiques, du droit ancien en opposition du droit nouveau, comme il dit, que je suis jugé, et que, sous la République, je vais être condamné. »

Il fut, en effet, condamné à la déportation dans une enceinte fortifiée et à la dégradation civique.

CCXXXIII

Sous l'influence de Ranc, le journal de Gambetta, la *République française*, avait publié une relation de la captivité au Taureau, écrite par Blanqui lui-même avec un tact admirable, une perception nette de la situation faite aux journaux par l'état de siège. Dans le même journal, parut le compte rendu exact du procès. Il y eut, enfin, dans le *Paris-Journal*, la courageuse et magnifique étude de J.-J. Weiss.

Le verdict fut cassé pour vice de forme. Le pro-

cès recommença, fut jugé en une audience, le 29 avril,
où le verdict du 4ᵉ conseil de guerre fut confirmé par
le 6ᵉ. Blanqui réintégra la prison de Versailles où
il avait déjà séjourné de 1832 à 1833, avec Raspail
et Bonnias, condamnés avec lui dans le procès des
Quinze en 1832. Le pourvoi qu'il adresse en cassation
contre la décision du 6ᵉ conseil de guerre qu'il dénonce comme incompétent, créé par une loi posté-
rieure aux faits jugés, ce pourvoi est rejeté le 6 juillet 1872. C'est la dernière ressource, la justice va
suivre son cours.

On agita la question de savoir s'il serait envoyé en
Nouvelle-Calédonie. Une consultation de médecins se
prononça contre le voyage, et le prisonnier fut envoyé
à la maison central de Clairvaux, dans l'Aube, où il
fut incarcéré au matin du 17 septembre.

CCXXXIV

Il entre, condamné à vie, dans l'ancienne abbaye du
xIIᵉ siècle, devenue maison pénitentiaire. Il y a avec lui
cent quarante condamnés politiques pour faits de la
Commune, parmi lesquels Lullier, Peyrouton, Fontaine.
Le reste est une immense population de détenus : plus
de quinze cents hommes, près de six cents femmes.
Derrière la muraille de 4 kilomètres de tour, c'est un
gros village où toute une population est employée à
tisser le drap, la soie, la laine, le coton, la toile, à
fabriquer des gants, des souliers, des sabots, à servir
aux boulangeries, aux cuisines. La maison est gardée
par soixante gardiens, un détachement du 44ᵉ de ligne.

Lorsque Blanqui peut apercevoir le milieu où il doit
achever de vivre, il est logé dans le quartier de l'isole-

ment, en une cellule de punition de la maison centrale,
au rez-de-chaussée du bâtiment des détenus politiques.
L'endroit n'a que deux mètres et demi de long sur un mètre et demi de large, avec une fente horizontale, garnie
d'épais barreaux, pour fenêtre. Il y a peu d'air et de
lumière. D'habitude, on ne laisse là les détenus que
pendant quelques jours. On y laisse Blanqui huit mois.
Il est non loin de Fontaine, l'ancien directeur des
Domaines sous la Commune. Mais il est isolé. On lui
laisse ignorer ses voisins, et même les communications
avec ses sœurs sont rares, difficiles, au début. C'est là
qu'il passe l'hiver, toute la journée, toute la soirée à
lire, à écrire, avec deux sorties au promenoir, sa cellule
encombrée de livres, de papiers. Aux jours de grand
froid, il reste couché, coiffé d'une casquette, il écrit,
le dos tourné à la lumière de la fenêtre.

Cet hiver est mauvais pour lui. Toutes les souffrances
éprouvées au fort du Taureau, tous les maux refoulés
par l'effort cérébral, reviennent lui donner l'assaut.
Après l'hiver, en février 1873, au moment d'un grand
départ pour la Calédonie, lorsqu'il est question de
joindre Blanqui à la foule des condamnés, d'accomplir
la sentence de déportation prononcée contre lui, il faut
renoncer au projet. Trois médecins officiellement réunis
constatent chez lui une ossification des valvules du
cœur, avec des accidents d'interruption de circulation,
d'étouffement, et ils déclarent l'impossibilité du voyage.

CCXXXV

Tout le long de cette année 1873, ses forces diminuent,
sa santé s'en va. Tout ce qu'il a de force, de volonté, il
doit l'employer pour lutter contre la maladie. Chaque
accès est combattu par la diète, le malade observe sa

force de résistance. Les instants d'accalmie, il les emploie comme il peut, à lire, à prendre quelques notes. Il essaie de se tenir au courant du mouvement des sciences par la *Revue Scientifique*, il essaie de se tenir au courant du mouvement politique par la *Petite Presse*, seul journal qui lui soit permis après les protestations réitérées de Mme Barellier et de Mme Antoine. Son intelligence et sa divination doivent faire le reste.

La chute de Thiers en mai 1873 n'apporte naturellement aucune amélioration au sort du prisonnier. Le régime présidé par Mac-Mahon emploie les mêmes ministres qui servaient le régime du prédécesseur, et le même poids s'appesantit sur Blanqui. Une lettre de Mme Antoine décrit la situation qui est celle du prisonnier en ce temps-là :

« Il a, dit-elle, subi dans cette prison pendant des années la plus dure séquestration. A peine ses plus proches parents pouvaient-ils pénétrer jusqu'à lui, et encore n'était-ce qu'à de longs intervalles, en présence d'un gardien. On ne lui a jamais permis aucune communication avec les prisonniers politiques qui ont fait leur temps de condamnation à Clairvaux au cours de sa captivité... Mon frère passa plusieurs hivers sans feu, malgré un froid intense, parce qu'on nous refusa l'envoi d'un poêle dont le chauffage ne fût pas funeste au déplorable état de santé du prisonnier, qui devint assez malade pour nous donner les plus graves inquiétudes ; plusieurs fois on répandit le bruit de sa mort, et ce fut à la suite d'un accès jugé d'abord mortel par le médecin, qu'on nous permit enfin de voir mon frère sans gardien et de lui faire envoyer les aliments indispensables dans le complet dépérissement causé par les privations et les souffrances... »

L'amélioration du sort du malade comporta un changement de logis. Blanqui, malade, fut installé au fond

de la troisième cour, au-dessus de la chapelle mortuaire
d'où montait l'office funèbre, dar · l'une des vastes
salles de l'infirmerie, non modifiée sur sa demande, et
qui pouvait, aux jours de mauvais temps, lui servir de
promenoir. Les proportions, en effet, étaient vastes,
quinze mètres de long, sept mètres de large. La hauteur
en rapport : quatre mètres. La disposition en encoignure
comportait cinq fenêtres sur le promenoir, trois autres
sur le jardin. Au delà du promenoir, le champ de la vision s'étend par dessus le mur de clôture et le chemin
de ronde : des coteaux, des bois, des échappées sur la
rivière de l'Aube, le paysage de cirque froid et humide
qui entoure la maison de Clairvaux. Au delà du jardin,
c'est la cour du quartier cellulaire, où les condamnés
sont amenés à tour de rôle, se promènent seuls. C'est
là que Blanqui, les jours où il sort, passe son temps de
marche et de respiration en plein air.

CCXXXVI

Il habite l'encoignure de la salle, meublée d'un lit de
fer, de chaises, d'un fauteuil. Il a du bois, qu'il fend
lui-même pour alimenter le poêle de faïence envoyé par
ses sœurs. Il a son vêtement, son linge, des boîtes de
biscuit, sur des planches. Il a des grappes de raisin
pendues à des clous, à des ficelles, des grappes qu'il
passe en revue et qu'il picore comme l'oiseau fait de
la treille. Il a des fruits de la saison, des poires et
des pommes, des citrons, des oranges et des figues, ce
que peuvent envoyer ses sœurs à ses incessantes
demandes. Il a des légumes, qu'il épluche, lave, cuit,
assaisonne. Il a des sabots, une casquette ou une
calotte, un tricot ou un costume brun de prison.
Il a des livres sur sa table, tous les dictionnaires,

tous les traités de mathématiques, d'algèbre, tous les
bouquins de science, d'histoire, de géographie, que ses
sœurs peuvent se procurer. Il est friand surtout, autant
que de raisins et de figues, des ouvrages militaires et
des cartes d'état-major, il les demande tous, sans cesse,
il est à l'affût de la moindre indication, il veut avoir
dans la tête le plan du monde, le dénombrement de ses
forces armées, l'enseignement de tous les tacticiens.

– C'est dans les étendues sillonnées de fleuves, de
routes, de sentiers, c'est dans les agglomérations
d'hommes et les plans de batailles idéales, que se
passe sa vie recluse, qu'il soit couché dans son lit, sa
table couverte de papiers auprès de lui, une planche
sur ses genoux, chargée de livres, ou qu'il soit assis à
son petit bureau, perdu dans les combinaisons des
plans de campagnes, après les calculs et les rêves de
l'astronomie.

CCXXXVII

Il a surtout la solitude. Il vit comme un ermite au
creux d'une montagne, comme un anachorète au désert.
C'est la solitude, l'ennemie, c'est elle qu'il lui faut
combattre. C'est à elle qu'il s'attaque lorsqu'il insiste
auprès de Mᵐᵉ Antoine en janvier 1873, pour obtenir un
journal, même incolore, pour obtenir la faculté de
communiquer avec les prisonniers politiques, ses codétenus. C'est la solitude qu'il désigne comme la source
de son état de maladie lorsqu'il reçoit la visite des trois
médecins, en février 1873, c'est la séquestration absolue
et continue qu'il dénonce : la cellule, la promenade dans
un réduit environné de murs, l'absence de tout imprimé pouvant lui rappeler qu'il existe une population
pensante et agissante. C'est encore la solitude qu'il
accuse, en mars de la même année, par la lettre à sa

35.

sœur : « Je n'ai rien à t'apprendre, moi, que la continuation de mon ensevelissement vivant. De ton côté,
au contraire, vient un peu d'air et de jour à mon tombeau. Quand cette lueur lui manque, c'est la nuit
noire. »

Il obtient le journal, mais non la communication avec
ses codétenus. Il ne voit pas son fils, il n'a plus de fils :
celui-ci ignore son père, vit en bourgeois rassis, commandant les pompiers de la localité, dans la paix cam-
pagnarde de Montreuil-aux-Lions, près la Ferté-sous-
Jouarre. En dehors des visites forcément espacées de
ses sœurs, Blanqui ne voit que ses gardiens, n'entrevoit que les détenus de droit commun. De temps à
autre, le directeur, le médecin. Il est loin des jours de
Sainte-Pélagie, loin du vivace entourage qui le renou-
vela en 1861. Le reste du temps, il doit se suffire à lui-
même, il faut que sa pensée vive de sa pensée, qu'il
dévore sa propre substance.

Il a fallu que le fonds, chez lui, ait été singulièrement
riche, les ressources cérébrales étonnamment abon-
dantes, pour le mener ainsi, à soixante-dix ans, égal
sans déperdition.

A l'évasion, il ne faut pas songer ici. Il y aurait à
quitter le bâtiment de l'infirmerie, à traverser trois
cours, à franchir trois portes, et arrivé là, aux bâtiments de la direction, la sortie ne serait pas encore
accomplie. Il resterait à franchir un seuil et le quartier
militaire, et encore une dernière enceinte, ouverte au
public. Où es-tu, Cazavan, bon compagnon d'évasion de
Belle-Ile et de Necker? Cazavan est mort. Où êtes-vous,
les deux Levraud, Jaclard, et tous ceux qui aidèrent au
départ de 1865, et vous, Granger, qui êtes allé à la
recherche du captif en 1871? Jaclard, Granger sont en
exil, l'un des Levraud est mort, l'autre ne pourrait
même entrer voir son ancien maître. Et tous les com-

pagnons d'autrefois, vous êtes ainsi, disparus, dispersés, impuissants, pendant que votre Vieux, solitaire,
agonise et meurt tous les jours dans la tombe où il a
été enfermé vivant.

CCXXXVIII

En 1877, c'est la date de la plus forte dépression dans
l'état physique de Blanqui. Voilà déjà cinq ans qu'il est
à Clairvaux, cinq ans que les saisons, les heures, se succèdent pour lui dans la solitude, cinq ans qu'il ne voit de
l'ensemble des choses que ce coteau de l'Aube, ver-
doyant, jaunissant, ou desséché et blanc de neige, qu'il
n'entend que les sonneries des soldats, les pas des gardiens et des prisonniers, forcé, pour conserver le mécanisme de la parole, de lire, de parler à haute voix, de se
prononcer des discours à lui-même. Il ne sait du dehors
que ce que lui en apporte l'écho retardataire de la prison. Le bruit qu'il allait être gracié ou banni a couru, il
l'a laissé courir, sachant bien que nul des gouvernants
qui se succédaient sous Mac-Mahon n'admettrait sa
mise en liberté, et lui, naturellement décidé à ne rien
tenter pour l'obtenir. Un autre bruit est venu aussi
jusqu'à lui au cours de l'année, à savoir que le mauvais
état de sa santé ayant été porté à la connaissance du
ministre de l'intérieur, celui-ci a autorisé son transfert
de la maison de Clairvaux au Château d'If dans les
Bouches-du-Rhône.

Cette fois, Blanqui ne laisse pas passer l'on-dit, il
voit un nouveau Fort du Taureau en perspective, une
casemate au milieu des flots, et il écrit à Mᵐᵉ Antoine,
le 15 février 1877 : « *Autorisé* est bien touchant ! non
pas ordonné, mais autorisé comme demi-grâce le transfèrement du malade au cimetière, pour rétablir sa

santé! Ainsi que tu peux penser, j'ignore tout à fait si
on a demandé mon bannissement. J'ignore encore qui a
sollicité cette prétendue faveur de ma déportation sur
un rocher de sinistre mémoire. Ce n'est ni moi, ni toi,
ni Sophie, ni aucun membre de la famille... Je te prie
de demander au ministre de l'intérieur l'éclaircissement
de cette affaire. Il faut que je sache à quoi m'en tenir.
Ne me fais pas attendre ta réponse. Un brusque enlèvement me serait bien pénible. Le Château d'If! quelle
magnifique application de l'amnistie! » Et il termine
laconiquement : « Santé mauvaise. Ton frère, Blanqui. »

Le 30 mai de la même année, il donne ainsi son bulletin : « Mon état ne s'améliore pas. Il m'est impossible
de manger, non plus que de dormir. Des étouffements
toutes les nuits, avec des tumultes du cœur intolérables.
Le poumon est engoué, le sang ne passe pas. Tout cela
est en déroute. Je ne prends qu'un peu de riz avec du
lait. S'il y avait des fraises, je prierais Sophie de m'en
apporter. Autrefois cela me faisait du bien, maintenant
ce serait zéro, selon toute apparence. Bonne santé.
C'est assez d'une tout à fait mauvaise et fort compromise. »

Cela ne l'empêche pas, un mois après, le 28 juin, de
donner son avis sur une question qui lui a été proposée : « Je ne ferai point d'article saharien pour la
Revue scientifique, d'abord parce que l'idée du changement de climat est certainement venue à d'autres,
comme à moi ; ensuite, parce qu'il existe un argument
bien plus terrible contre cette mer saharienne artifi-
cielle. Elle n'aurait qu'une profondeur de quelques
mètres à peine, et les alluvions affluant de tous les
côtés, par suite des pluies, auraient bientôt réduit encore
cette profondeur. En bien peu de temps, cette prétendue mer n'offrirait plus qu'un immense marécage,
anéantissant d'abord toute la population des rives.

africaines de la Méditerranée. Un nuage permanent de vapeur empestée planerait au-dessus de cet affreux Styx, et s'élançant vers le Nord à chaque souffle du vent du Midi, viendrait porter la mort dans la moitié méridionale de l'Europe. Merci du cadeau saharien. »

En juillet, il est vaincu, à bout de forces. Sa lettre du 8 n'a plus la belle apparence, les lignes, les alinéas bien ordonnés, les caractères virilement et finement tracés : l'écriture est mauvaise, tremblée, grinçante, par endroits de vraies pattes de mouches : « ... J'étais retombé pire. J'ai dû garder le lit par suite de ma nouvelle crise, plus violente que celle dont Sophie a vu la fin. Ça dure encore. Mais moins un peu. Mais je ne peux plus me fier aux apparences. Le mal revient vite. Mes jambes sont beaucoup renflées, bien que je garde le lit depuis une dizaine de jours... Je me suis levé pour écrire. Je me recouche. Les étouffements et les insomnies sont rudes. Cinq nuits sans fermer l'œil, et la respiration coupée... La *Petite Presse* a annoncé ma mort et ma résurrection complètes. Double mensonge de son numéro d'aujourd'hui 8 juillet. Écris vite. »

On pouvait annoncer sa mort dans les journaux de Paris. Elle était attendue de jour en jour à Clairvaux. Le médecin de l'établissement constatait que la maladie, l'ossification des valvules du cœur, avait fait, depuis un mois, des progrès considérables, qu'il y avait actuellement « œdème du cœur et des extrémités inférieures et albuminurie prononcée ». De plus, « le malade apparaît dans un état d'anémie profonde résultant principalement de l'insuffisance alimentaire qu'il s'impose volontairement et obstinément afin de diminuer l'intensité des palpitations du cœur. » Le directeur de la maison de Clairvaux, le 4 juillet, rend compte à ses supérieurs de cette situation, il fait connaître que si les symptômes ne portent pas le docteur à conclure

que la mort de Blanqui soit imminente, ils lui font
penser néanmoins qu'elle peut survenir inopinément.
La question qui surgit alors est celle de la réclamation
du cadavre par la famille, pour le faire inhumer soit à
Paris, soit dans les Alpes-Maritimes, inhumation qui
serait probablement l'occasion de manifestations que le
gouvernement, dans l'idée du directeur, « peut avoir
intérêt à prévenir ». Le fonctionnaire fait donc demander au ministre de l'intérieur s'il doit, « le cas échéant,
remettre le cadavre de Blanqui à sa famille, ou le lui
refuser et le faire inhumer dans le cimetière de la
maison centrale ».

Tout le mois de juillet se passe à résoudre ce problème. Il est enfin répondu que le corps du défunt
devra être remis à la famille si celle-ci le demande,
mais que des mesures seront prises en vue du transport.
Pour ce transport à Paris, l'avis de la préfecture est
défavorable.

CCXXXIX

Le prisonnier résiste, reconquiert peu à peu la vie.
Et soudain, voici que dans sa solitude une légère
rumeur pénètre, que, dans sa nuit, un faible et doux
rayon d'une lumière nouvelle vient caresser ses cheveux blancs, sa face usée, son cœur malade, son esprit
toujours vivace qui n'attend qu'un contact chaleureux
pour se ranimer. Cette rumeur, cette lumière viennent
du dehors. Ce que Blanqui n'a pu faire, aux heures
viriles des prisons d'autrefois, ce qu'il n'a pu faire
libre et actif, voilà qu'il l'accomplit maintenant, inerte,
affaissé, condamné par les médecins, tout près du
tombeau, presque un cadavre prévu par le souci gouvernemental. L'heure est venue pour lui, enfin, à soixante-

treize ans d'âge, après trente-sept années de prison,
l'heure est venue de faire tressaillir la foule, d'émouvoir
les inconnus par son nom, par ces deux syllabes qui
n'avaient jamais désigné que le spectre de la Révolution.

Ce sont tous ces bruits de grâce, de bannissement,
ces nouvelles de la maladie irrémédiable, de la mort
imminente, qui ont trouvé le chemin de l'esprit ignorant et sensible de la masse. Les ennemis, aussi, en
ont trop dit. Malgré toutes les erreurs, toutes les calomnies, le vieillard prisonnier, muet, impassible, impose
sa vie, commence à dresser sa frêle et énergique
silhouette dans la vérité. Une brume de rêve se lève
au-dessus de Clairvaux où transparaît peu à peu cette
figure d'un autre âge, que l'on va voir enfin telle qu'elle
est, d'une telle simplicité de vie, d'une pensée si vive,
si en avant, si espérante d'avenir. On ne peut encore
deviner l'homme désintéressé, prêt aux mérités de chacun, préoccupé seulement d'idées — et de l'Idée. Celui
que l'on aperçoit, c'est l'éternel prisonnier, courageux,
indomptable, derrière ses barreaux. Ce n'est pas Blanqui tout entier, l'homme de pensée et d'action. Mais,
tout de même, le monstre disparaît, le buveur de sang
s'évanouit, et la pensée naît chez quelques-uns de
retirer de son cachot celui-là qui paraît choisi entre
tous pour être la victime expiatoire de l'esprit de
révolte d'un siècle tout entier.

Dès les premiers mois de 1878, ces symptômes de
pitié et de volonté se révèlent. On commente la dureté
du ministre Dufaure refusant de libérer Blanqui. Aux
jours de mars, l'idée d'une candidature de Blanqui part
de Marseille : c'est le premier indice. Aussitôt, salle des
Écoles, rue d'Arras, où il a si souvent parlé pendant le
siège, Blanqui est choisi comme président d'honneur
par une réunion. Une pétition de Marseille va vers

Grévy, qui a remplacé Mac-Mahon après la victoire des 363. Avril se passe, mai vient.

Il doit y avoir une élection législative, le 7 juillet, à Paris, sur la rive gauche, dans le sixième arrondissement. Le 16 mai, un groupe d'étudiants, d'ouvriers, réunis salle des Écoles, décide la candidature Blanqui. Désormais, les réunions se succèdent, convoquées par Stephen Pichon, l'un des promoteurs de la candidature.

Aux réunions de la salle d'Arras répondent des réunions boulevard de Belleville, rue Oberkampf. Le faubourg, décimé en 1871, se ranime, se souvient çà et là, au nom de Blanqui tout à coup prononcé. Le mouvement continue pendant la première semaine de juillet, toujours des réunions rue d'Arras, puis rue de Vaugirard, rue Diderot, où l'on choisit comme président Closmadeuc, ami et compagnon de Blanqui à Belle-Ile. On va ainsi jusqu'au jour de l'élection, où Blanqui, dénoncé comme inéligible, obtient tout de même six cent dix-huit voix. La première manifestation est faite. Désormais, l'opinion va s'affirmer à chaque occasion possible. Au 14 juillet, à Paris, c'est la présidence d'honneur d'un banquet célébrant la prise de la Bastille. En août, à Lyon, c'est l'idée d'une candidature. En septembre, à Vaise, c'est la présidence d'honneur du banquet anniversaire de la fondation de la République.

CCXL

C'était le miracle. Il s'en fait un autre. Dans sa cellule, Blanqui ressuscite. À chaque nouvelle du dehors que lui apportent les lettres, les visites de ses sœurs, les notes de mauvaise humeur de son journal, l'afflux de vie revient en lui, donne à sa vieillesse

indomptable la croyance d'un recommencement. Il sait
que les gouvernants ne cèderont pas, mais il tressaille
à cet appel encore faible qu'il entend au loin. Le bruit
de foule de Marseille, de Lyon, de Paris, de son cher
Paris, lui arrive, apporté par l'espace, vient résonner
délicieusement en lui. C'est sa guérison, jour par jour,
la reprise de son activité.

Chaussé de ses sabots, coiffé de sa casquette de
loutre, retrouvant la force de quelque exercice physique, faisant sa cuisine, fendant son bois, aussi paisible et calme, d'ailleurs, c'est tout de même l'actif
Blanqui, toujours prêt, qui circule au long des fenêtres,
regardant l'espace par-dessus les coteaux de la vallée
de l'Aube. Il est repris par la politique, sommeillante
en lui pendant la torpeur de sa maladie. Il est de nouveau singulièrement informé par les moindres indices,
merveilleusement divinateur. La distance, les années,
les renseignements venus en parcelles, rien n'y fait. Il
obvie à tous ces inconvénients. Il a la France électorale
sous les yeux dans sa cellule, il connaît le réveil de
l'opinion des grandes villes par la question de l'amnistie, il sait l'état des partis, la parole reprise anony-
mement par les écrivains proscrits, l'éclat et la force
de l'éloquence de Clemenceau à la Chambre. Cette
année 1879 peut amener du nouveau.

CCXLI

Aux premiers jours de l'année, la délivrance de
Blanqui par le suffrage universel est nettement à l'ordre
du jour. Les journaux d'opinion révolutionnaire et radicale, à Paris, dans les départements, rompent enfin le
silence. Quelques-uns des anciens compagnons se souviennent. Un mouvement de sympathie parcourt la

jeunesse intellectuelle de 1879, comme autrefois la jeunesse de 1865. Tous les jours, dans la *Révolution française*, des articles de Gabriel Deville exposent le cas de
Blanqui, démontrent l'illégalité commise au nom de la
loi. Des pétitions de Marseille, Toulouse, Nice, Paris,
vont à Clemenceau. Les sœurs de Blanqui voient luire
l'espoir, se multiplient, rectifient les erreurs des journaux adverses par des lettres incessantes, rétablissent
la vérité, toujours avec une réserve et une dignité par-
faites. Des fleurs envoyées par une inconnue entrent
dans la cellule de Clairvaux. Une adresse est signée à
Nice, parvient au prisonnier qui écrit à Mme Antoine :
« Dis-leur combien me vont au cœur ces paroles venues
de mon pays d'enfance jusqu'au fond de ma prison. Il
est toujours resté dans mon souvenir, ce pays pitto-
resque, et ses sites sont familiers à ma pensée, lumière
éclatante dans mes quarante années de sépulcre. »

C'est à la fin du mois de mars que la candidature
de Blanqui à Bordeaux est adoptée pour l'élection qui
doit avoir lieu le 6 avril. Un jeune homme, Ernest
Roche, mène vaillamment la campagne. Les articles
foisonnent, les polémiques s'engagent, les souscrip-
tions sont ouvertes, les réunions ardentes se succèdent
à Bordeaux. Rochefort, qui signe d'une étoile, Vallès,
qui signe Jean La Rue, envoient leur appel de Genève,
de Londres. Deville publie en brochure une biographie
qui remet au point les principaux événements de la vie
de Blanqui. Garibaldi écrit de Rome pour confier aux
électeurs le sort « du martyr héroïque de la liberté
humaine ». Et finalement, après un ballottage, le 6 avril,
c'est, le 20 avril, le succès, Blanqui élu par 6,800 voix
contre 5,332 voix données à son concurrent Laver-
tujon. Cette fois, ceux pour lesquels Blanqui agit
toute sa vie obscurément, opiniâtrement, ceux-là ont
compris, se sont levés, et les images populaires peuvent

montrer le suffrage universel en zigzag de foudre, dans l'éclair et la fumée, brisant les barreaux du cachot et délivrant le prisonnier.

CCXLII

Ce prisonnier est maintenant un personnage. Les reporters du *Figaro*, du *Times*, prennent le chemin de sa prison. Des pétitions réclament la mise en liberté du nouveau député. Clemenceau demande sa mise en liberté provisoire pour qu'il puisse venir défendre son élection devant la Chambre, car s'il est élu par un groupe électoral, il n'a pas pour cela ses droits civiques, supprimés par le conseil de guerre : il lui reste à être validé par la représentation nationale. La Chambre commence par refuser de l'entendre. Clemenceau, le 3 juin, monte à la tribune, défend, d'une grave et belle éloquence, son maître de 1862 : « J'écarte, dit-il, sa personnalité. Blanqui n'a sollicité la pitié de personne, et il a le droit d'exiger que sa dignité sorte intacte de ce débat. Lorsqu'un homme a sacrifié toute sa vie à un idéal, peut-être chimérique, de justice, et qu'il a fait quarante ans de prison pour ses convictions, je dis que c'est là un homme épris d'une noble chimère, si chimère il y a ! »

Rien n'y fait, ni l'explication et la définition du 31 octobre, « mouvement spontané, inspiré par le patriotisme », ni l'illégalité du conseil de guerre qui a jugé Blanqui et ne pouvait connaître des faits antérieurs au 18 mars, ni l'illégalité de la peine de la déportation qui ne peut être prononcée contre les sexagénaires. Blanqui reste seul condamné du 31 octobre. La Chambre approuve la décision du 6e bureau,

qui conclut à l'invalidation. C'est le 1er juin. Le 10,
Blanqui est gracié, en vertu de la loi d'amnistie, par
un décret du président de la République.

CCXLIII

La dépêche qui annonce sa grâce arrive à Clairvaux à
dix heures du soir. Mme Barellier, qui attendait à l'hôtel
vis-à-vis la prison depuis une quinzaine de jours, est
immédiatement prévenue. Elle court vers la cellule,
trouve son frère prêt à partir, et la sœur de soixante-
seize ans emporte avec elle son frère de soixante-quatorze ans, comme une vieille mère heureuse emmène-
rait son fils. Le directeur les accompagne à la gare, au
train de trois heures du matin. Blanqui salue, monte en
wagon, arrive à Paris à six heures du matin, le 11 juin.
Il a empêché de prévenir personne, il va directement
43, rue de Rivoli, chez sa nièce, Mme Lacambre, puis,
146, boulevard Montparnasse, chez sa sœur, Mme Antoine,
et enfin, au soir, il se loge chez Mme Barellier, 8, rue
Linné, où, le lendemain, il reçoit la visite de Clemenceau
et de tous ceux qui ont aidé les électeurs de Bordeaux
à cette mise en liberté. Il voit Gabriel Deville, Émile
Gautier, il leur donne, sous forme d'avis, le résumé de
l'expérience de sa vie. Faire, leur dit-il, une propagande active, sans pour cela donner prétexte d'arrestation, éviter de se faire mettre en prison, afin de ne
pas s'user et de conserver toute sa force et son talent
oratoire, porter des ouvriers à la députation pour hâter
la solution de la question sociale. Il considère Clemenceau comme le futur orateur et chef des gauches.

Il a l'intention d'aller à Bordeaux soutenir sa candidature pour l'élection qui doit avoir lieu le 31 août. Il
accepte cette candidature par une lettre du 14 juin, mais

pendant quelques jours, il a la joie, si précieuse pour
lui, de la reprise du contact, de la conversation, et la
joie aussi des allures sans entraves, du réveil chez soi
parmi les visages amis, de la sortie du matin. Il va
chercher lui-même ses lettres, ses journaux, puis il
parcourt les vieilles rues, s'en va errer et songer dans
les allées de jardin français du Jardin des plantes,
parmi toute la flore et toute la faune qui évoquent la vie
universelle aux yeux ravis du vieillard sorti d'un cachot
de huit ans.

CCXLIV

Le 23 juin, il va remercier ses électeurs de Bordeaux, en compagnie de Mme Antoine et d'Ernest Roche.
Un groupe d'amis l'acclame à la gare, l'emmène ban-
queter au Petit-Fresquet. Les membres du comité
l'entourent, l'embrassent, nul ne peut prononcer une
parole. Blanqui reste à Bordeaux jusqu'au 18 juillet, et
pendant cette vingtaine de jours, reçoit ceux qui lui
ont donné leurs voix. C'est une vive émotion populaire.
La population méridionale vient rire et pleurer dans sa
chambre. Blanqui délivré est comme le vieillard, retrouvé à la Bastille. Chacun veut le voir, lui serrer la
main. Les femmes touchent ses vêtements, lui amènent
leurs enfants. Il est pour tous miraculeusement sorti
d'une oubliette, ramené au grand jour après des années
de nuit et de silence.

La lutte recommence. Les adversaires exhument le
document Taschereau, les vieilles haines de 1848 se
rallument, les polémiques encore une fois se croisent.
Peut-être, alors, quelqu'un de ceux qui prirent le pouvoir au 4 septembre aurait-il pu faire connaître le
libellé de la note sur Blanqui, trouvée à la Préfecture de

police : « Il passe pour un homme *intègre*. Beaucoup
de gens ont prétendu que Blanqui était un agent du
gouvernement de Juillet : *aucune preuve n'a pu être
donnée à ce sujet.* » Et le nouveau préfet de police de la
République inscrivait à la suite : « Ces notes existant
au 4 septembre 1870 me semblent devoir être profondément modifiées. Il importerait, avant tout, de savoir
de quelle source sont venus les fonds dont M. Blanqui
s'est servi pour l'affaire de la Villette. Il y a là matière
à enquête sérieuse. M. Claude, chef de la sûreté, pourrait en être chargé. » Le préfet de police et le chef de
la sûreté auraient pu s'instruire auprès de Granger, qui
fournit ces fonds mystérieux.

Mais en 1879, aucun personnage officiel n'a garde de
renseigner l'opinion. Il faut que Blanqui intervienne
avec quelque colère contre ceux qui vont jusqu'à employer de telles armes contre lui. Il doit mettre encore
une fois son existence en regard de l'abjecte et niaise
accusation, prouver par les simples faits que nulle
enquête sur la pièce fabriquée n'a abouti : ni l'enquête
de la commission des clubs de 1848, qui s'est séparée
sans avoir rendu son verdict, ni l'enquête du tribunal
de la Seine, saisi d'une plainte en diffamation de Taschereau, et qui n'a jamais prononcé.

Mais on réussit pourtant à détacher de lui les voix
des indécis, et c'est tout le résultat désiré. Il y a, le
31 août, ballottage entre les trois candidats, et le
14 septembre, jour de l'élection définitive, Blanqui,
avec 4,541 voix, est mis en échec par le candidat modéré, Achard, nommé avec 4,697 voix.

CCXLV

Dès ce jour, commence pour Blanqui une existence
de voyage et d'agitation, à croire que le séquestré veut

prendre une revanche de l'immobilité et du silence de
toujours, et qu'il se hâte de vivre pendant ces jours,
peut-être ces heures de répit, que lui accorde la nature.
Le 21 septembre le septuagénaire assiste, à Bordeaux, au
banquet anniversaire de la République. Le 22, il est à Marseille, et c'est ce jour-là qu'il connaît l'ovation et l'apothéose. La population dont la gaîté, l'émotion et l'enthousiasme roulent à pleine rue, se précipite sur le vieillard
aussitôt que sa fine tête blanche apparaît à la porte de
la gare. Blanqui est saisi, serré dans des bras, pressé
sur des cœurs. On le hisse, on l'emporte comme un
drapeau, on l'installe en voiture, on dételle les chevaux,
on veut l'entraîner. Avec sa faible voix, malgré l'émotion qui le brise, il empêche cette promenade triom-
phale, et c'est au pas des chevaux, sous le soleil, qu'il
arrive, sa voiture pleine de fleurs, au cercle de l'Indépendance. C'est de là, du balcon, qu'il remercie cette
foule devenue attentive et muette. Sa parole légère
comme un souffle s'en va, dans ce grand silence, les
mots s'envolent vers l'admirable ciel, vers la mer latine,
doucement se propagent dans la masse qui écoute, et
lorsqu'il a terminé, qu'il a crié de sa voix éteinte un
vive la République! où il semble qu'il exhale son dernier soupir, l'immobilité et le silence se changent de
nouveau en délire, et l'acclamation énorme emplit la
place, monte au pâle vieillard qui voit venir à lui, trop
tard, tout ce bel élan, toute cette force jeune, qu'il
aurait tant voulu avoir avec lui pour soulever le monde.
Il resta ferme, les lèvres un peu tremblantes, les yeux
un peu obscurcis, mais on peut croire que toute l'amertume de sa vie monta, en ce jour de joie, à ce grand
cœur douloureux, à ce fier esprit solitaire.

CCXLVI

Le soir de ce jour, Blanqui préside un banquet dominé par son portrait et par le buste de la République. Le 28, il est à Nice, encore fêté par un banquet, où l'un de ceux qui prennent la parole rappelle l'arrestation de 1828 par les troupes de Sardaigne. Il se transporte à Manosque, à Toulon, à la Seyne, il parcourt la splendide région par terre et par mer, il respire l'air de son pays, il vit dans la foule, il connaît la cordialité des réceptions, il fait de la politique de plein soleil.

À Lyon, où il va vers la mi-octobre, celui qui ne voyagea guère qu'en voiture cellulaire traverse la ville en calèche, au pas des chevaux, celui qui fut réduit aux soliloques de la cellule parle dans l'air libre. Le lendemain, il va vers la Croix-Rousse où se déploya le drapeau des insurrections de la faim. Le surlendemain il est à Tarare. Aux premiers jours de novembre il est à Saint-Etienne, où dix mille personnes l'attendent à la gare, et partout ce sont des ovations, des cris, le bruit de la popularité, et les petites filles vêtues de rouge, coiffées de bonnets phrygiens, que l'on hisse dans la voiture, et qui lisent un compliment, donnent un bouquet au vieillard qui les prend dans ses bras, baise leurs joues et leurs cheveux. Ce groupe, qui se forme pendant un instant, cette tête blanche et ce bonnet rouge rapprochés, c'est comme une apparition de ce qui a été, de ce qui pourra être, de la Révolution d'hier et de la jeune République, du passé et de l'avenir.

Pour savoir l'état d'esprit de Blanqui après ces voyages et ces fêtes, il suffit de lire la lettre qu'il écrit, de retour à Paris, à la fin de novembre, aux cercles de Béziers : « Je me serais, leur dit-il, estimé très

heureux de pouvoir causer avec vous des affaires de la
République, et surtout des moyens de mettre un terme
à la misère et à l'oppression des citoyens qui sèment
toujours et ne récoltent jamais, qui produisent jusqu'à
épuisement de force, et ne consomment pas... Que vous
dirai-je là-dessus, citoyens? Un seul mot. La question
sociale ne pourra entrer en discussion sérieuse et en
pratique qu'après la solution la plus énergique et la
plus irrévocable de la question politique, et par elle.
Agir autrement, c'est mettre la charrue devant les
bœufs. On a essayé une fois déjà, et la question sociale
a été anéantie pour vingt ans. Elle était cependant
posée sans détours, et avec une grande clarté, dans
cinquante programmes au moins, complets et bien
détaillés. Tout a disparu dans la tourmente soulevée
par le pouvoir exécutif qu'il eût fallu renverser d'abord,
afin d'avoir le champ libre. Que cette sanglante leçon
du passé nous profite. Ne recommençons pas les mêmes
fautes. »

CCXLVII

A Paris, en décembre, Blanqui accepte tous les rendez-
vous de réunions qui lui sont proposés. Le 7, il est à
Puteaux, où il demande une indemnité pour les
amnistiés, où il termine son allocution en récitant le
dernier couplet de la *Marseillaise*. Le 10, il est au salon
des Mille-Colonnes, rue de la Gaîté; le 14, à la salle des
Écoles, rue d'Arras; le 21, à la salle Graffard, boulevard
Ménilmontant.

Il manifeste la même activité en 1880. Il est fidèle à la
conduite qu'il eut toute sa vie, à son refus d'organisation secrète, de complots, de préparations de coups de
main sous la République. Comme en 1848, comme en
1870, il veut une politique au grand jour sous un régime.

de liberté, les débats contradictoires, le journal et la
réunion pour faire l'éducation de son parti. Il accepte
donc sa part de travail, il court Paris dans tous les
quartiers, prêt à présider et à parler.

Ceux qui ont fréquenté les réunions publiques de
cette année-là ont pu chercher dans les allures et sur le
visage de Blanqui les raisons de la persuasion envelop-
pante, de l'autorité intellectuelle qui ont marqué son
passage et lui ont survécu. L'observation était difficile.
L'homme était immobile et fermé. Il allait partout où
des organisateurs et des conférenciers l'appelaient :
salle Rivoli, salle Ragache, salle Graffard, salle des
Écoles, salle de l'Élysée-Montmartre, salle Pétrelle,
salle Lévis, là où il y avait des bancs, une tribune, un
trophée appliqué à un mur. Ce fut sa vie presque de
chaque soir après sa sortie de Clairvaux. Il arrivait,
entouré de quelques jeunes gens de physionomies
sérieuses et volontaires. Un mouvement se produisait :
les premiers rangs reculaient pour lui faire passage,
ceux qui étaient derrière se jetaient en avant pour le
voir. Ou bien il apparaissait brusquement, à la place
présidentielle, comme s'il eût surgi du plancher de
l'estrade. Certes, ceux-là qui criaient d'enthousiasme,
ceux-là qui applaudissaient dans le délire, ne voyaient
pas l'être singulier qui restait rigide et attentif dans le
fracas des bravos et des clameurs. Et même l'attention
soutenue de ceux pour lesquels il n'est pas d'autre
besogne que de voir se brisait vite à cet indéchiffrable.

Le corps petit, vêtu de noir, la main gantée de noir,
dessinant des gestes courts, la tête, blanche de cheveux
et de barbe drus, coupés ras, le profil écrasé comme
une face de lion, l'attitude tour à tour inquiète et tranquille, auprès de lui un chapeau et un parapluie de
savant pauvre, il avait l'air d'un très ancien chef de
bureau de l'émeute, d'un avoué de la Révolution. Pen-

dant que les orateurs parlaient, que la foule remuait,
il était là, tout petit, tout ramassé, sur la haute chaise
où on l'avait placé, semblant se réchauffer sous le gaz
fumeux, comme autrefois les bourgeois parisiens au
bon soleil de la petite Provence.

Il avait comme un soin de dissimuler le foyer qui
était en lui. Bouche close, les paupières abaissées, la
tête penchée, les mains dans les manches, écoutait-il,
rêvait-il? Était-ce la juste appréciation des passagers
triomphes et des fortunes adverses, des brusques
arrivées et des reculs désastreux, des surprises du
hasard et des chocs en retour, qui lui donnait ce calme
résigné, ce vague sourire de bienveillance et de navre-
ment? Par moments, on eût dit qu'il sommeillait au
milieu des grondantes passions, des tumultes et des
appels qui faisaient ressembler ces soirées à des veillées
en armes.

Puis, son tour venu de prendre la parole, il se levait,
et un silence d'église se faisait. D'une voix cassée, mais
allant son chemin, il prononçait quelques phrases sur
l'armée, sur le clergé, sur la bourgeoisie. Chaque fois,
il revenait, avec une douceur entêtée, sur le même
sujet, il insistait, il se répétait, et il s'arrêtait pour voir
si l'auditoire avait bien compris. On sentait en lui
comme un désir de maître d'étude de faire répéter la
leçon, comme une idée fixe de vieillard de laisser deux
ou trois suprêmes idées après lui.

On l'acclamait, et il penchait davantage la tête. Il
reparlait encore, comme pour se résumer, et parfois,
alors, à la fin de cette causerie, un accent et un geste
tragiques passaient subitement au-dessus des têtes,
faisant courir un frisson et une ombre sur les fronts.
On avait la sensation qu'un éclair avait lui, qu'une
grande phrase s'était envolée. On regardait. Plus rien.
On n'avait plus devant soi qu'un tranquille bonhomme.

disant ses espérances, exprimant ses doutes, donnant des conseils, d'un ton de commerçant qui tour à tour sourit et hoche la tête pendant un inventaire.

Et puis il s'en allait, enfermé dans son pardessus comme dans un sac, — et c'est seulement alors qu'on pouvait le voir de près dans ces petits cafés qui sont comme les coulisses des réunions et qui servent de sortie pour les orateurs et les organisateurs.

Blanqui s'arrêta là, un jour, pendant que l'on comptait la recette dans le bruyant « débit » attenant à la salle Lévis. Il s'assit un instant. Autour de lui, on buvait. Lui, l'ascète nourri de lait, de légumes et de fruits, ne prit rien, pas même un verre d'eau. Ici encore, il écoutait, il regardait. Je pus voir ses yeux, croiser ses regards, et, cette fois, l'ascendant et le charme furent bien près d'être expliqués.

Les yeux clairs et changeants, vifs et purs, de l'enfance, doux et humides comme ceux de la gazelle, et subitement fixes comme ceux du fauve. Une bonté les éclairait, une méfiance les obscurcissait. On pouvait y lire toutes les déceptions, on pouvait y apprendre le commentaire de l'existence de ce blessé des barricades, de cet interné de Belle-Ile, de Corte, de l'Afrique, du Taureau, de ce prisonnier des forts battus de la mer. Quarante ans de solitude, cinquante ans d'efforts, les accusations de trahison, la liberté venue sur le tard de la vieillesse, ne disaient-ils pas tout cela, ces yeux qui vivaient dans ce pâle et anguleux visage, — et tout au fond, cette flamme fixe, n'était-ce pas le souvenir de la femme morte et du lointain amour?

CCXLVIII

En mai et juin, il retourne à la bataille électorale à
Lyon. Il est en ballottage, mais il a le plus grand nombre de voix au premier tour de scrutin, malgré la campagne acharnée contre lui, tous les essais de combinaisons par lesquels on travaille le suffrage universel. Sa
campagne est interrompue par la maladie et la mort de
sa sœur aînée, Mme Barellier. Il revient en hâte, trop
tard pour assister aux derniers moments de cette tendre
et fidèle amie de toute sa vie. Il la conduit au cimetière Montparnasse, il est très ému, dit à ses amis qu'il
ne se savait plus une telle source de sensibilité, après
la vie soufferte. Au bord de la fosse, il prononce quelques mots : « Je te dis adieu, à toi dont la vie fut toute
d'abnégation et de dévouement. Tu as vécu et tu es
morte en républicaine. Adieu ! » Il remercie ceux qui
sont venus, s'en va, avec son frère Jérôme-Dominique
et sa sœur Mme Antoine, chez celle-ci d'abord, puis il
regagne la rue Linné, où ceux qui restent de la famille
dîneront le soir. Tout le long du chemin, par le boulevard Montparnasse, le boulevard de Port-Royal, la rue
Monge, la rue Lacépède, un groupe d'hommes le suit,
des socialistes français, allemands, russes. A sa porte,
on le quitte au cri de : « Vive Blanqui ! »

Avec Granger, il retourne à Lyon, où il loge à l'hôtel
du Cheval-Noir, continuant sa propagande en compagnie d'Edmond Lepelletier et d'Olivier Pain. Il échoue
au scrutin définitif, revient à Paris reprendre la vie de
réunions publiques, de la salle d'Arras à la salle Chaynes.

En juillet, un décret le fait enfin profiter des bénéfices de la loi d'amnistie. Il retrouve ses droits politiques. En novembre, il fait le voyage d'Italie, part avec

Rochefort pour Milan, les fêtes données en l'honneur de Garibaldi, l'inauguration du monument de Mentana. Il a voulu cette rencontre avec le héros, l'homme d'action qui a mené son œuvre à bien. Il parle, d'une voix de plus en plus faible, devant l'immense foule italienne et les représentants de toutes les nations, mais si la voix s'en va, la pensée reste, virile et réfléchie. Il discourt sur les moyens de mettre les institutions économiques d'accord avec l'idéal de justice, et il conclut par l'image juste et belle où il résume son enseignement : « Il ne faut pas essayer de faire des bonds, mais des pas humains, et marcher toujours. »

CCXLIX

Il marche donc, encore, jusqu'à la fin. Rentré à Paris, il fonde un journal auquel il donne un titre : *Ni Dieu ni maître*, qui est le testament philosophique et politique de sa vie, la proclamation de son irréductible idéal, l'affirmation de la liberté et de la grandeur de l'homme, le droit purement humain, issu de la légalité révolutionnaire, nettement mis en face du droit divin sous toutes ses formes.

Ses collaborateurs sont ses amis de la fin de l'Empire, du Siège, et quelques nouveaux venus : Granger, Eudes, Vaillant, Gois, Breuillé, Frédéric Cournet, Marguerittes, etc. Le rédacteur en chef n'a plus la puissance de travail qu'il avait dix ans avant, aux jours de la *Patrie en danger*, et souvent il publie des pages qu'il distrait de ses papiers de prison. Toutefois, il écrit fréquemment des notes dans la langue active qui est la sienne, il fait toute une campagne pour la réorganisation de l'armée, qu'il juge nécessaire de maintenir, dans l'état de l'Europe, mais avec une réforme profonde qui comporte la

suppression de la conscription, l'enseignement militaire de la jeunesse, l'armée nationale sédentaire.

Ces idées, il les énonce dans la sage, la sérieuse brochure, l'*Armée esclave et opprimée*, et il va les présenter
et les expliquer à Lille, dans une grande réunion faite
sous sa présidence, où il trouve, comme à Bordeaux et
à Marseille, la grande émotion populaire, l'attendrissement des femmes qui viennent auprès du vieillard,
veulent le voir, l'entendre, toucher ses vêtements, bai-
ser ses mains pâles. Pour ce peuple instinctif, le vieux
Blanqui, sorti des prisons, venant au milieu de la foule,
est comme l'apôtre et le martyr d'une religion nouvelle,
qui est la religion humaine. Lui, très doux, très paisible,
au milieu des manifestations, des enthousiasmes, répète
une fois encore ses affirmations, ses conseils, reste en
accord avec sa vie.

CCL

A Paris, il continue, selon ses forces, sa vie de toujours. Il a voulu se réserver des heures de solitude, de
travail, de repos. Depuis la mort de Mme Barellier, il a
demandé asile à celui qui est son ami depuis les jours
de bataille de 1866, Ernest Granger, auprès duquel il
trouve des soins fraternels, une parole cordiale et
joyeuse, une conversation philosophique et littéraire de
délicat. Avec celui-là, il est heureux, il s'abandonne, il a
tout entière la fine gaieté qui fut en lui, qui transperça
même aux plus mauvais jours. Tous deux habitent,
25, boulevard d'Italie, au cinquième étage d'une maison faubourienne, tout Paris en un vivant tableau dans
les fenêtres. Ils ont chacun leur chambre, et Blanqui
jouit une fois encore de son éternelle cellule, de sa table
de travail, de ses livres, de ses papiers. Ils prennent

leurs repas ensemble, et ce sont les conversations sans
fin, le passé évoqué et l'avenir, surtout l'avenir, par Blanqui, lequel vit toujours en avant, suit l'homme dans sa
destinée. Ils font, cet automne, une promenade aux
champs, aux bois, vers Meudon, Clamart, mais Blanqui
demande assez vite à rentrer. Il préfère la rue de Paris,
sa chambre, la causerie. Les souvenirs lui reviennent. Il
se rappelle la dernière fois qu'il a été au théâtre : c'est
au Théâtre Italien, il y a cinquante ans, au lendemain
de 1830, avec sa femme. Il parle souvent de sa femme.
Un jour où Édouard Vaillant vient le voir, il lui dit que
le plus grand bonheur de la vie d'un homme de lutte,
c'est d'avoir été aimé, d'avoir eu près de soi, dans l'incertitude et le danger, un cœur fidèle.

C'est du boulevard d'Italie qu'il part pour aller aux
réunions, en décembre, le 12, à la salle des Écoles, avec
Louise Michel ; le 17, à la salle Rivoli, où il est fatigué,
où il a quelque difficulté à parler ; le 24, à la salle
Arnold, boulevard de la Gare ; le 27, à la salle Ragache, à Grenelle. Il revient cette nuit-là assez tard, vers
deux heures, ayant tardivement trouvé une voiture. Il
monte l'escalier, entre chez Granger qui l'attend. Il s'assied, cause avec son ami, raconte la réunion. Il se lève,
prononce quelques paroles incohérentes. Granger
l'écoute, le regarde, surpris. Blanqui fait un pas, reste
une seconde immobile, tombe tout d'une pièce.

Son ami le relève, le prend dans ses bras, sous la tête,
sous les jarrets, comme il ferait d'un enfant tout léger,
et le porte sur le lit. Blanqui reste rigide, sans regard,
sans parole. La mort va venir prendre possession.
Granger envoie chercher un médecin. M⁹⁹ Antoine
veille celui qui ne voit plus, qui ne sait plus, qui est
déjà entré dans l'inconscient.

Lorsque vient le médecin, il constate la congestion
cérébrale. Tout est tenté en vain, pendant cinq jours, la

paralysie gagne, le corps frêle agonise, se rend lentement à la puissance destructrice. Il ne reconnaît pas sa sœur, les amis qui le veillent, ceux qui viennent le voir, Granger, Cournet, Vaillant, Clemenceau... Sans avoir repris connaissance, insensible à tous les révulsifs, ne manifestant la vie que par le râle, Auguste Blanqui meurt à neuf heures treize minutes du soir, le 1ᵉʳ janvier 1881, âgé de soixante-seize ans. C'en est fait de cette force, de l'esprit si net, du cœur si mystérieux.

CCLI

Il est visible, pendant trois jours, dans l'humble chambre, sur le petit lit de fer couvert de fleurs, de couronnes de laurier et de chêne, de rameaux d'or. On prend un moulage de la face sereine et souriante, redevenue jeune, ferme et fixe après la contraction suprême. On l'enterre le 5 janvier. Son fils Estève est venu auprès de la sœur et du frère du mort, Mᵐᵉ Antoine et Jérôme-Dominique Blanqui. Tout le parti de la Révolution est là avec ses bannières, ses couronnes d'immortelles, ses devises. Une émotion est née dans Paris. La foule, qui n'est pas venue au vivant, vient au mort. Derrière le corbillard et sur le parcours du boulevard d'Italie, de l'avenue des Gobelins, du boulevard Saint-Marcel, du boulevard de l'Hôpital, du pont d'Austerlitz, du boulevard de la Contrescarpe, de la place de la Bastille, de la rue de la Roquette, cent mille personnes marchent ou sont échelonnées. Les chevaux noirs qui emportent la dépouille légère fendent la masse humaine, semblent des chevaux marins passant dans une houle de tempête. Une impression d'âpre tristesse et de beauté farouche se dégage de cette affluence humaine qui entoure enfin celui qui a toujours vécu seul.

CCLII

Au lendemain de sa mort, l'Art a recueilli sa mémoire.
Un artiste s'est trouvé, Dalou a couché sur la pierre un
Blanqui de bronze qui aura l'éternité de la dure matière. Le Vieux est étendu comme un vaincu, comme un
martyrisé, comme un mort. La calomnie tombe, la pitié
et l'admiration viennent au spectacle de ce visage douloureux, de ce maigre bras contracté, de cette main
mourante et volontaire encore, qui cherche une plume,
qui veut saisir et commander.

Le promeneur solitaire s'arrêtera devant cette force
usée, devant ce vaincu et ce victorieux de la vie, qui
dort sous le linceul de métal et la mystique couronne
d'épines.

Là, chaque année, les amis qui n'ont jamais douté,
les disciples qui gardent les paroles dites dans les
salles de réunions, imprimées sur les feuilles volantes,
viennent, confiants dans leur culte philosophique, fixés
dans leur religion sociale. Pendant que les promeneurs
parcourent les rues, que l'ouvrier fatigué s'attable aux
guinguettes, les fidèles du cimetière célèbrent, avec
toutes les tendresses et toutes les violences de leur langage de révolutionnaires, celui qu'ils appellent encore
aujourd'hui, comme autrefois, familièrement et respec-
tueusement — le Vieux.

Ce n'est point chose commune que de laisser ainsi,
en s'en allant pour toujours, un tel souvenir immuable,
une telle fervente mysticité, dans le groupe d'hommes
au milieu duquel on a vécu. Présent — absent —
homme d'action décidant un complot, préparant une
journée — proscrit fuyant l'échafaud ou le peloton
d'exécution — déporté voyageant enchaîné dans les

voitures ferrées, grillagées, verrouillées, qui sont des prisons ambulantes — condamné séquestré dans les cachots du Mont-Saint-Michel et du Château du Taureau — malade caché pour mourir dans une haute maison d'un quartier ouvrier — mort même, tombé pour jamais, enveloppé du rouge drapeau, dans le trou étroit qui est un gouffre infini — Blanqui a toujours eu, sur les mêmes, la même influence égale et sans contestation, une influence où il entrait de la discipline militaire, du mystère diplomatique, du sacerdoce conspirateur. Debout, il eut une garde veillant sans cesse — couché au tombeau, sa mémoire est comme éclairée par une lueur de lampe brûlant toute seule dans le silence et la nuit d'une crypte.

CCLIII

Pour ce récit, écrit avec la préoccupation de la vérité, qu'il puisse aider à faire connaître ce méconnu, à lui faire rendre la justice qui est due à tous, qui lui est due.

Son malheur fut qu'on ne vit pas l'homme sous l'insurgé, le politique sous le conspirateur. Toute sa vie, un dédoublement se fit. Et aujourd'hui encore, combien connaissent le poète qui écrivit le beau livre de l'*Eternité par les Astres*, le stratège qui, dès septembre 1870, racontait les phases du siège de Paris, l'homme d'État qui mettait les circonstances au-dessus des programmes, un homme d'État averti, fin, et très décidé, capable de concevoir et capable aussi d'exécuter, mais que la mauvaise foi de ses adversaires et l'exclusivisme de ses amis jetèrent dans la rébellion quand même, dans la violence au jour le jour. Ce fut la fatalité de son

existence. L'homme qui refusa d'être disciple ou chef
dans une secte socialiste, l'homme qui écrivit ces
phrases coupantes : « L'économie politique est le code
de l'usure... Le pauvre est un besoin pour le riche...
Il est impossible au communisme de s'imposer brusquement, pas plus le lendemain que la veille d'une
victoire : autant vaudrait partir pour le soleil... »
l'homme qui mettait « un point d'interrogation sur
l'avenir », l'homme qui résumait son plan de gouvernement en deux mots : « Dictature parisienne », cet
homme-là restera un merveilleux critique, et s'il passe
à l'avenir avec la physionomie d'un général sans
armée, peut-être encore est-ce lui qui représentera le
mieux la politique de ce siècle — mesurant intelligem-
ment la longueur du chemin, la durée du temps, et voulant brûler les étapes — oscillant entre l'étude et le
coup de main.

Il représente une période terminée, un âge révolu.
Peut-on lui reprocher d'être né en 1805, d'avoir connu
la politique sous la Restauration, d'avoir assisté, écolier, à l'exécution des Sergents de la Rochelle, d'être
allé à la société secrète en sortant du collège? Il devait
continuer ces pratiques sous la monarchie. Mais obser-
vez qu'il sut les interrompre chaque fois que la République apparut, qu'il changea sa méthode de conspirateur pour les mœurs de la discussion, de la liberté, en
1848, en 1870, en 1879.

C'est lui qui fut la première victime de la société
secrète, de la conspiration, de l'émeute. Au moins,
lorsqu'il avait commis la faute, acceptait-il le résultat,
lorsqu'il avait préparé le calice, savait-il le boire jusqu'à la lie. De cela il réclamait la responsabilité. Mais
du second malheur de sa vie, il ne convient pas de le
charger : il fut la victime de l'envie, de l'ignorance de
ses alliés, autant et plus que des haines sociales logi-

quement armées contre lui. Il y a eu certainement
trouble et regrets, chez certains, des accusations et des
hostilités de 1848. Louis Blanc assiste aux obsèques de
Blanqui, et quelque temps après Martin Bernard, chez
Floquet, avoue qu'en accusant Blanqui on a été un peu
vite! Mais le mal était fait! Barbès et ses amis, j'en ai
eu la conviction profonde à mesure que j'avançais dans
cette histoire, furent de grands coupables envers lui,
envers la cause humaine, et porteront la responsabilité
de leur action devant l'avenir. C'est eux, c'est leur hostilité, qui ont achevé de jeter Blanqui hors des voies de
son génie, qui ont empêché en partie son évolution,
qui l'ont condamné à l'extraordinaire vie intérieure
qui fut la sienne.

CCLIV

Là, nous retrouvons l'homme. C'est lui que j'aurais
voulu faire vivre. Car, j'y insiste, je n'ai pas écrit l'apologie du conspirateur, du chef d'émeute. Je n'ai cons-
taté là que la fatalité. Mais on avait fait de Blanqui un
monstre, un spectre ; j'ai essayé de lui restituer son
titre humain.

La mort l'affranchit de la secte, laisse voir ce qu'il y a
de beau, de fort, de libre dans son esprit. Le témoignage de ceux qui l'ont connu suffirait à affirmer, à
prouver cet esprit, mais il y a son œuvre, ses *Plaidoi-
ries*, sa *Patrie en danger*, son *Éternité par les Astres*, et
tous ses cahiers de Doullens, de Belle-Ile-en-mer, de
Corte, de Sainte-Pélagie, du Taureau, de Clairvaux, ses
cahiers qui seront publiés, qui achèveront de le faire
connaître par tant de pages magnifiques, tant de notes
saisissantes. Enfin, il y a sa vie, qui est une œuvre
aussi, qui donne sa substance. Il a donné toute cette vie
à l'esprit, il a méprisé, ignoré l'argent, et par là encore

s'est attiré la méfiance et la haine. Il a été haï pour sa
pauvreté, pour son absolu. Tous ceux qui surent acheter la vie facile par des capitulations de conscience
furent durs à Blanqui. On devait, fatalement, avoir raison de lui. On l'a maté, non vaincu, on a eu prise sur
son corps, non sur son esprit. Lui, comme le rebelle
de Baudelaire, a dit : Non ! je ne veux pas ! Il eut en
lui, toujours, son cachot et sa tombe, y vécut fort et
joyeux.

Pour ces raisons, ce livre, avec les divergences dites,
les critiques exprimées, ne peut être à la conclusion
qu'un hommage à cette mémoire, à l'utilité de cette
existence.

Non, cette vie surhumaine, de douleur consentie, de
sacrifice obstiné, cette vie ne peut être perdue. Elle a
privé l'homme des joies habituelles, lui a infligé la douleur de ne pas être compris, aimé, lui a donné ce visage
offensé... Mais l'exemple est acquis pour jamais. Dans
le même individu ont cohabité deux sentiments égaux :
la résignation, la révolte. Résigné pour lui, révolté
pour tous. La résignation le met à la hauteur des plus
stoïques. L'esprit de révolte du vieux Blanqui, salubre
comme le sel de la mer, imprégnera l'Histoire. Il n'a pas
voulu le bonheur, il a refusé d'être payé de son vivant.
Il est même plus grand que les martyrs et les saints
des religions, qui n'acceptent de souffrir et de mourir
qu'avec la certitude d'une vie future, d'une récompense
de paradis. Lui, ne veut être ni consolé, ni récompensé.
Il accepte hautainement le sort, sans l'espoir d'une
rémunération. C'est le Héros nouveau, d'accord avec
l'idéal du siècle, d'accord avec l'humanité.

(1886-1896.)

FIN

TABLE

Je crois pouvoir me dispenser de donner ici la longue liste de tous les livres, brochures, journaux, gravures dont je me suis servi pour la documentation historique de ce livre qui parcourt un siècle d'événements, traverse quatre révolutions. Qu'il suffise de désigner, parmi les ouvrages les plus spécialement assimilés, ceux de Fulgence Girard, pour le Mont-Saint-Michel, de Théophile Silvestre, pour Blaqnac et Sainte-Pélagie, d'Hippolyte Castille et Louis Ménard pour les journées de 1848. Il sied d'indiquer aussi les pièces intéressantes consultées aux Archives nationales, aux Archives du Ministère de l'Intérieur et de la Préfecture de police.

Mais je veux surtout remercier tous ceux qui m'ont donné leur témoignage, qui m'ont aidé à recueillir la précieuse documentation verbale, souvent perdue pour l'histoire. Ces remerciements vont tout d'abord à la regrettée Mᵐᵉ Antoine, sœur d'Auguste Blanqui, grâce à laquelle j'ai pu commencer mon livre il y a dix ans, et à sa nièce Mᵐᵉ Laronde fille; à Mᵐᵉ Barellier, qui m'a aidé à terminer mon travail par tant de souvenirs qu'elle a retrouvés pour moi; puis à Mᵉ-Mazoyer, fils d'Adolphe Blanqui, laquelle m'a obligeamment communiqué les Mémoires inachevés et inédits de son père. Je suis aussi heureux de remercier MM. Pombertaux (pour le Mont-Saint-Michel); Clormadelle (pour Belle-Ile); Bonnel, conseiller général de Belle-Ile; Ardoin, inspecteur des colonies pénitentiaires, qui m'ont été d'un précieux secours dans mon enquête et ont su me mettre sur la port avec les gardiens de Blanqui); Ranc, Clemenceau, qui m'ont donné leurs renseignements, et m'ont fourni de nombreuses explications; Dolent, Mendès, Jaclard, Léonce Levraud, Charles Longuet (pour l'Empire, Sainte-Pélagie, Necker); Alphonse Humbert, Régnard, Breuillé, Édouard Vaillant, Vuillaume, Callet, Henri Rochefort, Georges Renard (pour les années suivantes). Enfin, M. Ernest Granger, non seulement m'a communiqué ses souvenirs personnels, mais m'a permis de consulter tous les ouvrages et écrits inédits de Blanqui, dont il est le dépositaire. Je lui exprime vivement ici ma reconnaissance.

Et je veux nommer affectueusement ici M. Lucien Herr, qui a donné son temps et son profond savoir à la revision sur épreuves de ce livre.

G. G.

Paris. — L. Maretheux, imprimeur, 1, rue Cassette. — 3835.

Défauts constatés sur le document original

te insuffisant ou
, mauvaise qualité
ssion

ontrast or different,
ting quality

www.ingramcontent.com/pod-product-compliance
Lightning Source LLC
Chambersburg PA
CBHW060957280326
41935CB00009B/741